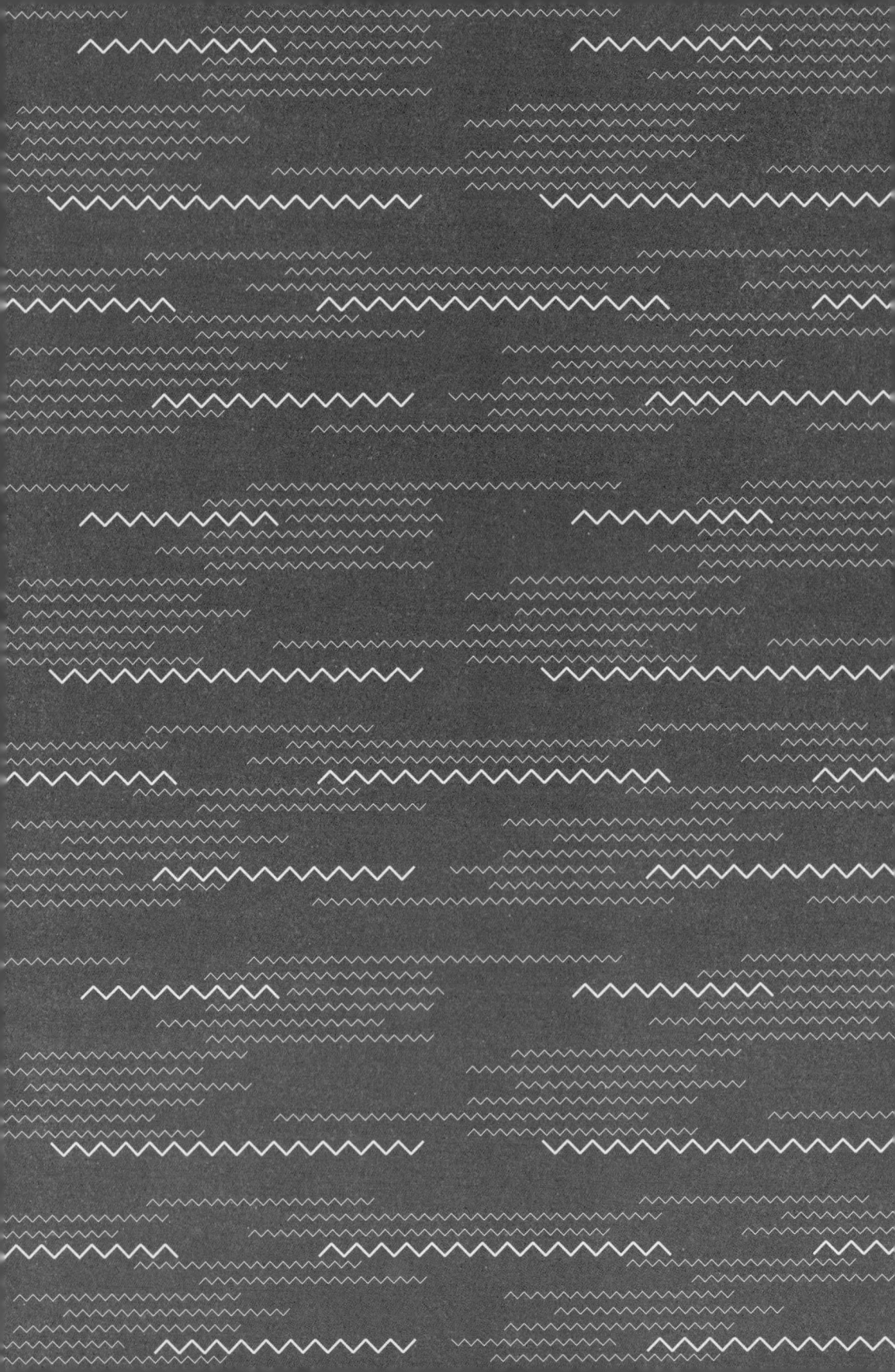

數位帝國

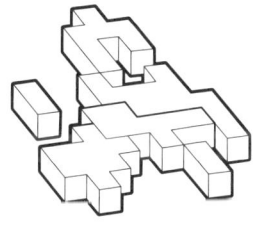

DIGITAL EMPIRES

The Global Battle to Regulate Technology

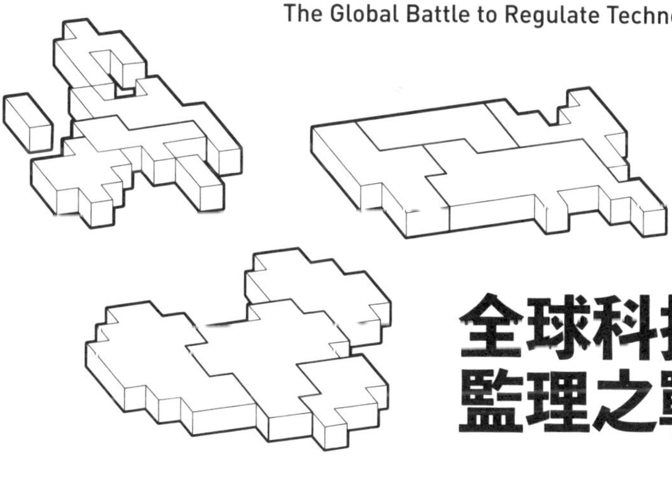

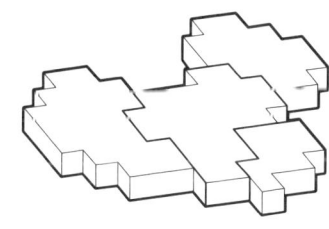

全球科技
監理之戰。

ANU
BRADFORD

安努・布拉福德―――著　胡中瀚・盧靜―――譯

給 Oliver、Sylvia 和 Vivian

CONTENTS

序　章　從自由夢想到監理時代 —— 007

PART I　數位帝國

第 1 章　美國的市場導向監理模式 —— 040
第 2 章　中國的國家導向監理模式 —— 081
第 3 章　歐洲以權利為本的監理模式 —— 120

PART II　帝國競爭

第 4 章　自由與掌控之間：孰能勝出 —— 168
第 5 章　科技霸權爭奪戰：美中對決 —— 206
第 6 章　權利、市場與安全的衝突：美歐監理之爭 —— 247

PART III　帝國擴張

第 7 章　全球影響力消退：美國科技放任主義的式微 —— 286
第 8 章　以基建輸出：中國數位專制的全球擴張 —— 321
第 9 章　布魯塞爾效應：歐洲推動數位權利全球化 —— 357

結　語 —— 397
謝　辭 —— 433

參考資料
（含注解）

序章
從自由夢想到監理時代

網際網路在 1990 年代大量商業化,為世人帶來了自由的承諾:個人可以自由獲取資訊、發表意見、參與討論,並對社會產生影響。網際網路的先驅將線上平台視為自由的守護者與擴音器,他們認為,創造一個海納百川的平台能促進世界各地多元聲音的傳播,從而增進民主。如今,這種技術樂觀的承諾已在某種程度上實現了:網際網路確實讓人可以自主擷取內容,大大擴展了個人接收、創造和傳播各種資訊的能力,並從根本改變了人類與資訊以及人類彼此之間的關係。由於獲取資訊和對話的管道變得更為容易,人類與世界互動的方式有了翻天覆地的變化,無疑為個人和社會帶來巨大的好處。隨著網際網路繼續演變,它勢必會以我們意想不到的方式,繼續為個體和社會創造全新的機運。

但另一方面,網際網路也為個人和社會帶來負面的影響。儘管網際網路促進更多人與人之間的聯繫並鼓勵公民參與,它同時也是一個讓人更容易暴露到各種有害內容的管道。網站經常成為傳播假訊息、霸凌、仇恨及其他種種令人厭惡內容的平台,不僅破壞個人的安全與尊嚴,還撕裂社會,動搖了民主基礎。演算法可依據每位使用者的不同偏好提供客製化的內容,這不僅加劇了極化和分裂,還助長了更多極端主義的思想,進一步侵蝕社會凝聚力。[1] 網際網路不僅增加了自由、加強了民主,培養出平等與包容的社群文化;它同時也削弱了這些價值觀,建構出一

個任由監控資本主義蓬勃發展、社會分裂日益加深的生態系統。[2]

　　緩解網際網路對個人和社會帶來的危害，只是當前數位經濟治理諸多挑戰中的冰山一角。數位轉型帶來高度集中的經濟體系，少數強勢的企業掌控著龐大的經濟財富和政治權力，不僅限制了競爭，還擴大了數位經濟中贏家與輸家之間的距離。2020 年，全球前五大科技公司——亞馬遜（Amazon）、Apple、Google、Meta 和微軟（Microsoft）——合計創造了超過 1 兆美元的營收，並實現 1,970 億美元的收益。截至 2020 年底，這幾間公司的總市值高達 7 兆 5 千億美元。[3] 到了 2021 年，Apple、Alphabet、Meta 和亞馬遜的總市值超越了東京證券交易所兩千多家上市公司的總和；Apple 和 Meta 的市值加起來也超過了倫敦證券交易所市值前一百家公司的總和；光是亞馬遜的市值就超過了整個德國 DAX 指數，這項指數代表了約 80％ 德國上市公司的總市值。[4] 無庸置疑，這些科技公司能成長至今，是因為它們開發了全球消費者所重視的產品和服務。但法律也和它們站在同一邊。舉例來說，反壟斷法軟弱的執行力道，近一步助長了這些公司的成長，讓它們可藉由大量收購來獲取更大的權力。過去三十年來，亞馬遜、Apple、Google、Meta 和微軟合計收購了七百七十家新創企業。[5] Apple 執行長提姆・庫克（Tim Cook）表示，過去六年來，Apple 平均每三到四個星期就會收購一家新公司。[6] 回顧這段歷程，隨著產業日趨成熟，這些公司的權力似乎越發強大且集中，而其權力的運用幾乎不曾受到明顯的限制。

　　以下是我們應當擔心這些大型科技公司過度集中經濟、政治和文化權力的幾個原因。[7] 首先，這些公司掌控了各自對應行業大部分的財富，因此它們能收購任何威脅到其市場地位的競爭對手。其次，它們的經濟實力可兌現成政治影響力，它們可以憑藉這股力量說服立法機關，制定有利於鞏固自身權力的法規。第三，這些公司透過審核平台上的內容，

包含政治言論在內等社會對話,逐漸掌握了公共話語權,使其權力能滲透到民主與公共對話的線上基礎設施內。第四,這些公司控制了每位使用者每日所產生的大量個人資料,使用者一旦受其商業模式的經濟誘因所驅,它們就能榨取這些資料,從而對個人使用者擁有更大的掌控力。

有了上述不同維度的權力累積,這些公司成了現代經濟、政治和社會生活的中心。它們所擁有的權力變得如此龐大,甚至逐漸能與國家等級所行使的公權力相抗衡,這個現象也引起世界各國政府的高度關注。

由於權力的積累,科技公司如何行使影響力的決策變得更加重要且更具爭議性,也引發了關於社會和個人生活如何受這種多方面影響的重要討論。例如,當科技公司審核自家平台的內容時,往往得面臨試圖遏制有害言論而不壓制言論自由的重大挑戰。毫無疑問,這些公司在努力取得平衡的過程中經常出錯:有時未能有效限制有害言論的擴散,有時則審查了具有公共價值的言論。儘管它們想方設法刪除有害內容,但Facebook、YouTube 和 Twitter(現為 X)等主流平台上仍充斥著仇恨、危險甚至違法的內容。最令人不安的是,這些平台仍經常看得到恐怖主義的宣傳以及令人髮指的暴力內容。舉例來說,2019 年,紐西蘭基督城的清真寺發生了一起因仇恨動機而導致五十人遇害的屠殺事件,凶手竟在 Facebook 上直播他的殺戮行為。[8] 這起悲劇在 Facebook 及其他線上平台觀看人次爆表,儘管公司積極刪除不斷出現在網路上的複製影片,影片仍在這些平台上多次重播。另一方面,也有許多例子顯示平台方的內容審查機制矯枉過正。2011 年,YouTube 依據禁止顯示「遺體」的政策,下架了一段展現一名十三歲男孩在敘利亞戰爭罹難的影片。[9] 男孩的遺體確實令人怵目驚心,但影片的目的正是希望藉由這種震驚來引發國際社會對戰爭所帶來恐怖後果的關注,促使全球譴責敘利亞的壓迫政權。我們從這些例子可以看到,要以符合社會規範的方式劃清什麼是可

接受的言論、什麼不是，實在極其困難。內容審查本身就是個非常敏感的議題，儘管如此，許多政府監理機關卻將這些決定推卸給平台。

除了內容審查可能帶來的錯誤結果，審查所採用的方法也同樣令人擔憂。例如，除了依賴演算法，各大平台都設有內容審查員，根據所謂的社群守則來進行人工審查，決定哪些內容得以保留、哪些必須刪除。然而，2018 年德國《南德意志報》（*Süddeutsche Zeitung*）的一篇報導揭露了在第一線「清理」網路的審查員所承受的巨大心理傷害。[10] 這些內容審查員在低薪又缺乏就業保障的條件下，不斷暴露在無止境殘酷暴力的圖像瀑布流中。報導指出，德國的 Facebook 內容審查員每天得處理高達一千三百筆通報。[11] 2014 年，美國《連線》雜誌（*Wired*）有篇專文記錄了在菲律賓工作的 Facebook 內容審查員的日常，他們負責清理平台上的非法內容，時薪卻僅有 1 至 4 美元。審查員日復一日面對網路平台上最糟糕的內容。Google 審查員每天得篩選約一萬五千張圖片，內容包括兒童色情、斬首和虐待動物。[12] 2020 年，Meta 就一宗由超過一萬名內容審查員提起的訴訟達成和解，同意支付 5,200 萬美元的心理健康補償金。[13] 為了讓全球使用者在平台上可享受更安全、更文明的體驗，審查員付出了巨大的心理代價，他們的困境也赤裸裸凸顯出矽谷高薪權勢的科技巨頭與幕後清理有害內容勞動者之間的巨大差距。這種勞動代價進一步質疑了早期對網際網路的技術樂觀願景，當時，網路曾被形容成一股解放的力量，將拆除既有的權力機構，邁向「更人道、更公平」的世界。[14]

少數科技公司權力過度集中的另一個令人擔憂之處在於，它們將蒐集來的使用者資料納入商業模式，並對用戶的隱私產生深遠的影響。這樣的「監控資本主義」描繪科技公司如何榨取使用者私人生活的資料，並藉由投放精準廣告來將這些資訊商品化，威脅民眾的隱私權和個人自主權。[15] 在最糟糕的情況下，用戶的個資不僅可用於商業目的，還有可

能運用在政治目標上。劍橋分析（Cambridge Analytica）的醜聞便清楚印證了這項擔憂：英國政治顧問公司劍橋分析攫取了 Facebook 使用者的私人資料，並用於政治選戰，意圖影響選舉結果，支持川普當選總統。[16] 這類企圖操縱選民的行為案例不僅損害了個人隱私決策，還削弱了世人對民主的信任。[17]

網路使用者不僅容易受私人科技公司監視，政府也有可能利用科技公司及其數位工具來推動國家安全或執法目標。中國政府藉由臉部辨識等技術對中國公民的監視尤為深遠。中國已在境內安裝了數億台監視器，政府可以將影像資料與從其他管道所蒐集的個人資料相匹配，及時識別個人身分，甚至在政治抗議尚未發生之前進行預測防範。[18] 中國政府推出了以人工智慧驅動的監視計劃「雪亮工程」[19]，目標是建立一個「全域覆蓋、全網共享、全時可用、全程可控」的全國級監視系統，背後由中國的科技公司設立、維護。[20] 然而，網際網路不僅僅是威權政府的監視工具；包含美國在內的民主國家政府，也施行了大規模的監控計劃，正如美國國家安全局（National Security Agency，簡稱 NSA）的前承包商愛德華・史諾登（Edward Snowden）2013 年揭露美國機密資料史無前例的外洩事件所示。史諾登揭露的資料顯示美國國安局如何透過蒐集 Facebook 上的可用資料來進行對個人的大規模監控。[21] 在缺乏適當監理的情況下，任何政府都有可能受此類監控技術吸引，利用科技公司的監控能力來達成國家的政治或國安目標，即使政府知道，這樣的監控欺犯了公民的基本自由。

如今，這些擔憂將因人工智慧的快速進步而更加放大。特別是所謂生成式 AI（generative artificial intelligence）技術的創新，有潛力大大革新世人工作、處理資訊以及彼此互動的方式。最理想的情況下，生成式 AI 將使人類達到知識與生產力的新境界，帶來前所未有的經濟成長和社

會進步;然而,AI發展的速度也令技術人員、公民和監理機構惴惴不安。AI早已用於協助私人企業和國家政府的監視,以及操縱人類行為,但這些行為現在可以透過更大的訓練資料庫或更複雜的AI工具達到新的高度。世人愈來愈擔心這些強大的技術將為歹人所用,以此剝削、欺騙他人,或從事其他非法行為。不久的將來,應該就會有人利用AI製造一波波惡意假訊息。如今就連熱衷技術的人士也發出嚴厲的警告,直指不受監理的AI可能會導致上述擔憂成真,造成更多無法控制的危害,對個人和社會構成嚴重的威脅。最悲觀的預測認為,人工智慧將顛覆勞動市場,使人力資本變得過時而無用;甚至在最誇張的情況下,有可能摧毀人類。

隨著世人對於使用這些數位工具可能帶來的風險與潛在危害,以及科技公司手握龐大經濟實力和所帶來的社會影響愈來愈有所警覺,呼籲這些公司加強監理的聲量也日益高漲。近期有些政府已開始回應民意,行使其監理權力,知名媒體因此宣稱「科技公司面對全球管制的轉捩點已經到來[22]」,並形容「大型科技公司正面臨監理浪潮的衝擊」。[23] 過去十年間,歐盟一直是監理先鋒,經常利用反壟斷法、資料保護法和其他監理法規來重掌對這個產業的控制權。[24] 然而如今歐盟已不再是唯一正面挑戰科技巨頭的力量。中國政府也開始以「共同富裕」的口號,對科技業進行前所未有的整頓,確保科技巨頭不會凌駕國家。[25] 即便是長期開放的美國,也順應這個趨勢有所轉變,美國國會正在重新評估修改反壟斷法、制定聯邦隱私權法,或重新審視1996年《通訊規範法》(Communications Decency Act)的必要性,這項法案目前保護網路平台不必因承載的內容承擔法律責任。[26] 然而,儘管科技業所帶來的問題已讓世人普遍認同,數位經濟需要管制;各國政府該如何具體落實管制,卻遲遲沒有共識。

數位帝國：三種監理模式的競爭

目前，可喻為「數位帝國」的主要數位強權有三：美國、中國和歐盟。這些網路時代的現代帝國除了擁有領先的技術、經濟實力和監理量能，也具備野心和實力，為自身的利益與價值觀形塑全球的數位秩序。它們各自為國內的數位經濟發展出獨特的治理模式來反應不同的意識形態。如同過去的帝國，這些數位強權也在對外輸出國內的模式，擴展各自的勢力範圍，從而將其他國家拉入美國、中國或歐盟這幾個數位帝國的勢力圈內。有別於以往基於地理疆界的傳統帝國，這類數位帝國更接近二十世紀以經濟、軍事和文化力量跨越國界的非正式帝國，藉由權力的不對稱創造對外國社會的影響力。當今的數位帝國主要藉由出口科技公司、技術及規則來影響其他國家和個人，讓這些群體逐漸適應並傾向支持帝國所倡導的規範和價值觀。

這幾個數位帝國對數位經濟的願景各不相同，體現在國內採用並推廣至國外的監理模式。這三種主要的監理模式代表三種「數位資本主義的變體」，立基於不同關於市場、國家、個人與集體權利之間的關係。[27] 正如本書所述，美國開創了市場導向模式，中國採取國家導向模式，歐盟則推動權利為本模式。這些監理模式與基於不同經濟理論、政治意識形態和文化認同所做出的社會選擇互相呼應。制定數位經濟監理政策時，這三個不同司法管轄區的政府都得在支持技術創新與考量技術對公民自由、財富分配、國際貿易、社會穩定和國家安全等重要政策影響之間取得平衡。這種巧妙的平衡讓各個監理模式之間既有共通之處，也存在顯著差異。每個模式都涉及有爭議的政策選擇，也都因不同的原因遭受批評。目前，哪一種監理模式最適合打造活絡且具韌性的數位經濟社會，並沒有全球的共識。

美國傳統上遵循市場導向的監理模式，為迄今全球數位經濟奠定了基礎。[28] 美國的監理方式著重保障言論自由、網路自由以及激勵創新，特色是明顯的科技樂觀主義和對創新的不懈追求。[29] 對於美國政府而言，網際網路一直以來不但是經濟繁榮和政治自由的基石，更是推動社會轉型和進步的工具。美國的市場導向模式展現了對市場的絕對信任，主張政府應扮演有限的角色。根據這種技術自由主義觀點，政府的干預不僅會損害市場的高效運作，還可能削弱個人自由。因此，就經濟層面來說，美國對創新和成長的承諾提供反對政府干預的理由；而對個人自由的承諾，則成了限制政府角色的政治依據。將政府的干預降至最低，是營造充滿活力的民主社會之重要因素，而這種社會的特徵，在於言論自由和多元聲音的公民參與。從這個角度來看，民眾僅期望政府在保護國家安全時介入，例如資安議題，美國政府就可出面與科技公司共同參與應對。

無庸置疑，當今塑造我們日常生活的許多重要創新都來自矽谷，而矽谷的創新直接受惠於美國的市場導向模式。但同時，隱私權倡議人士和其他批評者認為，這種對創新的熱衷背後的代價，其實犧牲了網路使用者的權利。歐盟與這些倡議人士的立場相同，主張在缺乏監理保障的情況下，公共及私人監控若以美國模式蓬勃發展，將嚴重損害個人隱私權和政治自主權。從這個角度來看，一個由科技公司商業模式所主導的世界，會使網路使用者受行為定向廣告和操縱的影響，從而削弱個人選擇權、自由權與自治權。[30] 美國模式因此會損害個人在民主社會行使自主權的能動性。近期幾個備受矚目的醜聞凸顯了這個問題，包括上述的史諾登洩密事件和劍橋分析醜聞。歐盟與其他市場導向監理模式的批評者也指出，Facebook、Twitter、YouTube 等平台屢次未能有效移除 COVID-19 大流行、民主選舉等相關主題的惡意假訊息。以 2021 年 1 月

6日美國國會山莊騷亂事件為例，這起事件的起源，就是社交媒體上各種聲稱選舉造假的惡意假訊息推波助瀾所致。[31] 因此，嚴格來說，縱使美國的市場導向模式在創新與經濟成長方面具有培育科技公司的優勢，但這種經濟利益卻冒著侵害基本權利、人性尊嚴、政治自主和民主的風險，並以此為代價。

與美國市場導向的監理模式相比，中國的監理模式以國家導向的數位經濟願景為本。[32] 中國政府力求最大程度提升國家科技主導地位的同時，也意圖維護社會穩定並掌控市民的通訊。[33] 中國決心利用科技推動經濟成長，目前正進行一項由國家主導的空前計劃，目標是成為領先全球的科技超級大國。除了追求經濟發展，中國政府還致力利用網際網路作為控制、監控和宣傳的工具，進一步強化中國共產黨的政治控制力。中國共產黨透過私人科技公司的力量來實現目標：作為早期寬鬆監理以促進發展的回報，這些中國科技公司充當起中共的代理人，代國家監控國內的使用者。然而，近年來，中國政府開始認為，這些大型科技公司已變得過於強大，於是對國內科技業展開了一場史無前例的整頓行動，通過反壟斷法來遏制阿里巴巴和騰訊等科技巨頭。值得注意的是，這個數位監理的最新轉向仍遵從中國政府的根本目標：鞏固國家對數位經濟的控制——而這正是中國監理模式的核心特徵。

跟美國一樣，中國在推動技術創新方面成績斐然，阿里巴巴、騰訊和華為等領先科技公司因而崛起。然而，中國由國家導向的監理模式也被愈來愈多民主國家批評，畢竟中國政府正有系統地利用網際網路作為審查和政治控制的工具。包括美國和歐盟在內，許多國家譴責中國政府大規模禁止、過濾網路內容的政策，並戲稱為「防火長城」。Google、Meta 和 Twitter 等多家外國公司成了這項政策的直接受害者，它們大多因中國政府廣泛的審查政策，而不得不放棄中國市場。[34] 此外，中國為了

執法目的而大規模部署的人臉識別科技也在國際間飽受譴責。[35] 根據納稅情況或犯罪記錄等對公民進行信用評分的社會信用體系同樣引發了深刻的疑慮。[36] 這些例子說明了中國政府如何將網際網路從推動民主的工具轉變為效力獨裁的器械。因此，中國利用資料作為社會控制工具的做法，與歐美普遍公認網路應促進個人自由與社會自由的觀點形成了鮮明的對比。中國透過這種模式向世界展示：自由並非網際網路固有的特徵，易受掌權者政治選擇影響的脆弱性才是。

歐盟的監理模式又與美國和中國不同，明顯以權利為本。[37] 歐盟採取以人本為核心的方式來監理數位經濟，並以基本權利和公平市場的概念構成監理的基礎。[38] 因此，為了維護個人的基本權利、保障社會的民主結構並確保數位經濟的利益得以公平分配，監理干預有其必要。科技必須以保障數位公民的政治自主權為目標，以此賦予人類力量。與著重保護言論自由作為基本權利的美國模式不同，歐盟模式試圖在言論自由與其他基本權利之間取得平衡，例如人性尊嚴和隱私權。有別於以控制數位經濟來強大國家自身的中國模式，歐盟模式的宗旨在於增強（而非限制）公民面對科技公司和國家的權利。此外，歐盟的監理模式還強調，數位轉型必須牢牢緊繫法治和民主治理。美國的市場導向模式常強調政府不理解科技，因此不應規範科技；歐盟以權利為本的模式則更擔心科技公司不了解憲政民主的核心價值或網路使用者的基本權利。[39] 因此，在歐盟的監理模式下，政府必須以保護權利為目標，引領數位經濟發展，畢竟這些權利才是民主自由社會的基石。

民權倡議人士常讚揚歐盟對基本權利、人性尊嚴和民主社會的承諾，尤其是歐盟透過監理動作引導數位經濟朝向這些價值發展的努力。然而，許多產業倡議人士及橫跨歐盟與其他市場（尤其是美國）的企業，對歐盟以權利為本的監理模式則抱持較為負面的看法。他們認為這

種模式過於保護，削弱了科技公司的創新動力，從而限制社會所依賴的科技與經濟進步。歐洲鮮少有成功的科技巨頭崛起一事，就常被歸因於歐盟的保護性法規干預了科技公司的創新熱情。[40] 許多美國政治家、科技公司和其他支持美國監理模式所擁護的言論自由理念的倡議人士也聲稱，歐盟以權利為本的模式有可能危及言論自由，扼殺公共辯論。特別是像 Google 這樣的美國科技公司認為，歐盟的內容審查規範反而導致有害的審查，包括針對網路仇恨言論的規定，以及歐盟《一般資料保護規則》（*General Data Protection Regulation*，簡稱《GDPR》）中的「被遺忘權」條款。[41] 換句話說，這些批評者認為，歐盟過度強調以權利為本的監理模式，反倒會損害經濟發展和政治自由。

從上述針對三種主要監理模式的粗略概述，我們得以看出它們之間的顯著差異。但這些模式仍有一些共同點。儘管它們對市場、國家或個人及集體權利的優先順序有所不同，每個模式最終都涵蓋了所有元素。在美國，市場並非總是占上風；在中國，政府不見得真能控制一切；在歐盟，網路使用者的權利也不是永遠凌駕其他政策考量。然而，面臨數位經濟監理政策權衡與利益平衡的當下，各司法管轄區往往會回歸其特有的監理模式核心原則：美國傾向依靠支持市場的本能來限制政府干預；中國會以確保政府利益受到保護的方式做出回應；歐盟則會以提升數位公民權利為政策制定的核心。這三種模式之間持續存在的差異引發了緊張和衝突，進而形成當今數位經濟中具代表性的競爭狀態。

帝國的競爭：兩個層面的戰爭

數位經濟的全球性，使得這些具主導性的監理模式橫跨不同司法管轄區，影響國外社會，改變國外個人的生活。因此，這些模式經常在國

際場域碰撞衝突,導致數位帝國內部和帝國之間都有激烈競爭。這些帝國之間的競爭對於全球數位秩序的演變至關重要,這個秩序不僅由帝國自身塑造,更深受其間彼此爭奪影響力的競爭所形塑。這些競爭發生在兩個層面:首先,各國政府之間存有水平競爭,正如美國、中國和歐盟之間關就數位經濟的規範與價值觀所展開的衝突。然而,政府間的水平競爭也受各國政府與其監理的科技公司之間的垂直競爭影響,後者往往也是競爭的核心所在。這些垂直競爭在不同的司法管轄區呈現出各自的發展軌跡,並反映三種監理模式的差異。種種水平和垂直的競爭戰緊密交織在一起,反倒限制了任一政府在每場競爭中所能採取的策略。例如,美國政府不願對科技公司採取過於嚴厲的監理,以免削弱公司的創新能力,從而在與中國爭奪科技至上的水平競爭中失去優勢。錯綜複雜的水平、垂直競爭戰往往交織出偏向限制性的策略,導致衝突在升溫與降溫之間交替變化。這樣一場持續但可控的動態競爭,雖防止了科技戰的全面爆發,但要達成穩定休戰,也難以實現。

政府間的水平競爭

討論數位領域大國競爭的公開評論,大多集中在美中這兩大領先科技強國之間的技術競爭。[42] 在這樣的敘事下,歐盟常會被忽略,僅被視為旁觀者,在兩個爭奪科技霸權的大國之間夾縫求生,苦苦發展自身的科技業。[43] 但事實上,在這場競爭中,歐盟早已藉著成為數位經濟最強大的監理者而站穩地位;它擁有獨特的影響力,可將數位經濟轉向更符合其價值觀的走向。不過歐盟的所作所為也常招來強烈批評,尤其是美國科技公司和美國政府的砲火,進而導致美歐之間激烈的監理衝突。[44] 因此,本書將數位經濟的水平競爭定位為美國、中國和歐盟之間的競爭。

在爭奪數位經濟影響力的競爭中，美國、中國和歐盟各自根據自身獨特的政策目標來展開水平競爭。對於美國來說，最重要的目標是在國內外推動開放市場和網路自由。[45] 這項政策計劃將美國科技公司追求國際擴張的經濟利益，以及美國政府可在國外促進民主及自由的外交政策利益融合在一起。為了實現目的，美國挑戰了妨害其科技公司經濟利益的外國法規，並譴責世界各地妨礙言論自由和政治自由的各種網路審查企圖。近來，美國將焦點轉向與中國的技術競爭，決心確保自己這方面的領先地位。對於中國來說，水平競爭最初是一場防守戰。中國政府關注的是政權生存、政治控制和為「網路主權」制定自身規則的權利，重點在於保護中國市場以及中國公民免受境外的勢力影響。[46] 但中國政府也漸漸開始在科技競爭中採取攻勢，既是為了在多變的世界中更加自立自強，也是為了在美中兩個超級大國之間，在更多相對經濟、地緣政治甚至軍事力量的競爭中戰勝美國。[47] 而對於歐洲來說，這場競爭的焦點主要在全球化的背景下，保障歐洲公民的基本權利。[48] 歐盟正努力約束監控資本主義，保護歐洲公民免於美國科技巨頭的剝削。同時，歐盟也致力保護歐洲公民免受美國和中國政府的監控，畢竟這些監控在數位時代下變得更加容易操作。除了防禦性策略，歐盟也愈來愈努力豎立「數位主權」的大旗，建立自身的技術能力，擺脫對美國和中國技術的依賴。[49]

這場水平競爭已演變成多場對抗，其中又以持續升溫的美中科技戰最為突出。[50] 這場對抗重新活絡了美國的出口管制制度，因為美國政府正在限制關鍵技術從美國流向中國。[51] 這場戰鬥也讓美國強化了外國投資人的審查程序，為的是限制中國投資人收購並掌握美國技術的可能性。[52] 中國也做出了類似的回應，不僅進一步限制美國科技公司進入中國境內市場，還加強控制本國的關鍵技術，包括機密數據資產不得流出中國。[53] 甚至股票市場如今也是美中相互角力、力求脫鉤的戰場，兩國

都收緊了對外國企業在本國上市的規定。[54] 兩大國也持續不懈投入科技實力建設，以獲取新的技術實力，同時減少對彼此的依賴。這場對抗帶起了在半導體、電池和人工智慧的補助競賽，甚至鼓舞了其他政權的技術民族主義。

除了與中國競逐新科技霸主，美國還在技術的管理上與歐洲展開競爭。[55] 這場橫跨大西洋的監理之戰，爭論核心在於資料流（data flows）的規範：政府能否以執法或國家安全為由，對個人隱私權進行監控，對此美國和歐盟持有不同觀點。[56] 另一個重要張力來自科技巨頭的稅收問題，歐盟堅持，它們有權對美國大型科技公司在歐洲賺得的部分營收進行徵稅。[57] 此外，歐盟還大力運用反壟斷法來約束美國公司的商業行為。[58] 在這場競爭中，歐盟擔心美國的科技公司過度擴張；美國則擔心歐盟的監理機構過度干預。美國認為歐盟的監理手段過於嚴格且具有保護主義色彩，認為那些手段針對比歐洲本土企業更成功的美國公司進行不公平的打擊。歐盟則以堅決維護主權為回應，強調歐盟有權維護公平競爭的市場，以確保歐洲公民的基本權利有所保障。因此，美歐監理之爭的核心問題在於誰有制定數位經濟規則的話語權，以及這些規定將塑造出什麼樣的數位社會。

政府與企業間的垂直競爭

美國、中國和歐盟不僅身處彼此之間的水平競爭，也都各自同時與自家市場上的科技公司進行垂直競爭。這些科技公司擁有強大且全球性的私人影響力，甚至可喻為新興的帝國。[59] 兩個垂直競爭的特徵使得局勢變得更加複雜。第一個特徵是，科技公司既是政府的監理對象，也是政府可利用的工具。政府一方面要試圖限制這些公司的權力，另一方面

又要借助這些公司來參與水平的競爭，使得垂直競爭關係變得相當微妙。例如，中國依賴國內科技公司進行監控並執行審查作為，美國利用科技業來達成國家安全目標，歐盟則委派科技公司落實符合規範的資料隱私及內容審查制度。同時，三方都需要這些公司來促進經濟成長和技術發展，提升各自在水平競爭中的經濟和地緣政治實力。由此可見，對各國政府來說，科技公司既是盟友，也是敵人——在幫助達成部分政策目標的同時，也可能牴觸其他政策目標。因此，政府的挑戰在於施加恰恰好的監理限制措施，同時保留科技公司能在其他戰場上發揮強大作用的能力。

第二個特徵是，這些垂直競爭因為全球市場的特性變得更加複雜，科技公司得同時滿足「多重主人」的各種要求。[60] 這些公司常常面臨不同政府之間相互矛盾的要求，最終導致它們無法同時滿足各方條件。例如，在一場從 2013 年開始、持續近十年的訴訟中，美國執法部門要求微軟交出存放在歐洲伺服器上的使用者個資，歐盟監理機構則根據歐盟的資料保護規則要求微軟不得交出這些資料。[61] 2021 年，Apple 和 Google 迫於俄羅斯政府的壓力，刪除了由反對派領袖阿列克謝・納瓦尼（Aleksei Navalny）的盟友所設計的應用程式，這個程式會協調俄羅斯選舉中的賭爛票，幫助俄羅斯選民選擇最有機會挑戰執政黨的非執政黨候選人，從而在選舉中對抗俄羅斯政府的影響。儘管下架應用程式的舉動與兩個公司在國內支持自由和民主的承諾有所矛盾，它們仍然妥協了。[62] 目前，隨著俄羅斯入侵烏克蘭，這些大型科技公司正面臨來自烏克蘭、俄羅斯、歐盟和美國的各種矛盾要求，如何規範平台上戰爭相關的虛假資訊與政治宣傳，成了新的難題。[63]

美國科技公司在中國發展所面臨的平衡挑戰，更是極為棘手。[64] 例如，Apple 在美國和歐盟都積極倡導資料隱私和公民自由的重要性，但

為了能在中國順利運作，不得不做出多項妥協。Apple 同意將中國使用者的資料存放在由中國政府雇員管理、座落在貴陽的資料中心。此外，Apple 還藉由演算法和員工人工過濾等方式，積極在其中國的應用程式商店進行審查，封鎖不符合中國政治領導層標準的應用程式。另一個案例是 2017 年，Google 曾試圖開發一款為中國市場量身定做的審查版搜尋引擎，試圖保住中國市場的運作權，但由於美國國內批評 Google 屈服於中國審查要求的聲浪高漲，隔年 Google 最終還是放棄了這項計劃。[65]

近年來，海外的中國科技公司也不得不面對監理機構之間相互矛盾的要求。2020 年，中國公司字節跳動旗下的社群媒體公司 TikTok 試圖遵循美國政府的要求，尋找美國的買家，以免被完全禁止；中國政府卻頒布禁令，禁止人工智慧技術出口，進而抵觸到美方所要求的出售行為。[66] 同理，中國的叫車軟體公司滴滴出行在美國首度公開發行的過程中，也身陷美中兩國對資料揭露要求的對立困境之中。美國證券交易委員會要求滴滴交出資料，而中國政府則堅持資料不可外流，最終導致滴滴從紐約證券交易所退市。[67] 這些案例說明了各種垂直競爭如何相互碰撞，迫使公司面臨艱難、甚至無法抉擇的兩難——究竟應該遵從哪一方的要求。

▎水平與垂直競爭交織：促成克制的力量

　　水平和垂直的競爭在許多方面交錯碰撞，迫使各國政府必須同時應對各種要求，有時甚至還得協調矛盾的強制需求。這種水平與垂直競爭的相互作用，使得政府在推行監理政策時面臨更多限制，往往不得不採取更為克制的策略。在水平競爭中，各國雖處於競爭狀態，但仍彼此依存。例如，美國政府希望能遏制中國的科技霸權夢，但同時也得維持美國公司進入中國這個龐大且利潤豐厚市場的機會。美國的出口管制制度恰好體現了這種矛盾：美國對許多向中國出口的敏感技術設有出口許可

證的要求;然而,實際狀況卻是,政府常常准許這些許可,以減輕對美國公司輸出相關技術時所面臨的成本。[68] 此外,美國雖然反對歐盟針對美國科技公司的諸多法規,但美國也有意化解跨大西洋的緊張局勢,它需要歐盟這個盟友與政府聯手,共同應對中國的挑戰。[69]

政府在與科技公司的垂直競爭中同樣受限,畢竟政府若想取得水平競爭的勝利,這些科技公司至關重要。例如,美國政府需要強大的科技業在 AI 競賽中領先中國,並維持整體的科技主宰力。近期,美國國會開始討論是否應更加積極執行反壟斷法時,這些領先的美國科技公司警告,若它們的商業行為受到過於嚴苛的監理限制,將會削弱美國與中國科技巨頭競爭的實力。[70] 歐盟監理機構也同樣面臨這種微妙的平衡。歐盟在全球數位經濟中制定規則的實力,取決於跨國科技巨頭是否認為,遵守歐盟規範的成本低於退出歐盟市場的代價,以及遵循歐盟規則的全球化所帶來的收益,是否高於為不同市場談判與提供定制產品的收益。一旦歐盟過度施壓,這些公司可能會選擇退出歐洲市場,轉而追逐其他市場的利潤。[71] 若真如此,歐盟數位經濟規範方面的影響力將會徹底削弱,同時損及歐盟在水平競爭的地位。因此,水平垂直錯綜複雜互相影響的結果在於,我們可以觀察各方都持更加克制與綏和的做法,而非在單獨只有垂直與水平競爭的情況下可能引發的激烈競爭。

不同戰場的交互作用,迫使所有參與者都選擇偏向克制的策略,這讓衝突得以持續進行,卻又保持在可控的抗爭程度內。在關於數位經濟未來的公共討論中,我們常常聽到各界人士預測極端的結果;上述互相依存的關係,解釋了為什麼極端的結果不太可能成真。[72] 這類公眾評論往往設想二元的結果──世界必須在美國和中國之間二選一。[73] 未來要麼仍是一個全球互通的網際網路、要麼是支離破碎的「分裂網」(splinternet);[74] 又或是政府/科技公司將主導規則的制定。[75] 然而,用

這樣的二元思維來界定問題，往往忽略了形塑全球數位經濟的複雜動態網路。要是我們更仔細檢視這些關鍵戰場中的相互依存關係，就會發現網際網路不會是完全全球化的，但我們也不會見證到徹底的脫鉤；中國不會完全壓過美國，美國也無法完全凌駕中國；政府不會對科技公司取得完全的勝利，科技公司也無法脫離政府的監理。反之，數位世界的未來可能更接近歐洲外交關係協會理事長馬克‧里歐納德（Mark Leonard）所描述的「非和平時代」：一種地緣政治秩序，國家之間的聯結過於緊密，全面戰爭變得不切實際；但又因彼此分歧深遠，而無法實現真正的和平共處。[76] 在這個高度連結又充滿衝突的世界中，戰爭的成本高昂，分歧將持續存在，不過最終也會在可控範圍內——帶來的勝利也將是相對，而非絕對的。

帝國的擴張：影響全球的監理模式

除了相互競爭，這三個數位帝國還向其他國家輸出監理模式，藉此爭奪全球的影響力。美國（市場導向）、中國（國家導向）和歐盟（以權利為本）試圖將各自的模式推向全球，好讓其他國家向相應模式所內含的規範和價值觀靠攏。因此，問題不僅僅是美中兩國何者能在科技戰中勝出，更根本的問題在於，全球數位經濟究竟會走向美國的市場導向模式，還是中國的國家導向模式。同樣地，歐盟模式的成功不僅取決於歐盟是否能在美歐監理戰中有效限制美國科技公司的市場力量，還在於歐盟是否能夠引領全球數位秩序朝向符合歐洲以權利為本監理模式的基本價值觀。

當這些監理模式輸出至其他國家，會在當地產生「正外部性」與

「負外部性」。正面的外部性像是，當外國公民使用美國公司的數位科技提升生產力、或參與他們認為有價值的公共對話；當外國政府利用中國的監控技術來提升公共安全，造福公民；或當全球因歐盟法規的推動而提升資料保護標準，隱私權倡議人士所看到的種種，都是正面影響。然而，外部性也有可能是負面的，對外國社會造成傷害，並引發對數位帝國擴張主義的負面聯想。[77] 儘管這三大數位強權並未刻意追求對不買單的民眾或政府的掌控，但批評者可能會指責美國推行「自由貿易的帝國主義」、中國實施「監控的帝國主義」或歐盟在推動「監理的帝國主義」。這些指控反映了數位帝國在全球擴張的動態下，核心與邊陲之間權力不對等的現象。

美國市場導向的監理模式正日益成為全球關注的焦點。由於數位經濟全球化的特質，美國模式的影響彷彿無時無刻無處不在，不斷影響我們的生活。相對有限的隱私保護、反壟斷法軟弱的執法，以及對網路平台的放任態度等因素，造就了一個由大型美國科技巨頭所主導的全球現況。這些科技巨頭現正深深影響著世界各地數位公民的生活。WhatsApp 遍布一百八十個國家共二十億名用戶，每天發送超過一兆條訊息。[78] Google 在超過兩百個國家運作，全球的使用者每天進行超過五十億次的 Google 搜尋。[79] 沒有人會否認，這些科技巨頭確實促進了全球人與人之間的聯繫，並為全球網路使用者提供許多有價值的服務。

但這些公司也常以令人憂心的方式深刻地影響外國社會。例如，對於美國公司不斷追求科技創新與商業利益，犧牲公民個人和集體權利的批評聲浪不斷升高，儼然已是一個全球性的議題。要了解美國監理模式的缺陷會怎樣影響全球，我們不妨看看 Meta 在促成 2020 年英國脫歐運動中所扮演的角色。Facebook 的演算法放大了支持脫歐運動中較情緒化、更具爭議性的資訊，讓留歐派較不具煽動性的社群媒體資訊黯然失

色。[80] 而在脫歐投票前夕，Twitter 還任憑俄羅斯干預公投：公投前幾天，有超過十五萬個俄羅斯 Twitter 帳號發布了脫歐相關的資訊，鼓勵民眾支持脫歐。[81] 另一個同樣令人震驚的事件是，2018 年 Meta 承認，它未能及時介入並刪除由緬甸軍方和激進派佛教團體所發布的內容，這些團體利用 Facebook 平台散播針對少數民族羅興亞族的仇恨與歧視言論，其中包含不少去人化（dehumanizing）的貶抑性措辭，甚至還有呼籲消滅羅興亞族群的貼文。[82] Meta 不僅未能成功刪除這些煽動仇恨的內容，反而成了宣揚種族主義攻擊和種族清洗的平台。[83] 這些震驚全球的事件不僅源於美國科技公司的商業模式，更可追溯到讓這些商業模式得以發展並延續的美國監理體系。

中國國家導向的監理模式正日益影響全球，中國科技公司——以及其背後實際掌控的中國共產黨——對外國社會產生的影響，也引發了外國政府和各國公民的關注。中國政府利用網路作為掌握和監控的工具眾所皆知。[84] 大部分的監控針對境內，目的是為了遏制政治異論，維持國內社會穩定。然而，不少民主國家的政府和人權倡議人士愈來愈擔心中國的數位威權主義正向全球蔓延。隨著中國企業在眾多司法管轄區建立數位基礎設施，這種威權模式正在全球扎根，而這正是中國「數位絲路」宏大計劃的一部分。[85]

這類擔憂成真的一個典型案例，位於衣索比亞首都阿迪斯阿貝巴的非洲聯盟總部。[86] 中國政府負責建造並資助非盟的建築群，中國通訊科技巨頭華為則承包了建築大部分 IT 服務的解決方案。然而 2018 年 1 月，法國《世界報》（Le Mond）揭露了一項針對非盟總部長達數年的駭客攻擊行動。[87] 報導指出，從 2012 年 1 月至 2017 年 1 月，非盟大樓內的伺服器每天晚上十二點至凌晨兩點期間，會將資料傳送至位於上海的未知伺服器。資料竊取事件曝光後，更進一步的調查還發現總部被藏入了麥

克風，夾在辦公桌和牆壁裡頭。[88] 中國公司是否有將海外業務所得的資料傳給中國政府，往往難以證實，但對於從事這類間諜行動的潛在嫌疑，已影響到華為等公司的商業機會。[89] 美國政府目前正禁止華為進入美國的網路產業，並敦促其他國家採取相同行動，積極主導遏制華為及（美國宣稱）中國政府的全球影響力。[90] 這場涉及美國政府與中國華為的對抗，展示數位帝國對另一國領土的滲透事件，如何演變成影響全球的升溫衝突。

歐盟以權利為本的監理模式也和美國與中國模式一樣，影響遍布全球市場。歐盟模式所帶來的外部性，源於歐盟法規在全球的廣泛影響力。當今最高度限制科技公司權力的法律，往往可以追溯到由歐盟委員會（位於布魯塞爾）專員擬訂、並交由歐洲法院（位於盧森堡）法官裁決的法規。這些法律要求加強重視資料隱私權、更公平的競爭，以及減少有害內容等等，從而影響了科技公司全球的商業行為，進而影響全球的數位公民。[91] 幸虧歐盟的努力，如今外國網路使用者才可享有更多的隱私保護，並在網路上接觸到較少的仇恨言論。儘管許多人樂見歐盟法律的全球影響力，但也有些人批評歐盟推行數位保護主義和監理帝國主義，認為那對創新和言論自由的介入已超越歐洲本土，波及全球。[92]

無論你對歐盟法規有何看法，沒有人能否認其影響力已遠遠超出歐盟疆界。2020 年 6 月，歐洲法院做出一項重大決定，以美國資料隱私保護不足為由，廢止了此前支撐跨大西洋資料傳輸的《歐美隱私盾》（*EU–US Privacy Shield Agreement*）協議。[93] 此舉讓跨大西洋的商業活動陷入混亂，畢竟暢通的資料流通對於支撐高達 7 兆美元的跨大西洋經貿關係來說至關重要。Meta 甚至在 2022 年提交給美國證券交易委員會的年度報告中警告，若政府未能協商出解決跨大西洋資料傳輸問題的解方，公司也許不得不將 Facebook 和 Instagram 等核心服務撤出歐盟。[94] 若真如

此,非洲、亞洲、澳洲以及美洲的使用者將無法與身處歐洲的親友保持聯繫。這僅僅是所謂「監理帝國主義」的其中一個實際案例,批評者認為,歐盟未經外國監理機構、公司或網路使用者同意,就恣意將資料隱私的規範推行至全球。[95]

上述例子說明了美國、中國和歐盟如何向海外輸出各自的監理模式,擴展各自的勢力範圍並成為擴張主義的新帝國,每個勢力都有各自的全球野心和獨特的影響手段。美國的全球影響力體現在科技公司的領先地位,這些公司在全球數位領域手握著強大的私人權力;[96]中國的全球影響力源自基礎設施的力量,與中國政府緊密相連的所有中國企業,都在各地建設關鍵數位網路基礎設施,不論距離遠近;[97]歐盟則主要透過監理權力影響全球,將歐洲的數位標準深植於全球市場。[98]正如傳統帝國,這些數位帝國的成長與擴張,受到其他數位帝國試圖以其首要機制擴展影響力所牽制。因此,尚未選邊的外國市場往往成了重要的角力發生地點,當地政府得在美國的商業公司、中國的基礎設施以及歐盟的法律規範等各自的影響力之間做出抉擇。這些政府必須決定,像是是否允許中國的華為公司在中國政府大力資助的情況下,建設國內的數位基礎建設,儘管美國政府強烈反對這項動作。它們也得考量,是否要讓過大的美國公司在國內市場中繼續擴大影響力,從而塑造國家經濟和社會的樣貌;或是選擇加入歐盟陣營,一同限制這些公司的行動。

美國的私人權力、中國的基礎建設權力以及歐盟的監理權力,帝國般的投射影響力已經深植全球各地的經濟、實體和法律社會。縱使對這些數位帝國擴展全球影響力的批評不無道理,但外國的利害關係人往往將美國、中國和歐盟形容成「邀請式帝國」。[99]舉例來說,許多外國的消費者樂於接受美國科技公司進入市場,並日益依賴公司所提供的產品與服務;許多外國公民也相當歡迎歐盟數位法規的全球影響力,因為這

些法規有助於保障隱私、營造更安全的網路環境。同理，不少外國政府自願效法歐盟法規，因為它們認為，這些規範對社會有益。至於中國的數位絲綢之路不僅是政府有意為之的擴張策略，許多外國政府（特別是發展中國家）也視中國的基礎設施和資金為推動數位發展的重要途徑。因此，今日的數位帝國在影響所及之地，既可能被視為典範，也可能成為眾矢之的。

誰將寫下數位經濟的未來？

未來幾年，關鍵問題便是這些爭端將如何演變，以及究竟哪種監理模式（如果有的話）會主導未來。在公眾討論和新聞評論中，對數位經濟未來的常見看法，是認為這場競爭主要會發生在美中兩國之間。這兩大數位強權不僅正在爭奪科技霸主的地位，還在全球對數位秩序的願景上展開價值觀的根本較量：美國的經濟自由與政治自由願景，對上中國結合科技進步與國家控制的願景。然而，這種讓歐盟及其他國家被迫在兩種數位模式中選邊站的論述，錯誤地將主要戰線劃定在美中模式之間。反之，正如本書所述，美國市場導向的監理模式正在衰退，因為世界各國正日益拒絕將自由市場和言論自由作為數位經濟的基石。[100] 就連美國自身也開始質疑不受監理的數位市場有何利弊，民眾則普遍支持更強而有力的科技監理，國會也正在討論立法改革的必要性。拋棄美國的監理模式後，現在全球各國都在面臨抉擇：要麼聚眾在中國主導的模式下，要麼採納歐洲以權利為本的監理模式。在這個情境下，美國可能也被迫做出選擇：與歐盟及其他民主國家聯手（對抗中國），或接受中國對全球數位經濟日益成長的影響力（加入中國）。

中國國家導向的監理模式有望勝出的未來，對美國及其盟友而言，既真實又不安。尤其是當非洲、亞洲和南美洲有愈來愈多國家，在金融和地緣政治等考量之下，開始引入中國技術並隨之採納中國國家導向的監理模式。美國及其他民主國家仍對中國政府實行審查制度、壓制個人權利，以及利用網路進行監控的手法憂心忡忡。然而，許多追求政局穩定的極權統治者樂於接受中國模式的特質，藉此鞏固政治控制、壓制異己，維護自身權力。隨著愈來愈多國家的民主體制逐漸式微，當今世上這類型極權領導人的數量也正不斷增加。[101]

相較之下，對民主世界而言，歐盟以權利為本的監理模式正逐漸成為代替美國市場導向監理模式的最佳選擇。[102] 歐盟模式強調一系列價值觀──從基本權利、公平到民主，而這也正是當今科技巨頭動不動就侵犯到的價值觀。歐盟的監理方式也因近期多起有關資料隱私和假訊息的知名醜聞而廣獲支持，這些事件都進一步削減了公眾對科技公司的信任，並提升歐盟在全球監理論述中的地位，促使各國紛紛效仿。隨著愈來愈多美國公民對自由市場、惡毒的網路言論、隱私權一再遭到侵犯，以及不受監理的科技公司所帶來的其他危害等現況感到失望，眾人也樂見美國轉而走向歐盟以權利為本的監理模式。

然而，也有不少人對於效仿歐盟模式持保留態度，他們擔心倘若政府介入、以國家監理取代企業的創新自由，可能會損害技術和經濟的發展。然而，本書將論證的是，數位監理愈多，創新不見得會愈少。反之，歐盟至今無法培育出自己的科技巨頭，原因並不在於數位監理，而是各種其他政策阻礙了歐洲的科技發展所致。這個觀點應該可以緩解美國政策制定者及其他利害關係人對於引入歐盟式數位監理所帶來影響的擔憂，為美國的落地奠定基礎。另一個美國願意更緊密與歐盟接軌的原因是基於整合民主陣線以遏制中國影響力日益成長的迫切需求。美國已

呼籲全球的「科技民主聯盟」應加強合作，共同對抗以中國為首的「科技獨裁聯盟」日益擴張的影響力。[103] 這表明，這場基於基本政治信仰和意識形態所劃定的競爭戰火，正逐漸成為決定數位經濟發展的核心要素。

水平和垂直競爭的未來不容小覷。這些監理衝突在地緣政治局勢不斷升級的時代持續發生，將科技、貿易和創新問題與國家安全和全球權力政治緊密交織在一起。戰爭的結果將直接關係到經濟繁榮、政治穩定，以及每位網路使用者的個人自由。不過最具代表意義的戰爭，無疑圍繞在關乎民主自由制度未來的戰鬥。正如本書所示，民主自由制度可能會因這些戰爭而走向衰退，並有兩條可能的發展路徑。其一，如果美國、歐盟及其民主盟友在與中國的水平競爭中失利，全球各國政府紛紛轉向支持國家導向的監理模式，那麼各司法管轄區內的民主機構將會漸漸衰敗。中國若在這場競爭中取勝，科技將增強國家權力，而非賦予人民權利，個人權利與自由的重要性被國家控制力取代。其二，如果美國和歐盟最終在與科技巨頭的垂直競爭中敗退，那麼民主機構同樣可能會遭到削弱──這種可能性確實存在，尤其考慮到這些公司擁有的巨大權力，以及歐盟至今實施野心勃勃的數位監理時，所面臨的諸多挑戰。一旦科技巨頭勝出，網路使用者及社會都將被這些公司的商業模式宰制，即便這些模式可能將繼續損害個人權利或削弱民主選舉的正當性。最終，這場關乎民主自由制度命運的存亡之戰，將成為推動美國和歐盟在水平與垂直戰線上聯手的最大動力──因為它們深深知道，一旦失敗，數位經濟的核心價值也將隨之瓦解。

本書架構

要了解全球數位經濟至今的發展以及未來可能的走向，必須整合跨越不同司法管轄區域與政策領域的眾多學術與政策脈絡。為了辨識並分析影響當前和未來數位社會法律與政治基礎的關鍵力量，本書整合了多方視角。全書共分為三個部分，每個部分皆為本書討論全球數位經濟現況與前景時所需的重要論點，提供核心要素。PART I 將介紹三個數位強權——美國、中國與歐盟，並闡述各個監理模式，這些模式也體現它們對數位經濟不同的競爭願景；PART II 聚焦這些強權之間的競爭，說明各個監理模式在全球市場上相互碰撞時，主要的衝突領域；PART III 則討論這些強權為了擴張帝國影響力所採取的策略，揭示美國、中國與歐盟如何爭奪全球影響力，輸出其監理模式，並塑造世界各地社會與個人的數位未來。

PART I（第 1 章至第 3 章）闡述了三大數位強權在數位經濟監理上各自的競爭願景：對於要怎麼管理科技業，美國遵循市場導向的本能；中國則將國家的角色置於監理模型的核心；歐盟則有別於美國市場導向或中國國家導向的方式，轉而強調數位經濟下公民的個人及集體權利。儘管三者在監理理念上存有顯著差異，本書仍展示差異之間的交集承諾，而這些模式也隨著時間逐步演變，既強化相似之處，也凸顯出彼此的差異。

第 1 章將闡述美國的市場導向監理模式，著重保護言論自由、網路自由以及鼓勵創新。這種監理方法基於對市場的高度信任，並擁抱有限度的政府。根據這樣的觀點，政府必須退居一旁，讓私人企業得以充分發揮，創新活力不受約束；只有在維護國家安全（包括資訊安全）的議

題上，政府才可以與私人企業協同合作。這個章節將分析美國模式意識形態的根源，以及美國意識形態在美國法律框架和實際政策中的深刻影響。但這個風向也悄悄在美國發生改變：美國社會和政界正開始反思網路自由的優勢，並質疑大型科技公司日益成長的社會影響力。同時，許多人對於變革仍持懷疑態度，認為市場導向的價值觀已深深烙印在美國的制度和民眾心中，要扭轉現有的監理模式非常困難。儘管這個模式存在諸多限制和虛假的承諾，它依然與龐大的財富和科技進步密不可分。

第 2 章將探討中國的國家導向監理模式，展示中國政府如何運用科技來促進經濟成長，同時以維護社會穩定之名，實施政治控制、監視和政治宣傳，進而將數位威權主義深植於中國社會。「經濟成長」與「社會穩定」兩大因素與中國共產黨的存續息息相關。這個章節也將帶到不少針對中國監理模式的批評，說明國家導向如何侵害個人權利，並剝奪中國公民的基本自由；不過，在國家導向的監理模式下，技術突破同樣可能發生，也就是說，自由或許並非創新動力的必備條件。然而，中國科技業的未來依舊充滿不確定性。如同美國一樣，中國的監理模式也正經歷劇烈變動。當前中國政府已放棄了傳統寬待科技業的態度，轉而強勢運用國家權力，以「共同富裕」之名打擊科技業，且幾乎未曾碰到產業的反對聲音。這項改變進一步強化了國家導向監理模式的核心原則，確保中國政府（而非科技公司）能主導中國的數位經濟。

第 3 章將介紹最後一位主角——歐盟以權利為本的監理模式。本章闡述歐盟如何以維護個人與集體權利、捍衛民主價值，以引領公平、以人為本的數位社會之名，行使監理權力。為了達成這些目標，歐盟模式將權力從大型科技公司轉移至中小企業、網路使用者以及平台勞工的手中。歐盟經常提及「權利與價值的數位社會」，並聲稱這項目標無法在允許科技公司剝削個資的市場導向模式下實現，也無法在容許政府進行

審查監控的國家導向模式下達成。歐盟進一步將這些權利和價值融入具有約束力的監理法條當中，體現堅信數位轉型必須牢牢根植於法治和民主機構的理念。儘管歐盟的監理模式帶來不少好處，本章也將檢視其不足之處，包括廣泛的監理會阻礙創新的常見批評，並進一步解釋為何歐盟至今未能培育出如同美國和中國監理模式下蓬勃發展的科技巨頭。

PART II（第 4 章至第 6 章）分析了三種監理模式在國際領域相互碰撞時所引發的衝突，這些衝突既包括政府與科技公司之間的垂直競爭，也涵蓋國與國之間的水平競爭。這個部分首先探討科技公司面對不同監理模式的相互衝突需求時所面臨的艱難選擇，並深入分析美中科技戰及美歐之間日益複雜的監理衝突。

第 4 章集中討論美國與中國的科技公司如何在市場／國家導向的監理模式之間掙扎，它們在這樣的垂直競爭下面臨著難以調和的監理困境。最糟糕的情況是，科技公司被迫在不同監理模式之間選邊站，因為它們清楚知道，遵循其中一種監理模式，就會（被認定）違反另一種。比方說，一家在美國證券交易所上市的中國科技公司無法同時滿足美國政府揭露特定資料的要求，以及中國政府要求保持數據不公開的命令。同理，美國科技公司在中國營運時，也必須對中國政府網路內容審查的要求逆來順受，這不僅與美國強調言論自由的監理模式相悖，公司也將因此被美國立法者、美國客戶及自家員工的批評。這些衝突對相關產業乃至對整個數位經濟都帶來深遠的影響，可能會使領先的科技生態系統逐步走向部分脫鉤的未來。

第 5 章會進一步描述第 4 章提及的垂直競爭，正逐漸演變成美中之間更龐大的水平衝突，並隨著兩大國競逐科技霸權而愈演愈烈。過去幾年來，美國以國家安全為由，採取了多項規範限制中國獲取戰略性科

技；中國也以牙還牙，對美國公司施以大量的出口管制和投資限制。這場持續的競爭還推升了補助競賽，美中雙方均致力於提升半導體等關鍵科技上的實力。隨著美中緊張局勢升高，全球供應鏈面臨重整，包括歐盟在內的其他國家也紛紛轉向發展工業政策。因此，科技戰可能會使科技民族主義成為全球的新常態。這可視為中國國家導向模式的一場勝利，因為各國政府正逐步放棄美國模式下對開放、自由、全球化數位經濟的願景。這個章節也預測，美中衝突極有可能延續，甚至進一步加劇。然而，這也揭示了美中兩國供應鏈的緊密交織以及雙方所承受的商業壓力，這些因素都會阻止科技資產全面降低彼此的依存。因此，儘管水平競爭代價高昂，但也發展出一定的克制性，最終既無法達成令人滿意的解決方案，也避免了數位經濟的全面分裂。

第 6 章將探討跨大西洋的監理戰爭，並就此結束 PART II。這章將會揭示美國科技公司和政府實際上比外界普遍認為的更為脆弱。過去幾年來，它們不僅面臨來自中國的對抗，還得應對來自歐洲的挑戰。跨大西洋監理戰中最明顯的分歧在於資料保護的議題；歐盟注重基本權利，美國則更重視國家安全。這個分歧成了阻礙歐盟與美國之間資料流通的主要障礙。此外，反壟斷政策和數位稅賦也是主要的衝突點，因為美國政府認為，歐盟試圖對美國科技巨頭施加法律義務的行為是數位保護主義的展現。然而，就許多相關議題而論，跨大西洋的差距似乎正逐步縮小。美國開始意識到加強對科技業監理的必要性，因此正逐步向歐盟的監理模式靠攏，為跨大西洋的和解與合作奠定基礎。促使跨大西洋分歧進一步整合的強大動力，來自歐盟和美國雙方都對中國崛起以及中國對民主自由未來潛在影響的關注。雙方都認為，與中國的 AI 監控、網路審查和政府的對外宣傳相比，美歐之間的政策分歧其實非常有調和的空間，中國這些行為與歐美長期以來在國內外倡導的民主與自由價值觀背

道而馳。

PART III（第 7 章至第 9 章）將討論數位帝國之間的雙邊衝突延伸至全球範圍的影響，覆蓋所有大陸。美國、中國和歐盟不僅相互競爭，也積極擴展各自的影響範圍，試圖將全球數位市場引向自身的規範與價值觀，藉此獲取相對優勢。跨越司法管轄區時，每個勢力都依賴不同形式的影響力──美國依靠私人企業的力量，中國倚重基礎建設的力量，歐盟則憑藉其監理權力。

第 7 章會深入探討美國如何憑藉領先科技公司強大的影響力，向世界各地輸出市場導向的價值觀。這些公司透過商業行為影響並塑造世界各地的數位經濟。私人科技公司不僅在美國國內捍衛市場導向的價值觀，還對海外的網路使用者發揮強大的影響力，把這些理念推向全球，做到大量普及的效果。美國政府更進一步，積極將「網路自由」作為外交政策的核心，敦促世界各國政府支持以美國監理模式為本的經濟自由和政治自由，為美國科技公司的全球影響力奠定基礎。然而，美國模式早期的成功卻反過來成為劣勢。美國科技公司過度的影響力以及引發的負面效應，正在世界各地引起反彈。這些反彈加劇了美國監理模式的衰退，並削弱了背後支撐強大數位帝國的價值影響力。

第 8 章轉而聚焦中國如何藉由在世界各地建設數位基礎設施來擴大全球影響力。中國的科技公司（無論與中共有何種程度的關聯）在各國推動數位絲路計劃，負責當地數位基礎設施的架構，提供關鍵的電信與電商服務，並供應監控技術。這個章節將展示中國科技公司如何以此成功打入亞洲、非洲、拉丁美洲，甚至部分歐洲市場。中國也逐漸在數個制定技術標準的國際組織中掌握關鍵職位，讓中國政府得以更進一步鞏固其監理標準和監控手段在全球的影響力，並藉這些標準再次輸出背後

的價值觀。許多接收中國技術的國家將中國的科技及配套的監理標準視為實現數位主權與發展的參考途徑。而對極權政府來說，另一個誘因在於能夠攫取應用於各種反自由目標的監控技術。這個章節同時也將探討美國及其盟友對中國日益增大的影響力的擔憂，並承認它們在應對這種影響力時所面臨的挑戰。

第 9 章會探討歐盟如何透過在全球範圍推行數位法規，發揮重大的國際影響力。歐盟制定的《GDPR》等法律，往往會影響大型科技公司原有的商業行為，這些公司也通常會將歐盟的規範擴展至全球，以便統一自家的產品和服務，這種現象稱為「布魯塞爾效應」（Brussels Effect）。除了作為歐盟全球監理影響力典範的《GDPR》，這個章節也將說明反壟斷法、線上內容管理規範以及對 AI 等新興科技的規範，同樣能透過布魯塞爾效應向外輸出。歐盟的數位法規不僅融入科技公司全球的商業行為，還常常被其他國家納入立法。隨著民主國家逐漸遠離美國市場導向模式，它們愈來愈傾向接受歐洲以權利為本的模式來治理數位經濟。然而，儘管許多國外的利害關係組織普遍歡迎歐盟的全球監理影響力，也有不少人批評歐盟其實是在實施「監理的帝國主義」，削弱了各國依據自身國家利益和民主偏好來管理數位經濟的自主權。

最後一個章節的結論，將探討美國、中國和歐盟的監理模式在水平競爭及全球影響力的競爭戰中究竟誰能勝出，同時檢視科技公司與政府在各自的垂直競爭下誰能掌握主導權。預測在民主的世界中，歐盟以權利為本的監理模式很可能會超越美國的市場導向模式。然而，中國監理模式的持續吸引力，限制了歐盟在民主世界之外推行規範和價值觀的能力。此外，歐盟在對抗大型科技公司時，面臨落實監理規範的困難，會讓歐盟在價值競爭中的勝利顯得尷尬。面對這樣的局勢，美國必須決定是否要更靠近歐盟的監理模式，與歐盟站在同一陣線，一部分是為了應

對國內政策趨勢的變化,另一部分則是為了抑制中國對數位經濟日益成長的影響力。如果美國能相信,採納歐盟以權利為本的模式不會妨礙創新或削弱科技進步,那麼效仿歐盟模式的選擇將變得更為可行。最終,最能推動跨大西洋更緊密合作的論點在於,美國和歐盟一致認為,應將重心放在至關重要的戰役上——即攸關民主自由命運的戰鬥。這場戰役最終將決定數位經濟的本質,並塑造我們未來數十年的社會樣貌——這是一場美國和歐盟絕對不能輸的戰役。

PART I

數位帝國

1 美國的市場導向監理模式

美國市場導向的監理模式以及在其影響下崛起的科技巨頭，構築了當今全球數位經濟的重要基礎。美國模式特別重視保護言論自由、網路自由以及激勵創新，特徵為明顯的科技樂觀主義、對創新的不懈追求以及對市場的堅定信仰，而非仰賴政府的監理。這種世界觀強調，網際網路是經濟繁榮和政治自由的根源，也是促進社會轉型與進步的工具。市場導向的監理模式對科技公司自我監理的能力有信心，並支持政府僅扮演有限的監理角色。這種模式的支持者主張，要是沒有觸及資訊安全或其他會危及國家安全的議題，政府理應退居一旁，讓民間單位不受約束，盡情發揮創新能量；一旦沾到國安議題，政府就應浮上檯面，與民間單位各司其職，一同發揮作用。支持自由市場的精神深植於美國現有的監理框架中，體現在執行力度疲軟的反壟斷法、缺乏聯邦層級的資料隱私法，以及寬鬆的內容審查規範，這些都使科技公司免於承擔責任，可以自行決定是否要移除自家平台上有害的內容。

美國市場導向監理模式的起源可以追溯到加州，加州不僅是技術創新的重鎮，也是網路革命、倡導網路自由等反主流理念的發祥地。[1] 當今 Apple、Google、Meta 等最成功的科技巨頭，大多來自加州。加州蓬勃發展的創業投資產業（簡稱創投）由追求高風險高報酬的投資人所驅，帶動了公司的成功。[2] 這些創投投資人被大膽的創新及其潛在的巨

大財富吸引，持續將資金和人才投入眾多科技新創企業，孕育出蓬勃發展的科技業生態系，並奠定了加州（特別是矽谷）在全球數位經濟中的領先地位。[3] 矽谷的科技公司受益於無與倫比的工程人才資源，周遭以史丹佛大學為核心的繁榮研究聚落亦功不可沒。[4] 史丹佛大學在科學和工程研究方面投入了大量的資源，並與科技業保持緊密聯繫，例如在校園周圍建立大型研究園區等等。史丹佛大學本身也受益於大量的聯邦研究資助和軍事合約，進一步擴大規模優勢。

然而，這股源自加州的科技放任主義思想並非僅僅由矽谷工程師、新創公司創辦人、創業投資家或史丹佛大學所塑造。它起源於多元社群之間的緊密聯繫，這些社群因對科技的共同憧憬而薈萃一堂。學者理查德・巴布魯克（Richard Barbrook）和安迪・卡麥隆（Andy Cameron）將這種帶起美國網路經濟崛起背後的精神，描繪為結合「嬉皮自由奔放的精神」和「雅痞企業精神的熱情」的獨特「加州意識形態」。[5] 這些來自西岸的不同社群——作家、藝術家、駭客、社區媒體行動者與資本家——都對資訊科技中所蘊含的「解放潛力」抱持深切的信仰。[6] 正因這些多元的基礎，美國市場導向模式才得以超越傳統新自由主義思想的框架。它將舊金山的文化波希米亞主義與矽谷的高科技業結合在一起，從看似迥異的世界觀中，找到深刻科技樂觀主義的交集。

這些早期的科技放任主義者跨越不同的政治光譜，凝聚出共同的目標。不同團體因對權威、階級制度和政府的普遍不信任而聚集，認為科技可以幫助他們超越現有的主宰機構。[7] 對於偏左派的科技放任主義者而言，科技是一種賦權工具，能削弱企業和官僚精英的力量，強化個人和社群行動者的影響力。[8] 尤查・本克勒（Yochai Benkler）等知名學者，以及電子前哨基金會（Electronic Frontier Foundation）等具影響力的非政府組織，就以左派的視角來推進科技樂觀主義的論點，強調網際網

路有助於增強個人自由和公民權利。[9] 然而對於支持市場導向模式的偏右派人士來說，科技提供削弱大政府、鞏固自由放任理念的契機，並以減少國家權力、促進競爭並賦予科技企業家更多自主權等方式來實現。[10] 雖然在網際網路的早期階段，左右派的意識形態曾在共通的加州文化脈絡下交融，但隨著網際網路日益商業化，自由市場的意識形態逐漸吞噬了市場導向模式的反主流理想初衷。[11]

儘管美國的科技放任主義精神對市場充滿信心並高度依賴創業投資，但其精神內涵遠遠不僅是追求利潤而已。研究矽谷文化的學者強調精英主義的思維，以及對創造力、個人主義和冒險精神的高度推崇與獎勵；[12] 但他們同時認為，矽谷真正特別之處在於：這些科技企業家的創新狂熱往往超越了對賺錢的渴望。許多西岸的科技業界人士強調，美國的科技企業家往往有透過革命性技術來「改變世界」的志向，他們常自命以科技改造世界的「革命家」和「夢想家」。[13] 這種獨特的矽谷心態與中國科技創新製造重鎮深圳的企業家相比，有顯著的不同。矽谷「發大財又改變世界」的雙重動機，在深圳只剩下「發大財」這個唯一動力。著名的中國科技投資人兼前谷歌中國的總裁李開復就曾表示，中國的科技企業家大多是以市場為導向、追求致富的人。有別於許多矽谷的領袖，中國的科技企業家在成長的過程中，並沒有享受到父母大力鼓勵他們改變世界的優渥條件。這些人往往僅離赤貧只有一代之隔，從小只顧著怎麼活下去。[14] 因此，矽谷這種雙重動機和某種理想主義的組成，是它特殊思維的本質，也是構成美國科技放任主義價值觀的重要元素。[15]

這個章節將概述美國市場導向監理模式的主要原則，也會說明這個模式的來源：科技放任主義。這種模式是從對政府監理的懷疑、對此類監理會阻礙創新並減少經濟成長的擔憂之下發展而來。接下來，本章討論的主題將從限制政府干預的經濟理由轉向到阻止政府干涉的政治考

量。根據上述觀點,網際網路必須是言論自由的堡壘,只有捍衛言論自由並譴責審查制度,網際網路才能促進個人自由和民主。經濟自由和政治自由早已深深融入法律,得到美國政府各個部門的全力支持,進一步鞏固企業自我監理為美國的常態。然而,儘管對市場深具信心,市場導向的監理模式也開始接納政府扮演資助特定關鍵創新方面的重要角色。自美中科技戰爆發以來,隨著國家安全和技術面自給自足等相關政策制定越發重要,美國政府也加強了對科技業的控制。這些例子顯示,美國模式並非百分之百遵循市場導向,一旦有必要確保技術進步或實現其他政策目標,政府也可以出手干預。如本章所示,近期許多關於美國數位經濟的公共討論出現了顯著的變化。一般民眾和政治領袖開始質疑,就塑造美國的社會經濟而言,不受約束的網際網路以及大型科技公司是否過於重要。本章將深入探討針對市場導向監理模式的諸多批評,並揭示這些批評如何促使美國重新審視以科技放任主義為基礎的監理模式,確保美國有能力適應當今數位經濟的挑戰。

當市場治理凌駕政府監理

　　加州的網路先驅對監理持極端的反對態度,認為監理既不可取也不可行。根據這個觀點,網際網路應該是一個不受政府干預、可自行訂立規則的自律空間。只有在不受干預的情況下,網路才得以完全發揮潛力。1996年,在達沃斯舉辦的世界經濟論壇上,電子前哨基金會的創始人約翰・佩里・巴洛(John Perry Barlow)發表了緊扣網路核心命題的《網際網路獨立宣言》(*A Declaration of the Independence of the Cyberspace*)。[16] 在這份宣言中,巴洛宣稱網際網路是獨立於政府「暴政」之外的「全球社會空間」。巴洛還認為,國家政府在這個脫離主權國家管轄的空間上,沒有

任何道德權利或法律權威性可以立法管制。網際網路網是一個形塑自己的社會契約、設定自己的規則，實現自律的地方。巴洛更近一步提出了一種樂觀且賦權的觀點，他捕捉到加州意識形態的解放精神，將網路描述為「一個沒有特權與偏見，歡迎所有人進入的世界」，並且是「一個比政府所創造的世界更人性化、更公平的地方」。

《網際網路宣言》提出一個觀點：網際網路不能、也不應受監理。在那之後，許多學者、評論家和政治領袖都贊同此觀點，這個觀點也在塑造美國監理模式方面發揮了重要的作用。[17] 反對監理的論點可從幾個面向來看。第一個論點是，網路空間與現實世界不同，本質上就沒有政府可控制。在早期網路時代，柯林頓政府相當贊同這個觀點，認為網際網路「不可能被控制」。[18] 套句柯林頓總統 2000 年所說的話，任何試圖對網際網路進行規範的行為，都像是「妄想把果凍釘在牆上」。[19] 其次，就算規範網際網路理論上可行，這樣的意圖仍很愚蠢，甚至不具正當性。有些評論家認為，政府監理快速發展的科技總是慢了好幾步，監理方式無法有效應對網路空間可能發生的問題。[20] 私人團體更有能力制定具有應變性、適應性和靈活性的規範來管理網路世界。[21] 批評者也認為，基於明確領土邊界的政府監理並不適合無邊界的網際網路，因而反對監理。[22] 任何試圖對網際網路行使管轄權的國家，都將無可避免在其他司法管轄區上產生不良的外溢效應，導致管轄衝突和過度監理，同時這些行為本質上也是反民主的。[23]

不過，有另一群人駁斥了網際網路無法被監理的論點。美國學者勞倫斯·雷席格（Lawrence Lessig）就曾撰文反對網路免受控制。他認為，網際網路空間受程式碼管理和控制，而程式碼正是網站和其他軟體的基礎架構，可指示技術以特定的方式運行，由程式設計師編寫。根據雷席格的說法，程式碼的編寫方式決定了網路是自由的天地還是受壓迫

的空間。這一觀點認為「程式碼即律法」,程式碼可具體展現背後政策制定者和公民形塑的價值觀,此事至關重要。[24] 前任美國司法部助理部長傑克・戈德史密斯(Jack Goldsmith)也很早就對網路本質上不適合監理的觀點提出了批評[25],並駁斥了在網路空間與在現實世界的活動本質上就不同的說法。[26] 即使在離線的現實世界中,不同司法管轄區的人也經常有所交流,現有法律也能處理此類多重司法管轄區的監理問題。此外,儘管網路監理的溢出效應很常見,但網路活動本身的溢出效應同樣也很普遍。[27] 這為政府努力監管任何影響轄內線上活動一事,增加了正當性。[28]

即使有人認同,對網路空間實行監理是可行的,但怎麼樣才是最佳的規範程度,仍存有意識形態上的分歧。市場導向監理模式的理念是,即使政府有能力和法律權力可進行監理,它們也應該退居幕後,為企業自我監理的可能留出空間。根據這一觀點,網路空間特別適合自我監理。[29] 首先,數位經濟有易於獲取訊息的特徵,促進了各方之間的公平談判。數位的通訊往來降低了交易成本,進一步促進所有線上交易的私人契約來往。其次,加入與退出幾乎都是零成本,各方可以輕輕鬆鬆切換不同的網路服務供應商,從而選擇符合偏好的規則。這種觀點假設了一個線上空間,其中不同的網路服務供應商根據不同消費者的偏好量身定制產品和服務。例如,一些線上平台可能允許冒犯性的詞彙,其他平台則可能禁止這樣的語言。因此,網路使用者可以依其服務是合符合自己對言論自由的界限做出選擇。[30] 這種對線上市場的描述基於幾乎無限的消費者選擇以及高效且高度競爭的市場,認為市場幾乎不需要政府介入。然而,近來這一假設受到愈來愈多的批評,下文將進一步討論。[31]

依賴自由市場並限制監理干預的關鍵論點,在於相信這種政策方針最能支持創新和經濟成長。[32] 從這個角度來看,政府不干預,比較不會

削弱企業家的創新熱情。創投業比政府更懂怎麼識別出贏家，讓最具新意的公司蓬勃發展。監理是創新的阻礙，因為過度監理會增加成本，進一步限制創新者的行為。當然，即使是自由市場的支持者也承認，市場機制並不完美，私人企業並非永遠都是對的。比方說，許多美國人承認，Google 或 Meta 等大型科技公司大量擷取個人資料確實是個問題。然而，他們的結論往往是，在兩害相權取其輕的考量下，政府比企業更令人擔憂。[33] 隱私權的侵犯是商業活動不可避免的副作用，正如昇陽電腦（Sun Microsystems）的執行長兼共同創辦人史考特‧麥克里尼（Scott McNealy）1999 年所言：「接受現實吧，你根本就沒有隱私！」[34] 即使科技公司及其實踐資料驅動的商業模式可能越過了資料隱私的界線，許多人仍會以「政府才是更大的擔憂」來反駁，並且相信自由市場終將解決這個問題。[35] 這種觀點暗示，更具干預性的監理方法不僅會冒著限制這些關鍵自由的風險，還會限制平台公司的創業熱情和創新動力，而這些平台公司往往會帶來巨大的財富，也會繼續推動革新。[36]

市場導向模式的支持者中，許多人主張監理應嚴格限於解決市場失靈的條件之下。然而，仍有部分狂熱科技放任主義分子認為，就算市場失靈也不需要監理。他們認為，無論科技的哪個環節出了問題，科技本身終將是解決方案。[37] 如果網路上出現有害言論，科技公司將開發技術來過濾這些言論；如果倘若網路使用者擔心隱私問題，科技公司將開發技術來保護使用者隱私。技術才是解決方案，政府監理出面的機會不多。根據這個觀點，用技術來解決監理的挑戰可帶來幾個好處。[38] 首先，法律通常只提供單一解決方案，而技術的補救措施可以更妥當地應對，回應對問題的不同看法以及網路使用者的多元觀點。其次，這些技術可以更靈活地部署，因此，基於市場的補救措施可以更合宜地應對不斷發展的技術以及不斷變化的商業和社會實踐。技術補救措施還可以動

用民間單位的龐大資源，充分發揮科技公司對開發技術的深厚專業知識。相較之下，政府監理的解決方案相當單一，往往延遲部署，執行面的知識與資源也非常有限。

對企業自我監理的信任是美國監理模式的核心原則，這和歐洲以權利為本的監理模式有很大的區別。歐洲模式中，負責解決監理問題的單位是政府，不是科技公司。Apple 為了根除 iPhone 兒童性虐待內容而開發的技術解決方案就是個可清楚說明兩種模式對比的案例。2021 年，Apple 宣布開發出一種名為 neuralMatch 的新技術，用於掃描 iPhone 中是否有兒童性虐待的影像。[39] 這個技術會在檢測到非法影像的當下，向人工審查團隊發出警報，經審查員確認，就會將訊息傳遞給相關執法部門。此功能是 Apple 新一代兒童保護系統的一部分，本來計劃在發布 iOS 15 時首次引入美國。雖然有些隱私倡議者擔心，這項技術可能會引發更廣泛的監控行為，而這也是 Apple 目前推遲引入該技術的原因；但也有人讚揚 Apple 很用心，運用技術來解決網路危害問題，畢竟這些問題在政府的監理之下，改善空間相當有限。[40] Apple 在沒有法律要求的情況下，努力確保旗下產品不被用於非法活動，這是美國模式鼓勵企業自我監理的一個實例。相較之下，2022 年歐盟執委會（European Commission）提出了新的立法草案，如果通過，法案將要求科技公司檢測、報告並刪除平台上任何與兒童性虐待有關的素材。[41] 一邊是 Apple 的企業自我監理，另一邊是歐盟執委會的政府監埋，這兩個例子具體展現了美國監理模式的獨特性，美國監理模式認為，應由科技公司來主導數位經濟的監理，而不是政府。

網路自由可以促進自由和民主

美國市場導向監理模式的內在理念包括政府干預不僅會妨礙市場的有效運作,還會削弱個人自由。因此,美國對創新和成長的承諾提供了反對政府干預的經濟理由,而對個人自由和平等的重視則提供了阻止政府干涉的政治考量。這是活絡民主社會的核心,言論自由和多元聲音可以參與公共對話、或體現在公民生活當中,是這種社會的特徵。市場導向模式的核心理念,是相信科技可作為推動民主的工具。在加州的網路先驅眼中,科技是通往個人自由和高度參與式民主的道路。在網路經濟發展初期,科技樂觀主義者相信,科技會打造出一座「數位廣場」:每個人都可以免受政府和企業審查或調解影響、可以自由表達意見的虛擬空間。[42]「所有機構內部的直接民主即將實現」是他們樂觀動力的來源。

網際網路促進民主的潛力也影響了美國政府各時期的政策。1998年,柯林頓總統的首席政策顧問艾拉·馬格茲納(Ira Magaziner)在進步與自由基金會(The Progress & Freedom Foundation)所舉辦的「網際網路與美國夢年度峰會」上發表演講,他將網際網路描述為「一股促進民主的力量」,並進一步解釋「獨裁政權高度仰賴對資訊流通的控制」。馬格茲納認為,世界各地的人可以透過網際網路獲取資訊,藉此能夠「充分參與民主過程」。因此,他下了這樣的結論:網際網路具有「促進個人自由和自我賦權的巨大潛力」。[43] 隨後幾十年,這種科技可強化民主的理念仍持續存在。2021年,時任國務卿希拉蕊·柯林頓(Hillary Clinton)針對網路自由發表了一場著名的演說,她強調科技如何得以改變社會。她說:「線上動員已經是推動民主的重要手段,公民可以集結抗議可疑的選舉結果。就算是美國這樣成熟的民主國家,我們依舊能看見網際網路帶來了改變歷史的力量。」[44] 這種深信網路可促進海

外民主和自由發展的潛力，是美國外交政策議程的核心內容，我將在第7章闡述。

幾乎沒有人會否認，廣泛普及的數位科技可賦予每個人參與經濟、政治和文化的新機會。隨著全球數十億人連上網際網路，世人獲取資訊、交流專業以及聯繫彼此的能力也有所擴展。最理想的情況下，這種更民主的對話與機會應該也能促成更寬仁的民主社會，能讓弱勢發聲，並削弱傳統上掌握公共空間和政治對話的精英仲裁者——無論是既定媒體還是政黨。[45] 正如希拉蕊所言，網際網路有促進社群組織並改變歷史的能力，一些近期透過網路而受矚目的社會運動便展現了這點，這些運動改變了美國國內、甚至國際對於社會正義和變革的對話需求。舉例來說，「#MeToo」在不到一年的時間內被分享了超過一千九百萬次，遍及全球，推動了反對性騷擾的社會運動。[46] 020年5月，一名手無寸鐵的黑人男子喬治・佛洛伊德（George Floyd）被一名白人警察殘忍殺害之後，「#BlackLivesMatter」平均每天被分享三百八十萬次。[47] 上述這些案例顯示社交媒體的活動既可以提高不同議題的政治重要性，也為社會和政治改革之路奠定了基礎。

美國的監理模式基於一種信念：網際網路可透過促進公共辯論和增加更多元的聲音，來活絡民主。科技放任主義者認為，網際網路可以放大言論自由，而言論自由又可以增強民主論述。對言論自由的保障是美國的核心價值之一，〈美國憲法第一修正案〉（First Amendment to the United States Constitution）將這樣的自由精神編纂進法典中，自此，各級法院也積極捍衛言論自由。正是這種對言論自由的堅定保障，以及網際網路應該成為言論自由堡壘的堅定信念，使得美國市場導向的監理模式與中國國家導向的監理模式有所區別，因為後者認為，為了維持社會秩序，線上審查不可或缺。然而，即便歐美都認為言論自由是一項基本

權利,美國對待線上言論的方式仍與歐盟有所不同。美國對言論自由的保護本於「觀念的自由市場」,此概念強調維護一個不受政府審查控制的環境,讓思想可以自由發聲而帶來的社會利益。[48] 即使在當今歐盟準備限制言論自由的情況下,美國仍然選擇繼續捍衛言論自由,保護那些在歐洲監理模式下被視為損害個人尊嚴或危害社會、需要政府介入的仇恨言論,或令人髮指的想法。在美國的監理模式下,大家深信,只要好好維護自由的觀念市場,真理終將湧現勝出。這樣的言論自由還可透過審議和參與等方式,協助建立民主文化。這些參與的機會可以藉由數位技術擴大,讓網際網路自由邁向更健全更涵容的民主,並帶來有利的政治基礎。因此,理解科技與民主之間的關係,一直是美國市場導向監理模式的指導原則。

將自由市場的精神編入法律

以市場導向精神為本的美國監理模式在法律和法院判決中處處可見,表示這些圍繞經濟和政治自由的理念早已獲得美國政府的全面支持。因此,市場導向模式的根源不僅可以追溯到矽谷,更可以追溯到華盛頓特區。自 1990 年代以來,美國政府所有的相關機構,從國會、行政部門到法院,一直藉由制定和解釋《美國憲法》及各種法規,犧牲公部門的權力來增強科技公司等民間單位的權力,從而強化市場導向的監理模式。[49] 這反映出一種普遍的觀點:政府應該讓科技公司自由創新,盡可能增加國家的經濟潛能。因此,自數位革命的早期以來,科技公司和美國政府一直在共同追求一個不受管制、不斷創新且以市場導向的數位經濟願景。

國會與〈二三〇條款〉：數位監理最小化

當今的數位經濟之所以會有放鬆監理架構的基調，美國國會功不可沒；亦或者，有些人認為美國國會正是最大禍首。沒有任何法律比 1996 年通過的《通訊規範法》〈二三〇條款〉更能體現美國市場導向監理模式的精神。[50] 這項法律讓網路中介商有了豁免權，它們不必為平台上由第三方提供的內容承擔法律責任。例如，YouTube 不會因為使用者上傳宣揚暴力的影片而被追究責任，Meta 也不會因為 Facebook 用戶發布的誹謗性評論而被告誹謗。同時，如果 YouTube 選擇下架非法影片、或是 Meta 選擇移除誹謗性貼文，這些公司可以自由行事，不必擔心侵犯使用者的言論自由權利。這樣的責任豁免假設這些平台並不是內容的發布者，因此免除了某些法律義務。這種雙向的豁免，保護平台的行動和不行動，是線上服務業成長和繁榮的關鍵。正因如此，有評論者稱〈二三〇條款〉是「網路言論最重要的法律」。[51]

當初，美國國會之所以制定〈二三〇條款〉，是為了回應一場判例引發的擔憂。1995 年，紐約最高法院在「史崔頓訴 Prodigy 案」（Stratton Oakmont, Inc v. Prodigy Service Co.）中裁定，提供線上布告欄服務的網路服務供應商 Prodigy，對其平台上的誹謗性貼文有法律上的責任。[52] 當時 Prodigy 有兩百萬用戶，每天收到六萬多則貼文，數量龐大，無法有系統地審查所有內容。然而，由於 Prodigy 進行了內容審查並刪除了許多冒犯訊息，法院認為 Prodigy 已經承擔了「發行人」的角色，故公司應對網站上的誹謗性貼文負責。總結來說，對某些貼文進行審查的舉動，導致公司必須對所有貼文負責。為了避免這樣的責任，Prodigy 不得不完全放棄審查，僅充當第三方貼文的宿主，此外無所作為。幾位國會議員對這項法院裁決憂心忡忡。為了保護科技公司能繼續開發嶄新、具

開創性質、有益服務的動機,包含 Prodigy 嘗試過的審查工具,國會決定通過法律保護這些公司免受責任,並聲稱這是為了確保網際網路能繼續服務使用者與繼續繁榮發展的必要措施。

上述案例的判決成了美國國會在 1995 年制定《通訊規範法》的動力,這是美國第一部針對網路言論進行監理的法案。[54] 這項法律規範了淫穢和不雅內容,並認定故意讓未成年人接觸此類內容屬非法行為。[55] 法案與全面更新 1934 年《電信法》(*Telecommunications Act*)的法案一起提出。[56] 在法案通過的過程中,眾議員克里斯・考克斯(Chris Cox)和榮恩・懷登(Ron Wyden)提出了一項修正案,也就是所謂〈二三〇條款〉的前身。[57] 這項兩黨共同支持的〈考克斯－懷登修正案〉(Cox-Wyden Amendment)專門為推翻「史崔頓訴 Prodigy 案」而設計,以確保網路服務提供商不會被判定為第三方內容的發行者,從而將數位服務與報紙等需要為印刷內容負責的出版物區分開來。根據眾議員考克斯的說法,這項修正案有兩個目的:首先,它將保護線上服務提供商在為客戶移除不雅和冒犯性素材時免受責任;其次,「它將確立美國的政策方向:不希望聯邦政府監理網路上的內容。」[58]

〈二三〇條款〉的核心目標,在於賦權予家庭或網路服務提供商等私人團體,讓他們來監理冒犯性內容,而不是由美國聯邦通訊委員會(Federal Communications Commission,簡稱 FCC)來集中監理。[59] 根據考克斯和懷登兩位眾議員的說法,家長和家庭遠比「政府官僚」更適合保護孩子上網的安全;Prodigy 等網路服務提供商則應保持自由,繼續開發工具,讓使用者自行決定內容。[60] 他們擔心,過多的政府監理會阻礙市場創造更多創新方案,或削弱網路作為「真正多元聲音的政治論壇」的功能,網路這種論壇應該在政府最低的監理下繁榮發展。[61] 兩位眾議員明確表示:「我們制定這項法律的目的是不讓聯邦通訊委員會介入監理

網站、內容審查政策以及網路言論內容。」[62]〈二三○條款〉完美體現了這個願景，條款指出，「美國的政策是⋯⋯保護目前存在的網際網路以及其他電腦互動服務等充滿活力和競爭性的自由市場，不受聯邦或州政府的監理。」[63]

〈二三○條款〉透過保護線上平台免受法律責任並鼓勵自我監理，體現了美國市場導向監理模式的核心理念。這是美國國會試圖將自由市場和言論自由的思想編入美國數位立法的標誌性舉動，此理念也引領了國會許多其他立法和提案，朝向同一目標。例如，1998年的《數位千禧年著作權法》（Digital Millennium Copyright Act）在網路服務提供商遵循某些政策（包括要是版權所有人要求，就得移除侵權內容）的情況下，保護它們免於平台貼文含侵權素材的責任。[64]而國會提出的其他法律，大多也體現出這種以推行創新和技術進步為名，政府最低監理的精神。1997年，眾議員比利・陶辛（William Tauzin）提出《網際網路保護法》（Internet Protection Act）時，曾強調支持有效技術創新和資訊技術服務部署的必要性。根據陶辛的說法，美國必須「依賴民間的動能，盡可能避免政府對這些服務進行限制或監督。」[65]兩年後，參議員約翰・馬侃（John McCain）以類似的語調提出《網際網路監理自由法》（Internet Regulatory Freedom Act），目的是「禁止美國聯邦通訊委員會和州委員會監理網際網路或任何線上服務。」[66]1998年，被稱作「美國第一部針對網際網路的隱私法」的《兒童網路隱私保護法》（The Children's Online Privacy Protection Act，簡稱COPPA），加強了對十三歲以下兒童的資料保護，包括要求網站運營商發布隱私政策，並在某些情況下尋求家長同意。[67]然而，即便是《兒童網路隱私保護法》也允許科技公司請求美國聯邦通訊委員會批准自我監理規範來管理合規性，這表明國會的立法活動已受其傾向市場的本能所引導。[68]

與其談論美國國會在數位經濟監理立法上的作為,倒不如說說其不作為,更能揭示問題所在。儘管世上大多數的國家都已經通過立法來監督資料隱私,美國國會至今仍未能通過一部全面的聯邦隱私法。許多人認為現有的反壟斷法已經過時,無法應對當今數位經濟的問題,但國會也沒有更新。此外,國會也未對於是否應監理人工智慧、是否應保護零工經濟勞動者的權利、或要求平台履行與版權內容創作者分享收益的義務等重大議題採取任何行動。美國這種簡陋的立法框架與歐盟機構形成了鮮明的對比,歐盟在許多數位經濟相關議題上實施廣泛的立法監理,相關內容將在第 3 章詳細討論。過去幾年,有些國會成員開始質疑,自由市場和自我監管是否真是當今數位經濟的最佳解方。目前參眾兩院都有多項呼籲政府加強監理的法案,我將在後文繼續闡述。但是兩黨之間的僵局使得國會未能集結足夠的政治共識,導致此類提案至今未能通過。因此,國會的不作為至今仍維護著市場導向的監理模式,成為美國數位經濟的基礎。

▌法院保護科技公司

　　儘管國會設立了〈二三〇條款〉解放科技公司,在立法方面發揮了作用,美國的司法機構在保護、甚至擴大法律背後的自由方面,起了更至關重要的角色。美國法院捍衛〈二三〇條款〉中雙向責任豁免的內容和理論基礎,在 1997 年由美國聯邦法院裁決的著名案件「Zeran 訴美國線上公司案」(Zaran v. American Online, Inc.)中清楚可見。[69] Zeran 案涉及美國線上公司是否對第三方在其留言板上發布的誹謗性言論負有責任。根據〈二三〇條款〉,法院維護美國線上公司享有的豁免權,強調保護「新興網路中介商的言論自由」的必要性,並指出若對美國線上公司施加責任,將會導致「政府對言論自由實施侵入性監理」。[70] 法院解

釋〈二三〇條款〉的豁免權和背後的立法意圖時,強調兩個關鍵重點:首先,〈二三〇條款〉鼓勵平台在不必擔憂責任的情況下,過濾淫穢和其他冒犯性素材。其次,它也鼓勵「言論自由可在網際網路中不受約束監理,蓬勃發展」,從而促進網路經濟和電子商務的進步。[71]

法理上,美國最高法院也奉行強烈支持言論自由的準則。《通訊規範法》剛通過不久,自由網路的倡議者和科技業的代表便認為,《通訊規範法》的某些條款違反了〈美國憲法第一修正案〉所保障的言論自由權利。[72] 這些爭議條款的本意是要保護未成年人不受不適當的網路內容影響,將故意傳播「淫穢或不雅內容」或冒犯性的性言論定為犯罪行為。1997年,「Reno訴美國公民自由聯盟案」(Reno v. American Civil Liberties Union)上訴至美國最高法院,最終,最高法院推翻了《通訊規範法》的反淫穢條款。[73] 法院認為,《通訊規範法》對受保護言論施加了「不可接受的沉重負擔」,並「威脅到大部分的網路社群」。[74] 最高法院還指出,「在民主社會中,鼓勵言論自由的利益大於任何理論可行、但未經證實的審查利益。」[75] 法院維護〈二三〇條款〉的責任豁免權,並利用這一裁決傳達網路是歡迎任何言論的虛擬市政廣場,任何形式的言論都會對民主有所貢獻。

即使是近期的裁決,最高法院仍保持相同的立場,並將「網路是言論自由的堡壘」這個概念延伸到當今數位經濟時代;而當今網路言論自由的價值,已變得更具爭議性。例如,2017年「Packingham訴北卡羅萊納案」(Packingham v. North Carolina)中,[76] 最高法院推翻了一項允許州政府禁止過去被判性犯罪者使用社交媒體的法令。讓法令無效的同時,最高法院還發布了一項廣泛的裁決,將數位平台比擬作現代市民公園或市政廣場,從而將平台描述為「準政府組織」,而因此受到〈第一修正案〉的限制,不能利用權力禁止公民發言。法院認為,「〈美國憲法

第一修正案〉的基本原則是所有人都應有進入可說話、可聆聽之處的權利。」[77] 法院隨後裁定，當今最重要的意見交流場所是「網路空間，是網際網路廣闊的民主論壇，尤其是社交媒體」。[78] 如果禁止性犯罪者使用社交媒體，這些人就被剝奪了在現代公共廣場上發聲和聆聽的權利，從而失去「讓公民私下發聲的最有力管道」。[79] 常為大眾解釋撰文的最高法院大法官安東尼‧甘迺迪（Anthony McLeod Kennedy）承認，網際網路對言論自由的影響尚未完全清楚，也許有一天，它會被用來支持反社會目的之行為。[80] 然而，甘迺迪大法官繼續說明：「但在那之前，我們必須極度謹慎，實現網際網路的民主潛力。」[81] 這表明，即便是今日，有大量證據的指明網路被用於各種反社會之目的，對於美國最高法院來說，網路仍是一座言論自由的堡壘，而且這種自由不會侵蝕民主，而是會加強民主。上述這些案件說明美國法院對擁護網路自由的堅定立場，也顯示司法機構不斷賦予美國監理模式背後的自由市場精神正當性，因而促進美國模式的持續影響力。

行政部門的立場

美國的行政部門也和立法與司法部門一樣，擁戴市場導向的監理模式，並倡導與國會非常相似的政策，保護科技業免受監理。柯林頓總統的任期正值網路商業化的關鍵時期，政府也推崇不監理網路的治理原則。[82] 然而，柯林頓總統早期的立場相當矛盾，政府一方面堅持不監理的承諾，另一方面又希望確保行政機構能夠讀取所有電子設備。1994年，白宮宣布支持「Clipper晶片」，這是一種由美國國家安全局開發的加密設備，但其中暗藏一個後門，讓執法人員可以破解加密，進而讀取電子設備中的語音和資料傳輸。結果，Clipper晶片廣受批評，柯林頓政府只好打退堂鼓，並明確擁戴企業自我監理，以此作為美國監理模式的

核心。[83]

1997 年，柯林頓政府發布了名為《全球電子商務架構》（*A Framework for Global Electronic Commerce*）的政策文件，反映政府支持企業自我監理的決心。[84] 這份戰略文件概述美國對電子商務的政策取向，強調市場導向會比政府監理更具有優勢。時任總統首席政策顧問馬格茲納描述這個框架時強調：「競爭和個人選擇應該成為新數位經濟的口號。」因此，數位經濟的規則不該由政府制定，而是交由私人團體和多方利益關係人團體來制定。[85] 在 1997 年發給行政部門和機構負責人的備忘錄中，柯林頓總統本人也透露，他支持市場導向的電子商務。他強調網際網路的「獨特性質」，認同「唯有由民間單位領導，電子商務才能繁盛昌榮。因此，聯邦政府應在容許範圍下盡可能鼓勵企業自我監理，並支持民間單位盡量開發促進網路成長、繁榮的技術與實務經驗。」[86] 他進一步強調，政府應保持克制，避免對網路商業活動施加不必要的規章、稅收或關稅。

這種科技樂觀主義觀點反映了 1990 年代盛行的政治氛圍，這是網際網路商業化的關鍵十年，也是全球化及去監理浪潮的鼎盛時期。這一時期影響了政策制定者和大眾的觀點，進一步將市場導向的監理模式制度化為美國的常態。監理懷疑論者指出，從電信業去監理後的資料顯示，去監理的私人公司表現得比國營企業更好。[87] 這進一步支持民間單位優於政府的觀點。大家擔心的是，在世界即將迎來新技術革命之際，應該要避免政府造成任何可能的損害。

自由市場的教條自 1990 年代起延續了數十年，並在小布希和歐巴馬政府持續可見。小布希政府 2003 年公布的《國家網路安全戰略》（*National Strategy to Secure Cyberspace*）倡導市場導向的監理方法，並指出「聯邦制和有限政府的傳統，需要許多聯邦政府以外的組織花心思

帶頭引領大家。」[88] 這種市場導向的政策要求聯邦政府「只有在干預市場的好處明確超過干預行動本身帶來的相關成本」時，才有正當理由行動；一旦民間單位有可行的解決方案，這個準則尤其重要。[89] 歐巴馬政府也沿襲此道，繼續強調自由市場、言論自由和民間單位在網路治理的重要角色。2011 年發布的《網路空間國際戰略》（*International Strategy for Cyberspace*）以促進開放市場作為政策優先事項，並解釋：「市場上的競爭可推動創新，而自由貿易的環境將讓製造商更能保持價格競爭力和高標準……美國將致力維持這種自由貿易環境，尤其是支持高科技業，以確保創新的未來。」[90] 歐巴馬政府對監理網路抱持懷疑的態度，認為任何嘗試都只會導致有害的審查。例如，歐巴馬政府反對 2011 年的《禁止網路盜版法案》（*Stop Online Piracy Act*），因為政府擔心，打擊網路盜版的意圖，可能會讓合法的線上活動承擔審查風險。[91] 歐巴馬政府更進一步強調民間單位在數位經濟治理的重要貢獻。2011 年的戰略方向將繼續承諾政府與科技業在網路治理中的合作，並認為合作「至關重要，維護了多方利害關係人的特徵」。[92]

然而，在川普執政期間，美國政府與美國科技公司的利益出現了明顯的逆轉。經常使用社交媒體平台（如 Twitter）進行管理的川普總統，在這些公司開始對他不利時，轉而反對這些科技公司。例如，當 Twitter 對他的推文添加事實查核警告，川普總統便揚言威脅要實施類極權的政策[93]，並暗示要是以保護美國國家安全為名義，他有權力關閉社群媒體或網際網路。[94] 為了打擊社群媒體據稱對保守派有偏見一事，2020 年川普總統發布了一道行政命令，聲稱此舉是為了保護言論自由、防止網路審查。[95] 這個行政命令提到，美國科技公司正在進行「選擇性審查，損害了國家話語權」，並試圖強制要求科技公司承載特定的政治言論，進而干涉它們對所承載內容的決定自主權──而這一自主權長期以來正是

社群媒體自由的重要基礎。[96] 因此，批評者認為，自稱捍衛言論自由的川普總統，實則是在打擊新聞媒體自由。川普總統試圖教訓社交媒體的行為，已損害了美國政府和領先科技公司之間的關係，但這些努力未能徹底改變市場導向的監理模式，市場導向監理模式仍然是美國治理數位經濟的重要標誌。

美國數位政策的深層邏輯

　　自由市場、反國家主義等政策一直是美國監理數位經濟的基石，同時也獲得美國政府最高層的支持。這種理念深深植根於現有的法律框架和政府的實際決策，尤其是〈二三〇條款〉保護科技公司的責任豁免方面。任何試圖挑戰並削弱《通信規範法》對科技公司核心保障的提案被法院一再駁回，國會也拒絕通過削弱這些保護的立法。因此，〈二三〇條款〉至今仍是美國市場導向監理模式的御寶。國會與法院預設接受言論自由及避免監理數位內容的傾向，也許正反映出它們早已習慣從〈美國憲法第一修正案〉和其意識形態的角度來看待數位監理。任何對數位言論的監理意圖，法律上都容易受到〈第一修正案〉的挑戰，國會在內容審查面的去監理本能也因此強化。〈第一修正案〉的原則也引導美國最高法院對數位經濟監理的態度。事實上，近期最高法院在解釋〈第一修正案〉時採用了更自由主義的立場，做出一系列利用〈第一修正案〉來抵制經濟面和社會面監理的裁決。[97] 鑑於政府不願背離堅持言論自由的正統性，線上平台便可輕易扮演負責制定（自我）內容審查的政策角色。然而，這些公司的政策往往早已受到滲進企業內部的〈第一修正案〉思維左右，言論自由也因此更進一步鞏固了美國市場導向監理模式的基礎。[98]

這種重視自由市場的理念也早已深植到美國的反壟斷法中，導致監理與執法力度過輕，促成高度集中的科技市場。亞馬遜、Apple、Google、Meta 和微軟這幾個科技巨頭控制了電子商務、智慧型手機、搜尋引擎、社交媒體、線上廣告、雲端服務和作業系統等市場，在廣大的數位經濟領域中占據主導地位。這些公司還不斷進行併購、擴大優勢，過去十年間沒受什麼監理限制，收購了至少五百家公司。[99] 美國政府也展現出支持市場導向監理模式的決心，上述所有的併購都未受監理單位挑戰，順利進行。美國負責反壟斷的機構也選擇不行使權力來對付這些公司的壟斷行為。自 1998 年美國司法部起訴微軟以來，幾乎沒再提起任何案件。[100] 直到二十多年後的 2020 年底，美國司法部和聯邦貿易委員會（Federal Trade Commission，簡稱 FTC）才分別對 Google 和 Meta 提起反壟斷訴訟。[101] 然而，我將在後文詳述，美國司法機構是否準備好放棄這種長期以來定義美國反壟斷監理態度的市場導向原則，目前尚不清楚。

美國政府對資料隱私的做法，也高度展現市場導向監理模式的精神。有別於世上多數國家的法律體系將監理資料隱私作為標準，美國並沒有聯邦層級的隱私法，也因此顯得特立獨行。[102] 歐巴馬總統曾試圖監理隱私，但最終未能說服國會採取行動。2012 年，歐巴馬政府曾推出《消費者隱私權法》（*Consumer Privacy Bill of Rights*）草案，願景是保護個人隱私權，並賦予使用者掌握更多關於自己資料怎麼被使用的權利。[103] 這項法案提供新的法律和技術工具，有望保護所有美國公民的資訊被濫用。歐巴馬總統強調法案與美國市場導向監理模式的核心價值一致，並辯護道：「隨著網際網路的發展，消費者的信任是數位經濟能持續成長的重要因素……遵循這個願景，不論公司、消費者倡議代表還是政策制定者，都可以保護消費者，同時也確保網際網路繼續成為創新和經濟成長的平台。」[104] 他還強調，消費者的隱私權是美國的基本權利：「自

美國建國以來，隱私權一直是我們民主的核心，如今，我們比過往任何時候更都需要隱私。」[105] 然而，《消費者隱私權法》草案遭到各方攻擊，最終未能在國會立法成功。[106] 科技公司認為它會導致監理繁瑣、扼殺創新，並妨礙開發能造福消費者的新線上服務。同時，隱私倡議者也批評這項法案太過軟弱，充滿可能被科技公司利用的漏洞。最終，國會決定不推動這項立法，美國的數位監理角色仍以企業的自我監理為基石，保持市場導向的監理模式。[107]

只有極少數案例能成功推翻美國自由市場共識的數位監理。2017年為打擊線上性交易的《允許各州及受害者打擊線上性販賣法》（The Allow States and Victims to Fight Online Sex Trafficking Act，簡稱《FOSTA》）就是少數調整〈二三〇條款〉豁免權成功的案例。國會擔心〈二三〇條款〉可能不當保護了某些積極在平台上推動犯罪性販賣的服務提供商，於是以《FOSTA》作為回應。這條法律是在2016年「Doe訴Backpage.com案」（Doe v. Backpage.com）之後通過的，當時，美國聯邦法院明知Backpage的線上服務促進了犯罪性販賣，卻不究其責任（我將在後文詳述此案）。[108]《FOSTA》修改了〈二三〇條款〉的豁免權範圍，排除了藉由網路服務提供商從事違反聯邦性販賣或賣淫罪等行為。[109]《FOSTA》開宗明義指出，「〈二三〇條款〉從未打算為非法推廣、促成賣淫的網站、或非法推廣人口販子銷售性交易受害者等非法性行為的廣告等，提供法律保護。」[110] 但是，《FOSTA》仍因缺乏實際效果以及一些意外的不良後果而遭受批評。例如，2020年一項衡量《FOSTA》影響力的調查發現，法律導致平台超前部署，也打擊到自願性工作者，使他們的工作處境變得更加危險艱難。[111] 這些自願性工作者本可透過Backpage.com等網站做廣告，建立自己的客戶群，而非依賴皮條客等中介操弄者來促成與客戶的接觸。因此，有人指控《FOSTA》將性工作者推回街頭，讓

他們的工作變得更加危險。[112] 即使是這種對〈二三○條款〉自由豁免的適度限制,也會對預期的監理目標產生複雜的影響;由此可見,任何意圖調整美國數位經濟市場導向基礎的嘗試,執行上往往困難重重。

美國開始重新審視市場導向監理模式

多年來,美國監理模式背後的自由市場精神展現出韌性,指引著美國政府各部門的政策制定。然而近幾年,美國有愈來愈多社會各界人士開始質疑科技放任主義所建立的數位經濟基礎,批評市場導向監理模式的聲音也愈來愈多。這股新興的意識形態轉向似乎承認,在當今的公共場域下,美國模式的弊端與風險已變得過於明顯且不容忽視。學者、公共知識分子、記者、公民社會行動者、小型企業以及愈來愈多政治領袖的多元聲音,皆對當今科技巨頭的絕對宰制力及其對社會帶來有害的影響憂心忡忡。這些公司變得過於龐大,它們擁有的經濟力量和政治影響力,已不是當年加州那些夢想科技能帶來新時代的民主、自由和社會進步的網路先驅所能想像的。隨著這些科技巨頭遙遙領先並開始剝削市場,恢復反壟斷法的呼聲也日益增加。每當新的資料隱私醜聞爆發,批評者就會開始質疑這些公司到底如何處理它們手上的用戶個人資料,以及利用個資盈利的核心商業模式。隨著網路仇恨言論以及其他有害內容猖獗氾濫,呼籲大平台應對平台上所承載的言論負責的聲音也日漸增加。在當今這種經濟政治氛圍下,沒什麼人敢繼續捍衛網際網路、斷言它是一個可以自我維持秩序的地方,或願意繼續相信放任大型科技公司發展的網際網路可以帶來經濟繁榮並增進民主自由。

「平台可免除法律責任」和「不受監理的網路空間」這兩個觀念已

不再被學者、政客、市民,甚至是平台本身無條件支持。早期大力推崇網路可促成民主的傑克・巴爾金(Jack Balkin)認為[113],過往的樂觀態度如今已轉向保守,他承認由私人企業來控制線上言論規範是很危險的。[114] 多年來偏激進的法學家丹妮爾・希特倫(Danielle Citron)也主張要求更多「網路公民權利」,她呼籲應對〈二三〇條款〉的責任豁免範圍設立條件,亦即平台必須採取合理的內容審查措施,才可取得豁免權。[115] 政治風向正逐漸轉變,各方可能得為潛在更嚴格的線上言論監理做好準備。2018 年《FOSTA》立法案的通過,代表美國國會首次限縮了〈二三〇條款〉的責任豁免範圍,要是平台和網站運營商明知有托管性販賣廣告,將排除它們的責任豁免。[116] 一些美國評論家開始敦促監理機構進一步重新審視〈二三〇條款〉的安全港條款[117],也有許多人希望拜登政府著手處理這項任務[118]。2019 年,時任美國眾議院議長南西・裴洛西(Nancy Pelosi)呼籲科技業應對線上內容承擔更大的責任,並暗示「取消〈二三〇條款〉的豁免權並非不可能」。[119] 政治修辭的轉變反映出大眾輿論已漸漸改變立場,反對線上平台,也反對平台對仇恨內容的容忍度。[120]

美國國會也開始舉行公聽會審議相關法案,以表恢復落實反壟斷法的決心,好好面對市場導向監理模式導致經濟過度集中的現實。過於寬鬆的監理框架讓少數科技公司得以積累愈來愈多壟斷權力。進行為期十六個月的調查後,眾議院於 2020 年發布了反壟斷報告,宣告亞馬遜、Apple、Google 和 Meta 等公司皆參與了不同形式的壟斷行為。[121] 負責領導調查的國會議員在聯合聲明中表示:「無庸置疑,我們的調查表明國會和反壟斷執法機構必須迫切採取行動,恢復公平競爭,促進創新,保護我們的民主。」[122] 截至撰寫這本書的 2022 年,國會正在推進幾項法案,對大型科技公司施加更嚴格的反壟斷限制,像是 2021 年的《美國創新與

網路選擇法案》（*American Innovation and Choice Online Act*）。[123] 這項法案將對大型科技公司施加多項限制，包括防止濫用資料獲得不公平的競爭優勢、或操弄搜尋結果來偏袒自家相關產品等等。行政部門也終於開始執行手中的權力來落實現有的反壟斷法，例如2020年，美國司法部和聯邦貿易委員會就曾分別對 Google 和 Meta 的商業行為提起訴訟。[124] 有人稱這些訴訟為「科技巨頭史上最大的威脅」。[125] 拜登總統也完全支持對科技公司進行完善的反壟斷執法。他任命著名的科技評論家吳修銘（Tim Wu）、莉娜‧汗（Lina Khan）和喬納森‧坎特（Jonathan Kanter）分別擔任白宮、聯邦貿易委員會以及司法部等重要反壟斷單位的關鍵職位。種種跡象表明，想藉由立法改革或更強而有力的反壟斷法執法態度來重塑寬鬆反壟斷準則的壓力正在變大。

也有不少國會議員將目光轉向資料隱私權。有些州政府感受到立法的急迫性、卻遲遲等不到聯邦政府行動，只好自行頒布類似歐盟《GDPR》的州級隱私法。其中最著名的就是加州2018年通過的《加州消費者隱私保護法》（*California Consumer Privacy Act*），2020年又進一步修訂成更保護權利的《加州隱私權法》（*California Privacy Rights Act*）。[126] 然而，放眼聯邦層級的法律，雖然歐巴馬總統提出的《消費者隱私權法》草案未能通過，但似乎因此促成了其他國會提案，例如《網際網路權利法案》（*Internet Bill of Rights*）和《同意法案》（*CONSENT Act*）。2018年，代表 Apple、英特爾（Intel）和 Yahoo! 等公司所在加州地區的眾議員羅‧康納（Ro Khanna）依據歐巴馬政府2015年的《消費者隱私權法》提出了《網際網路權利法案》。[127]《同意法案》則要求網路服務提供商在使用、共享或販賣用戶個資之前，必須取得用戶的選擇同意（opt-in consent）。[128] 參議員艾德‧馬基（Edward Markey）介紹《同意法案》時強調：「Facebook 和其他線上公司嚴重侵犯隱私權的狀況

已到了臨界點,我們必須落實同意權的立法。自我監理與自願符合的標準已經無法約束這些公司,我們需要白紙黑字的規章讓這些科技公司遵守,藉此保護美國人並確保可問責性。」[129] 拜登總統也在 2022 年的國情咨文中提到保護隱私權的重要性,並呼籲國會保護美國兒童的隱私權。根據拜登的說法,科技公司為了營利,彷彿正在對孩童進行一場全國級別的實驗,他說道:「現在是時候加強保護隱私權了,我們要求科技公司停止蒐集孩子的個人資料,也禁止對孩童投放精準廣告。」[130]

不僅在美國,這股反對科技公司的聲浪在全球遍地開花,可能是美國監理模式至今所面臨的最大威脅。圍繞科技放任主義理想所產生的弊端、以及利用這種情緒的相關立法提案,是否真能開創美國監理的新時代,徹底改變數位經濟背後的意識形態基礎?或許未來這幾年將會揭曉。儘管有一部分人樂見其成,但更多懷疑的聲音認為,市場導向的價值觀在美國無數機構及美國人心中早已根深柢固、難以撼動,更遑論反轉那些在無拘無束的科技樂觀主義下成長茁壯的科技巨頭。而且深植於美國制度、支持自由市場傾向一事,仍在影響美國各方的觀點,包括司法機構,它們可能尚未準備好迎接「反壟斷革命」的到來。[131] 同時,國會是否真能徹底改革〈二三〇條款〉這項扶持當今線上言論自由規範的重要法律,也未能確定。內容審查的改革本就困難重重,加上美國人仍常常出於本能,將來自政府的審查視為亟需避免的威脅。而且截至目前為止,任何成功立法改革的嘗試,都僅限於幾個相對容易達成政治妥協共識的議題上,例如保護兒童或限制非法性販賣。即便是這些法律,如《FOSTA》的批評所示,也被認為是軟弱或適得其反的改革。

科技公司對美國政治議程的過大影響阻礙了數位監理改革的嘗試。多年來,科技業堅持不懈的遊說也讓科技放任主義者對於監理的厭惡得以延續。2018 年,一位前國會助理解釋,科技公司在華盛頓特區的影響

力使隱私改革不斷受阻,並評道:「遊說團體在華盛頓特區的數量比倡議消費者隱私人士多了二十倍到三十倍。」[132] 再者,科技公司對於美國經濟成長和創新基礎的重要性無庸置疑,政治領導人物往往更容易接受它們的觀點。例如 2021 年,為了遊說聯邦政府,Apple、亞馬遜、Google 和 Meta 一共花費超過 5,500 萬美元,比 2020 年的 3,400 萬美元更高。[133] 2021 年,光是亞馬遜就花了 1,900 萬美元,創歷史新高[134],Meta 則花了超過 2,000 萬美元。[135] 這些公司遊說的目的,除了試圖抵制反壟斷法規,還要為那些備受矚目的公眾投訴案或醜聞所連帶影響的相關政策,進行辯護與應對。例如亞馬遜因為抹煞工人組織工會的努力而面臨勞工投訴[136];Meta 公司在前 Facebook 產品經理弗朗西絲・豪根(Frances Haugen)向國會披露相關文件後,不得不為自家處理仇恨言論及虛假訊息的審查做法進行辯護。[137] 遊說國會時,這些科技公司巧舌如簧,提出各種論點為自己辯護。舉例來說,2022 年它們辯稱,一旦推行更嚴格的反壟斷立法,將會拱手讓外國公司橫行無阻,終將損害美國的競爭力。[138]

但立法改革的最大障礙,其實是癱瘓的國會現況:立法失能,無法實質產生任何有意義的法案。即使民主、共和兩黨都同意立法監理,但要如何監理、監理的內容為何,卻無法達成共識。共和黨深怕平台會審查保守派的言論,民主黨則擔心利用〈二三〇條款〉責任豁免的平台,會讓網路上充斥著仇恨言論和其他有害內容。如果國會無法採取行動,那麼焦點就會轉移到法院身上,法院是否能讓美國不再堅持市場導向的監理模式?最高法院即將在多起案件針對〈二三〇條款〉的界線做出裁決,包括一項德州的法案,簡稱《HB20》。[139]《HB20》禁止線上平台對使用者表達的觀點進行任何內容審查,反映出保守派的看法;他們認為,科技公司存有偏向支持自由主義的意識形態偏見,並依循這種偏見

進行內容審查。不久的將來，法院也將面對由美國司法部和聯邦貿易委員會針對 Google 和 Meta 的兩起反壟斷訴訟並做出裁決。這些案件都將測試市場導向模式在美國司法界根深柢固的程度。

在國會或法院尚未重新審思市場導向監理模式內部的關鍵原則情況下，可能還有一條路線可以限制科技巨頭權力、同時尊重科技放任主義的基本信條，來改革數位經濟。巴爾金主張，大型線上平台應該被視為「訊息的受託人」，它們必須對客戶承擔相關的特殊責任。[140] 有了這樣的受託人責任，便可要求這些公司對所蒐集和分配的使用者資料承擔特殊的注意義務，也將〈二三〇條款〉的豁免權與義務掛鉤。希特倫和班傑明‧維茨（Benjamin Wittes）也有類似的主張，他們認為，應為〈二三〇條款〉的責任豁免設立條件，只有承認如果用戶嚴重危害就會限制使用服務的平台，才享有責任豁免。[141] 這些妥協方案保留了〈二三〇條款〉的部分豁免權，從而在當前更具批判性的政治環境中，延續美國市場導向模式的命脈。這樣適度的改革，可說是美國模式向歐盟以權利為本的監理模式謹慎地邁進了一小步，同時避免了不少人認為注定會失敗的激進改革發生。

無論新興監埋推動的結果如何，市場導向監理模式的一些基本信念將依然在美國政治話語權中展現無疑。即便市場導向模式是否真能增強美國的民主自由一事愈來愈無法肯定，美國維護政治自由和個人自由的承諾與決心，仍是相當重要的指導原則，也會繼續定義美國數位經濟監理的態度。批評利用網路控制、監視人民的極權國家（包括中國），依舊是美國數位政策跨派別的集體共識與關注焦點。民主黨和共和黨一致同意，要遏制中國監控國家及不斷向全世界輸出的數位極權價值觀念。中國日益成長的宰制力，也成為美國說服盟友（包括歐盟政府）團結起來的口號，呼籲科技民主陣營一同對抗利用網路作為壓迫工具（而非自

Chapter 1　美國的市場導向監理模式

由工具）的科技極權。綜合以上可知，「自由」是定義當今美國監理模式一貫的重要價值，即使現在追求的「自由」和1990年代加州網路先驅所提倡的「自由」截然不同，混雜著更多關於數位市場、經濟、地緣政治和文化現實等面向的不同考量。

美國監理模式與中國和歐盟模式的相似之處

儘管美國長期以來根據對自由市場和言論自由的歷史承諾，作為監理數位經濟的重要原則；但在某些領域，美國的監理模式仍與歐盟以權利為本的模式，甚至與中國的國家導向模式有些許相似之處。縱使美國一向厭惡政府監理，但我們仍可在幾個例子看到，美國並非完完全全支持市場導向模式。美國政策制定者確實偏好自由市場，但這並不代表支持自由市場就能百戰百勝。在美國的監理框架下，仍然有不少對個人權利的重大關注，並且常常與歐洲以權利為本模式的元素融合在一起。無獨有偶，美國政府經常在數位經濟中扮演重要的推進角色，就資助大型技術創新一事而論，似乎與中國政府異曲同工。美國政府整體的國家安全目標，也決定了政府和私人科技公司在特定的數位經濟領域上會有密切合作，例如資訊安全和數位監控領域等，進而讓「國家應在數位經濟中處於邊緣角色」的說法變得更加複雜。

美國和歐盟的監理模式都視言論自由為基本權利，這一共同點深刻影響雙方對數位經濟的監理方式。考量到〈二三〇條款〉帶給美國數位經濟的重要作用，某種程度來說，美國也可稱作以權利為本，即使它更狹隘地集中保護以言論自由為主要的基本權利。美國的方法可謂更絕對地捍衛言論自由，而歐盟的方法往往注重言論自由與其他基本權利的平

衡，例如隱私權或人類尊嚴等考量，從歐盟有時會禁止仇恨言論等有害言論散播便可見得。再者，歐盟認為，有時必須要有政府介入，才能捍衛言論自由，政府必須強制命令平台以文明、尊嚴、端正或公共安全的名義進行內容審查；美國的觀點則更傾向依賴市場與企業自我監理，來讓觀念市場找到合適的平衡。因此，美國模式更常將個人權利的願景交由市場自行決定，自行發展出相應的機制來實現權利。儘管言論自由是美國監理模式中最清晰可見並保障的基本權利，美國也尚未有像歐盟《GDPR》的聯邦層級隱私法，但上述這一切並不代表美國不關心其他權利，像是資料隱私權。詹姆斯‧惠特曼（James Whitman）提出的說法頗具說服力：「西方文明的兩種隱私文化」，一個是側重人性尊嚴的歐盟，另一個是側重自由的美國。[142] 確實，美國並沒有聯邦層級的隱私法，但加州等州政府已立法保護資料隱私權，代表美國的監理模式在州級層級，確實嵌入了一些歐洲監理模式的元素。[143]

美國市場導向監理模式往往會試圖淡化國家在技術進展中的角色；但實際上，在推動當今數位經濟的許多核心創新方面，美國政府仍發揮了關鍵作用，這也表明美國模式包含了國家導向監理模式的元素。[144] 國家參與推動的政治動機可以追溯到冷戰時期，當時美國政府投入了大筆資金，與蘇聯展開軍備競賽和太空競賽；也可以追溯到晚一點的 1980 年代，美國為了贏得對日本的經濟競爭所付出的心力。地緣政治的競爭迫使政府進行大規模的技術投資，美國政府也因此提供大學大量的研究資金，並與私人科技公司簽立豐厚的軍事合約。然而，美國政府並沒有從中選出少數贏家或只投資少數國有公司，而是以更符合市場導向本能的方式，實施由國家驅動的投資模式，以更分散的方式引導公共資金，鼓勵私人創業精神，而非造成大型壟斷。[145]

放遠來看，這些國家投資資金為美國數位經濟的發展起了重大的作

用，從而影響市場導向的監理模式。許多開創性的技術其實都源於國防高等研究計劃署（Defense Advanced Research Project Agency，簡稱DARPA），隸屬美國國防部。DARPA資助並參與了許多美國創新科技的早期開發。舉例來說，DARPA資助了網際網路的前身「阿帕網」（ARPANET，全名為 Advanced Research Projects Agency Network，也就是高等研究計劃署網路），電子郵件同樣是由DARPA資助麻省理工學院和史丹佛大學研究計劃的產物。[146] 連Apple的iPhone也是DARPA資金的受益者，而不全然是私人創業精神的典範。[147] iPhone的觸控螢幕技術是由一家名為FingerWorks的公司所開發，這家公司由公立德拉瓦大學的研究人員創立，他們也都受益於美國政府的研究資助計劃。[148] iPhone語音助理「Siri」所依賴的語音辨識技術，也是由DARPA資助的人工智慧專案衍生出來的產品。[149] Apple的iMac也受益於美國小型企業管理局（Small Business Administration）資助的創業基金。[150] 美國國家科學基金會（National Science Foundation）資助的演算法後來也帶動了Google搜尋演算法的發展。[151]

直到最近，來自中國的技術和地緣政治競爭逐漸白熱化，美國政府再次轉向支持工業政策，促進國家的技術發展。美國和中國正在爭奪半導體等關鍵技術的領導地位，並確保能夠自給自足，我將會在第5章詳細說明。這種競爭引發了補貼競賽，最終也促成美國國會於2022年通過了《晶片和科學法》（CHIPS and Science Act），為美國半導體的研究發展編列了超過500億美元的預算資助。[152] 除了提供補貼支持國內關鍵技術的製造，美國政府還對技術出口和相關投資實施大規模的限制，不讓中國獲取戰略上重要的技術途徑。美中科技競爭升溫，這些舉動迅速成為美國技術政策最顯著的特徵，也使美國進一步偏離傳統上以推動開放和全球數位經濟發展的重點。上述發展闡明，即使是美國這個最積極倡

議由民間單位主導自由市場、並維護正統觀念的國家,市場導向監理模式也從未以完全純粹的形式存在,而是會在不同時期融入其他監理模式的元素,持續發展。

鑑於數位經濟發展與國家安全、國家執法和其他國家傳統功能的交互相關,美國政府在塑造數位經濟方面仍發揮了重要作用。國家安全是美國政府首要的政策優先事項,因而影響政府多個政策領域的監理方式,包括數位經濟。因此,在資訊安全和政府監控等領域,公私協力的夥伴關係模式勝過美國市場導向的監理模式。這種模式重視國家與市場行為者之間的合作關係,即使這種關係不易均衡且常有爭議。2015年,歐巴馬總統在某次演講中指出:「無論是政府還是私人企業都無法單獨保衛國家。政府和企業應攜手合作,成為夥伴關係,共同維護國家。」[153]

民間公司和政府都容易受到網路攻擊,預防和應對這類攻擊需要雙方共同努力。克莉絲汀・艾肯謝爾(Kristen Eichensehr)認為,美國的資安處理方式反映出一種獨特的公私協力模式,民間單位在重要資安議題上擔任準政府的角色,聯邦政府則像是市場的參與者,而不是傳統的公共監理者。[154]如今網路犯罪的頻率和複雜性都在上升,許多證據顯示,無論是公共還是私營的美國數位基礎設施,面對駭客的入侵都極其脆弱。例如2020年,SolarWinds資安事件造成美國數千人受害,堪稱本世紀最大的資安漏洞。[155]這起事件後來被認為是由俄羅斯政府支持的駭客所發動的攻擊,藉由軟體公司SolarWinds監控IT性能的系統Orion,部署惡意程式碼所致。美國政府部門中,包括美國商務部、美國國土安全部以及美國財政部都受到影響。微軟、德勤(Deloitte)與思科系統(Cisco)等頂尖民間大型企業也遭受攻擊。這起事件顯示政府與民間企業的利益經常一致,雙方都能從更強健的資安治理中受益。

我們也可在「政府監控行動」中看到數位經濟領域下公私協力的另一個具體展現。美國政府在國內外進行大規模的數位監控，而在 2013 年，這項監控計劃被前國安局承包商史諾登揭露，引起全世界的關注。[156] 這個做法已成為美國和歐盟之間主要的爭議來源，將在第 6 章進一步討論。史諾登爆料，美國國安局仰賴美國主要電信與網路公司的合作夥伴關係來進行監視行動，並利用這些私營單位獲取高容量的跨國光纖電纜以及其他關鍵基礎設施的使用權。國安局還進行一個名為「稜鏡（Prism）」的計劃，仰仗從 Google、Meta、Apple、Yahoo! 和其他美國科技公司所蒐集到的資料；科技公司在維護政府監控機制方面應扮演什麼角色，也因此引來爭議。[157]

但其實，科技公司也反過來限制美國政府的監視行動，這也凸顯出美中兩國在監控國家執行面上的差異。曾在美國司法部國家安全部門任職的法律教授艾倫‧羅森斯坦（Alan Rozenshtein）認為，科技公司有意識形態和財務上的誘因來抵制政府的監控。[158] 對於政府提出監控用戶資料的要求，科技公司往往選擇最低限度的順從、同時積極發起訴訟抵制。科技公司還可藉由各種產品上的設計來讓監控變得更加困難，例如使用端對端加密或境外資料儲存，此外它們也大力呼籲大眾輿論反對監控。美國司法部在 2022 年發布的《綜合性網路回顧》（*Comprehensive Cyber Review*）報告，證實了大型科技公司已多次成功抵制政府要求協助的說法。[159] 例如，當歐巴馬政府向美國科技公司尋求資安防護方面的合作時，美國商會和其他商業協會阻擋了相關的資安法條提案，並批評政府過於介入、不夠「美國」。政府要求企業共享網路攻擊的訊息甚至參與聯合防禦策略，與資本主義自由市場的理想相悖。[160] 另一個例子是 2016 年，Apple 與美國聯邦調查局進行了一場備受矚目的法庭攻防，挑戰一項法律命令：聯邦調查局要求 Apple 協助解鎖一位涉嫌參與恐攻者

的 iPhone。這場 2015 年在加州聖貝納迪諾發生的恐怖攻擊造成十四人死亡，二十二人重傷。[161] Apple 執行長庫克除了譴責恐怖攻擊，還在公司網站上發表了一封公開信，為 Apple 拒絕解鎖手機、拒絕「駭進我們自己的用戶」辯護，並描述聯邦調查局的要求「破壞了本應由政府保護我們的自由及權利」。[162] 這些例子顯示，科技公司面對政府要求參與監控計劃時，不是只有乖乖支持的選項，甚至有辦法反過來限制政府。

儘管科技公司有時會抵制政府的監控要求，但也有案例顯示，這些公司偶爾會願意與政府合作，參與國家安全的執法工作，進一步讓政府在市場導向的監理模式持續占有一席之地。九一一事件後，政治氛圍以國家安全為導向，大型電信提供商透過蒐集相關資訊，協助政府打擊恐怖主義。[163] 具體而言，它們向國安局提供了無需搜查票即可獲取資訊的權力，以便監控國際電話和相關通訊，並同意將大量電話和其他數位記錄（包括單純的國內電話和電子郵件等）轉交給國安局。隨著網路安全威脅變得愈來愈顯著，科技公司再次開始與美國政府密切合作。2022 年 3 月，俄羅斯入侵烏克蘭，白宮發布了一道行政命令，要求所有營運關鍵基礎設施的美國公司須在七十二小時內報告網路攻擊狀況。[164] 一般來說，科技公司會比政府更早觀察到各種網路安全威脅，這場戰爭也迫使科技公司站在衝突的中心。例如，俄羅斯即將入侵烏克蘭之際，微軟的威脅情報中心（Microsoft Threat Intelligence Center，簡稱 MSTIC）就檢測到一個名為「Wiper」的惡意軟體，意圖刪除烏克蘭政府的電腦資料；於是微軟即刻通知烏克蘭的資安防禦單位並同步警告白宮，隨後白宮便要求微軟要與歐洲國家分享駭客攻擊的詳細資訊，畢竟這些國家也可能是網路攻擊的目標。[165] 微軟總裁布拉德・史密斯（Brad Smith）描述公司在這場衝突中所扮演的角色時說道：「我們既不是政府，也不是國家，我們是一家公司。」但他也承認，公司並非處於中立的角色。微軟反而

持續在資安方面與烏克蘭、美國、歐盟和北約政府密切合作。[166] 報導指出，隨著戰爭爆發，美國資安方面公私協力狀況也不斷增加。科技公司的主管都得到安全許可，可參與國安局和美國網戰司令部的簡報會議，因為美國政府也仰賴科技公司的能力來協助探測與反制網路攻擊。[167]

這些案子說明，儘管帶有部分以權利為本和國家導向監理模式的要素，美國市場導向監理模式仍用自己的方式治理數位經濟。美國模式確實在數位監理中重視基本權利，從〈二三〇條款〉的討論可知，這不僅是一個關於言論自由這項基本權利的簡單故事，更關乎市場如何維護堅持這個權利信念的具體表現。而在市場導向模式中，政府也有重要的功能，無論是支持創新技術的早期投資，還是與科技公司協力推動網路安全或更廣大的國安目標。即便政府參與其中，美國監理模式還是找到能維護市場導向特質的運作方式，例如以更市場導向的方式來分配政府資金，或是賦予科技公司在與政府合作促進監控的同時，能反過來檢視並限制國家監控的雙重角色。

國內外對美國市場導向模式的批評

美國市場導向監理模式的優點無可否認。美國政府堅定地支持企業自由，促成了繁榮、創新的科技業，這個行業藉由生產受消費者推崇的產品和服務，創造了巨大的財富。許多消費者對這些產品和服務所帶來的便利沉醉不已，但反過來說，也有人認為消費者已對此上癮。無論從使用者數量還是從股價來衡量，這些美國科技公司都創造了前所未有的經濟成功故事。然而，這種成功也付出了代價。美國的監理模式對許多市場失靈視而不見、任其發展，政府未試圖著手解決，甚至未承認失

靈。然而,正是這樣的失靈,才有當前關於市場導向監理模式的未來之討論。

許多學者和政治評論家點出了市場導向監理模式的謬誤,以及數個未被承認的缺點。例如,寬鬆的反壟斷法創造出一個高度集中的市場,讓少數幾家公司在經濟、政治和文化上皆掌握前所未有的權力。公平競爭早已消失殆盡,已經沒有人可以約束這些科技巨頭。消費者的選擇權被剝奪,只能被迫接受,任由這些平台的商業模式支配。吳修銘以「巨頭的詛咒」一詞警告世人,他認為過度的企業權力助長了不平等,削弱了社會的民主結構。[168] 美國監理模式的批評者認為,自由市場和網路自由本應賦權予個人,但市場導向的意識形態反而賦予少數大科技公司更多的權力,多數社會大眾未能享受到網路革命所帶來的好處。換句話說,加州意識形態背後的解放願景未能實現,這也帶出一個問題:自我監理的網路空間是否真能如市場導向模式的擁護者所主張的那樣,實現個人自由和社會進步的可能?

受〈二三〇條款〉鼓勵的不受限的言論自由帶來許多社會危害,正揭示了不受控的言論自由是個謬誤。就算平台允許、甚至放大極端駭人的內容,〈二三〇條款〉仍會保護這些平台免受法律責任;民眾開始質疑,這樣的法律對言論自由和平台豁免權的承諾是否明智。從許多案例可以看出,法院對〈二三〇條款〉中所提及豁免權的適應性,解釋得非常廣泛。例如,2016 與 2017 年,一位名叫奧斯卡・胡安・卡洛斯・古帝亞茲(Oscar Juan Carlos Gutierrez)的男子利用男同性戀交友平台 Grindr,將好幾位期待來場毒品及性愛邂逅的男性,送到他前男友赫里克(Herrick)的身邊。古帝亞茲在 Grindr 上以赫里克的名義創建了假帳號,在接下來十個月中,超過一千四百名男子、一天可多達二十三人,親自來到赫里克的住所和工作場所,對他提出性邀約。[169] 儘管赫里克拜

託 Grindr 至少五十次，請求刪除相關貼文，並封鎖古帝亞茲的帳號，但 Grindr 拒絕答應，最後赫里克只好對 Grindr 提起訴訟。然而，根據〈二三〇條款〉，Grindr 沒有刪除這些貼文的義務，所以最終這起訴訟被最高法院拒絕受理而駁回。[170] 另一件 Backpage.com 訴訟案也可顯示法院對〈二三〇條款〉做出類似的過度解釋。[171] Backpage 是一個在美國提供非法性交易廣告的網站，被戲稱為「世上最大的線上妓院」，直到 2018 年才在加州檢察總長的命令之下關閉。[172] 在上訴 Backpage 執法的訴訟中，美國巡迴上訴法院（現稱美國上訴法院）第一輪裁定，儘管 Backpage 網站與性販賣產業有關、甚至協助性販賣業者避免被追捕，網站在〈二三〇條款〉的保護下，仍可免被咎責。即便 Backpage 明知有違法情事發生、甚至還為此設計規避執法部門檢查的網站，但 Backpage 作為代管平台（內容由使用者產生），還是受到〈二三〇條款〉保護。[173] 這些例子顯示〈二三〇條款〉以言論自由為名、搭上不受監理市場好處的便車，助長並保護了極其惡劣的行為，包括嚴重的性騷擾和性販賣等。

隨著仇恨言論與惡意假訊息漸漸取代本應在線上蓬勃發展的公民討論，愈來愈人懷疑市場導向模式是否真能實現增強民主的願景。網路參與不僅沒有創造出一個更兼容並蓄的民主社會，反而加劇了社會的極化對立。凱斯·桑思坦（Cass Sunstein）曾警告，線上平台為每個使用者提供高度客製化的體驗，會導致極端分化的不堪後果。[174] 社群媒體充滿同溫層和「資訊繭房」，使用者再也無法接觸到不同觀點的內容。[175] 這將助長社會分裂，滋養更極端的思想。缺乏共同經驗、無法溝通對話，社會將再也無法集體解決社會問題。網際網路作為促進對話、增進理解到互相接受妥協的真正公共場域的潛力，已慢慢消失殆盡。[176]

社群媒體不僅加深了社會極化，還降低了公民吸收資訊的品質。社群媒體背後的演算法機制不鼓勵真實訊息流通、反而獎勵更多的病毒式

傳播，掩蓋驗證過的真實資訊，無可避免地降低了資訊的品質。[177] 網路線上平台的商業模式使得具爭議或煽動性的線上內容最能吸引使用者參與；[178] 更多的使用者參與代表更高的廣告收入，從而利誘平台放大這些內容。數位公共空間也受猖獗的假訊息影響而被迫妥協，尤其假訊息在線上傳播的速度和廣度都遠超過真實訊息。2018 年有一項研究調查了 2006 至 2017 年間、在 Twitter 上分享新聞的傳播狀況，結果發現假訊息比真訊息散播得「更遠、更快、更深」，以政治新聞最為顯著。[179] 傳統媒體如今也更難以查核、平衡報導那些在社交媒體推波助瀾下的分裂內容。新聞媒體失去了塑造公共話語權的地位，導致使用者可接觸到的新聞品質下降。新聞媒體機構面臨愈來愈大的商業壓力，隨著愈來愈多廣告轉往線上，廣告收入又銳減，削減了本應用於支付認真調查報導地方新聞和製作其他高品質新聞的費用。[180]

另一個與線上平台巨頭相關的擔憂，是它們在選舉期間的角色。透過對線上內容的過度或失能審查，平台可以帶風向控制公眾輿論、甚至操縱投票者的最終決定。線上平台內容審查機制決定的結果，將影響選民所能接觸到的訊息。如果平台帶有政治偏見，藉由演算法決定哪些資訊可以推播給選民、哪些不能，是有可能操縱選舉結果的。Twitter 和 Facebook 都被指控降低保守觀點的言論，同時提升自由派的資訊散播。[181] 不過最新的研究卻未發現支持自由派偏見的實質證據。[182] 考慮到這些網路平台掌握使用者的個人資料，理論上平台確實可以此來「操控選舉」；[183] 這些線上平台可以利用它們對不同網路用戶在政治信仰或隸屬價值觀的深入了解，選擇性顯示不同資訊，以影響投票行為。雖然尚未在現實中成真，但光是想像平台有可能透過這種方式來操縱選舉結果，也夠令人不安。

不幸的是，線上平台藉由政治廣告背後的演算法加劇選民極化現象

一事，已有研究證實。近期的研究顯示，線上平台的演算法會讓政治廣告商更難接觸到不同意見的選民，因而加劇前面提到的極化現象。[184] 例如，Facebook 向與廣告投放方持相同政治傾向的用戶投放的政治廣告多得不成比例；同時又對投放到跨越政治分歧的受眾收取額外費用。研究人員得出結論：極化現象是 Facebook 商業模式的一環。而最強有力的指控是，就算這些平台沒有明確推動政治理念、操縱公民或想辦法驅使選舉結果偏向與它們認同一致的方向等作為，平台的不作為、它們在選舉前後都未能成功過濾掉漫天飛舞的假訊息或各種質疑選舉公平的炒作等等，還是確實干擾了選舉。只要平台繼續縱容假訊息，選民就有可能被誤導，要麼聽信假訊息投錯票，要麼受假訊息影響不再信任選舉程序，故選擇不投票。2021 年 1 月 6 日美國國會山莊騷亂事件正是最鮮明的例證，這起事件就是受社交媒體散播選舉被竊論的惡意假訊息所引發。

不受監理的數位經濟充斥著各種隱私外洩的醜聞。劍橋分析事件便是其中最惡名昭彰的案例，涉及未經個人同意，利用 Facebook 個資建立出心理剖繪，再用於政治活動。[185] 雖然劍橋分析事件的涵蓋範圍及影響力大到不可思議，但其實數位平台巨頭每天都有可以大量侵犯使用者隱私和個人自主權的小奸小惡。這就是肖莎娜・祖博夫（Shoshana Zuboff）所揭示的「監控資本主義」：藉由榨取使用者資料來獲得商業利益，並從中犧牲使用者的「決策隱私權」。[186] 監控資本主義使行為定向廣告及各種形式的操縱成為可能，從而顛覆了使用者的個人選擇、自由意志和自治權。[187] 這樣一來，技術不但壓制了人類自主性和個人自由，更剝奪了個人行使能動性和參與民主的能力。

美國數位經濟因自身市場導向模式的成功，反而讓自己陷入危機的另一個例子是國家安全領域。戈德史密斯和斯圖爾特・羅素（Stuart Russel）認為，維護言論自由、遵守法治和限制政府監理等許多美國模

式的優點,已被境外極權勢力等惡意行為者盯上,變成可以反過來濫用的弱點。[188] 這一定程度解釋了為什麼美國往往是各種網路戰的受害者,從網路間諜、網路竊取、資訊操弄、勒索軟體攻擊到所謂的滲透行動等等皆然。例如,美國科技公司的成功也代表美國正是網路行動最具吸引力的目標。簡單來說,有更多有價值的商業機密和知識產權可以被竊,為美國創造了不對稱的脆弱性。前國安局局長基思‧亞歷山大(Keith Alexander)證實了這點,他指出,過去十年,美國有價值數百億美元的商業機密被各種網路間諜活動盜竊,他稱此情況為「史上最大的財富轉移」。[189] 相較於其他國家在這種間諜活動下沒什麼好損失的,美國在技術領域的經濟實力反而成為一種負擔。

與美國的競爭對手相比,尤其是中國這樣的極權國家,美國數位治理模式的幾個特質,導致非對稱的脆弱性更加明顯。[190] 美國是個深度數位化的社會,因此也成了更容易受網路攻擊的目標。相較於封閉的極權國家,美國社會更注重自由和開放性,但這也進一步擴大了自身的弱點。極權國家往往能更好好保護自己免受惡意網路攻擊的影響。舉例來說,美國政府並沒有控制社群媒體和新聞媒體,使得敵人更容易滲透這些組織,散播惡意的假訊息。這樣的操作可以用來操弄選舉、破壞民主體制。2016年希拉蕊競選總統期間,俄羅斯駭客就曾入侵民主黨全國委員會電腦系統,盜取了相關電子郵件,隨後洩漏給全國公眾,後續一系列的外洩醜聞也浮上檯面。應對網路攻擊,美國綁手綁腳,不像極權國家可恣意妄為,畢竟美國是尊重法治的國家(包括國內和國際法)。有別於中國,美國政府對私人網路和通訊的存取有所限制,使得偵測攻擊和應對攻擊本身更加困難。此外,由於美國反對政府監理的立場,美國也比歐盟政府及歐洲社會更加脆弱。美國政府不加干涉的監理代表國家對私人企業實施較弱的的資安要求,這些公司不必接受強制實施安全措

施或強制訊息共享等要求,也不用為與他們生產或貢獻有關的資安危害承擔責任。

這些例子顯示,美國數位經濟未能實現科技放任主義的願景,讓網際網路成為民主自由和個人自由的放大器;長期以來的假設備受質疑——只要放任技術公司發展,民主和自由必然會隨之而來。由此可見,美國過度關注市場導向監理模式所帶來的益處太久了,也因為擔心失去自由市場和自由社會所帶來的諸多好處而不願重新審視,更拒絕承認現今民眾對科技公司的不滿正不斷累積。市場權力濫用、反覆侵犯隱私以及令人厭惡的線上言論等累積下來的反感,已漸漸撼動美國對自己創造、推崇並實施二十五年的監理模式之信心。因此,美國監理機構現在必須好好思考對市場導向監理模式的承諾。這些缺陷正在弱化美國與歐盟和中國在水平競爭中的地位,並解釋了為什麼市場導向模式正迅速失去美國國內和全球的關注;同時,美國政府應對漸受矚目的中國監理模式所付出的一切努力,也正被這些缺陷削弱。

2 中國的國家導向監理模式

　　中國的國家導向監理模式試圖利用技術來加強政府控制，而非保護個人自由，與美國以市場為導向的監理模式形成鮮明的對比。雖然美國模式催生了許多改變世界的技術創新，但中國在設立科技公司方面也不遑多讓，一樣成績斐然。這證明國家導向的監理模式也能帶來重大的技術突破，這樣的指揮控制系統推動中國科技業成為領先全球的力量。科技公司不斷發展茁壯，逐漸長成中國的龍頭企業，近幾十年來大大促進中國經濟成長，並深刻影響了地緣政治的地位。這樣的成績可謂中國監理模式的成功，在中國公民心目中，這種監理模式的正當性也因此增加了，國際間的吸引力亦然。尋求替代美國市場導向監理模式的外國政府，如今越發傾向採用中國國家導向的監理手段，以期有效管理數位經濟，控制數位社會。

　　雖然中國國家導向模式與歐美的監理模式有不少相似之處，但中國模式的本質與其他模式並不相同。主要差別在於，中國政府試圖利用科技來推動國家的經濟建設和發展，同時也用科技來維護社會和諧並控制公民的通訊交流。除了努力讓中國躍升成為領先世界的超級科技大國，政府還使用科技作為控制、監視和官方宣布的工具，以加強中國共產黨對國內數位經濟的掌控，將數位威權主義深深植入中國社會。經濟發展與社會和諧是中國領導層得以維持地位的兩大關鍵因素[1]：經濟發展讓

中共得以滿足人民的物質需求，從而維持民眾的支持與政權的正當性；社會和諧則有助於中共預防對黨的批評和反抗，進一步鞏固掌權的能力。[2] 因為這些深刻的政策需求，中國政府已將國家導向的監理模式應用於更廣泛的政治目標。

中國政治領導層在多次高調的聲明中闡述了國家導向的數位經濟願景。2015 年，在中國烏鎮舉辦的世界互聯網大會上，中共中央總書記習近平在一場重要的演講中強調，中國的數位治理根植於中國國家主權。習近平明確抨擊了作為網路霸權的美國影響著全球網路治理，因而呼籲每個國家應能獨立選擇自己的網路發展路線[3]，並強調國家有制定國內網路政策及其他數位法規的自主權。習近平在 2018 年的一場演講中聲明：「加快發展新一代人工智能是我們贏得全球科技競爭主動權的重要戰略抓手，是推動我國科技跨越發展、產業優化升級、生產力整體躍升的重要戰略資源。」[4] 他也明確表示，實現網路強國目標的同時，不能削弱政治紀律。[5] 例如 2010 年，中國最高通訊機構國務院新聞辦公室發表了《中國互聯網狀況》白皮書，強調網際網路「關係國家經濟繁榮與發展，關係國家安全與社會和諧，關係國家主權、尊嚴與人民根本利益[6]」，必須杜絕包含「顛覆國家政權、破壞國家統一、損害國家榮譽和利益的信息」。[7] 這些說法揭示了中國如何利用數位技術來強化下列三個得以讓中國領導具有正當性的重要來源：經濟成長、社會穩定和民族主義。[8]

中國的國家導向監理模式培育了強大的科技產業。儘管由國家主導的經濟政策常被認為與充滿活力、由創新驅動的市場背道而馳，但中國在科技領域已與美國並駕齊驅，我將在第 5 章詳細探討這個現象。我們可以用不同的指標來衡量中國的技術實力。若以市值計算，截至 2022 年 8 月，全球前二十大網路公司中，有八家是中國廠商：騰訊、阿里巴巴、美團和京東均位列前十。[9] 若把民營網路公司計算在內，根據 2022 年 6

月的資料顯示，字節跳動同樣躋身前十名。[10] 在某些科技領域，例如電子支付，中國已然超越美國，在技術開發和市場接受度上都取得領先。[11] 2021年，中國手機製造公司小米曾短暫超越Apple，成為全球第二大智慧型手機製造商。[12] 此外，中國還是電信網路設備和商用無人機的領先製造國。[13] 2021年，抖音（海外版本為TikTok）超越了Facebook，成為流量最大的社群媒體網站，它受歡迎的程度進一步說明，中國科技公司的創新已延伸到傳統由美國公司所主導的社群媒體產業。[14]

這些公司並非憑空出現。中國政府提供了大量的補貼來培育科技企業，直接推動企業成長，同時也保護它們免於外國公司的競爭。即使到現在，由於中國政府堅決支持科技業的蓬勃發展與創新動力，科技業仍受益於相對寬鬆的監理。整體而言，中國監理模式依賴政府和私人科技公司之間特別緊密的聯繫，雙方互惠互助，達成各自的目標。作為寬鬆監理的回報，這些科技公司經常在監控使用者方面，充當中共的代理人。然而，最近政府與科技公司之間的共生關係，已逐漸邁入另一個互相對抗的階段。2021年，中國政府對科技業的政策突然發生了劇烈的變化。領導層開始強調共同富裕的概念，注重經濟公平以及資源再分配，與追求總體經濟成長的目標並行。如同美國，中國政府也越發認為，大型科技公司及其高調的領導人已變得過於強大，必須受到監理。作為對國內科技業史無前例監理打壓的一環，監理當局運用反壟斷法來限制螞蟻集團、阿里巴巴和騰訊等公司的發展。這股新的監理氣焰改變了中國政府與科技公司之間的默契，但這一點正好凸顯出中國監理模式的核心原則：中國模式透過維護中共的生存與正當性來實現國家目標。

在這個章節，我將深入探討中國以國家為中心的數位經濟發展之雙重願景：一方面力求科技與經濟發展的領先地位，另一方面透過政治控制保持社會和諧穩定。為了實現這些目標，中國政府努力增強科技領域

的領導力和數位主權，同時利用網際網路作為控制、宣傳和監視的國家機器。這個章節還將檢視中國科技公司在國家審查與監控計劃中的角色，並描述中國網路使用者的數位生活如何受到這些行為影響。中國的國家導向監理模式著重強化政府的獨裁目標，因此沒有任何監理模式（包括當前中國模式）能夠保證政策承諾的絕對性。這個章節會揭示中國模式如何融合歐洲權利導向和美國市場導向的元素。我們還將強調中國模式近年來的演變，探討中國政府最近以「共同富裕」[15]為名，對科技業施以打擊，並分析這個政策轉變對中國數位治理的驅動因素和影響。最後，本章也將展示中國境內外對國家導向監理模式的一些常見批評。

中國仰賴數位保護主義爭取科技霸權

　　中國的國家導向監理模式的用意在於透過數位技術，提升國家經濟發展和地緣政治的地位。為了讓中國科技業能順利發展，中國政府最初在國內實施了較為寬鬆的監理，同時對外國公司實行嚴格管制。這麼做是為了保護國內科技公司免受外國競爭壓力的影響，讓它們能在國內市場發展到足夠的規模，並對外國公司實施政治控制。持續進行的美中科技戰與當前緊張的地緣政治環境，進一步推動了中國政府投資國內科技業的意願，提升國家的技術能力。中國政府意識到，美國及其盟友正積極設法與中國市場和中國技術脫鉤，中國將無法從國際技術供應鏈獲取半導體等重要產品。因此，當前的地緣政治現實正進一步推動中國朝向更完備的科技自給自足、以及更強大的數位保護主義方向發展。

▎追求科技自給自足

　　中國監理模式致力提升國內的科技實力，同時減少對外國技術的依賴，以促進中國科技業的發展。從多個面向來看，中國已經成功成為一個超級科技強國。中國的科技公司在數位經濟的許多領域均居市場領先地位：在軟體開發方面，領先全球的公司包括阿里巴巴、百度、騰訊和京東等企業；而在硬體部分，則有華為和小米等公司。這幾家中國公司的巨大成功，不僅歸功於自身的創新，也得益於促進這些企業成長的監理環境。

　　打從 2010 年代開始，中國政府對科技業的放手管理方式就為中國科技企業的後續成功奠定了基礎。中國之所以會有這樣的初始政策方向，法律學者張湖月（Angela Zhang）歸結了三個原因。[16] 首先，2008 年金融危機之後，中國經濟成長放緩，政府因而堅決支持國家科技業的發展。[17] 中國共產黨將經濟發展戰略和隨之而來的正當性寄託於新技術的採用和推廣，並以此振興中國經濟。[18] 其次，中國科技公司的遊說行動也促成了寬鬆的監理。[19] 與美國科技公司不同，中國科技公司並不會透過捐助競選活動來進行遊說，而是科技公司本身積極參與政治。例如，阿里巴巴和螞蟻集團的創辦人馬雲就是中共黨員。[20] 包括騰訊創辦人馬化騰在內等中國科技企業家也都曾向全國人民代表大會或中國人民政治協商會議提交提案，儘管這些提案往往被視為政治姿態，而非真正的嚴肅政策倡議。[21] 這些科技公司仰賴它們與政治精英、前政府官員或學者的關係，讓這些人擔任中介，推動對公司有利的寬鬆監理政策。[22] 最後一點，張湖月提到，官僚體系的惰性也促成了監理的寬鬆。中國的監理機構並不像美國和歐盟的監理機構那樣獨立，所有中央機構和地方政府都得聽從北京高層的旨意行事。[23] 鑑於國家政策議程的重點在於促進創

新,各級監理機構選擇謹慎行事,追隨高層領導的步伐,對國內科技公司採取寬鬆的執法態度。[24] 當然,即使是在如此寬鬆的監理環境下,中國科技公司仍會進行一定程度的預防性自我監理或自我審查。因為它們很清楚政府的政策目標,始終小心翼翼,避免與之相悖。但整體而言,在中國數位發展的初期階段,對本土科技企業的包容性態度尤為明顯,並產生了深遠的影響。這種態度成了中國監理模式的一環,也成功推動中國科技業在全球數位經濟中取得領先地位。

除了消極避免以繁瑣的手段來監理科技業,中國的監理模式還圍繞著積極推動產業政策的主動策略發展。中國政府提供慷慨的國家補助,並採取其他產業政策措施,進一步加速國家的科技發展,並確保中國在所有關鍵科技領域都能充分自給自足。政府制定這些政策的目的,是要讓中國成為科技超級大國,掌握各項對國家經濟、地緣政治及軍事力量至關重要的核心科技,包括人工智慧、量子計算和機器人技術等領域。為了實現這項野心勃勃的目標,中國政府於 2015 年推出了一個為期十年的計劃,名為「中國製造 2025」。這是一項由國家主導的產業政策,目的是確保中國在高科技製造業領域成為全球領導者。[25] 這項計劃利用中國國有企業對具戰略意義的科技進行投資,同時向從事這些技術研發的國內企業提供數千億美元的豐厚補貼。此外,這項計劃還鼓勵中國企業用多種手段投資外國技術,像是收購外國公司,或是與有在中國經營的外國公司協商,取得技術轉移的協議。[26]

「中國製造 2025」計劃的宏觀政策目標,體現出中國政府想減少對外國技術依賴、增強國家「技術主權」的決心。[27] 舉例來說,中國科技業目前絕大部分的半導體需求仍依賴外國公司,就是個重大弱點,畢竟半導體幾乎是所有電子產品的關鍵元件。2019 年,中國半導體的需求占全球總需求的 60%,但中國的供應量僅占全球 13%。[28] 為解決這項弱

點,「中國製造2025」計劃設定,要在2025年讓高科技業達到70%的自給自足目標。[29]這將為中國人民共和國建國百年（2049年）的更宏大目標奠定基礎,屆時,中國政府的目標是成為「製造業強國」,建立「領先全球的科技與產業體系」。[30]持續惡化的美中政治關係與加速的科技戰進一步激勵中國追求科技宰制力和科技自給自足,例如持續對重點行業進行補助等等,我將在第5章詳述。

從目標及影響來看,這個深具保護主義色彩的「中國製造2025」計劃在國外引發了大量批評。美國政府指控中國竊取智慧財產權、進行網路間諜活動,並對外國投資人實行差別待遇,強迫技術移轉,迫使外國公司與中國企業及其他本地公司分享技術。[31]這些來自外國的批評使中國政府在公開場合不再提及「中國製造2025」計劃,但背地裡仍持續追求原本的目標。[32]中國領導層持續訂定雄心勃勃的目標,並重申晉升科技主導地位是國家數位政策的核心。2017年,中國政府在《新一代人工智能發展規劃》中宣布了多項目標,包括在2030年成為世界主要人工智慧創新中心等等。[33]美國也承認中國在爭奪科技霸主方面取得重大進展。例如,美國國安局的人工智慧中心在2021年的報告中警告,中國將快速超過美國,成為「人工智慧超級大國」。[34]這與美國人工智慧國安委員會主席、Google前執行長及執行董事長艾力克・施密特（Eric Schmidt）早在2017年的評論相呼應,他當時警告,倘若美國政府不採取行動,中國將在人工智慧的發展上超越美國。[35]中國領導層還預想中國將在2035年趕過美國,成為世上最大的經濟體,中國在科技主宰力方面的大量投資功不可沒。[36]這些發展顯示,中國國家導向的監理模式不僅具備成為科技超級大國的雄心和戰略,隨著科技實力的日益增強,中國也逐步具備實現目標的能力。

▎追求數位保護主義

　　保護主義在中國科技領域的發展中無處不在，數位保護主義或「科技民族主義」可謂中國國家導向監理模式的根本要素。政府培育了一個龐大而受保護的本土市場，避免外國競爭，中國公司得以充分開發、測試技術、擴大規模，並從大量的國家補助中受益。[37] 雖然中國將某些領域開放給外國競爭者參與，但在對中國高科技業驅動成長與發展的模式至關重要的戰略領域中，外國公司的進入門檻仍然極高。這種限制性的產業政策在其他地方往往適得其反，因為它通常會抑制競爭所帶來的創新熱忱和生產競爭力。然而，至少短期內，中國公司不太可能陷入這樣的困境，畢竟它們在一個比美國和歐盟市場加起來還要大的國內市場相互競爭。在這個龐大且充滿動能的國內市場，保護主義政策確實阻止外國公司競爭中國企業的市場占比。儘管這些企業受政府保護，它們仍需面對其他國內競爭者的挑戰，因此必須持續保持創新的動力。

　　中國政府對外國公司施加各種市場限制，藉此促進國內科技企業的發展。例如，外國公司若是想在中國投資，就得與當地的合作夥伴成立合資企業。這種合資企業通常會幫助中國公司從外國科技公司取得有價值的技術移轉協議。[38] 許多創新外國科技公司認為，與中國本地公司成立合資企業的要求代價過高，等於變相逼迫它們交出最重要的技術資產。其他限制包括採購上的差別待遇，或對外國公司來說難以完成的繁文縟節。[39] 舉例來說，美國跨國科技公司 IBM 在中國的資訊科技市場中，被要求從中國供應商那裡購買產品。[40] 為了保持中國市場的營運狀況，IBM 被迫以技術交換中國市場的入場許可。最終，IBM 向中國當地供應商提供了軟體和硬體藍圖，讓它們獲得能夠生產前沿處理器 IBM Power8 的能力，並可製造出比擬 IBM 規格的市場競品處理器。IBM 承

認，這個決策將創造出又新又充滿活力的中國企業生態系，這些企業將為中國本土及國際市場生產中國製造的電腦系統。[41] 除了技術移轉的要求，中國政府嚴格的審查規則以及堅持須與政府分享使用者資料的要求，都構成了更高的市場進入門檻。[42] 從這些限制可以看出中國模式下的科技民族主義原則，同時也凸顯它與傳統上以經濟開放和零摩擦投資環境著稱的美國模式形成鮮明的對比。

中國政府封鎖了未能遵守政府法規的網站或應用程式，影響了很多美國科技公司，我將在第 4 章詳述。例如 2009 年，中國西部發生暴動，抗議者使用 Facebook 通訊來往，隨後 Facebook 便被封鎖。2014 年，由於香港的民主抗議活動，Instagram 後續也被封鎖。Twitter 在 2009 年 6 月首次被封鎖，時值六四事件（1989 年在天安門廣場發生的民主示威活動）二十週年的前夕。YouTube 在 2009 年之前多次被封，最終也被永久禁止。[43] 封鎖名單還包括：Snap、Google、Reddit、Tumblr、Pinterest、Slack、Twitch、Discord、Dropbox、Quora、Medium、維基百科（Wikipedia）、Vimeo、Flickr、SoundCloud、DuckDuckGo 和 Dailymotion，這些公司或網站自 2000 年代後期都被封鎖。[44] 2010 年，由於中國駭客出手攻擊以及政府網路審查的爭端，Google 決定關閉中國版的搜尋引擎，並退出中國市場。[45] Facebook 曾試圖遵循中國的審查規定以期重返中國市場，但至今未能成功。[46] 此外，由於少了 Facebook 這個競爭對手，微博和微信在市場上占據了主導地位。儘管這些限制手段主要出於政治掌控和審查的動機，但它們也確實協助中國政府保護本土科技公司免受外國競爭的影響，直接促成這些公司在沒有外國科技巨頭干擾的情況下，成長到目前的規模。

中國政府實施各種市場限制，加上積極的產業政策措施，阻礙了外國科技公司在中國追求成長的機會，也讓中國漸漸迎頭趕上，成為超級

科技大國。中國的成功加速了美中兩國在科技、經濟和政治方面的競爭，同時也對美國模式是否真為促進科技創新和經濟進步的最佳模式，提出了挑戰。

中國利用科技進行審查與監控

政治控制是中國國家導向監理模式的核心，中國政府以維護社會穩定之名，利用科技對公民進行廣泛監控，並審查公民可能接觸到的線上資訊。在習近平的領導下，中國政府對網路通訊的控制變得更加嚴格。習近平曾警告，網際網路會滋生「隱藏的負能量」，對社會穩定有害[47]，並果斷採取相關措施，清除網路上的能量。中國政府擔心公民利用各種線上平台來質疑共產主義下的政治意識形態，破壞公共秩序。為此，政府採取一系列科技和法律的措施來審查網際網路，確保中共對中國網路空間的掌控。這些措施是以國家利益和國家安全的名義進行的，激起了社會穩定、政治和諧和道德等正能量價值觀。中國政府還部署了臉部辨識等數位監控技術來監控中國公民，藉此阻擋異議並減少破壞穩定的行為。限制網路自由並將科技作為控制社會的工具，這些措施都有助於達成維持中共政權這項至關重要的目標。

這種數位威權主義的做法與美國市場導向的監理模式形成了鮮明對比，後者將網際網路視為促進個人自由和推動社會進步的關鍵要素。此外，這種做法也與歐盟以權利為本的監理模式迥異，在歐洲，政府介入的目的是為了擴展、而非限制公民的數位權利和自由。也就是說，無論是科技公司還是政府，都必須尊重公民的數位自由與權利。然而，這種威權式的控制是定義中國國家導向模式的重要特徵，也因此引發許多民

主國家的恐懼與反感。擔心權利的退讓與自由的縮減,解釋了為什麼美國、歐盟及其民主盟友要努力限制中國對其他國家輸出這種監理模式,這部分我將在第 8 章詳述。

用審查和政令宣導鞏固國家控制

控制公民線上通訊來往,並以政令宣導來影響通訊的內容,是構成中國更廣泛的審查和監控制度之重要措施。這些策略展示國家導向的監理模式是將黨的掌控力和社會穩定置於中國公民的權利之上。雖然審查方法隨著時間推移有所變化,尤其是過去幾十年,數位通訊已成為國家掌控的重要目標;但實際上,中國對資訊流通的限制和對公民通訊的掌控,可說是歷史悠久。[48] 自帝制時代以來,中國統治者一直對可能削弱其統治的政治異議感到恐懼。即使有過更開放的時期,對政治異議和政權不穩定影響的持續恐懼,已經使審查和宣傳深深根植於中國的治理模式當中。

1995 年,中國向公眾開放網際網路服務時,這種猜忌與政治控制的文化也在網路空間擴散開來。不久後,中國政府開發了所謂的「防火長城」,由一系列技術和法律規則組成,意圖限制中國網路使用者存取任何可能對中共有害的訊息。防火長城透過技術阻擋民眾瀏覽特定網站,並審查中國政府不認可的內容。例如,當中國網路用戶搜尋「天安門廣場」時,不會找到任何在 1989 年天安門廣場中國人民解放軍對支持民主運動的學生暴力鎮壓的任何資訊。同理,西藏獨立、台灣政治地位等議題,或任何可能危及中國統一和中國主權的相關訊息,都會被中國的網路審查系統過濾掉。此外,對於試圖從中國登錄網路的中國公民來說,許多外國網站如國際特赦組織(Amnesty International)、《紐約時報》

（*New York Times*）官網、Facebook 和 Twitter 等，要是未使用虛擬私人網路（VPN）繞過防火長城，這些網站完全無法進入。然而，即使像 VPN 這樣可獲取外國資訊的工具，如今也面臨愈來愈多限制。中國開始採用各種方法來限制 VPN 的使用，比方說要求 Apple 移除中國 App Store 中所有 VPN 軟體，藉此限制中國公民獲得不被中共接受的資訊能力。[49]

這些支持防火長城的技術過濾措施還伴隨著一系列法規，限制了網站和平台可以承載的內容、剝奪了網路使用者的匿名性，並建立了網站自我審查的文化。例如，網站要求使用者在註冊帳號時進行身分驗證，防止使用者在匿名保護的情況下進行更自由的線上交流。[50] 中國的網路使用者也出於多種原因，會進行自我審查。在習主席的領導下，中國政府特別關注在社群平台上擁有大量追隨者的個人，因為這些人對公眾輿論常有重大的影響力。2013 年，政府開始打壓一些網紅，他們在中國媒體上遭到攻擊，被迫在媒體前「認罪」，甚至有人因被控散布謠言而遭到拘留。[51] 社交媒體的貼文數量迅速減少，線上平台的討論話題也轉向較不政治敏感的內容，可見這些措施非常有效。

2013 年，習近平成為國家主席之後，中國政府進一步加強對公民線上行為的控制力道，通過一系列立法措施，將數位威權主義的願景制度化。其中最重要的立法包括 2015 年的《國家安全法》[52]、2016 年的《網絡安全法》[53] 以及 2021 年的《數據安全法》。[54]《國家安全法》加強了中國政府對社會的威權控制，不論是線上還是實體領域。該法規訂定，「國家應當防範、制止和依法懲治叛國、分裂國家、煽動叛亂、顛覆或者煽動顛覆人民民主專政政權的行為。」[55]《網絡安全法》則專門針對線上行為，規定「任何個人和組織使用網絡應當遵守公共秩序，尊重社會道德。」[56] 民眾還必須避免參與任何會「危害國家安全、榮譽和利益，煽動顛覆國家政權、推翻社會主義制度，煽動分裂國家、破壞國家統

一」[57]的線上活動。而《數據安全法》規定了強制性的資料安全審查義務，也進一步加強對跨境資料傳輸的限制。這部法律賦予國家可對資料處理進行國家安全審查的權力，並要求相關組織與個人在「公安機關、國家安全機關因依法維護國家安全或者偵查犯罪的需要調取數據」[58]時應當予以配合。這些法律，連同其他自2010年《中國互聯網狀況》白皮書發布以來推出的立法、規定和管理辦法等，一同確保在中國監理模式下，科技最主要的目的就是「服務國家」。[59]

中國政府也對公民個人的網路通訊進行控制。根據2013年由最高人民法院和中共最高訴訟機構最高人民檢察院做出的解釋，如果個人在網路上散布的誹謗性謠言或謊言，被瀏覽超過五千次或被分享超過五百次，就有可能會面臨懲罰，包括監禁。[60]散布假訊息的行為也被視為一種「尋釁滋事罪」，若破壞社會秩序，涉事者將會受到懲罰。[61]這些威脅並非空談。光是參與社群媒體運動，中國政府已經監禁了不少人，其中甚至包括一些在社群媒體上影響力甚微的普通使用者。根據《華爾街日報》(Wall Street Journal) 2021年的報導，過去三年內，有超過五十人因在中國使用Twitter或其他社群媒體而被監禁。這反映出中國政府持續加強控制力道的決心，試圖徹底消除任何可能危害公共秩序，或挑戰中國共產黨統治的異議聲音。[62]許多人因在社群媒體上批評政府，或發表任何關於香港、台灣或新疆等中共不樂見的議題，而遭到監禁。[63]例如2019年，孫建東在僅有二十七名Twitter追隨者的情況下被拘留。他曾在一條中國國家媒體的推文下這麼回覆：「願榮光歸香港，無恥匪賊共黨。」[64]孫建東這則以及其他爭議性推文共獲得一百六十八個讚、十個轉推分享和九十五則評論。儘管從上述數字來看，孫建東根本稱不上網紅，但他仍然被判處了十三個月的監禁。

在審查網際網路方面，中國領導層正面臨微妙的平衡挑戰，他們追

求最佳而非絕對的審查。政府希望從網路的自由中獲益，同時又深知這種開放性可能會引來風險。[65] 保持較自由的網路和媒體環境的好處在於，這樣的訊息管道可以為政府提供重要資訊，幫政府更有效地治理國家。此外，允許線上交流，中共政府便能更有效監控下級與地方政府的作為，並在社會不滿及騷亂擴散之前進行早期警示和介入預防。這一點在中共中央黨校於 2016 年發布的一份研究報告中得到證實。報告指出，監控網路使用者使得政府能夠「發現潛在的負面觀點，預測發展趨勢，提前進行干預，有效解決公共輿論問題，並降低危害社會事件發生的風險。」[66] 然而中國政府也知道，未受監理的網際網路對統治層來說，是最強而有力的媒體威脅，它能激起政治異議的聲量，進而削弱政府的控制力。[67] 為了在相互競爭的利益中尋找平衡，並設定最適當的審查標準，中國政府偶爾會允許一些敏感資訊在網路上傳播；然而，當這類資訊累積到一定閾值、或有引發政治動亂的風險時，審查機構就會介入，阻止公眾取得這些資訊。因此，中共的最終目標是利用從數位公民獲取的資訊來進行更有效的管理，同時降低集體運動的風險。[68] 即便政府未能完全掌控訊息流通，國家導向監理模式仍然能有效達成審查目標。

瑪格麗特・羅伯茨（Margaret Roberts）指出，中國政府刻意採用「多孔審查」的方式，作為控制全中國網路的整體策略。[69] 嚴格審查制度可能會引發中國公民的普遍反感，是以政府更傾向採用選擇性的審查策略，在不引起普遍反感的情況下達到類似的審查結果。羅伯茨的研究展示了中國領導層如何運用恐懼、摩擦成本和泛濫稀釋來進行網路審查。[70] 首先，政府透過罰則威脅散布或瀏覽遭禁資訊的行為，從而對群眾灌輸恐懼，促使公民自我審查。其次，摩擦成本指的是政府增加獲取遭禁資訊的難度，例如降低網站速度或重新排序搜尋結果，使這些資訊難以傳播。最後，泛濫稀釋意指政府大量散布官方認可的資訊來淹沒政

府不樂見的資訊，或轉移網路使用者的注意力；這種方式有效稀釋了不受歡迎資訊對公眾輿論的影響。在這種多孔審查的體制下，雖然一些個體仍可能接觸到禁止資訊，但這些資訊不會廣泛散布至大眾，也就不太可能引發動搖中共政權的集體運動。

我們可以從陳玉宇和楊宇凡最近的研究看到類似的結論，即使政權沒有嚴格執行，現行的政治環境仍能維持一種普遍的審查文化。[71] 研究人員對一些中國大學生進行了實地研究，讓他們接觸到未經審查的網際網路，並在十八個月內追蹤這些學生的行為。主要的發現在於，即使能自由上網，中國公民也不會主動尋找政治敏感資訊。長期習慣網路審查，又沒有額外的誘因，他們對這類資訊的需求依然非常低。然而，一旦提供一定的獎勵、吸引他們接觸西方新聞，研究參與者便會開始持續接觸政治敏感資訊。這種行為上的改變也導致態度上的改變。例如，接觸到通常被審查的外國內容後，研究對象對中國政府的態度變得更加批判，對中國的經濟成長和股市的看法也不再那麼樂觀。他們甚至會將這些「新知」分享給同齡人，儘管這些資訊的影響範圍有限。整體來看，這項研究表明，中國的審查制度之所以有效，不僅是因為政府實施技術和法律上的限制，還因為在更廣泛的政治和文化環境中，若缺乏特定的激勵，公眾對這類資訊的需求通常相當有限。

政治宣傳是國家導向監理模式的另一個重要元素，中國政府也愈來愈頻繁使用網際網路來達成這個目標。COVID-19 疫情就是政府進行大規模政治宣傳活動的案例之一，藉由這些作為，政府試圖塑造關於疫情起源和防治措施的敘事。國家控制的社群媒體評論都讚揚中國的防疫表現，同時壓制疫情起源等負面報導，也試圖轉移責任，否認中國在疫情初期未能及時通知公民和國際衛生機構病毒爆發的情況。政治宣傳的內容不僅強調中國領導層有應對疫情的能力，同時也有系統地散布外國領

導人應對失敗的相關消息。[72] 這些政府宣傳的文章透過數千個帳號擴大傳播，但調查發現，這些帳號主要專門設來點讚、轉發並引用政府精心編排的說法，許多帳號甚至是假帳號。[73] 其中特別惡劣的例子，當屬中國外交部發言人趙立堅的行為。他在推文中指控美國才是疫情的起源地，寫道：「美國疾控中心主任被抓了個現行。零號病人是什麼時候在美國出現的？有多少人被感染？醫院的名字是什麼？可能是美軍把疫情帶到了武漢。美國要透明！要公開數據！美國欠我們一個解釋！」[74] 這則推文在 2010 年 3 月發布後得到超過一萬三千個讚。Twitter 對趙立堅的推文加上了事實查核標籤，敦促讀者「要了解 COVID-19 的真實情況」。[75] 此外，另一位在 Twitter 上擁有超過三萬名追隨者的外交部官員李楊，在 2021 年 7 月發布推文寫道：「美國是防疫的第一名，超過三千萬人感染 COVID-19，超過六十萬人死於 COVID-19！」[76] 這些例子顯示中國政府官員積極利用社群媒體來散播支持政府的消息，這一切都是精心策劃的政治內外宣傳。

除了運用先進科技來監控網路通訊，中國領導層還聘用了大量人員來審查有害內容並進行宣傳。[77] 這些人工審查員除了要手動審查，還要刪除不適當的貼文及報導，總人數估計多達十萬人。[78] 同時，另一組被戲稱為「五毛黨」的網路評論組織（據說評論員每發送一篇貼文會獲得五毛人民幣的報酬）在網路上大量發表符合中共意識形態的貼文，以此蓋過政治不正確或其他有害內容。蓋瑞・金（Gary King）、珍妮佛・潘（Jennifer Pan）和羅伯茨在 2017 年進行的一項研究，分析了超過四萬三千篇與中國國家互聯網信息辦公室（簡稱國家網信辦）網路宣傳部帳號相關的洩漏貼文。研究人員估計，中國政府每年在社群媒體上發布大約 4 億 4,800 萬條虛構文章。[79] 他們還發現，中共的政治宣傳手法其實不太著重直接反駁爭議性評論，而是更擅長用轉移話題的方式來分散公眾的

注意力。這些貼文努力宣傳政府的德政，為政權加油打氣，並為中共的成就歡呼。這項研究引起大量媒體關注，連中國內部也無法忽視，甚至迫使中共直屬事業《環球時報》做出回應。在專欄的回應中，《環球時報》承認政府確實參與了「輿論引導」，並解釋這種控制是為了防止國內的不穩定。[80] 內文還聲稱，這種做法得到中國公民的支持，因為公民深深了解這種引導的「必要性」；[81] 然而，蓋瑞・金等研究人員也分析了微博上對這篇專欄文章的討論，結果恰恰與政府聲稱的相反，只有大約30%的中國微博用戶支持文中所闡述的審查政策。[82]

中國經常利用官方媒體來加強政府的審查和政治宣傳工作。2016年，習近平在黨的新聞輿論工作座談會上強調：「黨和政府主辦的媒體是黨和政府的宣傳陣地，必須姓黨。黨的新聞輿論媒體的所有工作，都要體現黨的意志、反映黨的主張，維護黨中央權威、維護黨的團結，做到愛黨、護黨、為黨。」[83] 政府擁有或控制絕大部分主要媒體，包括《新華社》、《中國日報》和《人民日報》等，並透過記者認證制度和每日新聞指導來更進一步加強對媒體的掌控。[84] 中國的網路公司也必須簽署《中國互聯網行業自律公約》[85]，承諾「不製作、發布或傳播危害國家安全、危害社會穩定、違反法律法規以及迷信、淫穢等有害信息，依法對用戶在本網站上發布的信息進行監督，及時清除有害信息[86]」，並確保所有線上媒體報導都在中共的緊密掌控之下，同時還要輔助政府的政治宣傳，服務國家的政治目標。

儘管中國政府將網路政治宣傳深深融入監理模式，但這種推廣政府形象的政治宣傳並非無往不利。中國領導人可以命令各種多媒體管道發布類似的內容（包括電視、報紙和網站），來加強推廣精選的資訊。這種不同資訊來源的內容一致性，有助提升宣傳的效果。[87] 但是，中國人民也漸漸意識到國家嚴格掌控新聞媒體的狀況，愈來愈懷疑是否真的

「皇城內一片祥和」。也因此，如果中國人民從了解第一手消息的朋友或同事得知與官媒矛盾的描述，或知悉不同媒體來源的報導，他們可能就會質疑中國媒體的可信度。[88] 對外宣傳方面，中國努力營造的國際形象也明顯失敗。例如，中國政府試圖掩蓋與網球明星彭帥相關的醜聞，但終究未能成功。2021 年，彭帥在微博上指控中國前領導人曾對她性侵，如今她已從公眾視野中消失。[89] 政府迅速刪除了彭帥微博上的貼文，並採取一系列措施控制醜聞的風向。然而，中國官方媒體對此事的報導在國際間沒人相信，中共也無法阻止全球對此事件的強烈關注和反應。[90] 由此可知，儘管習近平主席極度渴望建立一個能映照中國崛起的國際形象，但現實是，中國仍離「可信、可愛和可敬的中國形象」相距甚遠。[91]

▌用無所不在的數位監控增強國家控制力

數位科技為中國政府提供了強大的工具來監控公民，使政治控制成為國家導向監理模式的普遍特徵。包含人臉辨識等人工智慧科技，已成為中國行使國家監控的核心工具。中國有多家領先的智能監控公司，包括華為、海康威視、大華技術和中興通訊，它們開發了智慧城市的相關技術；商湯科技、曠視科技、雲從科技和依圖科技，則是開發人臉辨識技術最知名的人工智慧新創公司。[92] 在這之中，許多公司協助中國政府開發、維持，並營運著當今的國家監控制度。中國擁有超過十億名網路使用者在線上進行交易、通訊往來[93]，為這些公司提供大量的資料，而這些資料可被轉化利用，實施複雜的監控。[94]

中國政府以維護公民安全和高效治理為由，正當化國家監控的行為。舉例而言，這些科技對於維護公共秩序和減少犯罪的貢獻常蔚為美談，達到「和諧社會，安定有序」。[95] 地方官員也經常吹捧監控科技的

好處,不斷強調這些技術降低了全國犯罪率。四川省的某座村莊就是個具體的案例,據當地書記表示,由於裝設了監視攝影機,一些如輕微盜竊或偶發攻擊等常見的犯罪行為,近兩年內降至零起。[96] 同時,這些開發監控科技的公司也樂於稱道相關技術對執法部門的貢獻。

跟據商湯科技表示,它們開發的人臉辨識系統協助廣州警方在一年內逮捕多達八百位嫌疑人,並偵破至少一百起犯罪案件。[97] 儘管引起不少爭議[98],監控技術在疫情期間也被廣泛使用,例如基於不同顏色的健康碼追蹤控制人員移動的系統,確實快速降低了 COVID-19 疫情的傳播。[99]

中國官員還指出,監控技術可達成更高效的城市管理,像是緩解交通堵塞、最佳化能源運用或打擊汙染等。[100] 據報導,相關技術已協助杭州某個區域改善約 15% 的塞車問題。[101] 中國政府認為,這些技術所帶來的直接好處可促進國家經濟發展。中國經濟發展與快速的都市化有密切的關係,因此如何更高效管理城市,是政府關注的核心問題。另一方面,監控產業的成長潛力也有望帶來經濟發展。不論國內市場還是國外市場[102],這種技術的需求增加都讓中國公司更有利可圖。[103]

然而,不少批評者駁斥那些宣稱注重安全與效率的動機,認為背後真正的目的只有建立威權的控制。借助尖端人工智慧,中國政府正在建立一個史無前例可整控所有人口的監控社會。在《大西洋》(*The Atlantic*)雜誌詳細的報導中,羅斯・安德森(Ross Andersen)讓世人看見中國監控國家的樣貌,他描述政府如何利用人工智慧來實踐「對超過十億人進行前所未有的政治壓制」。[104] 中國已在各地安裝了數億台監視攝影機,幾乎快達成「影像完整覆蓋主要公共區域」的目標。[105] 政府利用人工智慧技術將監視影像與從其他地方蒐集來的個資配對,時時刻刻

都能辨識出每個人,並預測可能發生的政治抗議活動。中國政府推出不少層層堆疊的監控計劃,像是智慧城市及「雪亮」工程。[106] 雪亮工程的目標是建立一個「全域覆蓋、全網共享、全時可用、全程可控」的全國監控系統。[107] 高科技的監控國家不斷進化,政府幾乎無孔不入,對公民生活瞭若指掌。下一個發展領域可能是數位貨幣,目前已有多個試行方案正在進行。[108] 如果中國公民大量轉向使用數位貨幣,政府將獲得空前的權力,能追蹤所有公民的金流交易。[109]

我將在第 8 章說明,中國正努力向外出口自家的監控技術,但目前的實際狀況是,大部分的監控技術主要仍部署在中國境內。要說起來,全球監控最嚴密的十大城市有八個在中國;[110] 全球約一千個正在建設的智慧城市中,有約五百個位於中國。[111] 儘管中國政府大力強調智慧城市的良善用途,像是智慧交通管理或更有效的電網管理,但迄今為止,幾乎沒有任何證據證實智慧城市的技術是否真能顯著改善中國公民的日常生活。反之,智慧城市計劃主要協助政府安裝廣大的監控系統,用以監控及控制公民。過去十年內,中國政府用在智慧城市以及其他為了改善社會穩定的科技支出,遠遠超過了用於防範國外威脅國家安全的金額。[112]

新疆是中國穆斯林少數民族維吾爾人的居住地,在這裡,高科技監控技術的使用達到了極致。中國政府在新疆設置了滿滿的監視攝影機、感測器和其他被設計用來全面追蹤每個人一舉一動的科技,讓維吾爾人活在「天羅地網下的監控世界」。[113] 政府還要求維吾爾人必須安裝手機應用程式,以便更精確掌握他們線上的活動,藉此知曉是否有人參與不被政府批准的任何宗教或政治活動。在部署新疆監控體系的脈絡中,作為政府夥伴的中國科技公司扮演了重要的角色。例如:根據報導,中國電信巨頭華為與人臉辨識新創公司曠視科技合作,開發並測試了一種整合人工智慧的人臉辨識系統,只要在辨識出屬於維吾爾族這個目標民族

的個人時,監控系統便會觸發「維吾爾警報」。[114] 這項大規模監控計劃除了壓制新疆的異議抗爭,還有下一步更廣泛的目標:中國政府可將新疆當作實驗場,測試並改善其監控技術,接著再推廣到中國其他地區或世界其他地方,進行大規模的監控。

中國當局還推出了一個備受爭議的「社會信用體系」來評估公民的可信度。[115] 評論家形容這個計劃是高度侵入性、「歐威爾式」的監控系統,綜合警察、法院、醫療和稅務記錄,以及政治檔案和線上活動等資訊。[116] 這些資訊整合之後,會生成個人的信用分數,並依據分數決定各種經濟上和社會上的獎懲。例如,社會信用分數高的人,可以更容易取得就業機會、有更好的貸款條件,相關的政府文件會更快速處理;而信用分數低的人,可能會無法購買機票、不能擁有房產或不准進入大學學習。[117] 政府也沒有隱瞞設計這套社會信用體系的用意,並說這套系統將「讓守信者暢行天下,使失信者寸步難行」。[118] 然而,社會信用體系的有效性及對中國社會一舉一動的滲透性,都存有不少爭議。不少評論家認為,中國社會信用體系在整治國內社會方面的宏大目標仍然過於理想,實際落地的執行方式非常破碎。[119] 因此,儘管民眾對這個不斷逼近的監控國家有所擔憂不無道理,但它實際上賦予國家的控制力目前暫時比想像中來得少。[120]

科技公司和中國公民的角色

國家與私人公司的緊密合作是中國監理模式能成功施行的核心條件。中國政府需要科技公司的協助,才能順利運行大規模的審查制度,而政府常常恩威並施,確保合作順利。起初,這些公司在寬鬆的監理條件下成長茁壯;如前文所述,政府也對外國科技公司施以大量限制,來

保護國內公司不受外國競爭影響。但若不遵守政府的要求，這些公司不僅會失去原有的優惠待遇，還會面臨各種制裁，最終的手段就是政府下令關閉服務。[121]

在數位領域中，這種私有化審查制度並不是新規則，只是政府常見審查方式的延伸。例如，商業媒體當然可以在市場上競爭追求盈利，但前提必須嚴格遵循政府對其內容的調整要求。這些針對線上平台該承擔的義務，已深植各種法律當中。例如，2011 年發布的《互聯網信息服務管理辦法》規定，中國網路公司必須刪除「損害國家榮耀和利益」、或屬於「散布謠言，擾亂經濟秩序與社會秩序」的內容。[122] 中國國家網信辦在 2019 年發布的一項規定進一步釐清，線上平台必須避免散播違法內容，同時「鼓勵」平台多多散布習近平總書記提出的新時代中國特色社會主義思想。[123] 2019 年的另一項專門針對聲音和影像平台的規定，要求抖音這類的公司要「堅持正確的政治方向、輿論導向和價值取向，弘揚社會主義核心價值觀，形成向善的網路文化」。[124] 政府還要求這些公司監控並確保用戶沒有進行危害國家安全、破壞社會穩定或擾亂社會秩序的活動。[125] 這些法律清楚表明，中國公司的商業成敗，取決於它們是否服從並達到與政府合作的要求。

這些法律還附帶了政府持續不斷的積極指導和監控。一位化名為「李安」的字節跳動員工在 2021 年受訪時表示，字節跳動（TikTok 與抖音的母公司）的審查機制與中共中央網絡安全和信息化委員會辦公室（簡稱中央網信辦）密切相關。[126] 李安協助開發出公司的內容審核工具，她回憶道，中央網信辦會向字節跳動的內容審查中心不斷發出指令，有時一天超過一百條，而且內容審查中心還必須確保指令真的都有執行。對於字節跳動來說，最大的擔憂在於沒有成功刪除平台上可能挑起政府審查神經的政治敏感內容；對於一個沒有強大政府關係作為靠山的公司

來說，每次都是「攸關生死的問題」。[127] 不斷被中國國家審查機器影響，李安困擾地描述，她的工作就像是在抹去國家的「集體記憶」，刪除不受政府歡迎的討論，並放大中國政府同意的敘事。字節跳動乖乖配合政府並不令人意外，畢竟中國政府一直積極監控各家公司的合規狀況，並果斷執行自己的規定。[128] 2021 年 7 月有消息透露，2020 年 9 月以來，中國政府已經不允許使用者註冊字節跳動旗下的「今日頭條」應用程式，這個應用程式是中國前幾大的手機新聞網站。雖然沒有給出禁止註冊的原因，但這家公司的應用程式過去也曾被下架，而且今日頭條相關人員也都曾因平台上的「低俗內容」，被監理單位叫去喝咖啡。[129] 2018 年，另一個字節跳動旗下專門交流笑話段子和喜劇小品的熱門應用程式「內涵段子」，也在國家廣播 電視總局的命令之下關閉。[130]

科技公司都選擇服從政府的要求，那中國公民對政府審查和監控的反應又如何呢？中國公民是相當活躍的網路使用者。根據最新報告顯示，截至 2021 年，中國有超過十億人使用網路，每天平均上線的時間超過四小時。[131] 有些評論會將中國網民描繪成挑戰政府控制的反抗者，有些則將他們描述成服從的群體。例如，儘管社會信用體系在國外受到強烈譴責，許多中國公民卻認為，這在中國社會是可以接受的。[132] 支持者認為社會信用體系可以幫助解決中國信任赤字的問題，在私人生活中，他們也樂於使用這樣的評分方式，例如在交友平台上依此篩選值得信賴的約會對象。其他人則因本身就是這個體系的既得利益者而接受，他們能夠享受到一些良善行為的回饋獎勵，例如更優惠的暖氣費用等等。[133] 有些市民喜歡遍布各地的監視攝影機，這讓他們有滿滿的安全感。[134] 中國公民之所以對監控體系沒有那麼大的戒心，其中一個原因在於，他們早已習慣政府好像有一本「關於自己的檔案」，裡面記錄每個公民的個人資訊，包括政治上的負面記錄或潛在風險。[135] 換句話說，中國公民對

隱私和自由的期望有著較低的參考點。

同時，也有無數中國公民利用網路進行抵抗、組織行動，直接挑戰公共規範和當局。中國政治外交專家易明（Elizabeth Economy）就記錄了數個在中國發生的案例，由中國公民利用社群媒體來揭露地方政府政策管理不善或倡議進行改革。2015 年一起有關婦女權利的事件就是個很好的例子：被稱為「女權五姐妹」的五位女權運動者穿著沾染血跡的婚紗遊行，抗議家庭暴力和性騷擾，這個手段也成功吸引到公眾關注。[136] 2015 年 3 月，警方逮捕了她們，且未提出任何正式控告，就將她們拘留了一個多月。此舉激起了公眾的憤怒，不少活動或運動在線上發起集結，呼籲釋放她們的線上請願書在網路上大量轉傳。政府試圖利用關鍵字審查來壓制運動的聲量，但還是未能阻止線上呼籲釋放五姐妹「#FreeTheFive」的社群行動。線上行動反而蔓延回中國和其他地方的街頭，民眾走上街頭要求當局釋放這幾位被拘留的女性。面對愈來愈大的國內外壓力，中國政府最終屈服，釋放了她們。這只是眾多案例中的一個，顯示中國公民如何利用網路來提升公共意識、重視權利、倡議改革，以及追究政府的責任。這種做法可能不會直接導致中國更全面的民主改革，但它已經成為一個有意義的工具，可用來倡導地方特定議題，或推動社會變革。

2013 年習近平上台之前，中國的審查制度比現在寬鬆，也可容忍一定程度的異議聲量。[137] 當時，渴望取得國外資訊的中國公民可以使用 VPN 連線，政府並未加以限制。社運人士倡導社會變革，也不會被政府的審查機器立即禁言。然而，隨著習近平狠下心來決定限制公民參與線上社會，這些聲音也逐漸消退。許多社運人士已對網際網路是否能提供一個充滿活力的政治環境、並推動國內改革的理想，失去了信心。[138] 政治改革的聲量被壓制，就連微博等重要平台上的貼文數量也急劇減少。

儘管如此，仍有一些人保持樂觀，認為網際網路依舊是推動社會變革和維護人權的重要工具。他們不斷說著中國網民總是那麼有創意的故事，勢必能找到新的方法規避審查規則。然而，在習近平的領導下，數位威權主義持續加強，讓人無法忽視。從被憧憬的意識形態，轉變為嚴格執行的實作規範，明確劃定了中國公民線上交流的界線。[139]

中國監理模式與美國和歐盟模式的相似之處

中國國家導向的監理模式，在其數位威權治理體制中展現了許多獨特特徵。但同時，中國模式也採納了部分歐洲以權利為本和美國市場導向監理模式的元素。即使政府以保護公民免受線上傷害、或以維持社會穩定為由實施限制性政策，但光靠限制公民權利、進行審查和監控，是無法長久維持政權的。中國的監理機構也正在關注網路使用者資料隱私的商業化問題，並致力推動與傳統歐洲模式相關的某些消費者保護權利。例如，中國的新資料隱私法、再修訂的反壟斷法以及對平台經濟發展的官方指南等，都增加了中國網路使用者相對於科技公司的權利。

中國新的資料隱私法《個人信息保護法》效仿了許多歐盟《GDPR》的條款，我將在第 9 章詳述。《個人信息保護法》明確規定：「自然人的個人信息受法律保護。任何組織、個人不得侵犯自然人的個人信息權益。」[140] 制定此法時，中國政府承認，在當今公司與其他法人「隨意收集、違法獲取、過度利用、非法買賣個人信息」、推動商業利益的時代，資料隱私的重要性。[141] 探討公司如何處理資料也是其他立法措施的核心關注點。2022 年，中國當局發布了《關於推動平台經濟規範健康持續發展的若干意見》，重申遏制平台公司數據濫用的決心，包括「黑市

數據交易、大數據殺熟（利用大數據進行價格歧視）」。[142] 除了關注公民資料隱私權，中國政府也注重領先科技公司的不公平商業行為。比較特別的是，中國已立法針對利用資料和演算法進行價格歧視的行為設限，不讓公司藉此剝削消費者。[143] 此外，《個人信息保護法》嚴禁公司利用個人資訊，對使用者有任何交易價格或其他交易條件上的差別待遇。[144] 中國政府近期以「共同富裕」為名對科技公司的打壓，顯示中共意圖打造一個更公平的市場環境，將權力從科技巨頭分散開來，不僅轉移給國家，也轉至網路使用者和數位消費者身上。

不過正如大家預期，在中共的脈絡下，這些以權利為本的政策總有諸多限制。首先，相對於科技公司的權利，中國政府試圖增加網路使用者的權利，但這並不包括使用者相對於國家本身的權利。例如，雖然《個人信息保護法》提供了廣泛的資料保護權利，但其中仍有例外：政府還是能以公共安全為由，進行數位監控。[145] 第二，儘管中國政府大量使用權利導向的用語來描繪數位政策，但這種政治修辭與權利實際實施的現況相去甚遠。比方說，中國各個人工智慧法規和政策聲明，讀起來就像布魯塞爾的歐洲立法者起草的那樣。2019 年，中國科學技術部發布了《新一代人工智能治理原則》，以「增進人類共同福祉」作為人工智慧發展的整體目標。[146] 根據這些原則，人工智慧應促進公平公正，避免偏見、歧視，且不得侵害資料隱私權。這些崇高目標所勾勒出的現實，與本章前面提到中國政府部署臉部辨識技術等實際案例完全不同。儘管有明顯的限制，但中國模式與歐洲以權利為本的監理模式還是有一些真實且重要的相似之處值得關注；包括中國監理模式對實現更公平環境與再分配的決心，以及針對科技公司利用使用者資料進行商業行為所設的限制。

中國監理模式也揉入不少美國市場導向模式的元素。在網際網路發

展初期，中國政府對科技業相對放手的態度就與美國科技放任主義的做法類似，政府的角色是讓企業在不受監理的環境下自由創新。然而，當時中國政府政策（包括產業策略）對於培育出成功的中國科技業，影響力其實微乎其微。相較之下，正如塞巴斯蒂安・馬拉比（Sebastian Mallaby）生動的描述，中國科技業的興起很大程度受惠於美國創投業所創立的金融模式。[147] 許多人認為中國科技公司不過是單靠或大部分仰賴國家補貼就能成長，馬拉比駁斥了這個觀點。真相是，美國投資人才是大多數中國科技巨頭的早期重要支持者。就連為這些公司提供資本的中國創投，大多也是「準美國的」——這些創投人才在美國接受教育、曾在美國金融公司工作，他們都採用美式創業投資的方法。[148] 在塑造中國科技業的早期階段，這些與美國有關聯的創投家都以美國的框架來交易，聘請矽谷的律師起草相關法律文件。[149] 因此，美國投資人不僅提供了資本，還將矽谷的「股權文化」引入中國。[150] 這些美國律師還想出創新的方法，讓中國科技公司在開曼群島註冊，獲取美國資本，從而允許它們接受外國資本，並在外國證券交易所上市。這些法律上的繞道方法，規避了中國法律禁止、或中國國家導向監理模式未能預見的限制，為中國科技新創企業開啟了前所未有的機會。

舉幾個美國資本支持中國科技巨頭的具體例子：1999 年，高盛集團向阿里巴巴投資了 330 萬美元，幫助馬雲創立公司，同時也提高了阿里巴巴後續融資的可信度。[151] 然而，這家美國銀行太早退出投資，錯過了其他投資者後來獲得的巨大財務收益。[152] 根據報導，截至 2020 年 10 月，字節跳動的最大外部投資者是美國高頻交易公司海納國際集團，早在 2012 年就加入。[153] 高通風險投資也是手機製造商小米集團的早期投資者。[154] 騰訊於 1998 年成立之際，得到了美國創投基金 IDG（國際數據集團，簡稱 IDG 資本）的支持，百度也有另一家美國創投公司 DFJ

（德豐傑投資）做靠山。[155] 美國創投同樣也促進了京東集團的成長[156]，京東在 2018 年取得 Google5 億 5 千萬美元的投資。[157]

儘管多年來，中國自己的創業投資文化已慢慢成熟，逐漸與美國分道揚鑣，但我們仍不可低估美國創投對促進中國科技業成長的重要性。根據智庫榮鼎集團（Rhodium Group）與美中關係全國委員會的聯合研究，美國創投推動了中國大多數科技巨頭的成長，包括阿里巴巴、百度和騰訊。[158] 研究估計，從 2000 年到 2019 年初，受益於創投模式的中國科技公司當中，有將近三分之一的公司拿過美國的創投資金，總金額高達 470 億美元，佔中國新創企業在這段期間籌集的創投總額的 16%。此外，中國科技業還能從其他基金管道籌措資金，當中也有不少美國有限合夥人的參與。這表明，如同美國市場導向監理模式，中國國家導向監理模式其實建立在厚實的資本主義基礎之上；由此可見，中國科技公司最初的財富並非來自北京的政治領導人，而是矽谷的投資者。

政府對科技公司的制裁

自 2020 年底以來，中國的監理模式強化了國家對科技業的掌控。如今，全球各地的政府都在干預市場，努力限制科技業過大的影響力，而在這方面，中國政府展現了更為強烈的決心。這一變化表明，中國政府正在重新評估與科技公司之間的初步協議，決心削減那些大型科技公司的影響力，儘管它們多年來一直是政府培育的對象。這場針對中國科技業的廣泛性監理制裁在 2020 年 11 月拉開序幕，中國政府決定暫停金融科技公司螞蟻集團 370 億的「史上最大首次公開發行」計劃；[159] 隨後在 2021 年 3 月，電商巨頭阿里巴巴因壟斷行為被罰款 28 億美元。[160] 罰款

後兩天，監理機構要求螞蟻集團重組成受中央銀行監理的金融控股公司。[161] 接下來是叫車平台滴滴出行，滴滴在紐約證券交易所首度公開發行，共籌得 44 億美元的資金，引發中國政府針對公司的資料操作進行調查。[162] 2021 年 7 月，中國監理機構以客戶的資安風險為由，命令滴滴下架應用程式，滴滴的股價應聲暴跌。[163] 接著 2022 年 7 月，中國政府對滴滴處以破記錄 12 億美元的罰款。[164] 2021 年 7 月，政府阻擋了獲騰訊支持的兩大直播營運商——鬥魚和虎牙——之間 53 億美元的合併計劃。[165] 同年 10 月，食物外送巨頭美團也因壟斷行為被罰了 53 億美元。[166]

對特定公司進行執法行動的同時，中國政府在 2021 年 2 月至 8 月之間迅速制定了一系列的立法措施，進一步加強對科技業的控制。首先，政府發布了更嚴格的反壟斷指南，讓全球市場感到一股寒意。[167] 北京當局還頒布了限制手機應用程式與行動網路蒐集個人資料的新規定。[168] 緊接著，監理機構公布了一系列將影響線上直播營運的規範。線上直播是中國電子商務的重要趨勢之一[169]，根據新規定，直播主必須提供真實姓名和稅務資料。而在大型立法方面，中國全國人民代表大會常務委員會頒布了《數據安全法》，對廣泛的各種資料類別都設立了嚴格的資料安全需求，並限制資料跨境傳輸。[170] 這項法律以《網絡安全審查辦法》為修訂補充，對那些尋求海外上市的公司施加更嚴格的網路安全義務。[171] 不久後，政府又發布了保護關鍵資訊基礎設施的規定，作為 2016 年《網絡安全法》的實施措施。[172] 同月，全國人民代表大會常務委員會頒布了另一項重要法案《個人信息保護法》，是中國第一部全國性的綜合資料保護法。[173] 中共下一個目標是線上遊戲產業，對未成年人設定每週三小時的線上遊戲時間限制，並禁止遊戲公司在這些時間以外提供未成年人線上遊戲服務。[174]

2021 年這一年的短短幾個月內，中國政府展開大規模的監理制裁行

動,這個速度與歐美形成鮮明的對比——同樣的時間,美國國會甚至無法達成任何有意義的科技立法共識;歐盟各機關討論、立法也至少需要花上好幾年。這次的制裁行動範圍廣泛,影響了數位經濟的許多領域,但還是看得出來,某些行業已成為制裁的主要目標,包括金融科技、電子商務、私人教育、線上遊戲及娛樂業。被針對的公司具有兩個關鍵特徵:第一,它們大多數是大型公司;第二,它們幾乎全都是軟體公司,而非硬體企業。[175] 2020 年,「胡潤中國五百強」名單上最具價值的兩百三十八家民營科技公司中,共有六十二家面臨監理行動,包含罰款、禁令、重組及監理強制令。被針對的公司當中,高達 93％被歸類為平台公司。此外,這些目標主要都是大型科技公司。鑑於中國政府強調反壟斷的行動以及重視公平競爭,上述走向一點也不令人意外。這樣的立場當然會優先針對那些因商業模式中固有的廣泛網路效應、而維持主導市場地位的大型平台公司。[176]

政府對科技業的打擊可能有多種動機。部分原因在於,面對中國社會的分裂和不平等,北京當局愈來愈重視財富再分配,亟欲推動「共同富裕」政策。[177] 在 2021 年 8 月召開的中共中央財經委員會會議上,習近平強調:「中國必須堅決防止兩極分化,促進共同富裕,實現社會和諧安定。」[178] 作為新政策方向的一環,中國領導層正推動讓富有的科技企業家與社會其他成員分享更多的財富。[179] 政府也以此回應大眾對科技巨頭商業行為的憤怒;尤其是在中國人民感到自己被科技公司透過演算法操控,或被壟斷的科技企業剝削的情況下。[180]

然而,緩解公眾對不平等或剝削性商業行為的擔憂,並非近期監理風暴背後唯一的動機。相關產業已發展有成,足以威脅國家的權力及影響力,而中國政府希望能恢復手中的掌控權。儘管中國監理機構最初鼓勵國內科技公司成長茁壯,但如今政府反而對這些科技巨頭的規模和權

力憂心忡忡。政府特別擔心的是，這些公司掌握了大量的資料。[181] 因此，政府遏制私人科技公司的權力，以期奪回資料的掌控權，用來管理社會。此外，政府還希望能保護傳統國有的金融機構。阿里巴巴這樣的公司已顛覆了傳統金融服務業，旗下的螞蟻金服更是主導中國超過 50％的行動支付市場。[182] 也就是說，大量的金融交易正轉移到一個非國有又不受傳統金融監理的平台上，這不僅對中國消費者構成了風險，同時也削弱了國家對關鍵金融行業的控制。[183]

這次打壓也可視為對其他地區監理動態的回應，特別是針對美國政府在美中科技戰中所採取的動作。中國領導層正試圖避免完全金融脫鉤所帶來的成本，同時減少中國民間單位與華爾街之間的某些金融聯繫。根據 2020 年美國《外國公司問責法案》（*Holding Foreign Companies Accountable Act*），所有在美國證券交易所上市的外國公司（包括中國科技公司）都必須遵守由美國公開發行公司會計監督管理委員會（Public Company Accounting Oversight Board，簡稱 PCAOB）監督的審計與審查過程。中國不願讓國內公司配合美國的審計規定，這就是為什麼中國監理機構對滴滴的執法行動，可視為對 PCAOB 和美國國會「先發制人的打擊」。[184]

最後，中國監理機構著重打壓軟體而非硬體公司，顯示中國政府渴望將科技業導向更能支持國家長期經濟發展的策略相關領域。在美中科技戰的背景下，中國意識到自己面對制裁和供應鏈中斷時的脆弱性以及對技術的依賴。因此，中國希望國內經濟能夠在所謂的硬科技引領創新，例如製造業、半導體、新能源汽車和生物技術等領域；而這需要積極地將資源從網路遊戲或社交媒體等非策略性行業中移轉過去。[185] 這也解釋了為什麼像電信巨頭小米集團這樣的硬體公司，以及電動車等新興產業在這次監理打壓中基本上都能逃過一劫。[186]

截至目前為止，中國政府的監理行動已帶來嚴重的後果。根據 2021 年 11 月的報導，這場科技打壓行動已導致中國公司的全球市值蒸發超過 1 兆美元。[187] 光是滴滴一家公司，從上市當日的高點到上市四週，市值就蒸發了 380 億美元。[188] 這場教訓科技業的行動可能會進一步拖垮早已窮於應對各種挑戰的中國經濟，包括大規模 COVID-19「封控」的後果、正在進行的美中貿易戰及相關制裁，以及房地產債務危機等等。對科技業的強力監理正更進一步動搖整體經濟，危及國家未來經濟成長的前景。[189] 這次科技監理政策的轉向將對中國數位經濟有何長期影響，目前尚不清楚。其中一個待解的問題在於，中國政府在削弱國內科技公司的同時——畢竟這些公司是國家進步和創新的引擎——是否能實現中共成為全球技術和經濟領導者的雄心。中國政府似乎已經對中國科技公司股票被急速拋售、科技業的大規模裁員以及其他市場對其嚴厲政策的反應有所警覺。為此，政府已承諾將會發布新政策，安撫投資人並提高制定科技業政策的透明度。[190] 這些承諾表明，對科技業的打壓可能會減緩。[191] 然而，關於中國國家導向監理模式未來走向的重大不確定性可能會持續存在。

近來，中國政府打壓科技業一事是否明智，引發了激烈的辯論。有國外媒體評論這樣激進的監理措施是「戰略性錯誤」，警告打壓中國經濟中最活躍的行業，可能會危及中國成為科技超級大國以及實現與西方經濟平等的努力。[192] 限制中國科技公司在國外上市也有可能弄巧成拙而適得其反，畢竟這會提高中國企業的資本成本，也增加了投資人必須額外考量的監理風險，從而擴大所謂的「中國企業估值折扣」。最終，這也會削弱中國成為全球金融體系中更重要角色的地緣政治願景。[193] 然而，有些外國評論則較正面看待此事，強調中國政府心懷與歐美監理／立法者相同的態度，包括重視市場壟斷和資料隱私所帶來的傷害等問題。[194] 在不必遵守民主流程的情況下，中國政府可以面對更少的政治障

礙，落實立法並有效執法。在中國境內，官方分析多持正面立場，在這樣處處受審的數位環境下，有這種態度也不令人意外，畢竟對打壓科技等政府政策的負面看法，幾乎無法在公眾領域順利發聲。例如，中國學者強調，想要解決包括大型科技公司欺壓小公司、或利用演算法侵犯消費者權益等科技業「野蠻生長」所帶來的問題，就得實施更嚴格的反壟斷政策。[195] 因此，需要制定新的法律來「淨化」科技業的競爭現況[196]，並確保平台公司之間的競爭充足，以維持創新的驅動力。[197]

面對政府的打壓，中國科技公司往往逆來順受，與美國科技公司在美國和歐盟頻繁挑戰政府監理的情況形成鮮明的對比──沒有任何一家受影響的中國科技公司對政府執法提出異議。例如，阿里巴巴被罰款破記錄28億美元的當天，公司發表了公開聲明：「對此誠懇接受、堅決服從，並將進一步夯實合規治理水平。」[198] 美團被罰5億3千萬美元後，也發布了類似的聲明。[199] 多位科技高階主管相繼辭職，更多主管在政府制裁後，承諾將其股份或資金捐贈給政府或政府支持的公營事業。[200] 例如，2021年3月，電商巨頭拼多多創始人黃崢辭去董事長一職，並承諾將基金會的1億美元資金用於支持科學研究。[201] 2021年6月，美團創始人王興將價值超過20億美元的公司股份捐給了他的慈善基金會。[202] 2021年5月，字節跳動創辦人張一鳴宣布辭去執行長一職，同年6月，他捐贈了7,700萬美元支持家鄉福建的教育發展。[203] 2021年8月，騰訊將用於社會責任計劃的資金增加了一倍，達到154億美元。[204] 2021年9月，阿里巴巴也跟進承諾投資155億美元，支持國家的共同富裕計劃。[205]

中國科技監理的新時代或許反映了科技公司與中國政府之間的新協議，也重新定義一些現有監理理念的基本原則。今天，中共越發期望科技公司應為所謂「更公平的中國社會」做出貢獻，並確保它們的影響力不會超越國家本身。中國的監理模式雖然某種程度朝向強調公平和再分

配的歐洲監理模式靠攏，但實際執行起來，它仍依循一些明顯的中國特徵。因此，即使有這樣的轉變，中國國家導向監理模式的核心原則不僅得以維持，還進一步有所強化：中國政府依然牢牢把持著數位經濟，並保持全面性的控制。

對國家導向監理模式的批評

從美國或歐盟的角度來看，中國國家導向監理模式都有許多可批評之處。任何認同民主自由和個人自由價值觀的人，都會對中國利用網路來加強專制獨裁、而非推進民主感到痛心。數位威權主義侵犯個人權利，剝奪中國公民的基本自由；它還加劇了政府對少數群體的監控與政治迫害，並剝奪了中國社會享受言論自由和多元聲音的權利。

許多政府、私人機構和公民社會組織都對中國監理模式提出強烈批評。例如，美國人工智慧國家安全委員會在 2021 年總結報告中，對中國國內使用 AI 的情況做出這樣的描述：「對世上任何珍惜個人自由的人來說，這無疑是個令人不寒而慄的先例。」[206] 在美國參議院外交關係委員會一份標題為〈新老大哥 —— 中國與數位威權主義〉（The New Big Brother— China and Digital Authoritarianism）的報告中，參議員羅伯特・梅南德茲（Robert Menendez）描述中國將新科技視為「監視控制民眾、阻止資訊自由流通、保住政權的手段，並且用作惡意影響全球競選活動的工具」。[207] 歐洲政治領導階層也同樣關切這些問題。例如，歐洲議會在 2020 年〈強迫勞動與新疆維吾爾自治區維吾爾人處境的決議〉（Resolution on Forced Labour and the Situation of the Uyghurs in the Xinjiang Uyghur Autonomous Region）中提到：「歐盟強烈譴責廣泛使用

數位監控技術來監視和控制新疆人口。」[208] 而早在 2008 年，歐盟執委會委員維維亞娜・蕾汀（Viviane Reding）就曾強調資訊自由的重要性：「我們可以非常明確告訴中國，它們掩蓋某些網路內容的行為，我們絕對不能接受。」[209]

美國科技公司當中，Meta 對中國的網路政策表達了最為直言不諱的批評。2019 年，Facebook 創辦人馬克・祖克柏（Mark Zuckerberg）在一次演講中批評那些破壞言論自由和其他人權、來自威權政權的法律和規定，並點名中國「正在建立一個以截然不同的價值觀為中心的網路，並試圖將這種對網路的願景輸出到其他國家」。[210] 他還對比了中國有的 TikTok 和 WhatsApp，指出後者被運動人士用於抗議活動，因為 WhatsApp 提供了強大的加密保護，反之 TikTok 會限制抗議活動的討論。2021 年，總部位於美國的非政府組織自由之家（Freedom House）總結了它們針對全球網際網路自由的研究，指出「中國網路使用者的處境依舊極受壓迫」，並連續第七年認定「中國是全世界最嚴重的網路自由侵犯者」。[211]

中國政府迅速駁斥了每一則類似的批評指教，指出線上自由言論產生的社會弊端，從仇恨言論、滿天飛的謠言、惡意假訊息，甚至到恐怖主義及暴力內容。[212] 中共辯稱自己可以保護公民免受這些弊端，強調政府致力培育一個更穩定、安全、健康和和諧的社會。不出所料，中國領導人將 2021 年 1 月 6 日的國會山莊騷亂事件視為契機，以此描繪美國民主制度的頹廢，並展示未受審查的言論自由如何動搖社會穩定的實際案例。中國官媒《環球時報》報導了國會山莊騷亂事件，描述美國「名為『民主自由』的美好泡沫已經破滅」。[213] 報導集中呈現中國網路使用者對暴動的反應，描述他們將美國社群媒體助長的混亂視為一種「惡有惡報」，因為美國早已在世界各地以「民主自由」之名，煽動了更多混亂。[214]

中國常常指責美國在這些領域的偽君子作為，聲稱美國經常錯誤地責怪中國進行一些實際上美國自己也在做的行為。2022年6月，中國外交部對美國的中國政策做出了「全面、系統性且詳盡的回應」，駁斥了美方對中國的「謊言」說詞，譴責美國在民主和人權方面的作為與承諾存有缺陷；中國官方還強調政府「對中國人民的權利保障程度已達到前所未有的水準」，同時詳細列舉出美國境內所犯及美國參與侵害人權的種種罪狀。[215] 根據中國的回應，新疆侵犯人權的行為並不存在。所謂新疆存在種族滅絕的指控是「世紀謊言」，是美國散播的惡意假訊息。中國外交部也否認中國政府散布惡意假訊息，並反過頭來指責美國才是假訊息的最大來源。[216]

　　對於監控措施，中國同樣以強調美國政府也從事類似行動來為自己辯護。[217] 眾所周知，已有詳細文件記載美國國安局常與美國科技公司合作，進行廣泛性的監控行動。[218] 即便美國國安局將目標對準外國人士，包括恐怖分子或對美國國家安全構成威脅的人，在蒐集資料的過程中，美國政府也拿到大量意外洩露的美國公民個資。2019年由《大西洋》德瑞克·湯普森（Derek Thompson）所撰的文章〈兩大監控國家的故事〉（A Tale of Two Surveillance States）比較了中國和美國的監控行為。[219] 闡述中國對新疆維吾爾人的殘酷壓迫，以及持續維護的大規模監控計劃後，湯普森毫無懸念地寫下：「美國沒有做出任何可與此相提並論的行為。」[220] 但是，他接續寫道：「利用新型監控科技來監視、恫嚇甚至壓迫少數族群的公民並不是嶄新的想法。」美國低收入住宅中的少數族裔房客就有被房東監控的案例，理由是「為租戶提供更安全的環境」。[221] 雖然報導提到，截至2021年，中國已在全國安裝了超過五億台監控攝影機，但經人口比例調整，美國的比例其實幾乎一樣。然而，在中國，這些監控攝影機主要設於公共空間；而在美國，通常是裝在私人商業場

所，例如飯店、餐廳和辦公室等等。[222]

許多製造監控技術的中國公司也努力保持與技術實際應用之間的距離，並拒絕承擔參與共謀監控計劃的責任。例如，銀河水滴執行長黃永禎最近就曾為公司的「人體步態辨識軟體」辯護——這項技術利用人工智慧，根據人走路的方式，可從遠距離辨識個人。這項技術可以補捉識別臉部未完全露出的個人，已被安全部門大量採用。然而，即便深知這樣的技術可能是把雙面刃，黃永禎並不為隱私問題所苦，他表示：「從我們的角度來看，我們只是提供技術的一方。」[223]

儘管中國領導層強力反駁了外界針對政府控制與監控行為的批評，但國家導向監理模式的內部仍有一些弱點和不一致的地方，這些問題可能會隨著時間推移對中國政府構成挑戰。中國網路政策背後的政治目標，最終可能會阻礙政府達成經濟目標，即便中國政府目前可能尚未承認這些潛在的矛盾。許多評論指出，創新和經濟成長需要相對自由的網路滋養，而對線上通訊的政治掌控力則需要限制網路的自由。[224] 中國的科學家已經表達了他們的擔憂，認為封鎖像是 Google 學術搜尋（Google Scholar）這樣的重要網站，會妨礙他們獲取重要研究資料，同時也阻礙他們與其他研究人員合作的可能。[225] 想要成為網路強國及技術的領導者，中國必須保障資訊在國內和國際間自由流動，才有可能實現目標。

外國政府對中國監控行為的不滿也引發了國際反擊，包括對不少中國企業祭出制裁。例如，美國最近就對曠視科技等中國人工智慧公司實施了制裁，因為這些公司參與了前述「維吾爾警報」系統的開發。美國政府指控曠視科技等公司涉及「人權侵害與濫用」，在中國對維吾爾人和其他穆斯林少數民族實施鎮壓、大規模隨意拘留以及高科技的監控中扮演要角。[226] 立基杭州的監控公司海康威視也因過去聲稱旗下的臉部辨

識技術可以區分漢族和維吾爾族，而在美國和歐洲受到審查。[227] 2018年，美國眾議院禁止海康威視參與政府契約，隔年更是將公司列入「實體清單」[228]，限制美國公司在未經政府許可的情況下，禁止與海康威視開展業務。[229] 2021 年 7 月，有消息宣稱，海康威視取得為馬德里－巴拉哈斯（Madrid–Barajas）機場和巴塞隆納的埃爾普拉特（El Prat）機場等數個歐洲機場提供監視攝影機的合約後，一些歐洲領導人也開始警告，不要在歐洲使用這家公司的監控產品。[230]

中國的審查和監控作為，使得中國科技公司擴展海外市場之路變得更加艱辛。2020 年，美國總統川普簽署了行政命令，要求在四十五天內禁止微信和 TikTok 在美國的營運，理由是這些公司所蒐集到的資料會讓中共獲取美國人的個資，並監控海外的中國公民。[231] 我將在第 4 章詳述這些對中國科技公司的威赫與禁令，展示由於中共政府堅持對數位經濟的威權掌控，而讓中國公司付出了具體的政治風險和經濟的代價。歷經一系列針對中國科技公司的處置後，部分中國科技企業家開始敦促政府放寬對中國網路的控制。[232] 張湖月進一步主張，中國政府應該多向外國公司開放本國市場，以緩解中國科技公司在海外面臨的難題。[233] 吳修銘則強烈主張，對待中國科技公司應該更加遵循互惠原則：「如果中國拒絕遵循網際網路的開放規則，那何必還要繼續讓中國進入全球網路市場？」根據吳修銘的說法：「這種不對稱是不公平的，不能再忍下去。」[234]

這些公司當中，華為成了美國制裁的首要目標。舉例來說，川普總統與拜登總統雙雙發布了行政命令，一旦中國公司與中國軍方有關、或曾為中國政府生產監控技術，美國人投資這些中國企業將有所限制。[235] 華為之所以受此規範影響，原因在於華為曾為中國政府的海外監控行動出力。[236] 美國政府視華為為中共的延伸，會對美國的資訊安全和國家安

全構成威脅。華為還被指控竊取智慧財產權。[237] 此外，華為向伊朗和北韓出售科技技術，涉嫌違反美國貿易制裁，而接受調查。[238] 美國還游說許多盟友一同限制華為在市場上的營運，進一步限制華為可能取得的商業機會，也增加了中國科技公司因受中國數位威權主義影響而必須承擔的成本，我將在第 5 章繼續說明。美國的制裁生效之後，華為確實受到負面影響，不僅失去獲取關鍵組件的機會，還經歷了「史上最大的營收下降」。[239] 然而，儘管中國科技公司在美中科技戰中喪失了很多經濟機會，但同時也有不少新的機會找上門來。不少外國政府欣然歡迎中國的監控技術，渴望能複製中國政府在壓制反對派意見以及加強自身執法能力方面的成功，我將在第 8 章解釋。在全球日益轉向支持威權主義的情況下，這個趨勢可能會加速，從而減輕中國科技公司因受美國主導制裁而要負擔的成本。

儘管中國國家導向監理模式在西方飽受批評，但作為美國市場導向監理模式的競爭對手，中國模式所產生的影響力不容忽視。從很多層面來看，中國模式的成功證明，美國模式的許多基礎假設是錯的。首先，它證明了自由並非網際網路的固有特徵——正好相反，網際網路自由受到政府的政治選擇影響，因為政府握有壓制自由的權力。再者，中國模式展示限制性的政策可與充滿創意的創新文化共存。這與民主國家普遍持有的觀點相反，國家導向的威權監理模式示範了維持充滿創意的私人企業家文化，而這種文化能夠推動技術進步和經濟成長。我將在第 8 章繼續詳述，正是因為這些顯而易見的特徵，讓其他西方國家難以抵抗中國監理模式在全球日益成長的吸引力。

Chapter 3 歐洲以權利為本的監理模式

2022年10月27日，伊隆‧馬斯克（Elon Musk）完成了Twitter收購案，隨後他在Twitter上發文寫道：「鳥兒自由了。」[1] 顯然說的是他完成了這筆充滿爭議的交易，也獲得在這個平台上恢復他所偏愛重視言論自由規範、科技放任主義的權力。不過，歐盟也迅速做出回應。幾個小時內，歐盟執委會委員蒂埃里‧布雷東（Thierry Breton）在Twitter上回應馬斯克：「在歐洲，鳥兒將按我們的規定飛翔。」[2] 這一場美國科技企業家和歐洲監理者之間的交流，短短幾句話卻精確捕捉了歐洲監理模式的核心理念：科技公司必須遵守規則，而規則由政府制定。此外，歐盟的規則特別反映出歐洲的核心價值觀，例如保護人性尊嚴、資料隱私、民主對話及歐洲數位公民的權利等。必要時可利用規則，限制Twitter等數位平台的線上內容。

與美國市場導向的監理模式不同，美國把對科技公司的管理規範交給市場自行調節；有別於中國國家導向的監理模式，中國意圖規範科技業來維護國家的政治權力。歐盟選擇了第三條路徑，採用以人為本和以權利為本的數位監理方法。這種方法看重的是如何在數位社會中增強歐洲公民的個人和集體權利，並展示歐盟不願遵循美國或中國任一方的態度。歐盟的數位經濟監理方式獨具特色，它認為政府應該是引導數位經濟、透過監理干預來維護個人基本權利、保護民主社會結構以及確保數

位經濟利益公平分配的核心角色。[3]

歐盟透過各種高層政治聲明與宣言,進一步闡述歐洲監理模式的核心原則,例如歐洲議會、歐盟高峰會和歐盟執委會於2022年12月聯合通過了《歐盟數位十年之數位權利與原則宣言》(*European Declaration on Digital Rights and Principles for the Digital Decade*)[4],宣布「數位轉型應以人為本」,並強調「數位社會和經濟民主化運作」的重要性。宣言還提到,數位轉型應「使所有人受益,改善所有歐洲居民的生活」。根據宣言,科技解決方案應該要「尊重人的權利,保障人人能實際行使權利,促進團結包容」。這一政治聲明確立了民主、公平和基本權利為帶領歐盟制定政策的關鍵價值觀。儘管這些價值觀並非歐盟獨有,但它們直接融入歐盟的監理工具當中,目標是打造以人為本、增進民主、維護權利並重視資源再分配的數位經濟體,確保科技賦予人類權利。

歐洲以權利為本的模式與美中模式之間存有重要的相似性和差異性。例如,美國模式也受保衛基本權利及捍衛民主所驅。但是,有關權利的論述,美國更集中在保護言論自由這項基本權利;歐盟則試圖在言論自由與其他一系列基本權利之間找到平衡,像是人類尊嚴、反歧視和資料隱私權等。美國和歐盟藉由數位監理促進民主方面的手段也有所不同。為了保護網際網路的民主基礎,美國政府不太願意干預平台的自主性,深怕會削弱言論自由。美國的監理機關通常會展現出科技放任主義的傾向,它們擔心的是過度調控內容,而非審查不夠嚴格。因此,歐盟時常會以民主原則為名限制線上言論,美國則較少引用這個原則,並允許相關言論在網路上繼續存在。歐洲監理機關對公平和再分配的關注,也符合歐盟對社會市場經濟的決心以及追求更平等財富分配的承諾。反倒是美國傳統上對收入不平等的容忍度比較高,主要致力保障機會平等,而非結果平等。

歐盟支持監理的態度並不限於科技領域，這也反映出歐盟對市場運作以及政府最適切角色的更深遠觀點。與美國相比，歐盟的公眾更信任國家，因此政府可以在監理市場扮演更突出的角色。[5] 相較之下，美國人更傾向支持以企業為中心的自由市場資本主義，認為政府的干預應該有所限制，以免澆熄科技公司的創新熱情。用影響深遠的資本主義多樣性研究的話來說，大多數的歐洲國家都展現出「協商市場經濟」的特徵，而非「自由市場經濟」；[6] 也就是說，歐洲國家保留更多空間給政府監理和非市場機構參與。

歐盟堅持，數位經濟願景的根基在於由民主機構制定並執行的法律。因此，歐盟拒絕採用網際網路觀點「無法可管」的科技放任主義，並繼續支持數位轉型應依靠堅定的法治原則。[7] 這種干預主義式的監理方法反映了歐盟的觀點：在數位市場中，政府應發揮保護公平競爭的關鍵作用。美國市場導向模式往往強調政府對科技的了解有限，應避免貿然實施管制；相較之下，歐洲以權利為本的模式更關心的是，科技公司並不理解科技會如何影響憲政民主和基本權利——這些權利經常受其產品和服務所害。[8]

歐盟以權利為本的監理模式得到歐洲群眾強力的支持，許多大型民意調查顯示，民眾甚至樂見更全面的數位監理。[9] 有了公眾的支持，歐盟監理模式就有更多的政治動能和民主合理性。歐盟的政治環境同樣有利於更全面的立法制定。與美國相比，歐洲政治精英在意識形態上的分歧較小，可對公眾要求更嚴格的監理做出更迅速的回應。縱使歐洲各黨派對於支持監理的程度上有所差異，但基本上，它們都對建立一個受監理的市場經濟有共識。[10] 歐盟的《數位市場法》（*Digital Markets Act*，簡稱《DMA》）便完整說明了這個政治共識。《數位市場法》是一項重要的數位監理法案，目的是藉由限制被認為具有反競爭行為的「數位守門

人」，來增加市場競爭的公平性。[11] 2022年，這項法案由歐洲議會確認通過，投票結果有五百八十八票贊成、十一票反對、三十一票棄權，顯示跨政治光譜的各個黨派都表示強烈支持；[12] 美國國會有許多重要政策問題（包括數位監理）仍在鬼打牆，歐盟這種跨黨派共識與美國國會高度黨派分歧形成了極大對比。

歐洲以權利為本的監理模式與中國國家導向的監理模式也有一些相似之處。例如，這兩種模式都承認政府在數位經濟中擔任核心管理的重要角色。但顯而易見，歐洲模式的關鍵目標與中國不同：歐盟的目標是加強數位公民的權利，不僅相對於科技公司，還包括相對於國家的權利。[13] 中國國家導向模式認為，政府干預是維護社會和諧和鞏固政府掌控力的必要選項；歐洲以權利為本的模式則以保障個人權利和公民政治自主權為由，來正當化政府的干預。當然，中國政府也可能聲稱它的作為符合公民的最大利益，例如藉由嚴格的審查制度保護公民免受有害網路內容的影響。然而，歐洲模式的差異在於，它涉及公民及其民選代表參與的民主辯論，界定出何謂公民的「最佳利益」，以及應該採取何種形式的監理干預。

除了數位監理的目標有顯著差異，這三個司法管轄區內的科技業規模也有巨大差異。相較於美國的科技巨獸——像是亞馬遜、Apple、Google、Meta和微軟，或是中國的科技巨頭——包括阿里巴巴、百度、華為、京東、騰訊和小米，歐盟幾乎沒有培育出領先的科技公司。2021年，德國領先企業軟體供應商思愛普（SAP，Systemanalyse Programmentwicklung）是歐洲最大的科技公司，也是唯一一家入選「《財星》世界五百強」（*Fortune* Global 500）的歐洲科技公司。[14] 或許除了瑞典的Spotify，全球的網路使用者幾乎不愛用任何歐洲公司的產品／服務（甚至根本不認識），問題來了：為何歐盟不能在這方面複製美國

和中國的成功？

歐洲科技公司的匱乏現象，時常被歸咎於遍布整個歐洲大陸的全面性數位監理。批評歐洲模式的人認為，過於嚴苛的監理妨礙了創新發展，並以此解釋為什麼歐盟在培育發展科技業方面，落後美國和中國。[15] 大規模監理是否真的抑制了歐洲的科技創新，其實尚有爭議，但無庸置疑的是，歐盟確實對這個領域進行了廣泛的監理作為。這些數位監理大大影響了科技公司的日常運作，從它們蒐集、處理或共享資料的方式、設計產品的方式、與使用者互動的方式，到與市場上其他企業互動的方式都有所限制。這麼多樣的監理手段有個共同點：它們都致力抬升權利——無論是網路使用者的基本權利、數位公民的民主權利、平台工作者的社會權利，抑或是市場較小參與者的各種經濟權利。這些監理措施體現了相同的信念：放任市場自由發展一定不會是最好的結果，因此需要政府介入維護，增進這些權利。

歐盟偏好監理眾所周知——尤其是對那些經常成為歐盟監理目標的科技公司來說。然而，許多人沒有深刻理解，驅動歐盟數位監理的背後因素到底為何。美國科技公司和美國政策制定者常常給出的說法是，歐洲的監理動機是出於保護主義。這些批評認為，歐盟科技監理之所以特別針對美國公司，是嫉妒心驅動的保護主義在搞鬼，目的是要幫助歐洲科技公司更有能力與遙遙領先的美國對手競爭。[16] 美國在科技領域的主導地位是「歐洲不滿的根源」[17]，歐盟只能拿出手上的王牌——針對美國科技公司發動監理規範，來回應這股不滿。

我將在第 6 章詳細分析，這種聚焦數位保護主義的論點雖然看似有理，卻過於簡化。確實，當領先科技公司主要都是外國公司而非歐洲公司時，歐盟利用監理來槓桿對抗這些科技巨頭的政治成本較低。同理，

歐盟也未能免於近期全球貿易和科技政策中的本土化轉向。與美國和中國一樣，歐盟也漸漸意識到，在這個比以往更競爭的地緣政治環境中，勢必得增強自身技術能力、減少外部依賴。這樣的政策目標轉向往往會使政府朝更技術民族主義的方向邁進。但是，單單將保護主義簡化為歐盟數位監理的關鍵驅動力，要麼是對歐盟監理信念的錯誤描述，要麼可能大大誤解了歐盟背後的動機。除了數位保護主義之外，還有一大堆價值觀都推動著歐洲的數位監理，而且也都與更廣義的歐洲經濟和政治計劃的精神一致。我將在本章節後續篇幅說明，歐盟的數位政策計劃反映了歐盟對基本權利、民主、公平性、再分配的重視決心及對尊重法治的承諾。

這個章節將概述歐盟如何在其雄心勃勃的監理架構中整合這些核心價值，展示歐洲模式如何圍繞著以權利為本的政策計劃成形。儘管成員國個別的立法發展也顯著塑造了整體歐盟對數位經濟的態度，本章節的討論焦點還是會集中在歐盟層級的監理上。歐盟對基本權利的承諾尤其體現在對資料保護、人工智慧和線上內容監理的規範方法上──這些政策領域已然成為歐洲監理模式的核心支柱。歐盟還制定了多項監理規章，目的是在數位時代保護並強化民主，其中包括打擊線上假訊息、促進媒體的自由多元。此外，歐盟的監理模式還涵蓋了對公平和再分配的承諾，體現在規範公平市場競爭、推行數位稅收，以及擴大平台勞工社會保障等政策中。本章也將闡述歐洲以權利為本的模式如何依賴監理規範作為推動歐洲整合市場的手段。本章的最後，我會評判歐洲以權利為本的監理模式，探討全面性的監理是否真的阻礙了科技發展，也許可以解釋歐盟在追趕美國和中國領先科技地位的路上，遇到了什麼困難。另一個擔憂是，儘管歐盟在闡述以權利為本的數位經濟願景、並在許多法規中加以鞏固等方面相當成功，但在實際推動一個真正能保護權利、民

主和公平的數位經濟方面,則較為不足。此外,除了執行上的挑戰,歐盟內部的分歧可能也會削弱歐洲模式的一致性、有效性與合理性。

利用數位監理來保障基本權利

基本權利深植於歐盟的精神之中,形成歐洲整合具有價值共識的憲法基礎,並指導歐盟的立法活動以及在所有政策領域如何與世界互動。這種政治精神也為歐洲以權利為本的監理模式奠定了基礎。根據《歐洲聯盟條約》(Treaty of the European Union)第二條:「歐盟係建立在尊重人類尊嚴、自由、民主、平等、法治以及尊重人權(包括少數群體的權利)的價值觀基礎之上。」[18] 2000年頒布的《歐洲聯盟基本權利憲章》(Charter of Fundamental Rights of the European Union,簡稱《歐盟憲章》)在2009年生效,進一步鞏固了條約中的基本權利。[19] 這份歐洲的「人權法典」保障了近期在經濟和社會方面的數位轉型下所觸及的關鍵權利,包括隱私和個資的保護、言論自由及不歧視原則。[20]

歐洲政治領袖經常公開強調,基本權利是歐盟數位政策的基石。歐盟委員會副主席瑪格麗特・維斯塔格(Margrethe Vestager)和歐盟政策高級代表荷西浦・波瑞爾(Josep Borrell)近期寫道:「1948年的《世界人權宣言》(Universal Declaration of Human Rights)確立了個人尊嚴、隱私權與不歧視權,以及言論和信仰自由。我們共同的責任是確保數位革命能實現這個承諾。」[21] 歐盟法院院長庫恩・連納爾斯(Koen Lenaerts)也呼應了這個觀點,他形容《歐盟憲章》使歐盟法律秩序成為「全球公認的基本權利保護典範」。[22] 在討論法院廢除歐美《安全港協議》(Safe Harbor Agreement)的跨境資料傳輸協定時,他提到:「法治概念

不是用來賣的。這是維護歐盟法治和基本權利要求的問題。如果這也影響到一些國際往來,那麼歐洲為什麼不自豪地向全世界貢獻我們對尊重基本權利的要求標準呢?[23]」

數位轉型改變了企業運作的方式和社會的功能,轉型過程也影響到多種基本權利。隨著資料需求倍增,資料被公眾和私人行為濫用的可能性也在增加。因此,歐盟正努力設法限制政府監控以及科技公司對網路使用者個資的利用。歐盟還利用監理演算法的運作方式、人工智慧系統的開發及部署,致力保障網路使用者不被歧視。歐盟監理機關更是致力保護言論自由,它們認為,一旦網路平台審核線上內容,言論自由就有被侵害的風險;但同時它們也了解到,必須將言論自由與人類尊嚴等其他基本權利進行權衡,因為其他基本權利也有可能因線上非法或有害內容而遭受損害。下列這些具體問題推動了歐盟今日的數位政策計劃,將保障基本權利置於歐洲監理模型的中心。

保護隱私權和個人資料

保護隱私權和個人資料是歐盟以權利為本的數位監理策略核心。有別於美國市場導向和中國國家導向的監理模式,歐洲的監理模式將這些權利稱為「基本權利」。歐盟對於資料隱私這個基本權利背後的理念,是賦予個人對自身資料更大的掌握權,藉此促進個人自決。[24] 在歐盟與權利有關的論述中,資料隱私權與人性尊嚴密切相關,都是《歐盟憲章》認定不可侵犯的重要權益。[25] 歐洲人對資料隱私的關注可以追溯到二戰及納粹所犯下的暴行,當時納粹系統性地濫用個資來識別猶太人和其他受納粹政權壓迫的少數群體。[26] 戰後,隱私權的侵犯在東德社會主義的獨裁統治下持續存在,當時稱為「史塔西(Stasi)」的國家安全部繼

續監控公民。²⁷ 這些歷史教訓讓歐洲人對政府蒐集資料的行為抱有戒心。這些懷疑，再加上歐洲人不信任企業在處理用戶資料時會顧及公共利益，為德國以及後來整個歐洲的堅固隱私權制度奠定了基礎。

隱私權和資料保護權已銘刻在歐洲的法律規範中，進一步將歐盟的監理模式緊緊固定在這些基本權利之上。1950 年，所有歐盟成員國締結了《歐洲人權公約》（*European Convention of Human Rights*），將隱私權列為基本權利。²⁸ 隨後的《歐盟憲章》更進一步保障個人隱私權，包括保護個人資料的權利。²⁹ 除了有憲法保護，歐盟在 2018 年生效的《GDPR》中設定了詳細的隱私保護細節。³⁰《GDPR》是歐盟雄心勃勃的資料保護法，已成為全球保護個資免受政府或私人公司濫用的「黃金準則」。《GDPR》要求處理個人資料時必須合法、公正且透明³¹，並限制了可蒐集資料的數量和目的。³² 此外，《GDPR》還增加了新的義務，例如「被遺忘權」，賦予資料當事人可要求刪除某些資料的權利；³³ 以及「隱私納入設計」，要求製造商在設計產品和服務時，就必須考慮到《GDPR》規範的義務。³⁴ 歐盟要求會員國設立獨立的資料保護機構，確保《GDPR》保障的落實，並設立歐洲資料保護委員會。³⁵《GDPR》還規定了高額的制裁，違規者可能面臨高達 2 千萬歐元的罰款，或前一會計年度公司全球年營業額的 4%，二者取其高。³⁶

歐盟司法機構在塑造歐洲監理模式方面也發揮了關鍵的作用，在多個具有里程碑意義的支持隱私裁決中，擴展了歐洲公民的資料隱私權，包括「Goggle 與西班牙數據保護局與岡薩雷斯案」（Google Spain v AEPD and Mario Costeja González），或更廣為人知的「被遺忘權」案。³⁷ 所謂「被遺忘權」指的是，網路使用者有權要求平台永久刪除與自身有關的資訊。在此案中，西班牙公民馬里奧・科斯特亞・岡薩雷斯（Mario Costeja González）要求 Google 從搜尋引擎結果中，刪除所有與他過往財

務問題有關的報導連結。岡薩雷斯認為，儘管這些資訊是正確的，但他的債務已經還清，這些資訊已不再和他有關。Google 最初拒絕刪除連結，然而，歐盟法院裁定 Google 有義務遵守要求，使某些不適當、不相關或不再符合當前事實的內容不可再被搜到。這項裁決將導致大量內容連結被刪除，部分原因在於這項裁決對搜尋引擎做出不對稱誘因。縱使公司保留了最終決定是否刪除連結的權力，但任何界限不清的案例可能都得刪除，因為不這樣做可能會面臨重罰；反之，過度刪除連結沒有懲罰，從而激勵了刪除行為。[38] Google 的透明度報告顯示，2014 年 5 月裁決以來，共有 510 萬個網址被要求刪除連結，截至 2022 年 8 月，Google 已經移除了大約 49%，由此可見 Google 對此事的回應。[39]

　　提供堅定隱私保護的同時，《GDPR》承認「個人資料保護權不是絕對權利；它必須與社會中的功能相對應，並根據比例原則與其他基本權利相衡。」[40] 歐洲法院經常被要求在資料隱私權與其他迫切的社會要求（像是國家安全和執法落實）之間進行權衡，我會在歐美監理爭端的背景下更詳細說明，請見第 6 章。然而，分析一下比例原則，即便這些權利與其他重要的社會要求互有衝突，歐洲法院已展現出堅定的決心保護資料，積極塑造歐盟的數位治理樣貌。[41] 法院對資料保護權的廣泛手法明確表明，資料隱私是一項關鍵權利，是歐洲監理模式的核心。

防範人工智慧用於不良應用的措施

　　人工智慧是歐盟監理模式第二個出於對基本權利的關注而塑造出的獨特領域，與美中模式有明顯的不同。在數位經濟中，AI 對基本權利影響重大，促使歐盟開發新的監理規章，確保這些權利受到保護。在社會各個領域，有愈來愈多 AI 驅動的演算法參與重要的決策，從篩選學校

考生或公司求職者，到決定個人信用或公共福利的資格等等。儘管 AI 日益普及，並被捧為更好的決策工具，但企業使用 AI 做決定還是常常引起爭議。例如，亞馬遜發現 AI 決策的招聘工具歧視女性，因而停用。AI 有性別偏見的原因很簡單：用於審核應聘者的演算法以公司過去十年收到的履歷來做訓練，其中大多數是男性。[42] 這些內隱的偏見可能會對生活造成重大影響。另一個案例發生在荷蘭，2019 年，有人發現荷蘭稅務局使用帶有偏見的演算法來識別可能涉及兒童福利詐騙的個人。[43] 這個系統依賴的風險指標常將低收入家庭或少數民族家庭標記為潛在的詐騙者。這種依賴演算法的作為導致了嚴重的後果，許多家庭因此陷入困境，成千上萬個孩子被送往寄養家庭。荷蘭資料保護機構以侵犯個資隱私，對稅務局處以罰款。[44] 這些案例以及更多類似的醜聞，大力提醒世人過於依賴 AI 管理社會所帶來的風險。

歐盟深知 AI 帶來機會也帶來風險，已積極推動 AI 的發展與部署，設法減少相關風險，包括侵害基本權利的風險。2021 年 4 月，歐盟委員會公布了一項新的法規提案，制定了 AI 的統一規則。[45]《人工智慧法案》（AI Act）意圖推動符合倫理、值得信賴並以人為中心的 AI 發展，同時確保對基本權利的高度保障。例如，它承認演算法決策可能會再現原有的偏見，導致更大規模的歧視。此外，為了訓練 AI 而必須蒐集的個人資料會威脅到公民的基本資料隱私權，尤其像是臉部辨識等 AI 技術用於對公民進行的大規模監控時，這種擔憂更會放大。因此，根據提議的法規，任何 AI 都必須不帶有害的偏見、尊重公民的隱私權，並與嵌於《歐盟憲章》條約中的基本權利保持一致。

為了確保監理模式在保護使用 AI 所涉及的基本權利時，不會阻礙新 AI 系統的發展，歐盟提議的《人工智慧法案》採取以風險管理為導向的監理方法。法案根據 AI 應用所帶來的潛在風險，將 AI 應用分為四個類

別:不可接受的風險、高風險、有限風險和最低風險,並依據相應類別調整監理義務。屬於「不可接受的風險」類別的 AI 系統包括那些利用隱性技術操縱人類行為、破壞人類自由意志的系統。第 2 章所述的那類「社會信用體系」,由政府部署 AI 系統的社會評分也同樣被禁止,政府不得為了執法目的部署即時臉部識別技術。在這些情境中,AI 成了「操縱、剝削和控制社會的手段」,與歐盟對基本權利的承諾相互矛盾,包括不歧視權和資料隱私權等。[46] 用於執法目的的即時遠端生物識別系統,更被視為侵犯基本權利和自由,因為它讓大部分的人口處於持續被監控的狀態。[47] 涉及「高風險」應用的 AI 未被完全禁止,但會受到嚴格監理,對開發者、供應者、使用者、經銷商和 AI 系統的進口商都各有一套適用的風險管理義務。

歐盟還堅持認為,AI 技術應為人類的福祉存在,且必須由人類監督。歐盟 2019 年發布的《可信賴人工智慧倫理準則》(*The Ethics Guidelines for Trustworthy AI*)為擬議中的《人工智慧法案》奠定了基礎,強調 AI 以人為本的方法,指出「人工智慧系統不應不合理要求人類屈服,或是強迫、欺騙、操縱、誘導、驅趕人類。」[48] 歐盟執委會 2020 年頒布的《人工智慧白皮書》(*White Paper on Artificial Intelligence*)同樣強調 AI 以人類為中心的重要性,AI 應改善個人生活,同時尊重人類權利並保護人類尊嚴。[49] 歐盟的政策要求 AI 必須由自然人監督,必要時,這些人可以覆寫演算法,協助確保對基本權利的風險有所緩解。[50]

歐盟研議的 AI 規範為全球首創,反映出歐盟對倫理、信任、基本權利和人性尊嚴的承諾,並以此作為領導 AI 發展的關鍵原則。雖然許多科技公司早已採納各種倫理守則來減少 AI 相關風險[51],但歐洲的監理方式認為,這些市場導向的自我監理工具終究力有未逮。倫理守則雖然可以促進更良好的企業實踐,但它們無法替代或延遲透過民主程序產生具

有法律約束規則的義務,並確保這些義務更全面反映公共利益。[52] 因此,透過實現具有約束力的 AI 法規,歐盟強化了以法治和民主作為監理模式基礎的承諾,並賦予歐洲公民力量,抗衡科技公司及其以 AI 為基礎的商業模式。[53]

對線上內容的基本權利保障

歐盟保護線上基本權利的行動中,審核內容是另一個核心焦點。數位科技革命性地擴展了溝通的管道,增強個人的言論自由。但是,這種線上大量互動的機會也加劇了有害內容的傳播。民主政府和數位平台處理這個複雜問題的手段都不夠完善。政府和平台都知道,一旦平台獲准管理內容,言論自由常常會受到侵害;然而,若缺乏這樣的管理機制,網路上會充斥著仇恨言論、假訊息、宣傳恐怖主義和其他有害內容。也因如此,如何在可接受和不可接受的言論之間劃定界線變得十分複雜;更重要的問題是:誰有劃定界線的權力。

基本權利,包括言論自由和人性尊嚴的保障,是歐盟審查線上言論的核心。《歐盟憲章》第十一條明文規定:「人人均有權享有表意自由。」儘管歐盟堅定承諾要保護言論自由,但歐盟也準備在面對有害言論時(包含仇恨言論等),限制言論自由。與美國相比,歐盟對審查仇恨言論的態度更為嚴厲,認為這類言論不應被視為值得保障的公共論述,無論這些言論是在線上還是在真實社會發生。[54] 如同對資料隱私的堅持態度,歐盟對抗仇恨言論的堅定立場深受歐洲對種族主義和排外暴力歷史的影響,尤其是納粹對猶太人煽動仇恨那段慘痛經歷。這段歷史陰影持續塑造現今歐洲的監理策略,強化了歐盟對種族主義和仇外言論負有「歷史記憶、警惕和打擊義務」的意識。[55] 如今,隨著抱持反移民立場的

民粹主義政黨在歐盟內部崛起，社交媒體上的仇恨言論事件顯著增加。這個現象也進一步加強歐盟透過法規解決這項挑戰的決心。[56]

直到近期為止，歐盟一直依賴自願性的規範來管理線上仇恨言論。2016 年，歐盟執委會與 Facebook、Twitter、YouTube 和微軟四家美國科技公司共同簽署了一項非約束性的《打擊線上非法仇恨言論行為守則》（*Code of Conduct on Countering Illegal Hate Speech Online*）（簡稱《仇恨言論守則》）。[57] 接著 Instagram 和 Snapchat 在 2018 年、TikTok 在 2020 年也都跟進，遵守這項守則。[58] 這些公司同意「禁止在自家平台上宣揚煽動暴力和仇恨行為」，一旦有人要求移除平台上的這類內容，它們承諾將在二十四小時內審查通報。儘管是自願性的，《仇恨言論守則》仍產生了顯著的影響。2021 年的資料顯示，目前簽署《仇恨言論守則》的公司平均移除所有通報中 63％的非法仇恨言論。[59]

線上審查的另一個頭痛問題是宣揚恐怖主義的內容。這類內容對歐盟構成直接的安全威脅，尤其近期在歐洲本土發生的恐怖攻擊，更是凸顯了這個擔憂。歐盟承認恐怖主義行動是對個人生命、自由和安全的最嚴重侵犯。[60] 但是，打擊線上恐怖主義內容散播之際，也會觸及許多基本權利，包括言論自由和不歧視原則。[61] 因此，民眾擔心平台可能會開始使用歧視性的代理方法來篩選恐怖主義內容，而不尊重網路使用者的個人權利。2021 年，歐盟實施了一項強制性法規《防止線上傳播恐怖主義內容條例》（*Regulation on Preventing the Dissemination of Terrorist Content Online*），目的是在所有受影響的群體之間取得基本權利的平衡。[62] 這項條例要求平台在收到歐盟成員國當局的移除令後一小時內，刪除恐怖主義內容。[63] 為了保障程序正義並緩解限制言論自由的擔憂，平台和內容提供者都保留可挑戰任何移除命令的權利。[64]

為了補足現有的法規和規範，歐盟在 2022 年通過了《數位服務法》（*Digital Services Act*，簡稱《DSA》）。[65]《數位服務法》為歐盟以權利為本的監理政策計劃增添了法律效力和相當的政治動能，針對線上平台所承載的內容，建立了一套全面且具法律約束力的透明度制度和課責制度。《數位服務法》規範了各種平台在審查線上內容時必須遵守的應盡調查義務以及程序保障措施。而對歐盟網路使用者有不成比例影響力的美國科技巨頭等超大型平台首當其衝，面臨《數位服務法》的額外義務要求。[66] 例如，《數位服務法》要求這些大型平台進行年度評估，確認並緩解系統性風險，此外，平台將受獨立審計制度監理。為了促進演算法的透明度，這些大型平台還必須與研究人員和相關當局分享關於內容審查的決策資料。《數位服務法》反映出歐盟捍衛言論自由的堅定決心。

這項法案避免對平台設立概括性的監控義務，維持了 2000 年《電子商務指令》（*Electronic Commerce Directive*）賦予平台的免責權。對基本權利的考量，解釋了《數位服務法》在多項條款上的監理約束。舉例來說，論及《數位服務法》的目標，歐盟執委會提到，免責盾牌是「保護線上基本權利的關鍵工具」。[67] 該法案亦凸顯不歧視原則的重要性，認為它是線上受影響的核心基本權利之一。比較特別的是，《數位服務法》承認，不論是用戶通報還是內容移除方面，演算法可能會不自覺或故意帶有偏見，這種偏見可能會不成比例影響特定使用族群，故《數位服務法》明確禁止這類歧視性的做法。[68] 超大型線上平台必須承擔額外評估，並報告可能危害基本權利的系統性風險。[69] 這些法規展示《數位服務法》為線上平台帶來相當大的監理負擔，同時也致力為內容審查的決策和過程建立厚實的權利基礎。

用數位監理來保護與加強民主

《歐洲聯盟條約》強調「自由」與「民主」乃歐盟的創立原則。[70] 民主也是取得歐盟會員國資格的先決條件。[71] 然而近年來，不僅在歐洲，全世界的民主都面臨危機。美國非政府組織自由之家 2021 年的《全球自由度報告》(Freedom in the World) 顯示，全球的自由狀況已連續十五年下滑。現在全球僅不到 20% 的人口生活在歸類為「自由」的國家地區。[72] 歐洲也有這種民主衰退的跡象。1990 年代，三分之二的歐洲公民對國家民主制度的運作感到滿意；反觀今天，多數人並不滿意民主現況。[73] 許多歐洲國家的選民投票率也有所下降，政黨成員數量也在減少。[74] 與此同時，民粹主義政黨在數個歐盟成員國中來勢洶洶，有些甚至上升至權力中心。由於權力從意識形態中心轉至更獨裁的領導人，波蘭和匈牙利等歐盟成員國經歷了嚴重的民主倒退，這些變化動搖了民眾對「民主乃歐盟不可剝奪之基石」的信念。

在這些更廣泛的經濟、文化和政治趨勢下，世人日益擔心科技可能會對民主產生不利的影響。對於科技樂觀主義者來說，科技能擴大個人自由並活化民主。[75] 最理想的情況下，網際網路能為不同的聲音提供一個涵容的平台，來保護並強化民主，讓多元的聲音參與社會；然而，批判的聲音點出無數個科技侵害民主的方式。線上通訊的管道不僅培養了公民參與，也助長了假訊息的傳播、破壞了公共議題討論和民主選舉的合理性。[76] 促進民主自由之外，線上平台也播下了紛爭的種子，加深了社會分裂。[77] 有鑑於此，網際網路號稱能增強自由、帶領復興民主的潛力，只能說是部分兌現；最糟糕的情況下，最終可能將是一張空頭支票。歐盟也意識到這些危險，試圖善加利用科技增強民主的潛力，同時防範數位科技可能帶來的危害，反映出歐盟利用監理規範來保護民主過

程的堅定信念。歐盟採納了許多監理規章，包含針對打擊假訊息以及強化自由多元媒體的措施，兩者都是歐盟維護民主對話的重要因素。透過這些努力，歐盟正將維護和強化民主確立為歐洲模式的核心原則。

▌打擊線上假訊息及其他有害內容

歐洲以權利為本的監理政策計劃背後有一股堅定的信念：對於民主社會來說，保護公民能在網路上自由表達自我至關重要。2018年頒布的《歐洲民主行動計劃》(*European Democracy Action Plan*)中，歐盟執委會強調，要是少了「參與感、知的權利、被賦權的公民群眾」，民主無法成長茁壯。[78] 為了讓公民能有意義地參與民主過程，他們必須能自由形成意見，包括在公共場域做出投票選擇，接觸到自由表達的多元觀點。[79] 根據執委會的說法，這需要在保護線上言論自由的同時，消除任何可能破壞政治流程的線上假訊息。[80] 沒有言論自由，個人的政治權利就會受到侵害；同時，假訊息也會極化公共對話，並破壞公民對民主的信任。[81]

有鑑於假訊息的普遍性和嚴重性，以及對民主造成的明顯負面影響，歐盟堅定不移、致力限制此類訊息在網路上傳播。然而，考慮到歐盟同樣堅定維護線上的言論自由，如何制定出既可保護權利、同時又可移除假訊息的監理方法，就變得相當棘手。歐盟認定言論自由是民主社會的基石，因此，歐洲監理模式反映出一種信念：過度刪除內容可能會導致有害的審查，與歐盟對民主和個人自由的承諾不相符。[82] 與仇恨言論或恐怖主義相關的內容不同，假訊息並沒有違法，而這增加了透過法規進行有效打擊的難度。因此，歐盟的相關規範並不強制要求刪除假訊息，主要是透過警告機制，引導網路使用者關注其他資訊來源，並培養

網民擁有批判思考的能力，分析所接觸到的任何線上資訊。

　　作為監理努力的一部分，歐盟執委會制定了一份非強制性的《不實資訊行為守則》（*Code of Practice on Disinformation*）。這份守則在2022年完成了更新版本，各大主要平台皆已簽署，包括Google、Meta、微軟、TikTok和Twitter。[83]這些公司自願承諾採取各種措施，包括增加政治廣告的透明度、關閉假帳號、促進事實查核、停止供應假訊息的傳播廣告，並賦予研究人員取得相關資料的權限，藉此促進針對假資訊的研究等等。[84]儘管自願守則帶來一些進展，但網路上的假訊息仍十分猖獗。[85]有鑑於此，歐盟執委會在2020年宣布，是時候了，該從自我監理轉向強制性監理了。[86]這為落實《數位服務法》奠定了基礎，如前所述，這項法案規範包含仇恨言論等非法內容，但同時也承認了線上不實資訊的存在，會對民主社會構成「系統性風險」。[87]

　　根據《數位服務法》，被定義為「超大型線上平台」的公司（如Google和Meta）有義務評估這類系統性風險，並採取「合理、符合比例原則和有效的」措施來減輕風險。[88]這些平台還得接受獨立的審計機制。[89]為了促進演算法透明，它們必須與研究人員和相關機構共享內容審查決策的資料。[90]《數位服務法》的背後還有相應的重大制裁支持。倘若違反《數位服務法》的規定，超大型平台將被罰以公司全球營業額6%的罰金。[91]以Meta為例，如果被處以最高6%的罰款，以其2021的年度營收來算，這家社群網路公司將損失高達71億美元。[92]《數位服務法》透過具法律約束力的規範和嚴厲重罰站穩了歐盟的觀點，認為政府的介入干預是保護數位民主社會的必要選項；這種做法與美國政府持謹慎干預的態度形成鮮明對比，美國政府擔心對言論自由的任何限制最終可能會對民主構成更大的威脅。

歐盟之所以這麼賣力使用數位規範對抗線上假訊息，與歐盟追求維護政治選舉的完整性密切相關。政治動機驅動的假資訊宣傳對民主構成了嚴重的威脅，包括外國政府的介入。[93] 舉個令人不安、但值得關注的選舉介入案例：俄羅斯為影響 2016 年英國脫歐公投的結果而精心策劃的假訊息運動。[94] 這起事件進一步促使歐盟加強對這類問題的嚴厲監理決心。歐盟關注的是，操縱選民的行為可能侵犯了公民的隱私權、個人自主權以及個人在政治過程中自由行使意志的自由權。[95] 惡名昭彰的劍橋分析醜聞透露出如何廣泛應用心理計量學來進行個人的精準投放，這些行為往往未經目標個人同意且侵犯個人隱私，目的是為了影響民眾的選票。[96] 因此，確保公民在自由且公正的選舉中能完全自主做出政治選擇，已經成為歐盟監理模式關注的核心焦點。

為了遏制惡意行為人士操縱選民、侵犯選民的政治自主權，歐盟執委會在 2021 年提出一項新規定，目的是加強政治廣告和溝通透明度。[97] 這項規定要求對政治廣告進行標籤化，並揭露為各種廣告付款的個人或實體身分。這項規定也限制在政治廣告領域中，使用各種精準投放和擴大行銷技術的可能。這些措施反映了廣大歐洲民意與歐盟領導階層的共同信念：民主不能單靠言論自由和平台的自我監理來維持；恰恰相反，政府必須介入，幫助民主社會維護公民的政治權利。

▋ 強化自由多元的媒體

歐盟十分積極使用數位規範來保護新聞媒體，因為歐盟認為，這是捍衛民主必須付出的監理心力。大型線上平台日益威脅到傳統媒體的生存空間，而傳統媒體在民主社會當中扮演不可或缺的角色。執委會 2020 年公布的《歐洲民主行動計劃》描述自由和多元化的媒體是「監督權

力、幫助公民做出明智決定的關鍵」。[98] 該計劃還認為:「藉由為公眾提供可靠的資訊,獨立媒體在對抗假訊息及操縱民主論述的行為中,扮演相當重要的角色。」[99] 這種觀點為歐盟提供了政策理由,利用規範來強化傳統媒體公司的角色,包括與大型數位平台競爭抗衡的能力,進而適應新的數位環境。

抱持科技樂觀主義看待數位規範的人強調,線上平台讓新聞的生產民主化,新的聲音可在公共辯論中被聽見。現今的個人都能更輕易向大眾傳遞資訊,從而直接參與公共辯論。[100] 在這種觀點下,似乎根本不需要監理介入,畢竟平台本身已經作為資訊的中介,具備促進媒體多元化和公共辯論的能力。然而,數位時代革命實務上是否真的對於推進媒體多元化有幫助,其實不得而知——尤其是少數幾個大型線上平台全面控制媒體產業的今日。歐盟抱持較為懷疑的立場,選擇介入並立法來強化傳統媒體,目的就是在民主社會中促進更深入且確保知情的公共討論。

為了促進自由多元的媒體,歐盟於2019年通過了具有里程碑意義的《著作權指令》(Copyright Directive)。[101] 這項指令的目的在於重新平衡線上平台(展示新聞內容)與新聞產業(生產新聞內容)之間的關係。這種再平衡推進了歐洲監理核心原則中,有關公平與再分配的概念,我將在本章後半部繼續說明。[102] 此外,為了更進一步推廣公平的概念,這項指令還強調自由及多元媒體與民主狀態之間的關係,提到「自由且多元的新聞媒體是保障優質新聞報導及公民獲取資訊的關鍵。它對公共討論和民主社會的正常運作提供了根本性的貢獻。」[103] 為了支持新聞產製業者和新聞出版刊物,歐盟致力確保公民能夠接觸到可靠的新聞和其他新聞內容,以此強化公共對話、進一步鞏固民主。歐盟藉由這項指令表明了一個信念:保障公民能夠接觸到新聞內容的最佳方式,是透過政府行動(規範),而不是依賴市場或科技公司的自我監理。

《著作權指令》的目的是確保新聞媒體產業永續發展，如果觀眾是透過線上中介平台接觸到新聞故事，則必須保障產製這篇新聞的新聞業者都能從中介平台的收益中，分到一個公平的份額。[104] 根據這項指令，搜尋引擎、社群網路和新聞聚合平台在展示發行者所製作的內容之前，都必須先取得發行者的授權。這個談判過程預計可讓平台與發行者之間有更多收益分潤的可能。然而實際執行時，《著作權指令》是否會支持仍依賴中介平台流量的新聞業，目前尚不清楚。[105] 這個疑問可從 2014 年西班牙通過一項法律所引發的問題看起，該法律要求新聞聚合平台應對出版新聞內容的發行者進行賠償。[106] 對此，Google 選擇退出西班牙市場，這對那些原本可從 Google 流量中受益的新聞發行者造成傷害。[107] 這起事件凸顯出線上平台對新聞媒體業有不小的影響力，並引發一個問題：《著作權指令》是否真能實現強化高品質新聞業的目標？

新聞媒體業清楚知道，如果它們行使《著作權指令》中要求收益共享的權利，Google 可能會重演在西班牙的作為，導致多家新聞從業者放棄收費權利，允許 Google 免費連接它們製作的內容。例如，一些德國新聞媒體承認，考量到「Google 壓倒性的市場力量」，它們不得不這麼做。[108] 然而，Google 最近與代表法國新聞媒體的 APIG（法國新聞媒體聯盟，Alliance de la Presse d'Information Générale）聯盟達成了授權協議，表明 Google 有意遵守《著作權指令》。[109] 有趣的是，只有當法國公平競爭機構裁定，Google 拒絕與聯盟談判等同濫用市場主導地位、並會因此違反法國的競爭法後，Google 才同意與法國新聞媒體進行個別授權的談判。[110] 這再次印證歐洲監理模式對政府介入的依賴——確保科技公司不會濫用市場力量，從而損害新聞生產和民主制度。

除了試圖減少假訊息的供給，歐盟也費盡心力利用監理權力來降低假訊息的需求。歐盟一再強調提高公民數位素養的重要性，有了好的數

位素養,民眾就可以對抗假資訊,並有能自行批判消費,評估所面對的媒體內容。[111] 在這方面,歐盟採取了幾項非強制性的法律措施來提升歐洲的數位素養。[112] 但歐盟也訂立了具約束力的法律義務。例如 2018 年修訂的《視聽媒體服務指令》(Audiovisual Media Services Directive)便要求影片分享平台提供有效的媒體素養相關措施與工具。[113] 未能遵守這些義務可能會受罰。這進一步展示歐盟如何將一個保護民主的願景發展成一系列多元化的監理計劃,確保科技公司的舉動不僅不會損害、反而能增強數位社會中的民主基礎。

數位規範作為促進公平和再分配的手段

歐洲經濟政策的重要特徵是重視「社會公平」和「團結一致」等價值觀。歐盟對公平和再分配的決心與歐洲的社會市場經濟模型一致,這個模型試圖將自由市場資本主義經濟與社會進步及福利國家相結合。根據 2020 年的報告,歐盟執委會指出:「當經濟成長具有包容性,並能惠及所有收入階層(尤其最貧困者)時,便可視為公平(的制度)。」[114] 歐盟也盡力兌現承諾,致力將團結和公平等具體理念整合進政策中。這反映了一種觀點,更平等、更公正的社會往往與較高的生活滿意度和更佳的社會結果有關;而不斷上升的不公平感則會使公眾心中滋生不滿。[115] 在歐盟公民之間進行的各項調查進一步顯示,底層收入的分配不公特別能激起歐洲人的不平之氣,感覺甚至超過了頂層收入分配的不平等。[116] 這種關於社會公平的觀點不僅被政治領袖接受,也得到了大眾的認同,在塑造歐洲以權利為導向的監理模式中起了重要的作用。

歐盟模式意圖緩解現有的不對稱權力,並培育出一個更公平的數位

經濟環境。歐洲領導層意識到數位轉型將導致經濟過度集中，少數強大公司掌握著經濟財富和政治力量，加劇了不平等，並擴大贏家與輸家之間的距離。因此，歐盟的法規想要減少這種權力的不平等，作為更公平分配數位經濟收益的手段。歐盟將公平的概念整合進數位政策當中，包括事前的公平：例如建立公平競爭市場，讓所有大小參與者都有機會在公平的環境下競爭；以及事後的公平：讓數位轉型的收益更均等分配。

這些關於增加公平性的決心促使歐盟通過了一系列政策，目的是將權力從大型平台轉移至勞工、網路使用者、小型企業及其他經濟個體，乃至整體公眾。近年來，歐盟在三大不同數位規範領域強調公平與再分配的概念，我將接著詳細介紹：第一，歐盟利用反壟斷法限制大型科技公司的力量，賦予小型企業和消費者更多權力；其次，歐盟成員國領先推動公平的數位稅收制度，目的是使公眾能共享數位經濟所帶來的利益；第三，歐盟致力改善平台勞工的工作條件，增進他們的社會保障。這三個政策領域展示歐盟如何將政府規範視為數位社會中重新分配經濟財富和機會的重要手段。

反壟斷法

對歐盟而言，反壟斷法是一項重要的政策工具，目的是促進一個讓所有公司都能公平競爭的數位市場。在歐洲和世界其他地方，傳統上來說，反壟斷法是用來促進效率、而非增進公平性的工具；而歐盟的反壟斷法（以歐盟的語境來說是「歐盟競爭法」）最主要的目標，是使消費者的福利最大化。確實，傳統思維認為競爭法無法直接推動更全面的公平性，然而，負責競爭相關政策的歐盟委員會執行副主席維斯塔格表示：「競爭政策有助於塑造一個更公正的社會，讓所有經濟參與者，無論大

小,都遵守相同的規則。」^117 在競爭法的脈絡下,這代表要創造一個更平等的競爭環境,讓小型企業也有挑戰強大現有企業的機會。在2016年的國情咨文中,前執委會主席尚－克勞德・榮克(Jean-Claude Juncker)也強調歐盟的競爭政策如何助力推動「公平的競爭環境」,並保護消費者不被巨型公司利用。據榮克主席的說法:「執委會負責監督這種公平性。這代表了競爭法的社會面向,也正是歐洲堅持的價值。」[118]

近期,執委會的一些決策展示了公平概念如何實際指引歐盟的反壟斷執法,這不僅體現、也進一步推動了歐盟以權利為本的監理模式。2017年,執委會針對Google在所謂「Google Shopping案」中做出了決策,認定Google給予自家比價服務優惠的差別待遇並不公平,涉嫌自我偏好和歧視行為,違反了歐盟競爭法的規定。[119] 在此案中,Google被指控不公平地將競爭對手的比價服務顯示在搜尋排序結果較後面的位置,降低了這些網站的流量。根據執委會的說法,此舉剝奪了其他公司競爭和創新的機會。Google因此被要求,應予競爭對手平等的待遇。2021年,歐盟普通法院支持執委會的決定,從而確立大型線上平台負有這種基於公平的不歧視義務,作為歐盟競爭法的基石。[120]

2022年生效的《數位市場法》展示了歐盟如何運用反壟斷法來增進公平原則。有愈來愈多共識認為,歐盟傳統仰賴事後執法的手段不足以應對現有的挑戰。這些調查曠日費時,往往無法真的打開公平競爭市場;歐盟執委會可能得花上十年的時間來蒐集證據,才能對大型公司提告,小型競爭對手根本沒有本錢繼續在市場上生存。為了回應這些擔憂,歐盟在2022年通過了新的事前競爭法《數位市場法》。[121]《數位市場法》定義了所謂的「數位守門人」——指在市場上有巨大影響力,能夠塑造競爭環境的大型線上平台——並以此將美國科技巨頭納入監理範圍。《數位市場法》中多項條款多次使用「公平」一詞;論及立法目標,

執委會指出:「《數位市場法》關注的是經濟失衡、數位守門人不公平的商業行為及其帶來的負面影響,例如削弱市場競爭力。」[122] 透過推動為數位產業中的所有參與者創造「更公平且更均等的條件」,《數位市場法》直接推進了歐盟以公平為驅動力的數位政策。[123]

數位稅收

歐盟體認到,單靠反壟斷法來落實公平與財富再分配的效果相當有限。相較之下,稅賦政策通常會比反壟斷政策更有效實踐經濟財富轉移,因此成了歐洲各國推動數位公平經濟的重要政策工具。[124] 有鑑於此,近半數的歐盟成員國已經宣布、提議或通過了國內各自的數位服務稅政策。[125] 數位服務稅立足的觀點在於,如果數位公司在某國提供服務、並創造經濟價值,那麼該國應有權對這些公司徵稅。2019年,法國成為第一個落實數位服務稅的歐盟成員國,對所有向法國使用者提供數位服務的公司徵收3%的稅款。[126] 數位服務稅的範圍包括線上廣告、線上平台或線上市場等。法國的數位服務稅法涉及大約三十家公司,包括亞馬遜、Apple、Google和Meta等大型美國科技公司。[127] 宣布新法律時,法國經濟財政部長布魯諾・勒梅爾(Bruno Le Maire)強調,透過數位服務稅,法國不僅「恢復了財政正義」,也創造了「公平且高效的二十一世紀稅收制度」。[128] 已實施數位服務稅的歐盟國家包括奧地利、法國、匈牙利、義大利、波蘭、葡萄牙和西班牙,以及歐盟之外的英國。[129]

歐盟各成員國廣泛採納數位服務稅反映出一種新興的歐洲共識:立法徵收稅賦是促進數位公平經濟的重要政策工具。2018年,歐盟執委會試圖在全歐境內實施數位稅解決方案,將公平數位稅納入歐盟監理模式,同時也試圖防止各成員國分別實施多種數位服務稅。[130] 執委會的努

力隨後演變為 2020 年提出的數位稅徵收提案。[131] 這項提案建議，向歐盟內年營業額達 5 千萬歐元以上的公司，在線上銷售商品和提供服務時徵收 0.3％的稅。[132] 通過這樣的稅收，委員會希望確保「數位公司應對社會負起應有的責任，因為長期的權利與責任分配不均會侵蝕社會契約」。[133] 這導致兩種監理模型──各國家層級的數位服務稅和歐盟執委會版本的數位稅──之間出現了差異。這之間的爭議差異使得美歐關係陷入緊張，差點演變成一場貿易戰。最終，這個分歧促成雙方在經濟合作暨發展組織（Organisation for Economic Cooperation and Development，簡稱 OECD）達成多邊協議，我將在第 6 章進一步闡述此事。[134]

雖然上述進展十分重要，但截至目前為止，由於稅收政策主要仍由各成員國控制，歐盟透過稅收塑造數位經濟的能力十分有限。然而，歐盟在職權範圍內還有其他稅收相關政策，為歐盟推進以權利為導向的政策計劃提供了另一條途徑。國家補貼管制是歐盟可借助的另一項政策工具，用以挑戰歐盟認為不公正的企業稅收策略。國家補貼指的是成員國政府提供公司選擇性的優惠（例如稅務優惠），這種優惠可能會賦予受惠公司不公平的競爭優勢。而這樣的補貼可能違反了歐盟的競爭法，因為它扭曲了市場上的公平競爭。

近期愛爾蘭政府與 Apple 之間的爭議性裁決就與歐盟的國家補貼管制規則有關。[135] 2016 年，歐盟執委會命令愛爾蘭政府向 Apple 追回未繳交的稅款，金額大約為 130 億歐元。執委會指出，過去十年間，Apple 於美國境外賺取了將近 2 千億美元的利潤，卻只要負擔 4％的稅率，明顯偏低，Apple 也因此得到競爭對手未享有的「不公平優勢」。為了證明自家低稅率的合理性，Apple 引用了 1991 年愛爾蘭稅務機關的稅收裁決，但歐盟執委會發現，這項裁決違反了歐盟的國家補貼管制規則。因此，執委會下令愛爾蘭政府向 Apple 追回這些未繳稅款。2020 年，歐盟

普通法院推翻了執委會的決定。[136] 執委會目前正在向歐盟法院上訴，展現出執委會堅定不移的決心，主張應對大型科技公司進行公平公正的稅務處理。[137]

平台勞工的就業保障

歐盟對於數位經濟背景公平性的關注，也反映在平台勞工或「零工經濟」工作者的工作條件上。[138] 平台工作內容涵蓋外送食物、叫車服務等種類，勞工透過平台與顧客媒合，按需求提供服務。這種工作形式為個人提供新的機會，工作者可以在更有彈性的條件下進入勞動市場，使工作者、企業和顧客均能受益，從而提升公平性。[139] 然而，這同時也有可能對公平性構成威脅，因此迫切需要相應的監理措施介入。歐盟相關機構注意到平台工作的不穩定性，包括工作者可能沒有得到足夠的社會保障。[140] 例如，歐盟勞工和社會政策執委尼可拉斯・施密特（Nicolas Schmit）強調，線上平台必須為平台工作者提供社會保障，確保「數位轉型公平且永續發展」。[141] 歐洲議會也呼籲相關立法措施保障，在2020年的報告中，歐洲議會呼籲數位化的好處應被廣泛且平等分配，並特別強調：「數位領域的勞工應享有與其他領域相同的權益和工作條件保障。」[142]

2021年12月，為了改善平台工作者的勞動條件，歐盟執委會提出了一項草案。[143] 這項提案正等待歐盟理事會和歐洲議會審議，試圖確保一旦平台工作者的工作性質有需要，他們就應被歸類為員工。這項指令將會界定標準，釐清平台何時應擔起「雇主」的角色，屆時大量平台工作者（例如Uber司機）的職稱將重新分類，正式獲得員工的身分。[144] 要是法案通過，這些工作者將享有歐盟各國法律賦予傳統員工的各種勞

動和社會權利。具體來說，平台公司將被要求遵守最低工資、集體協商、工作時數、失業福利、傷病給付等相關法律。[145] 這項指令還要求提高管理平台工作者的演算法之透明度，賦予工作者有挑戰自動化決策的權利，並強制規定平台在使用演算法時，必須加入人工監控。[146]

這項歐盟層級的措施，部分的啟發來自歐盟漸漸意識到平台工作者所享的勞動條件保障不足；但之所以會推動這項措施，更是由於各成員國平台勞動的立法活動日益增加——這種發展常常促使執委會採取行動，畢竟成員國之間相互矛盾的法律可能會導致單一市場分裂。一些會員國已經採取或正考慮採取措施，例如為平台工作者引入可駁回的雇傭關係，如荷蘭、西班牙；或要求平台證明雇傭關係不存在，如德國。[147] 有些國家的立法不再僅將工作者和自雇者的身分劃分為二元對立，而是為平台工作者引入第三種身分，如德國、法國、義大利、西班牙和葡萄牙。[148] 而法國、西班牙以及前歐盟成員國英國這幾個國家的最高法院，也都認定平台工作者為雇員。[149] 對於 Uber 這樣的叫車公司、或對 Deliveroo 等提供食品配送服務的公司而言，這些判定產生了重大影響。2020 年，義大利 Uber 的高層主管被指控「剝削勞工、實施現代奴隸制」，自此 Uber 被義大利政府列入「司法管理」。[150] 次年，Uber 做出承諾，米蘭法院也解除了限制。[151] 這一連串成員國層級的立法行動和法院裁決，都進一步彰顯了歐洲各國政府欲推動重視再分配、以公平為導向、具涵容特質的數位政策之決心，力圖真正落實「惠及所有收入階層（尤其最貧困者）」的願景。[152]

歐盟追求更公平的種種作為（擬議平台工作規範，以及上述的反壟斷法與數位稅賦）反映了歐盟的觀點：為了確保數位經濟能惠及社會大多數人，政府的干預不可或缺。要實現這個政策目標，歐盟需要動用大量又多樣的監理工具。若能成功實現，強大的平台無法僅憑其經濟、政

治和資訊等影響力為自身牟利；較小的企業也有機會和它們在市場上公平競爭；數位巨頭的貢獻將提升公共收入；平台工作者的基本社會權益也得到保障。

在規範數位市場的同時推進歐洲整合

歐盟成立初期以來，監理一直協助歐盟推動歐洲整合這個基本目標。制定統一的歐盟規範對於共同歐洲市場的運作而言至關重要。一個運作良好的數位單一市場需要統一的歐盟規範，因為不一致的監理標準會阻礙跨境貿易。如果歐盟二十七個成員國每一個都採用不同的國家標準來保護個人資料，那麼單一市場將無法有效運作，因為每個企業都得面臨每個國家不同的監理環境。因此，大多數歐盟的規範都有雙重目標，其中一個就是增進單一市場的功能。舉例來說，歐盟的《GDPR》力求增強隱私權的基本權利，但同時也促進了成員國間的資料流通。同理，《著作權指令》設法創造一個更公平的市場，同時也為線上著作權作品建立數位單一市場，來消除歐盟內的障礙。制定《數位服務法》的動機是為了增加科技公司審核內容決策的透明度和課責性，然而，由於成員國開始採用互相衝突的仇恨言論法規（並在境外執行），破壞了歐洲單一市場的運作，進而導致監理上的分裂──而《數位服務法》的第二個目標就是防止這種分裂情況發生。[153] 這種雙重目標往往讓歐盟的監理行動得到更廣泛的政治支持，為「支持監理」和「支持貿易」兩大陣營雙雙提供了倡導共同歐洲規範的理由。

歐盟將創立數位單一市場視為核心政策目標，也為相關監理行動提供堅實的法律依據，讓歐盟有機會監理原本無權介入的領域。例如，著

作權本屬成員國的權力範圍,歐盟並沒有法律權力來監理相關事宜。然而,《著作權指令》正式通過後,歐盟便可依賴現有的權力來建立內部市場所需的協調措施並付諸實行。[154] 單一市場的必要性為許多歐盟科技法規提供了法律基礎,包括 AI 法規、《數位服務法》和《數位市場法》。歐盟許多廣泛的監理措施雖然爭議不斷,卻得以從一個爭議較小、且有明確法律依據的政策目標獲益:完成數位單一市場。數位轉型算是提供了一個獨特的憲政機會,畢竟數位政策影響眾多產業,牽涉到當今經濟和社會的所有方面。[155] 監理這個領域,歐盟就有望實現各成員國法律間的大範圍協調,進而推進歐洲整合。

歐盟執委會之所以傾向「透過監理來治理」,很大程度是因為歐盟自身的預算相當有限。歐盟的預算僅占國民所得的 1% 左右,主要來自會員國的貢獻。[156] 相較之下,美國聯邦政府的支出往往超過國內生產毛額(GDP)的 20%。[157] 預算緊縮導致執委會難以推動歐盟層級的大規模產業政策、創新政策或就業計劃。不過反過來說,也沒有「監理預算」限制執委會制定規章和指令的數量。[158] 事實上,執行這些規範時,委員會甚至不需要龐大的資金,因為委員會常常將實施和執行的工作委託給會員國,就像《GDPR》那樣。因此,若要在財政資源有限的情況下擴大影響力,委員會唯一的選擇就是加強監理行動,畢竟這不太需要依賴歐盟機構的稅收支持。因此,就推動數位轉型以及轉型對歐洲整合的影響來看,數位監理成了歐盟機構推行政策計劃的最佳途徑。

歐盟監理模式與美國和中國模式的相似之處

截至目前為止的討論顯示,歐盟以權利為本的監理模式反映了許多

歐洲政治、歷史及意識形態上的獨特承諾，與美國和中國有所區別。然而，除了這些差異，相似之處也不少。歐洲監理機關對市場導向原則並不陌生，許多歐盟數位規範實際上都帶有新自由主義的色彩，與美國市場導向的模式很相似。畢竟，歐盟的數位監理力求整合共同的歐洲市場，從而促進成員國之間的自由貿易。同時，歐盟的數位監理在某些方面也與中國國家導向的監理模式雷同。特別是近期，歐盟的數位政策正積極發展更先進的技術能力，目標是科技自給自足或戰略自主，模仿傳統上與中國模式相關的產業政策。

為了推進歐洲單一市場整合，歐盟仰賴多項市場導向政策，目的是消除關稅壁壘和其他貿易障礙，同時反過來限制可能妨礙市場整合的各成員國規範。基於這些承諾，歐盟可謂「歐洲新自由主義監理的領先典範」。[159] 歐盟這些政策的核心目標是促進競爭，尤其是會員國之間的競爭。貿易自由化措施和反壟斷法是實現這個目標的兩大利器；而各種限制會員國政府採取可能扭曲單一市場的規範動作，也同樣起了作用。因此，即使是歐盟，在眾多政策領域所採取的規範也普遍具有促進競爭、創造市場的特質。

歐盟致力打造數位單一市場，進一步鞏固數位規範中的新自由主義基礎。早期的歐盟數位規範——包括 1995 年的《資料保護指令》（*Data Protection Directive*）和 2000 年的《電子商務指令》——都體現出「數位自由主義」，也就是優先考慮市場導向的理念，而非強化權利的保護。[160] 這些立法主要是為了促進個人資料在歐盟內的流通，以及建立歐洲的電子商務市場。相對於推進新服務提供商的經濟自由，數位服務使用者的基本權利和個人自由的保障只是次要的考慮。舉例來說，2000 年的《電子商務指令》與美國《通訊規範法》〈二三〇條款〉很類似，兩者皆為了保護網路服務公司創新及開發新商業模式的動力，從而免除線上

平台的責任。同樣，1995年的《資料保護指令》更重視資料的自由流動，將基本權利等等考量放到較低的順位，不如2016年的《GDPR》。然而，過去十年間，歐盟的數位政策制定已轉向更加保護權利，同時也引入了糾正市場及促進市場發展的政策。[161] 這個意識形態的轉向源於平台公司逐漸主導的地位，以及平台帶來經濟和社會上的新損害。其他外部事件，如2013年史諾登的爆料，揭示出市場導向模型的限制，也解釋了近期歐盟數位政策更以權利為本的原因。然而，這種新的做法並沒有改變歐盟重要的存在意義：強化單一市場。即使是以權利為本的《數位服務法》也保留了2000年《電子商務指令》中，對線上平台提供責任保護的好處。因此，歐盟對單一市場的長期堅持與以權利為本的監理模式相互制衡，確保即使到了今日，它仍能夠容納許多市場導向的特性。

近年來，國家導向的經濟政策為歐盟市場導向的基本策略增色不少，也展現出一些中國監理模式的特徵。為了維護歐盟的「數位主權」，歐盟機構在指揮數位經濟方面漸漸轉向統制經濟（dirigiste）的角色，可以視為往國家導向監理模式的方向前進。在當今緊張的地緣政治環境下，歐洲的政治領導階層開始強調，歐盟需要增強科技自給自足的能力並提升戰略及產業能力。在數位經濟領域，這代表歐盟要加強「科技主權」或數位主權，包括掌控歐洲的資料和數位基礎設施，以及培育歐洲的科技巨頭等等。2019年11月，歐盟執委會主席烏蘇拉・馮德萊恩（Ursula von der Leyen）在歐洲議會的就職演說中表示：「我們必須掌握並擁有歐洲關鍵技術的主導權。」[162] 這是近期眾多歐洲領導階層強調歐洲「戰略自主」重要性的聲明之一，其中最受重視的就是數位主權。在2020年的整體聲明中，執委會強調：「資料基礎設施、網路和通訊的完整性與韌性是歐洲科技主權的穩固基石。」唯有發展並部署歐洲自己的能力，歐盟才能減少對他國的依賴，特別是最關鍵的技術。根據委員

會的說法，這些能力也將增強歐洲「在數位時代定義自己的規則與價值觀的能力」。[163]

歐盟近日推動的戰略自主性及數位主權仍是歐盟監管政策中具有爭議的政策目標。有些人將這些名詞與增強歐洲能力的理想目標連結在一起；也有人認為，這些名詞代表一種利用保護主義試圖構建「歐洲堡壘」的不合適做法。數位主權的核心，是強調歐盟必須保有或重新找回在數位時代可做出自主選擇的自由，減少對美國大型科技公司的依賴，避免成為美中科技戰的犧牲品。歐盟擔心自己變得過度依賴外國公司提供的數位服務，使歐洲政府、企業和公民都更容易受到外國公司的決策影響。歐洲民眾使用 Google 創造的演算法搜尋引擎瀏覽網頁，透過 Facebook 或 Twitter 進行線上交流，用 Apple 製造的 iPhone 保持聯繫，並將個人的資料存在亞馬遜和微軟管理的雲端系統中。如今，歐盟對美國科技的依賴遠遠超過對中國科技的依賴。[164] 然而，中國在數位領域日益增加的影響力，更是加強了歐洲的脆弱性。愈來愈多歐洲人擔心，依賴中國的華為作為 5G 網路科技服務提供商，會讓他們面臨被中國政府監視的風險，因為北京當局有可能取得華為在歐洲營運關鍵基礎設施時所獲得的任何資料。連同美國政府給的壓力與上述考量，幾個歐洲政府已然推翻了過去選定華為作為 5G 網路提供商的決策。[165]

歐洲對供應鏈依賴程度的擔憂並非憑空杜撰。當今全世界大約 80% 的半導體在亞洲製造；相較之下，1990 年代的歐洲曾是計算晶片的領先生產者，占全球產量 44%。[166] 如今，這個市場占比已縮減至 10% 左右。也就是說，在設計通用晶片方面，歐洲必須依賴美國；而在製造晶片方面，歐洲得靠亞洲。[167] 據歐盟市場委員布雷東的說法，歐洲將大部分半導體技術外包給國外之舉太過天真，現在急需恢復平衡。[168] 電池則是另一個歐美都得仰賴亞洲生產的領域。目前，中國、日本和韓國的公司

合計的電池產量占全球電池組產量的90%以上。[169] 此外，許多不同類型電池的關鍵原料——鋰，在亞洲的集中程度極高，歐洲只占全球產能的3%。[170] 類似的情況還有鎂：歐盟內93%的鎂來自中國。[171]

歐盟同時採取防禦與進攻的策略：減少對外國科技的依賴，同時加強自身的數位能力。華為的爭議在歐洲激起了關於保護戰略性科技資產不應開放給外國收購的大量討論，進而促使相關單位對這類科技的外國直接投資實施了更嚴格的審查制度。[172] 歐盟積極打擊外國的不公平補貼行為，包括中國政府對本國企業的資助——這些企業利用政府補貼的資金收購歐盟公司，或參與競標歐盟政府的合約。[173] 歐盟進一步加強了出口管制，限制軍民兩用的科技流出，包括網路監控工具、先進計算和人工智慧等[174]，並通過了新的法律增強歐洲的網路韌性和資安防禦。[175] 近期，歐盟更對由中國、北韓和俄羅斯策劃的網路攻擊實施了具體的制裁。[176]

歐洲政府也開始採用新的產業政策措施，包括發放政府補助——這通常算是比較接近中國國家導向監理模式的做法。雲端計算、電池和半導體領域的補助競賽正在展開，歐盟、美國、中國以及其他幾個國家的政府正各自努力，增強自身產業能力並擺脫對外國科技的依賴。2021年，歐盟執委會設定了歐盟的目標：2030年，歐盟將生產全球20%的半導體。歐盟還設定了另一個目標：2030年將在電池組的生產中取得30%的市場份額。[177] 為了實現第二個目標，執委會於2017年10月啟動了一項規模龐大的產業政策措施「歐洲電池聯盟」，這項計劃從成員國取得了大量的公共資金，用來吸引並刺激私人企業投資，以此推動產業快速發展。[178] 委員會在《人工智慧協調計劃》（*Coordinated Plan on Artificial Intelligence*）進一步承諾，每年將投資10億歐元來發展人工智慧，同時動員民間單位和成員國的額外投資，以期在未來十年內達到每年200億

歐元的投資規模。[179] 為了促進歐洲疫後經濟復甦，2020 年創立的歐盟復甦基金（Recovery and Resilience Facility，簡稱 RRF）提供了另一條資金管道，幫助歐洲提升科技能力。歐盟復甦基金為成員國準備了將近 7 千億歐元的補助和貸款，其中 20％的資金專門用來支持歐盟各地進行數位轉型的改革與投資所需。[180]

雖然大多數人同意，增強自身能力並減少對外依賴是歐盟應追求的目標，但究竟如何實踐，仍引起不少爭議。這個根本性的辯論拋出一些棘手的問題，像是歐盟是否以及如何能在保證關鍵科技自給自足與對經濟開放和國際合作的承諾之間取得平衡。另一個問題是，歐盟的數位主權政策計劃有沒有可能在無意間，賦予了極端變形版數位主權的合理性——畢竟這個變形的數位主權正是中國和俄羅斯等國的威權政府所擁戴的版本。就這層意義來說，數位主權的論調可以被各種形式的政府用來當作控制網際網路的說詞，並提供威權政體一套全面監控公民的方案。例如，中國揮舞著數位主權的大旗為大範圍的政府監控辯護，這種控制早已超越保護主義和公平競爭的範疇，也嚴重侵犯個人自由。隨著歐盟、美國及其他西方政府愈來愈常主動介入形塑數位經濟的樣貌，它們批評中國政府、要求中國放寬數位經濟控制的理由，就愈來愈沒有說服力了。

最終，在追求數位主權的過程中，歐盟將繼續謹慎考量本章前面討論的核心價值觀：基本權利、民主和公平。而這些價值觀也限制了歐盟在追求更大戰略性自主時的行動範圍。例如，假設創立一個「歐洲版 Google」的同時，需要犧牲個人資料隱私來順應這家公司的「監控資本主義」模式，歐洲人不見得會接受這樣的妥協。同理，即便中國的監控模式由於政府和企業能大量蒐集資料而在科技競賽中取得優勢，歐洲人也未必願意接受這種做法。因此，就算是追求新版的數位主權，歐盟仍然致力打造一個

尊重基本權利、捍衛民主和促進公平的數位社會。同時，在當今充滿挑戰的地緣政治環境下，這種以權利為本的模式會如何演變，將是一場檢驗這個模型是否持續吸引人、是否夠有韌性的重要試煉。

對歐洲監理模式的批評

歐洲以權利為本的監理模式在多個面向遭受批評。以下我會將論點詳細收束成三個常見的評述，包括合規的成本、執行力不足以及歐盟成員國之間的內部矛盾。首先，歐盟嚴格的監理手段常被認為會增加公司的營運成本而抑制創新，對歐盟的科技業產生不良影響，使得歐盟在全球科技競賽中落後美國和中國。其次，歐盟的規範在執行面上經常失敗，像是《GDPR》的執法進度緩慢，或至今未能透過反壟斷法來恢復任何一個公平競爭的市場。此外，歐盟對線上內容的監理也常被批為介入不足，與其民主和法治的理念相悖，因為它讓科技公司自行劃定許可和禁止言論的界限。第三，歐洲以權利為本的模式因歐盟成員國之間的矛盾而削弱，並引發一個問題：歐洲是否真有一個統一的數位監理模式？除了這三點批評，歐盟模式也常被指責帶有保護主義的色彩，特別是針對美國科技公司的監理。我將在第 6 章中更詳細探討歐美之間監理戰的爭論。

▋ 成本提升且阻礙創新

目前看來，歐洲領先的科技公司屈指可數，一些批評者認為，這反映出歐盟過於嚴苛的監理制度。從任何重要的科技指標來看，歐盟在科技實力上明顯不及美國或中國。[181] 根據《富比士》（*Forbes*）雜誌公布

的「2021年全球大型科技公司排行榜」，前二十名只有兩家歐盟企業，即思愛普和埃森哲（Accenture）；美國企業則有十三家。[182] 其他統計資料也同樣令人沮喪。2021年9月，全球排名前一百的獨角獸企業（注：指成立不到十年、但估值達10億美元以上又未上市的科技創業公司）中，只有十二家來自歐洲，其中七家來自不屬於歐盟的英國。[183] 歐洲公司在全球七大平台的市值中，所占的比例不到4%。[184] 這些資料清楚顯示歐盟在這個領域相對弱勢，也引發了質疑的聲浪：歐洲之所以競爭力不足，是否真的是過度監理所致？

許多學者、科技創業家及產業分析師認為，歐盟科技公司的相對不成功與它們面臨的科技監理程度有關。一些學者指出，歐盟對平台的監理手法「過於粗糙，可能會抑制創造價值」，同時產生「令人窒息的非預期後果」。[185] 麻省理工學院數位經濟倡議團體的共同創辦人安德魯．麥克費（Andrew McAfee）指出：「歐盟上游的過度治理導致下游創新不足。」並預測歐盟人工智慧規則的下場：「昂貴且耗時的要求將抑制科技創新。」[186] 阿里巴巴集團共同創辦人馬雲也曾表示：「歐盟嚴格的監管可能會阻礙創新能力。」並提到：「中國早期對網際網路寬鬆的監理態度讓中國的行動網路得以蓬勃發展，並使阿里巴巴繁榮起來。」[187] 一位科技業協會代表指出，Spotify是歐洲少數成功的科技公司，歐盟應「重新考慮監理策略」，改變這個現狀。[188] 2020年由亞馬遜委託Oxera公司進行的一項研究也發出了類似的警告，指出「整體而言，歐盟的《數位市場法》將會降低創新發展。」[189] 這些聲明反映出一種普遍的觀點：歐盟的嚴格科技監理與其停滯不前的科技進展之間存有直接的關聯。

然而，我們無法證實愈多的監理必然導致愈少的創新。回顧過往，其實歐洲的數位經濟在2010年（歐盟執委會對Google展開首次反壟斷調查）之前，甚至是2018年（《GDPR》生效）之前，並未受到什麼嚴

屬監理。作為《數位服務法》的前身，歐盟 2000 年頒布的《電子商務指令》與美國《通訊規範法》〈二三○條款〉十分相似，都在保護平台免受一般監控義務的影響。[190] 2010 年之前唯一值得注意的歐盟科技法規是 1995 年的《資料保護指令》，這項法規在保護基本權利方面遠遠不如 2016 年頒布的《GDPR》嚴厲。因此，即使在 Google 和 Facebook 等公司成立的當下（分別於 1998 年和 2004 年創立），歐盟並沒有任何重大科技法規，但歐洲也未能創立出類似的公司。同理，即使歐盟目前尚未有人工智慧法規，歐洲 AI 新創公司的發展進度仍遠遠不及美國和中國的公司。此外，歐盟數位監理機關迄今監管的主要對象是美國的大型科技公司；然而，很少有人認為這些嚴格的歐盟法規抑制了它們的創新。我將在第 6 章探討，這些法規是否真的具有保護主義色彩（並因此產生問題），各方觀點迥異；但法規到底如何阻礙公司的科技進步和創新潛力，實在難以看出。

歐盟的數位監理其實也有可能為公司帶來經濟利益。歐盟的通用規則使成員國間不一致的法規得以協調。從這個角度來看，這些規則通常精簡了監理環境，減少公司的營運成本，同時增加了可預測性和法律上的確定性。監理法規更能提高消費者和組織客戶對科技公司的作為及其產品的信心。舉例來說，近期微軟總裁史密斯呼籲，美國政府應對臉部識別科技進行監理。[191] 他強調這個技術領域應有清楚規則的重要性；正是因為若放著不管，這些技術可能會被用於不良目的，使消費者不安。亞馬遜發現自家臉部辨識技術中的一個尷尬錯誤後，也呼籲美國政府「介入」協助。[192] 從這個角度來看，嚴格的歐盟規範可以幫助公司獲得聲譽上的收益，並贏得消費者的青睞。例如，在全球人工智慧的競賽中，歐盟透過設定更高的 AI 可信度和倫理標準來增加競爭力。根據執委會的說法，這不僅使歐盟能夠捍衛自己重視規範的視角並防範 AI 相

關風險,如果消費者偏好符合高監理標準並因此更值得信任的 AI 應用,歐盟也有可能從中贏得商業優勢。[193]

儘管我們可以繼續討論歐盟的規範到底讓公司增加了多少淨成本、這些成本是否抑制了創新,但比較沒有爭議的是:這些成本具有分配效應。以《GDPR》為例,要遵守歐盟法規的成本對中小型企業來說相對較高,而大型跨國公司則有資源去滿足歐盟設定的任何標準。因此,我們該關注的是,歐盟的高監理障礙實際上是否具有保護並進一步鞏固大型科技公司權力的潛力。[194] 雖然 Google 或 Meta 等大型跨國公司常常因監理相關事宜登上頭條新聞,但到頭來,歐盟法規真正的隱藏成本卻是由市場中的小型參與者來承擔,它們沒有同樣足夠的能力將產品和服務調整成符合歐盟監理要求的樣貌。歐盟漸漸意識到這一點,這也說明為什麼《數位市場法》僅針對能作為數位守門人的最大科技巨頭、《數位服務法》對可能造成最大損害的大型平台和搜尋引擎施加更多監理要求──但同時,這些公司也有更多資源來預防任何損害發生。

數位規範的執法不周

歐洲以權利為本的監理模型不僅因過度嚴苛而飽受批評,矛盾的是,它也因為執行方面過於寬鬆而招致痛斥。歐盟嚴格的數位規範常常未能有效落實,從而背離了歐洲模式的目標。當然,這並不代表歐盟監理模式沒有任何實質影響。幸虧現有的歐盟法規,網路上才可能有更多公平競爭、更多資料隱私保護以及較少的有害言論。然而,我們應誠實承認,歐洲以權利為本監理模式可以做到更多。

舉個寬鬆執法的例子,《GDPR》的執法不力常導致個人資料面臨被濫用的風險。這方面來說,愛爾蘭資料保護委員會遭受到的批評特別嚴

重。這個機構負責對在都柏林設有歐洲總部的大型科技公司（包括 Apple、Google、Meta 和微軟）執行《GDPR》。資料保護委員會身負重任卻應接不暇，只提出少數幾起關乎《GDPR》的案件，且迄今為止，案件後續的罰款都相對較低。[195] 2021 年 9 月，相關報告顯示，提交給愛爾蘭資料保護委員會的 164 起重大投訴中，有 98％ 在報告當時仍懸而未決。[196] 歐洲議會對愛爾蘭資料保護委員會是否有履行《GDPR》義務的能力感到擔憂。[197] 愛爾蘭議會也呼籲應加強執法，指出當前的系統「未能充分保護公民的基本權利」。[198] 其他歐盟成員國執行《GDPR》規範的頻率較高，但即便如此，相關案件的平均罰款金額還是過低。[199] 就連尚未施行聯邦層級隱私法的美國政府，在執法方面也早已勝過了歐洲。2019 年，美國聯邦貿易委員會對 Facebook 處以破記錄的 50 億美元罰款，處罰原因是有人爆料 Facebook 欺騙用戶，誤導他們對個人資訊隱私的掌控能力等等。[200]

有清楚證據顯示，全球各地的公司已因應《GDPR》改變了對隱私的實際作為。[201] 然而，若未看見有效的執法，《GDPR》的威懾效果可能會隨著時間逐漸減弱。同時，高額罰款是否足以改變公司對資料隱私的實際作為，目前尚不清楚──問題來了；所謂「有效執法」實際上會是什麼樣子？就算聯邦貿易委員會對 Meta 處以 50 億美元的罰款，與這些公司的收入或估值相比，似乎也只是九牛一毛。執行這極具意義的罰款當天，Meta 的股價反而上漲了 1.8％，市值增加了 100 億美元。[202] 這表明最大的科技公司可能已將罰款視為營運成本的一部分，它們相信這些損失可以輕易透過其他收益彌補，前提是它們無需從根本改革那些依賴使用者資料的商業模式。

歐盟的反壟斷執法記錄顯示，僅僅靠高額罰款無法有效約束科技巨頭。過去十年間，即便歐盟已在三起反壟斷案件中對 Google 處以超過

80 億歐元的罰款，批評者指出，這些罰款對 Google 主導市場的地位幾乎沒有造成任何影響。[203] 高調的案件導致高額罰款，但市場仍由少數科技巨頭主導，競爭對手難以有效公平競爭。歐洲審計院在 2020 年 11 月公布的報告中，批評歐盟的反壟斷調查過於緩慢推遲，常常「競爭都解決了才介入」。[204] 報告也承認，執委會在競爭問題發生之前沒有法律工具可介入，只能被迫緩慢蒐集消費者的受害證據。而執委會也抓緊這個論點，並強調它們需要新的執法工具。這項擔憂後來促成歐盟在 2022 年通過了《數位市場法》，賦予執委會新的權力，可用強而有力的事前競爭規則來調節市場。《數位市場法》與《數位服務法》共同為歐盟提供了一個機會，證明歐盟不僅能制定良好的規則，更能實際落實，推動數位市場朝向歐盟的價值觀前行。

線上內容執法方面，歐盟也有明顯的缺失。批評者認為，歐盟過分注重維護教養與尊嚴，審查及移除內容的力道太過激進。[205] 另一種更為嚴厲的批評牽涉到其他國家如何看待、甚至誤解歐洲法規的內涵。批評者指出，歐盟及成員國迫使平台方善盡管理網路之責，實則提供專制政府限制言論的掩護，從而將政府的審查政策合理化。德國通過《網路執行法》（*Netzwerkdurchsetzungsgesetz*，簡稱《NetzDG》）、要求移除仇恨言論和其他違法內容時，好幾個威權政府將這項法律視為限制線上言論所需的典範案例，進行效仿。[206] 例如，《NetzDG》通過兩週之後，俄羅斯採納了此法並調整成自己的版本，更在立法過程中明確提到了這項德國法律。[207] 俄羅斯政府濫用了從《NetzDG》許多條款複製過來的灰色地帶，以法律為名，打壓異議人士。[208] 批評者也擔心，歐盟的《數位服務法》可能也將提供專制政府類似的工具，利用歐盟的法律作為擋箭牌，將政府的網路審查制度合理化。[209]

然而，也有人持相反觀點，主張歐盟對線上有害內容的容忍度過於

寬容。縱使這些法規敦促科技公司以尊嚴、安全和民主之名刪除了大量的仇恨言論、假訊息和恐怖主義內容，但事實是：這類言論仍然在網路上十分猖獗。Facebook、YouTube 和 Twitter 等主要平台仍充斥著有害、危險，甚至常有違法的內容。幾乎沒有人會質疑，這些平台早已成為散播假訊息的首選場域，操縱公眾對重大事件的看法，從全球大流行的疫情資訊到疫苗議題，或從移民問題到民主選舉等等。1 月 6 日國會山莊的騷亂事件中，社群媒體所扮演的角色栩栩如生地向美國人展示了這個現實；然而，有人認為正是因為管制與刪除的內容太少（而非外界講的太多），這不過是長期積習難改的一次爆發。

在允許和不允許的言論之間劃條界線既困難又容易出錯。因此，更重要的問題是：誰應該承擔劃定這些複雜界限的責任。就這一點而論，歐洲以權利為本的監理模式就被人批評，在實際實踐方面，這根本就是在抄美國市場導向模式的做法。雖然歐盟漸漸發展出內容審查的規則，但它仍依賴平台自身來落實規定。最終，哪些內容可以散播、加強推廣、降低能見度、標記警告和審查移除──仍由科技公司決定。科技公司取代了民主政府，成為「網際網路的守護者」。[210] 最終，平台的權力反而增加了。[211]

當然，沒有任何一種監理模式能讓歐盟機構有辦法審查網路上每天每一秒發布的大量內容。少了針對平台內容刪除政策與落實管理的直接民主監督，透明度與當責因此成了加強平台公共課責的關鍵。[212] 根據新通過的《數位服務法》，執委會要求平台向使用者揭露自家詳細的內容審查政策，並提供多項保障措施，例如讓使用者擁有對任何內容移除決策提出異議的權利。這種透明度有助於確保平台不會過度移除可張貼的內容，同時對合法的內容移除異議保持回應。因此，《數位服務法》能否成功推動平台實施更民主、更透明且負責任的治理模式，將成為歐盟

模式的一大考驗，這將顯示歐盟是否真能把公開支持的價值觀轉化為具體的市場結果。

歐盟內部的分歧削弱了歐盟規範的效力

雖然所有歐盟成員國共享某些共同的歐洲價值，但其實歐盟內部經常發生衝突，這可能會破壞歐盟監理模式的一致性、有效性及合理性。雖然本章重點討論了整個歐盟層級的規範和其背後的共同價值觀；但眾所周知，這樣的監理源於一個爭議重重的政治過程，其中最顯著的特點就是歐盟內部的差異。歐盟推動監理規範的動機，往往是為了克服這些國家之間的差異，防止成員國自行管理數位經濟極可能導致的立法分裂。造成歐盟內部差異的原因五花八門。有時，差異源自各國科技業生態的韌性程度參差不齊，有些成員國在數位方面很先進，其他國家的創新能力則相對有限。就數位議題來說，較先進的成員國通常會支持採取較為自由的方式，例如促進資料自由流通，或增強經濟成長和競爭力的措施。[213] 舉例來說，比利時、芬蘭、丹麥、愛沙尼亞、愛爾蘭、盧森堡、瑞典、荷蘭以及前歐盟成員國英國共同組成了「先進數位歐盟國家」（簡稱 D9），這幾個國家都抱持較為協商的政策立場。[214] 有時捷克、波蘭、葡萄牙和西班牙也算在其中，形成所謂的「D9+」。[215] 2020 年，面對即將到來的《人工智慧法案》，這些 D9+ 國家連同法國和拉脫維亞聯合簽署了一份意見書，呼籲歐盟制定出一部精心校準、符合比例原則且對創新友好的人工智慧法規，以期促進經濟成長並提升歐洲整體的競爭力。[216] 支持數位主權方面，歐盟成員國也意見分歧。法國帶領著更加支持統制經濟、傾向工業政策的陣營；幾個北歐國家則特別強調要維護歐洲對經濟開放的承諾。這樣的分歧甚至引發了負責數位監理的主要歐洲委員之間的衝突。[217]

另一個分歧來自各個成員國稅收制度的差異,這也解釋為什麼在整個歐盟範圍內,要達成對數位服務稅的共識非常困難。只有少數成員國(如愛爾蘭、盧森堡和荷蘭等)是全球大型科技公司的所在地,它們更看重維持對這些科技公司有利的監理環境,畢竟這也對國家的經濟有利。無庸置疑,當地的稅收制度是優先考量,也是 Apple、Google、微軟和 Twitter 選擇在都柏林;思科、Netflix 和特斯拉選擇在阿姆斯特丹;亞馬遜和 PayPal 選擇在盧森堡設立歐洲總部的重要原因。歐盟的任何嘗試,只要有可能削弱自行設定稅率的能力,這三個國家以及其他低稅收的司法管轄區(如賽普勒斯、匈牙利和馬爾他)傳統上都會應聲反對;畢竟唯有保住這個能力,才能吸引國際公司進駐。[218] 然而,儘管這些國家最初不願讓步,最終還是被連帶納進了 OECD 的稅改協議。

歐盟內部最艱難的衝突挑戰不是經濟利益的對立,反而是根本價值觀的衝突。例如,雖然所有歐盟成員國都致力保護資料隱私這項基本權利,但各國之間重視隱私的文化卻有所不同。德國鑑於歷史,在資料隱私方面往往最為絕對;法國則有公共安全的考量,更願意在資料隱私方面妥協——部分是由於法國遭受反覆的恐怖攻擊、外國選舉介入、工業間諜活動以及其他威脅所致。[219] 根據法國政府的說法,歐盟法院支持隱私的裁決威脅到各成員國行使保護國家安全和公共秩序的關鍵自主權。[220] 2020 年,歐盟法院裁定法國的監控法違背了基本權利和自由,因此違反歐盟法律。[221] 而在 2021 年,法國高等行政法院發布了一項決定,很巧妙地解釋了歐盟法院的裁決,從而使法國政府得以繼續無差別且無限期地保留資料,但這實際上已削弱了歐盟法院和歐盟的基本權利制度。[222] 況且,法國並不是唯一一個敦促歐盟在資料保護與其他基本公眾利益之間重新找到平衡的國家。一些歐盟成員國也聯合起來在「德威爾公司案」(Dwyer Case)中向歐盟法院挑戰其嚴格的隱私保護立場,它們

認為，歐盟在資料隱私方面的嚴格立場已限制到國家執法機關打擊犯罪的能力。[223]

近期，希臘、匈牙利、波蘭和西班牙政府大量使用間諜軟體的醜聞，進一步暴露出歐盟內部在隱私文化上的分歧。這些政府涉嫌駭入社運人士、記者和反對派政治領袖的手機，來進行間諜活動，這些醜聞促使歐洲議會對可能違反歐盟法律的監控做法展開調查。[224] 這些令人不安的發現，讓歐盟檯面上擁戴資料隱私為不可侵犯的基本權利之決心蒙上了陰影，從而損害了歐盟以權利為本模式的核心價值。特別當歐盟以維護歐洲公民資料權益之名，要求中美等國政府減少監視行為時，這些醜聞的爆發，更進一步讓歐洲模式被批為偽君子以及雙重標準。[225]

歐盟內部最令人不安的分歧，或許與歐盟對民主和法治的承諾有關，包括新聞自由和多元媒體等等。波蘭和匈牙利採取大量措施來限制這些自由；而在其他成員國，如保加利亞和羅馬尼亞，以法而治仍是一項難以達成的挑戰。這些分歧最近在數位領域越發清晰，帶有非自由主義、保守、民族主義色彩的波蘭與匈牙利政府想要削弱科技公司「限制基督信仰、保守派和右翼觀點」的能力。[226] 與許多美國國會共和黨人持的觀點類似，波蘭和匈牙利政府指控科技公司存有偏向自由派的思維並參與審查行動。波蘭政府甚至提議一項法律，禁止社群媒體公司刪除未違反波蘭法律的內容。[227] 這項提議法案讓許多民眾憂心忡忡，特別是因為針對 LGBTQ+ 社群或穆斯林和難民的仇恨言論在波蘭非常普遍。[228] 波蘭和匈牙利政府的這些作為，等於是直接向歐洲監理模式下戰帖。儘管匈牙利和波蘭沒有足夠的權力去否決大多數歐盟對數位社會的監理法規，但它們仍有能力在國內外削弱歐洲監理模式的影響力。兩國公然支持非自由主義，引發大量批評歐盟虛偽的聲浪，質疑歐盟在捍衛和出口其基於基本權利、民主和人性尊嚴的數位社會願景時，是否具有道德上

的合理性。[229]

　　然而,在某些情況下,歐盟內部的差異也可以是一種力量來源,有助於提升歐洲以權利為本模式的合理性和公信力。不一致和分歧是民主立法過程中無可避免的現象。不同成員國的立場相互制衡,迫使歐盟尋求妥協,往往能遏制任何光譜上極端的政策立場。例如,由於法國明確的立場,讓歐盟原本對資料隱私的堅定承諾加入了更多考量國家安全的例外狀況;而由來自歐盟內數位先進國家的壓力,歐盟堅持以權利為本的《人工智慧法案》可能會因此對創新更加友好。為了實現雙重目標,歐盟會更努力找到平衡:一邊是保護權利和公平,另一邊是謹慎看待自由貿易。最終說不定會創造出一個更加平衡的監理模式——沒有內部的矛盾反而無法整合出來的模式。相較之下,美國市場導向和中國國家導向的監理模式在意識形態上可能顯得更為堅定。歐盟數位規範的設計必須考量到二十七個不同司法管轄區,以及其中政治、經濟、意識形態和文化上的差異。歐洲模式適應內部衝突的能力,也解釋了為什麼這個模式在世界各地都能產生共鳴,我將在第 9 章繼續闡述。這些內部衝突和矛盾並未消除歐洲監理模式背後的核心精神,這些精神賦予歐洲科技規範的獨特性,並持續讓歐盟得以與美國和中國有所區別。如此充滿多樣性的歐洲共識,幫助歐盟開闢了自己的前進道路,也成功避免自己成為美中科技戰中的犧牲品——我將在下一部分詳述。

PART II

帝國競爭

4 自由與掌控之間：孰能勝出

「隱私是基本人權，也是 Apple 的核心價值之一。因此，我們在設計各項產品與服務時，都要做到隱私保護。」Apple 這句宣言就這麼清清楚楚、毫不含糊地寫在 Apple 官網上。[1] 身為資料隱私和公民自由的積極倡導者，Apple 經常吹噓自己在美國和歐洲如何信守諾言、不遺餘力地保護資料與人權。然而，Apple 實際上的做法未必與它發的豪語相符。若仔細看 Apple 在中國的商業手法，就會發現這家公司為了獲得在中國營運的許可，系統性地削弱了這些權利。[2] 為了迎合北京當局，Apple 同意將中國使用者的資料儲存在貴陽當地的資料中心，這些資料保存在中國的伺服器上，並由中國政府雇員管理。Apple 同時還在原是要確保資料機密的加密技術上讓步，順應了中國政府的要求，將解密所需的密鑰儲存在中國當地。民眾非常擔心，這些做法會讓中國政府取得中國使用者的電子信箱、照片、聯絡人、位置及其他個人資訊。為了避免違反美國法律規定（禁止將資料移交給中國政府），Apple 將中國使用者資料的所有權授予一家中國國營企業：雲上貴州大數據公司。[3] 在這樣的安排下，任何將資料交給中國官方的需求，都將由中國關係企業處理，Apple 本身並不會直接涉及移交資料，這麼一來，Apple 便可正式宣稱自己遵守美國法律。[4] 然而，Apple 的做法大家心知肚明——Apple 似乎明知故犯，冒著損害中國使用者資料完整性的風險，無視自詡的核心價值與信念：將隱私權視為基本人權。

為了把握住全球最賺錢且最有活力的消費市場，Apple 在中國處理資料的方式，僅僅是許多美國科技公司做出的妥協案例之一，而這些公司同時也在努力不違反美國法律。這是跨國科技公司所面臨的、比以往更普遍的挑戰，它們得在美國、中國和歐洲這幾個監理模式之間找到平衡。一旦這些模式有所衝突，跨國公司便會激發各政府之間的水平競爭，我將在第 5 章和第 6 章詳述。這些模式的碰撞也助長了科技公司與政府之間的垂直競爭。當多個政府同時對這些公司施加相互競爭的監理要求時，這個戰場就變得更加複雜。不同的垂直戰場交織，迫使科技公司處於多個相互矛盾的監理體制中，面臨愈來愈無法解決的監理困境。最糟糕的情況是，這些困境迫使科技公司必須排出順序，並選擇要以哪一個監理模式為優先考量；因為它們知道，一旦選擇遵守任一監理模式的規範，都將無可避免違反其他規範。

本章將探討交錯的垂直競爭在數位經濟發展中的作用，並展示科技公司在尋求進入多元市場的過程中，如何適應不同的監理模式。這個章節我將著重討論科技公司在美國和中國兩大監理模式下，面對相互矛盾的義務和期望時的狀況。這種垂直競爭的影響力尤其深遠，且易引發爭議，因為科技公司必須在美國對自由的追求與中國對國家控制的要求之間找到平衡。當科技公司面對不同的監理條件，它們往往不得不接受與自身價值觀相悖的要求，或遵守一些規則，即便這些規則與公司對其他政府許下的承諾互相抵觸。過程中，這些公司得冒著可能在另一個司法管轄區內引起強烈反彈的風險──例如，當美國科技公司屈於中國政府、接受中國審查網路內容的要求時，便會在美國國內引發強力反彈。錯綜複雜的垂直競爭也迫使科技公司面對不少靈魂拷問：自己支持的價值觀是什麼；為了在一個帶有不同政治或意識形態的數位經濟市場營運，價值觀可以妥協到什麼地步。在爭取價值觀的戰役中，科技公司往

往無法滿足所有客戶和其他關鍵利害關係人的期望，就像它們無法在不同的司法管轄區內滿足所有政府監理機關的要求一樣。舉例來說，Google 為了在中國經營搜尋引擎、決定屈於中國的審查規定時，便深刻體會到這一點。做出爭議性的決策後，Google 美國的客戶、員工和股東皆強烈反對公司違背自由主義的價值觀、屈於中國政府的要求，最終迫使 Google 完全退出中國搜尋引擎市場。這起事件展示了價值觀的衝突如何在多個層面發揮作用，加深了垂直的爭鬥，並使參與這些競爭的科技公司的經營策略變得更加複雜。

除了引起大量爭議，這些垂直競爭也具有深遠的影響力，可能將重塑全球數位經濟的樣貌。彼此互不相容的政府規範讓科技公司無所適從，導致中國、美國和歐盟之間科技與經濟脫鉤的風險增加。當科技公司發現，它無法持續在相互矛盾的監理體制下運作，並因此被迫從中擇一遵循時，就會發生這種脫鉤現象。大量脫鉤的可能性正挑戰著網際網路無遠弗屆的理念，並逐步瓦解原本緊密相連的數位經濟。此外，這種情況將進一步打擊已為數不多的全球性合作，加劇推動當今「去全球化」的趨勢，並加深我將在後續章節詳細討論的水平競爭。目前這種脫鉤將演變到什麼程度尚不清楚，考慮到這個發展所帶來的成本，科技與經濟的脫鉤仍然是未來幾年全球數位秩序所面臨的主要挑戰。

垂直競爭當然不僅僅侷限在美國與中國監理模式之間的對抗。我將在第 6 章闡述，美國和歐洲的監理模式也迫使科技公司在兩者間尋找平衡，這種垂直衝突同樣也會引發爭議。但與美中衝突的不同在於，歐美間的衝突蘊含較少爭議，這為緩解、甚至找出這類垂直衝突的解方提供了更多可能。相較之下，美國科技公司面對中國模式的審查義務和其他有爭議的要求時，這種價值衝突尤為劇烈，衝撞著美國科技公司與美國模式所重視的言論自由，以及網路自由的基本價值觀。鑑於中國監理環

境的現實，美國科技公司幾乎別無選擇：要麼像 Apple 那樣遵循當地法律，否則就得像 Google 選擇退出中國市場，放棄經濟機會。

相較於美國科技公司在中國經營所面臨的挑戰，中國科技公司在美國的營運一直以來受到的阻撓較少，畢竟美國市場導向的監理模式擁抱開放經濟、歡迎外國公司。然而，美中科技戰開始後，如今美國政府會對中國公司在美國的業務進行更密切的審查，深怕這些公司會對國家安全構成威脅。中國科技公司在美國的擴張因此面臨更多的困難。美國政府最大的擔憂在於，像 TikTok 這樣由中國擁有的影片分享應用程式，它的用戶所生成的內容，可能無法不受中國政府管轄。因此，TikTok 從美國使用者那蒐集到的資料，可能會轉交給中國政府，並用於敲詐或其他各種不良目的。另一個擔憂是，中國政府可能會滲進 TikTok 的演算法，從而向美國使用者播送宣傳共產黨的內容。綜上所述，TikTok 和微信等中國社群媒體和即時通訊軟體，都面臨著被美國政府禁止的威脅。儘管這些禁令是為了處理資安相關的合理疑慮，仍引起世人激烈的爭論。畢竟，禁止中國公司進入美國市場，等於削弱了美國市場導向模式的核心價值，包括開放經濟和網路自由；此舉還會鼓舞中國國家導向的監理模式，在這個模式下，政府得以干涉科技公司旗下應用程式的所有權和內容。

本章會以多個案例探討科技公司與政府之間縱向衝突的情況，不僅展示這些衝突在當今全球數位經濟中的重要性，也評估它們分裂經濟體系的潛在影響力。為了深入揭示不同公司在這些衝突中可能面臨的嚴峻困境，本章將描述美國本土科技公司如何應對中國提出的要求，中國要求的審查標準不僅影響了它們的商業行為，也涉及重大的道德考量。本文記錄了許多美國公司如何一再屈於中國當地的審查規範，同時還得面對美國國內對這種逆來順受的批評。本章另一個重點將描述近期中國科技公司嘗試進入美國市場時所面臨的挑戰，涉及國家安全的緣故，這些

Chapter 4　自由與掌控之間：孰能勝出

171

公司在美國擴展事業版圖讓美中監理機構憂心忡忡，它們也努力試圖緩解這份擔憂。最後，本章會說明這些錯綜複雜的縱向衝突會帶來什麼重大影響，包括全球數位經濟進一步脫鉤的風險日益增加。

美國科技公司在中國的垂直戰役：
自由與控制之間夾縫求生

　　腳跨美國市場導向模式與中國國家導向模式的科技公司正如履薄冰：處於科技戰中兩強之間的分歧、兩套相互矛盾的規則，以及兩種截然不同的意識形態。對於尋求全球營運的私人企業來說，這可是重大挑戰。對科技公司而言，既要遵守中國政府的要求，又要依循美國政府制定的規則，同時還要尊重美國使用者、員工和股東的價值觀及期望——如何找到這當中的平衡，簡直就是一項極具挑戰、甚至根本不可能實現的任務。這些公司深知不遵守中國當地的規定會有嚴重後果：一些美國科技公司已被中國禁止、或自己決定不願意屈於政府的專制要求，退出中國市場。[5]留下來的公司被迫做出困難的妥協，並在美國國內招致嚴厲的批評。無論選擇離開還是留下，這些公司都得面對一個現實：當今的數位經濟既不自由，也不全球化。

▋ 美國科技公司在中國

　　美國科技公司當中，Apple 對中國市場的投資絕對是最深的。2021年，《紐約時報》針對 Apple 在中國的業務進行了調查，結論指出：「幾乎每台 iPhone、iPad 和 Mac 都是由中國工人組裝。Apple 每年從這個地區賺得高達 550 億美元的收入，遠遠超過其他美國公司在中國的收

益。」[6] 截至 2021 年，Apple 在中國的銷售額占全球銷售額的約 20％；[7] 過去五年有四年的時間，中國的 App Store 為 Apple 帶來的收入超過美國的 App Store。[8] 如此深入的滲透市場使得 Apple 必須大力投資中國的科技生態系。[9] 例如 2017 年，為了回應北京當局新通過的《網絡安全法》，Apple 將旗下中國 iCloud 的業務遷至貴州。[10] 它還與中國製造商立訊精密工業簽訂合約，協助生產 iPhone 13。此外，Apple 也與中國的軟體公司共事、培訓中國的科技專業人員，進一步推動當地的科技發展。為了回報 Apple 對當地的投資，中國政府提供了「必要的支持與協助」，包括確保 Apple 的服務（如 App Store、Apple Pay 及 iCloud）能在中國持續擴展。[11]

其他美國科技公司在中國的存在感則相形見絀。以 Google 為例，Google 的搜尋引擎在中國大陸被封鎖，但截至 2022 年為止，仍可在香港運作。2010 年退出中國市場之前，Google 曾擁有中國搜尋引擎市場約 30％的占比，僅落後百度居次。[12] Google 還可以在中國營運的時候，旗下的 YouTube 曾多次被封鎖——例如 2008 年西藏暴動之後。而自 2009 年起，中國網民已無法順利進入 YouTube。[13] 中國政府還禁了其他幾項 Google 產品，包括 Gmail、Google Maps 和 Google 學術搜尋等。[14] 儘管這家公司有多項旗艦產品在中國被禁，一些沒那麼突出的產品反而可繼續下載使用，例如 Google 的文件管理應用系統和翻譯程式。[15] 2021 年 3 月的報導指出，Google 的 Android 系統是最受中國智慧型手機使用者青睞的作業系統。[16] Google 母公司 Alphabet 及其他子公司（如旗下的自動駕駛汽車公司 Waymo），也持續在中國投資合作與專案。[17] 2017 年 Google 宣布，將在中國設立一座新的人工智慧研究中心；[18] 2018 年，Google 向中國電商巨頭京東集團投資了 5 億 5 千萬美元。[19] 從這些持續的投資可以看出，Google 深刻理解中國市場的重要性，但在中國的營運

能力仍須面對限制。

微軟同樣也持續著中國的營運，提供不少產品，但它在中國市場的存在感終究比較小。2021 年一整年，中國對微軟全球收入的貢獻僅占約 2%。[20] 微軟的 Windows 作業系統在中國市場依然占有主導地位，然而，微軟的搜尋引擎 Bing（中國譯名為微軟必應）雖是中國市場上唯一的國際搜尋引擎，市場占比卻不到 4%。[21] 微軟的視訊會議平台 Teams 也落後騰訊和阿里巴巴等中國科技巨頭，市場占比同樣只有 4%。[22] 微軟的雲端運算服務 Azure 僅占中國市場的 2%，比起中國國內三大雲端運算供應商阿里巴巴、華為和騰訊，Azure 的規模顯得相當小。[23] 微軟的辦公軟體 Microsoft 365（注：原稱 Office 365）和 Azure 都是透過網路資料中心服務提供商世紀互聯的合作在中國營運，這項戰略合作的夥伴關係由上海市政府支持。[24] 微軟與世紀互聯致力擴大中國的雲端服務業務，也已正式宣布，它們計劃於 2022 年在河北設立一座新的資料中心並著手營運。[25] 然而同一時間，微軟其他領域的業務正逐步從中國撤退。2021 年 10 月，面對愈來愈難應對的審查制度，微軟幾乎被迫關閉旗下的專業人脈平台 LinkedIn。[26] LinkedIn 撤出之前，中國曾是 LinkedIn 繼美國和印度之後的第三大市場，擁有超過五千萬名使用者。[27]

Meta 旗下的 Facebook 在中國無法使用。2009 年，中國政府首度封鎖 Facebook，因為新疆發生暴動之後，抗議者使用 Facebook 溝通。[28] Facebook 一被封鎖，中國的社群媒體市場就被微博和微信等大型中國公司支配。Facebook 曾試圖找到符合中國審查要求的方式，想重新進入中國市場，但迄今尚未成功。[29] Meta 旗下的 Instagram 和 WhatsApp 在中國也同樣被禁。2014 年，Instagram 因香港的民主抗議行動而遭封鎖；[30] WhatsApp 則是在 2017 年被封鎖，目的是為了應對當年政治敏感的共產黨大會。[31] 然而，中國仍然是 Facebook 重要的廣告市場。Meta 公司正

積極致力「塑造讓中國企業走向國際的最佳行銷平台」，這個策略似乎開始奏效：光是 2020 年這一年間，Facebook 就向中國的私人與公共機構或團隊售出了超過 50 億美元的廣告版面。[32]

亞馬遜是另一家與中國保持緊密的經濟連結、卻不在當地提供電商服務的美國科技公司。2019 年，亞馬遜自認難以與阿里巴巴和拼多多等中國本土企業競爭，選擇關閉了中國的電商業務。[33] 然而，即便到了今天，亞馬遜在美國的電商網站上仍有許多暢銷商品來自中國。[34] 舉例來說，2019 年間，製造亞馬遜自有品牌產品共約一千五百家的供應商中，有三分之一來自中國。[35] 身為交易中國商品的線上市集，亞馬遜常常面臨挑戰。2021 年，針對假評論和其他違規行為實施嚴格制裁後，亞馬遜從自家網站撤銷了超過五萬家中國商店。[36] 除了在 amazon.com 上銷售中國產品，亞馬遜在中國的其他業務還包括亞馬遜雲端運算服務 AWS，是為中國企業提供服務的全球大型雲端運算服務商。[37] 然而，在中國國內市場，AWS 的占比大約只有 5％，與微軟 Azure 的市場份額相同。[38] 2021 年，AWS 宣布將擴大位於北京和寧夏的資料中心。[39] 而在幾年前，中國曾是亞馬遜旗下電子書品牌 Kindle 最大的市場，以 2017 年為例，中國銷售額大約占公司全球設備銷售額的 40％。然而，最近的報導指出，Kindle 正在逐步縮小中國的業務規模。[40] 綜上所述，亞馬遜及其他美國科技巨頭在中國的存在感雖然有限，但這背後同樣涉及許多妥協，我將在接下來的章節詳細闡述。

屈服還是退場？對中國只能逆來順受

領先的美國科技巨頭在中國拓展事業版圖往往面臨艱難的抉擇，但它們普遍都逆來順受，嘗試遵從中國政府的要求。有時候藉由這些妥

協，美國公司得以選擇在中國繼續營運主要業務；然而在其他情況下，由於美國的強烈反對，這些公司選擇退出中國市場。這個選擇極其困難，因為中國市場不僅成長快速，且利潤豐厚，對於任何渴望開發近十億名網路用戶市場的科技公司來說，都極具吸引力。[41] 然而，想在中國經營，就得付出沉重的代價。外國科技公司必須遵守中國當地的法律，這些法律是中國國家導向模式的一部分，往往與公司自身的核心價值或在美國本地的承諾相悖。最令人擔憂的是，遵循中國政府的審查規則或放棄對使用者資料的掌控，損害了這些外國公司對維護言論自由和資料隱私的承諾。對於那些在其他地方提倡自由等原則的美國科技公司來說，遵守中國當地的法律將無可避免地讓公司與自己的政府、全球顧客乃至自家員工產生衝突。因此，選擇屈從威權政府的監控和審查要求，可能會成為這些公司在美國本土的負擔。這些公司常常要面臨的選擇是：放棄它們在其他地方堅守的價值觀，去追求中國的利潤；或是當這項策略變得窒礙難行，選擇徹底放棄中國市場。

儘管可能在本國引起反彈，這些領先的美國科技公司仍一致選擇努力遵循中國的要求。為了保護在中國的龐大投資，Apple 被迫做出重大妥協。正如前文所述，Apple 不僅在資料隱私的承諾上做出了重大讓步，還積極超前部署，利用演算法和自家員工對中國的 App Store 進行自我審查，標記並下架未獲中國政治領導階層准許的應用程式。[42] 這些被審查的應用程式包括不少外國新聞服務和同性戀交友軟體，還有一些涉及敏感議題、像是關於達賴喇嘛、台灣獨立、西藏獨立，或用於組織民主抗議行動的應用程式。隨著 2019 年香港的民主抗議行動日漸升溫，Apple 下架了一款幫助抗議者追蹤警察動態的應用程式。[43] Apple 在中國下架不少應用程式的決策，往往與公司在西方大力倡導人權議題的設定自相矛盾。2021 年，Apple 在中國下架了《古蘭經》應用程式。[44] 全球

有數百萬名穆斯林使用這款應用程式，但由於《古蘭經》被認定「含有非法宗教文本」，根據中國的審查規定必須移除。[45] 下架《古蘭經》應用程式的行為與 Apple 在美國積極捍衛穆斯林權利的立場形成鮮明對比——2017 年，Apple 執行長庫克曾大力批評前總統川普限制外國人入境美國的政策，只因這些人民來自以穆斯林為主要人口的國家。[46] 除了讓 App Store 可受審查，為了迎合中國政府對 Apple Maps 的要求，Apple 也做出了讓步。[47] 2015 年，中國國家測繪地理信息局要求 Apple 應在 Apple Maps 上將具有主權爭議的釣魚台列嶼（日本稱尖閣群島）顯示得更大，好讓中國使用者能看得更清楚。Apple 也因此被迫捲入中日之間長期的地緣政治爭端。那麼，遵守這些要求的 Apple 到底獲得了什麼呢？Apple Watch 獲准在中國販售。[48]

Google 曾多次試圖妥協，安撫中國領導階層，但最終 Google 的搜尋引擎仍無法在中國營運。2006 年，也就是首度進軍中國市場之際，Google 推出了一個修改過的搜尋引擎版本，搜尋結果會排除被中國政府審查的內容。[49] Google 承認，它對自己默許中國審查的行為感到萬分煎熬，但也認為這最終會是正確的決定。在 2006 年的一篇部落格文章中，Google 表示：「篩選搜尋結果顯然違背了 Google 的使命。但是，完全不向全球五分之一的人口提供 Google 搜尋引擎會是更嚴重的損害。」[50] Google 對中國審查規定的妥協在美國國內引起不少負面反彈；公司的高層被國會傳喚質詢，被立法者批為「納粹同路人」；[51] 也引發了民眾的強烈抗議，許多抗議者聚集在加州的公司總部外面。此外，這些行為甚至動搖了投資人的信心，導致公司股價大跌。[52]

Google 在中國的進展並不順利，除了要面對繁瑣的審查要求，還遭受到多次的資安攻擊。因此，2010 年，Google 以不願繼續審查自己的搜尋結果為由，宣布退出中國大陸市場。[53] 一開始 Google 還試圖與中國領

導階層談判，希望能夠保有一個未受干預的搜尋引擎。畢竟中國政府最初確實也提供了一定程度的配合，允許 Google 在使用者進入 google.cn 搜尋被審查的內容時，顯示一則審查通知；但後來中國政府加強了管制，並駁回了 Google 提出希望有更大營運自由的要求。[54] 到了 2010 年左右，中國政府已經發展國內科技業到一定程度，不再仰賴矽谷的人才或技術輸入，也不覺得有必要繼續做任何妥協。[55] 最終，Google 決定關閉 google.cn 並退出中國市場。Google 對中國政策的立場轉變反而在美國得到廣泛的讚譽——無論政治左派還是右派、商業團體還是人權倡議組織等等，各方都支持 Google 的決定：將人權和言論自由的重要性置於中國的利益之上。[56]

然而，Google 還是對中國市場虎視眈眈。據 2018 年 8 月的報導，Google 正在開發一款符合中國審查法規的搜尋引擎。[57] 報導的當下，這個內部稱為「蜻蜓計劃（Project Dragonfly）」的產品，已經進展到 Google 執行長桑德爾・皮蔡（Sundar Pichai）與中國官員進行討論的階段，而且這款新的搜尋引擎預計在未來六到九個月內推出。「蜻蜓計劃」的消息一曝光，便引發了激烈的反彈。不少人權運動人士和 Google 自家員工都譴責這項計劃。有些 Google 員工在公司內部的通訊平台上說他們心灰意冷，另外還有一些員工拒絕參與這項計劃。[58] 數百名 Google 員工聯合簽署了公開信，要求這項「引發迫切道德和倫理問題的計劃」要公開透明。[59] 鑑於「蜻蜓計劃」是祕密進行的，有些員工想了解自己是否在不知情的情況下，為中國的審查制度貢獻了心力。[60] Google 的隱私團隊從新聞媒體（而非公司內部管道）得知該計劃後，也發出了警報。[61] 美國國會因而介入，兩黨的議員均指控 Google 幫助中國政府限制言論自由、打壓反對意見。[62] 起初，Google 領導階層回應國會詢問有關公司重返中國計劃的提問時，支支吾吾閃爍其詞。[63] 然而，2019 年 7 月，

Google 公共政策副總裁卡倫・巴蒂亞（Karan Bhatia）在國會公聽會上證實：Google 已放棄「蜻蜓計劃」。[64]

Meta 的 Facebook 也必須在中國市場的誘惑以及經營中國市場得面臨的困難挑戰之間尋求平衡。自 2009 年被封鎖後，Meta 曾多次試圖重返中國市場。2016 年，有報導指出 Facebook 正在開發一種能選擇性禁止貼文的軟體，可讓平台與中國審查規則相容。[65] 然而，這些努力遭到 Facebook 員工反對，也令公司高層憂心忡忡，他們擔心，這會讓 Facebook 現有的國際使用者群起反彈。[66] 儘管 Facebook 後來沒有成功在中國恢復社群媒體平台，但 2017 年，它在中國推出了一款名為「彩色氣球」的照片分享應用程式，且沒有主動揭露這個應用程式與 Facebook 的關聯。[67] 彩色氣球由一家名為有格互聯網科技（Youge Internet Technology）的中國公司發布，使用者可透過中國的微信使用。彩色氣球提供 Facebook 關於中國使用者線上互動的寶貴情報，像是他們如何與朋友分享資訊等等。[68] 但是，Facebook 是否真能利用這些資料讓自己的社群媒體平台重返中國市場，目前無法得知。

不過 Meta 持續堅稱，沒有進入中國市場是價值觀不合的緣故。2018 年，祖克柏指出：「Faccbook 需要找到一個符合（自己的）原則、（自己）又想做的事，同時滿足（中國的）法律要求，否則事情將無法實現。但目前看來，這樣的交集並不存在。」[69] 近年來，Meta 已成為美國大型科技公司當中最直言不諱批評中國的公司，2019 年 Meta 曾疾呼：「不要在有侵犯如隱私權或言論自由權等人權不良記錄的國家建立資料中心。」並表示公司「永遠不會為了讓 Facebook 在中國運行而接受妥協的條件。」[70] 但有批評者迅速指出，中國政府在中國以外的範圍大量使用 Facebook 平台來做政治宣傳，並利用 Facebook 在世界各地宣揚政策立場，塑造中國的整體敘事。[71] 政府還利用 Facebook 追蹤在國外批評中國

的個人,像是追蹤這些人在中國的聯繫關係等。種種跡象顯示,即便 Facebook 選擇不在中國營運,也無法完全繞開「價值觀不合」的問題。

從上述 Apple、Google 和 Facebook 的案例中,我們可以看出同一個模式:美國科技公司的反抗寥寥無幾,對中國政府的要求則幾乎唯命是從。亞馬遜也是另一家符合這個模式的公司。如同 Facebook,亞馬遜在中國的存在感相當有限,但仍被指責屈就中國政府的要求。亞馬遜承認,它們在中國所面臨的核心挑戰是北京高層對「意識形態控制和政治宣傳」的渴望。[72] 亞馬遜採取了以順應為主、抵抗為輔的政策來應對這項挑戰。2018 年有消息指出,亞馬遜試圖「博取北京的好感」,以擴大其雲端計算和電子商務事業,包括在中國販售 Kindle 閱讀器和電子書的許可。[73] 為了回饋中國政府特許的心意,亞馬遜同意在美國的自家網站 amazon.com 上新建一個所謂「中國圖書」的銷售入口連結,展示九萬本出版刊物。[74] 儘管多數書籍都非關政治,但還是有不少書籍放大了官方宣傳力道,像是《令人神往的新疆:激情與傳承的故事》或《武漢封城:堅守與逆行》。中國圖書計劃不僅為亞馬遜解決了在中國銷售電子書的許可問題,也讓中國政府有機會在美國曝光,可謂「互利共贏」的成功典範。至於那些針對公司與中國國家機器合作的批評,亞馬遜強調:「身為書商,我們有義務提供更『多元視角』的書,包括也許會『令某些人反感的』書。」[75]

如同大多數美國科技公司的做法,亞馬遜試圖與當地公司合作來應對中國的監理條件,避免與中國的審查和官方宣傳機構有直接的接觸。對於中國圖書計劃,亞馬遜與中國國有企業中國國際圖書貿易公司合作。[76] 為了能順利經營雲端運算服務 AWS,亞馬遜將內容審查的任務交給一家當地科技公司北京光環新網,負責處理中國政府的要求。[77] 例如,北京光環新網公司就指示當地的 AWS 使用者停止使用翻牆軟體來

突破中國審查機構禁止的內容。[78] 不過亞馬遜也對一些審查要求做出反制。例如 2018 年 2 月，中國公安部威脅，如果亞馬遜不封鎖異議人士郭文貴的網站（位於美國），就要展開報復。AWS 最初拒絕了這項要求，申明中國政府不應對儲存在中國境外的資料提出審查要求。但是，據報導透露，亞馬遜仍向中國政府提供了郭文貴的 IP 地址，作為對監理要求的部分妥協。被問到這起特殊事件時，亞馬遜證實它們有收到中國政府的要求，但表示：「並沒有提供任何非公開資訊或其他客戶資訊。」[79] 而 2019 年的另一個事件是，中國政府要求亞馬遜從 amazon.cn 上移除習近平主席著作的所有負評，只能留下五星好評。亞馬遜照做了，但不僅僅針對負面留言，它直接禁止用戶對那些書發表任何評論、給予評分或留言。[80] 最終，與其他科技公司所面臨的困難抉擇一樣，亞馬遜必須不斷決定：要繼續對中國政府的要求逆來順受，還是乖乖退出中國市場。

美國五大科技巨頭微軟也面臨到中國的審查要求與其核心價值相悖。儘管有明顯的道德矛盾，為了持續留在中國市場，微軟一直以來都默默妥協，接受中國的審查要求。2005 年，中國記者趙靜在 MSN 部落格上發文抵制《新京報》，後來微軟因應中國政府的要求，關閉了他的網頁空間 MSN Spaces（微軟 2004 年至 2011 年運行的部落格平台和社群網路服務）。[81] 同時，微軟的搜尋引擎 Bing 和人脈平台 LinkedIn 也不得不遵守中國政府的審查規則。例如，如果中國網民使用 Bing 搜尋「達賴喇嘛」的名字，不會被引導到這位精神領袖和前西藏領導人的維基百科頁面，而是會被轉址到指控達賴喇嘛煽動仇恨和分離主義的網頁，一個由國家掌控的媒體網站。[82] 為了在中國營運，微軟旗下的 LinkedIn 也不得不審查政治敏感的內容。[83] 公司承認對言論自由的承諾有所妥協，但辯稱它們「相信創造經濟機會將對中國民眾的生活產生深遠影響，如同全球其他地方。」[84] 儘管 LinkedIn 努力遵守規範，但 2021 年 3 月，中國

當局仍斥責它們「未能有效控制政治內容」。[85] 同時，LinkedIn 也被美國民代斥為「對共產中國嚴重讓步、唯命是從」，LinkedIn 在中國的經營立場也因此變得更加難以維持。[86] 2021 年底，LinkedIn 以「營運環境的極高難度與過於嚴格的要求規範」為由，宣布關閉中國的人脈服務，並推出一款功能更有限、著重職位招聘的新應用程式。[87]

從 Apple、Google、Facebook、亞馬遜和微軟的案例可以清楚看出，美國科技巨頭為了經營中國龐大且活躍的科技市場，反覆迎合中國政府的要求。對這些公司來說，這是很清楚的選擇題：要麼屈服，要麼離開。儘管這些公司過去都出於商業考量優先選擇妥協；但隨著美國反中的情緒日益高漲，選擇離開的壓力也漸漸增加。當這些科技公司被控屈於威權體制的要求時，它們總以一個可預見的方式回應：以「遵守當地法律為由」反駁。例如，Apple 強調它們致力在「不違反必須遵守的規則」的前提下，提供使用者最佳的體驗，來為公司在中國的業務策略辯護。[88] 退出中國市場之前，微軟旗下的 LinkedIn 發表了一份聲明來為公司遵循中國政府的要求辯白：「作為一個全球平台，我們有義務尊重相關的法律，包括遵守中國政府對在地版 LinkedIn 的規範。」[89] 亞馬遜也發表了類似的聲明，回應針對中國政策的批評，強調公司「遵循所有相關的法律與規範，在中國市場也不例外。」[90]

正當大多數美國科技公司在中國當局的審查要求中掙扎求生，有些公司卻被指控暗中幫助中國的監控機構，提供中共所需的相關硬體或軟體。例如，美國半導體公司英特爾和輝達（NVIDIA）向位於新疆烏魯木齊的中國超級電腦中心供應產品，有人指控這座中心一直在追蹤少數民族，從而助長了新疆的壓迫行為。[91] 美國公司辯稱，它們難以控制自家的產品最終流向何方或如何被使用。在這起涉及烏魯木齊超級電腦中心的事件中，英特爾和輝達並未直接向中國政府出售半導體，而是將產

品賣給一家名為曙光信息產業有限公司（簡稱中科曙光）的中國企業，這家公司同時也向眾多與中國國安機構無關的中國企業供貨。美國領先軟體科技公司甲骨文（Oracle）也被指控其技術被中國執法機關用於犯罪分析和預測。[92] 有報導指出，2021 年甲骨文公司曾向中國警方推銷自家的資料分析軟體。從公司內部洩露出來的行銷資料可發現，甲骨文的技術如何結合社群媒體、DNA 資料庫和政府的相關記錄，來協助中國警方。面對外界對這些行銷資料的詢問，甲骨文的發言人聲稱，這些資料反映的是公司的「潛在商業開發構想」，並非具體針對銷售的策略文件。[93]

美國科技公司為了配合中國的威權政策而違背美國的價值觀、甚至美國法律時，這些批評常讓原本就已左右為難的公司更加不堪一擊。2021 年，由於新疆地區的人權侵犯問題，這個地區遭到美國制裁，但英特爾還是從新疆採購產品，成了眾矢之的。[94] 面對公眾壓力和西方的制裁──像是美國參議院通過了《防止維吾爾人強迫勞動法》（Uyghur Forced Labor Prevention Act）──英特爾發布了一封公開信，指示其供應商停止從新疆採購商品。然而，英特爾的這封信在中國官方媒體和中國國內的社群媒體平台上引起轟動，迫使英特爾向中國客戶和公眾道歉。英特爾的道歉澄清，此舉是為了符合美國法律，並不代表公司對新疆爭議的立場。考量到中國市場占其全球收入的四分之一，英特爾決定道歉並不意外。[95] 英特爾在新疆問題上的平衡策略進一步顯示，任何美國科技公司都得面臨同時滿足華盛頓和北京要求的挑戰，而且這些要求愈來愈難以協調。

美國科技公司在中國營運所面臨的價值衝突之所以特別值得關注，不僅出自中國市場的經濟重要性，也因為美中關係的地緣政治敏感性。然而，中國並非唯一會讓美國公司面臨此類衝突的國家。其他專制國家

也要求美國平台以某種方式審查內容，迫使它們審查、背離平台對言論自由的承諾。例如，有人指控 Facebook 在中東地區「屈於阿拉伯暴君的意志」，刪除了數百名運動人士的帳號或多達「數十萬篇」貼文，即使 Facebook 聲稱，它們已提供該地區「最大程度的言論自由」。[96] 2020 年，國際特赦組織指控 Facebook 和 YouTube 在越南協助進行「產業等級的壓迫」，按照越南政府的要求來審查批判政府的貼文。[97]

在俄羅斯，普丁總統也加強了對俄羅斯網路領域的掌控，逼迫美國科技公司愈退愈多步。例如 2021 年，Apple 和 Google 同意刪除「智慧投票」這個應用程式，此程式為反對派領袖納瓦尼的政黨所用，目的是組織選舉行動來反對普丁。[98] 俄羅斯入侵烏克蘭以後，美國科技公司發現自己陷入了一場高風險的資訊戰。[99] 為了遵守歐盟對俄羅斯的制裁，諸如 Facebook、微軟、Netflix、Twitter 和 YouTube 等美國平台都封鎖或限制了對俄羅斯官方媒體的獲取途徑，以限制俄羅斯對戰爭的官方宣傳。[100] 作為回應，俄羅斯封鎖了好幾個平台──包括 Facebook、Instagram 和 Twitter──儘管仍有數十萬名俄羅斯人試圖使用 VPN 來繞過封鎖。[101] 即使美國科技公司已不在俄羅斯營運，它們每天仍需處理關於戰爭議題等十分棘手的內容審查問題。儘管這些市場持續為美國科技公司帶來挑戰，但相較於放棄擁有十億網民的中國市場，退出俄羅斯這樣的市場，代價顯然比較低。也因此，決定是否退出中國市場成了大多數美國科技巨頭所面臨最重大的抉擇。

面對這項重大抉擇，美國科技公司發現，沒有明確的答案指出何為正確的策略。在網際網路初期，或許有較強的理由支持選擇投合中國的要求。當時，就算是提供受審查的資訊，似乎也比將市場拱手讓給缺乏挑戰中國政府審查制度動力的當地公司更有利。實際參與本身就很有價值，它滋養了一個期待：希望中國最終能朝網路自由與社會自由的變革

邁進。然而，就「推動中國的民主、改善人權的實踐」而論，這些公司如今幾乎已經不抱任何幻想。真要說的話，監理要求愈來愈嚴格的現實，使得這些公司的營運空間逐漸變窄。加上中國政府對本土公司的補貼，美國科技公司選擇留在中國的經濟效益也受到質疑，畢竟它們愈來愈難與當地的科技巨頭競爭。此外，隨著美國境內反中的情緒日益成長（有不少反彈聲浪，包括美國國會），如今要為任何妥協自圓其說都更加困難。美國境內要求科技公司斷絕與中國商業往來的壓力也持續增加，這些公司已逐漸意識到，它們所面臨的矛盾要求最終可能無法解決。

幾乎沒有人相信美國公司能鬥贏中國政府。在西方本土，美國科技公司往往自認它們比試圖監理它們的國家政府更強大；但這是否能夠超越中國國家的力量，非常令人懷疑。正如一位評論家最近的結論：「我知道矽谷人非常聰明，他們之所以成功，是因為他們能夠應對一切挑戰；然而，我並不認為他們有遇過像中國共產黨這樣的對手。」[102]

中國科技公司在美國的垂直戰役：國家安全疑慮

前一節我闡述了美國科技公司在中國營運時所遇到的困難抉擇，尤其是面對中國國家導向監理模式與美國市場導向監理模式之間的矛盾要求。然而一直以來，中國的科技公司在美國並未遇到類似的挑戰。美國市場導向的監理模式讓美國市場對所有外國公司保持開放，包括中國公司。因此，迄今為止，這是兩場非常不對稱的垂直戰役：北京當局對在中國營運的美國公司施加限制，而華盛頓特區回溯歷史，從未以相應的限制來回應在美營運的中國企業。然而，日益升溫的美中科技戰迫使美國重新評估這個既有的不對稱性。美國政府正逐步棄守市場導向的原

則，改以國家安全考量主導政策制定。這增加了中國科技公司進入美國市場並取得好成績的難度。

▋中國科技公司在美國

　　過去十年，中國發展快速，但大多數的中國公司仍專注耕耘受保護的國內市場。至少到近期之前，不去美國發展並非美國政府的限制所致。儘管美國市場相對開放，在美國飛黃騰達的中國科技公司卻寥寥無幾。截至目前為止，TikTok是海外最成功的中國科技公司，於2021年超過Facebook和Google，成為全球最受歡迎的網域。[103] TikTok跨越了地緣政治分界：它的中國母公司字節跳動還在中國市場推出基本上一樣的短影音應用程式：抖音。[104] 放眼全球，另一個碩果纍纍的中國公司是快時尚電商Shein。截至2022年，Shein的購物應用程式在美國的下載次數超過了亞馬遜。[105] 這家公司占據了美國快時尚銷售額的28％，超過了H&M和Zara等受歡迎的品牌。[106] 過去幾年，Shein以驚人的成長躍升為全世界最大的線上時尚品牌。有趣的是，這家公司在國外極為成功，但在中國，幾乎沒什麼人知道。

　　Shein和TikTok是極少數在美國市場大有斬獲的中國科技公司。大部分其他公司都汲汲營營，盼能在美國市場占有一席之地。快手科技是抖音在中國的競爭對手，曾嘗試在美國推出名為Zine的應用程式，但未能成功撼動TikTok的市場地位。[107] 同樣地，中國相當於Youtube的影音平台嗶哩嗶哩，在美國也未流行起來。[108] 而百度和滴滴──分別對應美國的Google和Uber或Lyft，同樣也未能在美國市場上挑戰美國本土的現有企業。[109] 從前，這些中國公司的困境常被歸咎於缺乏有效得宜的國際擴張策略，這點從美國對它們實施極少限制便可見一斑；然而，展望

未來,隨著美國逐漸背離開放市場等核心原則,美國政府的新政策或許會是造成這些困境的主因。

美國對中國應用程式的禁令:TikTok與微信

自從過去幾年,美中科技戰進入更激烈的階段,美國政府快速推進監理策略,加強對中國科技公司的嚴格監督。舉例來說,中國通訊科技巨頭華為就是美中科技戰下最受矚目的受害者。2018年以來,華為一直承受著嚴厲的出口和投資限制——包括限縮華為從美國科技公司獲取關鍵供應的管道、阻斷華為參與美國各地5G基礎建設項目的機會等等——我將在第5章繼續說明。然而,對華為的制裁僅僅是嚴格管理數位經濟新時代的序幕。在某些情況下,美中監理模式之間的衝突已變得十分棘手且根深柢固,極難找到解決方案。這些棘手的衝突,可以定義為公司要是遵守一國政府的法律,便會無可避免違反另一國法律的情形。因此,科技公司夾在兩套無法協調的法律義務之間,被迫做出它們一直大力避免的事情:選邊站。公司無法解決這些監理衝突將引發重大後果,進而推動數位經濟的脫鉤,加劇「去全球化」的現有趨勢,也將會是塑造國際經濟和政治關係的決定性力量。

隨著華為及其他中國硬體公司被美國制裁,中國的社群媒體公司——包括廣受歡迎的TikTok—現在也成了美國政府關切與限制的對象。[110] 有鑑於TikTok是第一家成功打入美國(及全球)市場的大型中國科技公司,它不但撼動了美國競爭對手的地位,也象徵著中國崛起的科技力量,是以它被美國政府關切,一點都不令人意外。截至2020年,光是美國,TikTok的下載次數就高達一億六千五百萬次。[111] 除了商業考量之外,TikTok強大的存在感也引起了國家安全方面的擔憂。TikTok擁

有超過一億美國網路使用者的資料存取權,握有對美國公眾前所未有的影響力。[112] 美國政府擔心,這個影響力最終不僅僅會被 TikTok 利用,還會被中國共產黨所用。作為一家中國企業,TikTok 的母公司字節跳動必須遵守中國法律,包括接受中國政府可能會要求取用公司積聚的資料。共和黨參議員喬許・霍利(Josh Hawley)就稱 TikTok 為「北京的監控工具」和「世人手機上的特洛伊木馬」。[113] 2020 年,川普總統曾警告聲稱,TikTok 蒐集資料的行為可能會助長企業從事間諜活動或瞄準個人的詐騙行徑,從而威脅到國家安全。[114] 就本質看來,美國對 TikTok 的擔憂有兩個層次。首先,中國當局可能拿得到美國用戶的個資。其次,中國領導層可能會影響 TikTok 的內容審查政策,讓美國使用者暴露在中共宣傳之下。因此,TikTok 在蒐集資訊和散播資訊兩方面都令人擔憂——兩項活動都有可能符合北京的利益。[115]

字節跳動正努力分開中國和美國的業務,試圖緩解這些擔憂。公司在美國營運 TikTok、在中國營運抖音。TikTok 的管理層位於美國,公司也堅稱內容審查的決策是在美國做的。美國使用者的資料儲存在美國和新加坡,並非中國。[116] 然而,目前未有充分的證據指出這種資料儲存方式能否防止北京政府的要求(甚至最終取得美國使用者的資料)。[117] 無論是法律上還是實際操作上,字節跳動未來會如何處理北京對外國資料的要求,目前無法得知。[118]

這些顧慮促使美國政府在 2020 年對 TikTok 採取了一些特殊措施。2020 年 8 月,川普總統宣布,如果 TikTok 未在 9 月 15 日之前被任何一家美國公司收購,將會關閉 TikTok。[119] 三天後,川普簽署了另一道行政命令,宣布要在四十五天內禁止 TikTok 在美國營運,理由是 TikTok 蒐集資料的做法會讓中共取得美國人的個資,包括海外中國公民的資訊。[120] 隨後,川普又發布了一道行政命令,要求字節跳動在九十天內出

售美國的資產，並銷毀 TikTok 在美國蒐集到的所有資料。[121] 經過一個月急尋合適買家，TikTok 最終達成了協議：總部設在德州的甲骨文將會收購 TikTok。[122]

光是行政命令就險些將 TikTok 置於死地，威脅到 TikTok 在美國繼續營運的能力。然而，進一步加劇公司困境的反而是中國政府的反應。美國政府命令 TikTok 出售給美國的買家之後，中國政府回應，中國的出口管制範圍將擴展至「基於資料分析的個人化資訊推薦服務技術」，出口任何此類相關技術都得經政府許可。[123] 這個定義很有可能涵蓋 TikTok，因為 TikTok 依賴的演算法利用使用者資料所生成的個人化內容。因此，中國政府修訂的出口管制規定可能會讓原本按照美國法律要求的銷售行為，在中國的法律下變成違法。北京這番作為將 TikTok 的命運之戰變成了一個更加棘手的衝突，TikTok 將不可能同時遵守美國和中國政府的命令——看來，TikTok 勢必得退出美國市場。

然而，美國法院成了 TikTok 的救星——至少可以暫時這麼說。2020年 9 月，TikTok 一邊協調賣公司的事宜，一邊向哥倫比亞特區聯邦地區法院提出初期禁制令申請。[124] 同月稍晚，法院支持了 TikTok 的立場，認為這項禁令將對公司造成無法彌補的商業損害，同時指出政府的行動可能超出了合法權限的範圍。[125] 而在 2020 年 12 月，法院初步阻止了政府對 TikTok 的所有禁令，理由是川普總統所援引的緊急經濟權力並不足以對一個手機應用程式實施任意禁令。[126] 拜登總統一當選，便撤銷了前任總統的行政命令，並要求美國商務部審查 TikTok 所帶來的國安隱患。[127] 截至 2022 年 8 月，審查仍未完成，一些美國國會議員對此感到不滿。[128] 拜登政府在這個議題上的緩慢進展促使一群眾議院共和黨團寫了一封公開信給商務部長吉娜・雷蒙多（Gina Raimondo），表達他們對政府未能保護美國人的資料免受中國機構取用的擔憂。[129]

Chapter 4　自由與掌控之間：孰能勝出

川普政府試圖強制將微信出售給美國公司也揭示了類似的情況。微信是一款不僅在中國境內、連在海外的中國公民也大量使用的社群媒體。[130] 在美國，微信是最多中國裔美國人使用的通訊應用程式，他們用微信來與中國的親友保持聯繫。[131] 川普政府擔心微信蒐集資料的做法會讓中共取得美國人的個資，同時利用微信密切關注海外中國公民。[132] 因此，川普總統在 2020 年 8 月簽署了一項行政命令，要求四十五天內禁止微信在美國的營運。[133] 次月，美國商務部宣布計劃於 2020 年 9 月 20 日前禁止在美國的微信交易。[134] 不過如同 TikTok，微信向美國法院對政府命令提出的挑戰也傳來捷報。加州北區地區法院指出：「政府以整體國家安全利益為優先絕對至關重要。但根據目前的記錄，儘管政府已證明中國的行為引起了嚴重的國家安全疑慮，但提供的證據不足以證明，對所有美國使用者禁用微信能夠有效解決這些擔憂。」[135] 法院還指出，有不少限制性較少的替代方法可取代完全禁止的做法，包括禁止在政府設備上使用微信，類似澳洲最近的舉動。[136] 2021 年 6 月，正如 TikTok 的政策，拜登總統撤銷了前總統川普的行政命令，也命令美國商務部審查微信所帶來的安全隱憂。[137]

　　TikTok 和微信的紛爭象徵著美國政府對中國科技公司政策的重大轉變。然而，這兩個監理之爭也特別顯示出中國科技公司如何成功利用美國法律體系來替自己辯護。在中國，類似的策略幾乎無法使用，因為法院仍深受中共影響。因此，無論是國內還是外國的科技公司，都很少會在法院前質疑中國政府的命令。然而，儘管在美國的法庭勝利可能會鼓勵其他中國科技公司用這招對抗後續的政府限制，但美國的法律體系未必會永遠保護這些公司的利益。因此，中國科技公司可能將在美國繼續面臨不少監理挑戰。例如，在微信訴訟案中，加州北區法院原則上承認中國的公司和科技已對美國國家安全構成威脅──但在這起特定案例

中，僅僅是因為政府未能提供充分的證據因而勝訴。[138] 微信一案也揭示，即便是普通公民的通訊往來，也可被法院視為與「國家安全」有關。[139] 儘管 2020 年 12 月的法庭裁決讓 TikTok 短期占了上風，但哥倫比亞特區法院也暗示，小於完全禁令的其他替代方案仍是合法的。[140] 例如，美國政府仍可利用外國投資委員會在審查過程中要求字節跳動出售 TikTok 的股份。[141] 儘管 TikTok 在法庭上勝訴，國會中的共和黨團仍在資料隱私的議題上對公司施加壓力[142]，也有一些成員呼籲 TikTok 應完全斷絕與中國母公司的關係。[143]

這場美國政府針對 TikTok 的戰役並非沒有爭議，甚至在美國的評論家之間也有不同的聲音。在審慎考慮對這家社群媒體公司採取下一步行動時，美國政府得同時考量兩個面向：一邊是對中國及 TikTok 業務日益成長的不滿，另一邊則是對任何強硬策略的批評。也有不少呼籲克制的聲音，警告禁止中國科技公司將使美國過度背離市場導向監理模式的核心原則。同時，也有人敦促美國政府應持續加強監理審查的態勢，並在可能的情況下，加重對中國科技公司的監理措施。這些主張用更果斷手段的支持者還指出，其他政府也正加大限制 TikTok 營運的決心，美國的擔憂很合理，且涉及的不僅僅是美中兩國之間的戰略競爭而已。舉例來說，印度最近禁止了 TikTok 和微信以及其他五十幾個中國應用程式，因為印度政府認為，它們對國家安全構成威脅。[144] TikTok 帶來的安全威脅同樣也是其他西方國家的爭議焦點。例如，英國議會迅速關閉了新創立的 TikTok 帳號，因為有些議員認為中國政府可藉此取得使用者資料。[145] 正如第 3 章所述，歐盟也極有可能利用最近通過的《數位服務法》，來要求 TikTok 揭露自家演算法如何進行內容審查的更多資訊。[146] 目前 TikTok 在全球各地面臨愈來愈多垂直挑戰，這可能會給美國額外的動力繼續對抗 TikTok，同時也增添美國對 TikTok 採取任何措施的合理性。

美國政治領導層和普羅大眾都對中國日益成長的全球影響力越發憂心，這點無庸置疑。這份擔憂也直接延伸到在美國運作的中國公司所扮演的角色，尤其是中國公司與中國共產黨之間複雜的關係。除了不信任中國，美國人也愈來愈懷疑科技公司的數位監控行為。因此，從事數位監控的中國公司 TikTok 結合了兩種擔憂，自然會讓美國人感到不安，也加劇了美國政府打擊 TikTok 等公司的決心。一些美國科技公司也在積極帶風向，認為中國公司不可信任，目的就是為了讓這場針對中國的垂直戰火繼續延燒。例如，根據報導，Meta 雇用了一家顧問公司來抨擊 TikTok 的公關活動，目地就是替這家中國公司貼上「對美國兒童和美國社會有害」的標籤。[147] 2019 年，祖克柏在喬治城發表有關言論自由的演講中，也公開批評了中國公司的審查作為，並表示：「如果由其他國家的平台來制定規則，我們的言論將被一套截然不同的價值觀所定義……因此，我們應該積極制定政策，促進我們的自由聲音和自由論述的價值觀能在全球勝出。」[148]

像 Meta 這樣的公司會力勸美國政府對 TikTok 採取行動乃意料之中——畢竟 TikTok 可謂對 Meta 自家的社群媒體平台構成最大的競爭威脅。然而，其他沒有這種商業動機的美國知名人士也都支持政府對 TikTok 等公司採取強硬立場，包括拜登總統反壟斷和科技政策的顧問吳修銘教授，他主張：「禁止 TikTok 的行動早該實施了。」[149] 吳修銘的論點主要圍繞著對等原則，他承認禁用中國應用程式可能會違背美國對開放網路的承諾且帶有挑釁意涵，但他主張，面對推動「網路民族主義」並封鎖外國內容進入國內市場的中國，這種以牙還牙的策略相當合理。中國政府封閉了自己的網路經濟，中國科技公司卻可以在美國和世界其他地方享受開放市場的好處。吳修銘指出：「這種不對稱並不公平，不應該再忍下去。」[150] 反之，他認為「僅有尊重開放網際網路原則國家的公

司,才擁有享有完整網際網路取用權的特權。」[151]

美國以對等原則為由禁止 TikTok,的確恢復了美中關係的對稱性。但有評論家警告,這樣的對稱性是有代價的。禁用中國的應用程式,美國可能會被人指控遵循北京的做法,放棄了市場導向監理模式那些崇尚商業自由和開放網路等基本價值觀。以川普政府宣布的微信禁令為例,由於中國禁用 WhatsApp 和 Facebook Messenger 等美國應用程式,中國裔美國人若要與中國的親友保持聯繫,除了微信幾乎沒有其他選擇。[152] 禁令宣布的當下,一些美國境內的微信使用者表示,他們計劃做中國友人長期以來一直在做的事:使用 VPN 來「繞過美國的新防火長城」。[153] 同理,禁用 TikTok,美國可能無意中支持了國家導向的監理模式——讓政府決定網路使用者可以／不可以看到什麼。[154] 因為這些禁令,美國可能會推進全球網際網路分裂的趨勢。一些評論家認為「美國變得和中國一樣,不再相信全球的網際網路」,並指出美國現在「正在推廣一種本質上很中國的網路安全觀」。[155] 美國政府正陷入窘境:以破壞價值觀的方式來捍衛價值觀。[156] 因此,未來 TikTok 在美國的戰火可能會連帶引起影響全球數位經濟應遵循哪套規則的更大型戰役。如果美國為了對等原則轉而向中國國家導向政策看齊,那麼美國重視開放自由的核心價值觀,將不太可能成為其他政府未來制定數位政策時的指南或啟發。

如果美國是為了強制將 TikTok 售予美國公司而調整監理模式、但出售依舊無法解決國家安全疑慮,那麼這招就更有問題。多起針對美國資料的中國網路間諜活動已經顯示,將 TikTok 的資料儲存在美國境內未必安全。[157] 另一個令人擔憂的問題是,強制出售公司這個做法無法解決另一項安全隱患:操控美國人的消費內容。重點不在於誰擁有這家公司,而是賦予應用程式力量的演算法由誰來寫。得標者甲骨文是否打算替換 TikTok 原本的中國工程師或控制內容審查的演算法,目前無法得知。相

Chapter 4　自由與掌控之間:孰能勝出

較之下，微軟身為競標 TikTok 的另一方，已表態它將立即接管原始碼和演算法，並將產品的開發轉移至美國。[158] 再者，即便讓美國公司接手，其實也有可能無法保障資料百分之百不會受到中國政府侵害。如前所述，甲骨文被指控與中國政府有密切的關聯。[159] 因此，TikTok 的出售無用論引發了一個問題：這究竟真的是出於國家安全考量，還是商業利益所驅——這項禁令骨子裡看起來更像中國國家導向模式典型的經濟保護主義做法。

無論美國是否禁止像 TikTok 和微信這樣的中國科技公司進入市場，顯然這場與中國的持續鬥爭也促使美國市場導向的監理模式發生轉變。一些評論者建議，美國應該效仿歐洲以權利為本的模式，採用類似歐盟《GDPR》的美國版本來解決對 TikTok 的擔憂，而非模仿中國國家導向模式。在這樣的體制下，美國將擁有一個厚實的法律基礎來應對更廣泛的資料保護問題，這比隨意禁止某些外國應用程式要有效得多。[160] 這種全面的監理計劃將為資料蒐集、使用和儲存建立詳盡的規則，並將個人和公共機構保護隱私和安全利益的過程制度化。反之，不斷對個別應用程式發出禁令，可能只會分散美國制定出一個全面解決方案以保護資料隱私和國家安全的注意力——這兩者目前都受到威脅，且缺乏有效的政策應對方案。[161] 一個包羅萬象的資料隱私制度可以讓美國在與中國和歐洲的交手過程中更站得住腳：除了應對中國科技公司資料蒐集的威脅，還可以協助解決與歐洲在資料隱私方面的監理衝突，我將在第6章詳述。

限制中國公司在美上市：滴滴出行

TikTok 不是唯一一家身陷美中監理機構之間、無法協調雙方要求的中國科技公司。這類棘手的衝突如今也威脅到在美國證券交易所上市的

中國科技公司。最近，股票市場成為日益激烈的戰場，加劇了美中金融脫鉤的風險。2021年，中國叫車公司滴滴出行在紐約證券交易所上市，完整展示了整個演變過程。2021年6月，滴滴尚未完全取得中國監理機構對公司資安議題的審閱，便匆匆忙忙在紐約證券交易所公開上市。[162] 監理機構的反應迅雷不及掩耳：滴滴首次公開發行後兩天，中國國家網信辦宣布對滴滴展開資訊安全審查，不久後便將滴滴的應用程式從中國的應用商店下架。[163] 據國家網信辦表示，這個應用程式違反了有關蒐集和使用個資的法律規定。[164] 滴滴還因此被禁止招募新的司機。[165] 滴滴的海外上市對中國監理機構來說尤其敏感，畢竟作為一個網路叫車平台，這家公司掌握大量敏感的位置資訊和地圖資料。根據報導，政府開始調查之際，滴滴擁有平均每年度高達三億七千七百萬名活躍使用者，每天能蒐集超過兩千五百萬筆乘車資料，從而取得全球最大的即時交通資料庫。[166] 這些資料可以用來追蹤往返公安部和其他政府部門的行程，從而引發潛在的國家安全擔憂。[167] 考量到這些危害擔憂，中國政府派出至少七個網路安全相關的檢查單位前往滴滴辦公室實地評估。[168] 儘管中國的資安審查通常會持續六十天，但滴滴的審查最終一直到2022年7月才結束，距離審查開始已過了整整一年的時間。[169] 最終，中國監理機關對滴滴處以12億美元的罰款，是中國政府迄今在資料保護違規案件中開出金額最高的罰單。[170]

滴滴與投資人都因中國國家網信辦的決策而蒙受非常嚴重的損失。這場嚴得出乎意料的網路安全審查讓剛上市的公司股價急劇下滑，不僅嚴重損害投資人的利益，還讓滴滴及其他中國公司是否能繼續在美國證券交易所上市充滿不確定性。2022年2月，滴滴宣布將裁員20%。[171] 截至那時，滴滴的股價已從首度公開發行以來下跌了70%。[172, 173] 最終，2021年12月，滴滴宣布將從紐約證券交易所下市，並提供美國股東選

項：將其股票轉移至香港證券交易所（滴滴計劃改在香港上市）。[174] 滴滴還面臨至少兩起來自美國股東的集體訴訟，他們指控滴滴未能清楚公布與中國政府的通訊內容。[175]

滴滴驟然的衰敗固然引人注目，但這起事件不過是美中雙方升溫的監理角力戰當中的一環。美中雙方都在加強審查，但各自對應的措施卻將這些公司往不同的方向拉扯：美國要求在美上市的中國公司公布更多資訊，中國則限制這些公司向外國機構透露資訊。監理的升溫可能會加劇全球數位與金融市場進一步脫鉤，尤其是當公司無法同時滿足不同監理機構相互矛盾的要求時，更是如此。就美國而言，它特別關注美國的投資人無法全面了解中國公司所面臨的監理風險，從而使他們暴露於意外損失之中，就像滴滴事件那樣。美國證券交易委員會和那斯達克股市（NASDAQ）已經指出，由於審計不透明，中國公司可能會帶來獨特的金融風險。[176] 而在2020年底，美國國會通過了《外國公司問責法案》，增強了美國監理機構檢查外國上市公司審計的權力。[177] 這項法規規定，如果一家公司連續三年未能遵守審計透明度的要求，將會禁止公司在美國交易股票。[178] 2021年12月，美國證券交易委員會最終制定了實施該法的規則，強制要求在美國證券交易所上市的中國公司必須「公布它們是否由政府機關擁有或控制，並提供審計檢查的證據」。[179]

美國證券交易委員會的新規定還要求中國公司要提供更多有關可變利益實體（Variable Interest Entity，簡稱VIE）結構的資訊，這個結構在美國上市的中國公司當中非常普遍。事實上，2021年在紐約上市的241家中國公司中，有79%依賴VIE結構，其中包括阿里巴巴、拼多多、京東、蔚來汽車和百度等科技巨頭。[180] VIE結構允許中國公司設立空殼公司來規避中國對外國的所有權限制，通常會設立在開曼群島或其他類似的司法管轄區，並與中國境內的營運公司簽訂合約。隨後這些VIE結構

的公司便可以在外國證券交易所發行股票。[181] 滴滴上市風波過後，美國證券交易委員會主席加里・詹斯勒（Gary Gensler）發表了一封公開信，表示他相當擔心「一般投資人可能沒有意識到，他們持有的股票其實並不屬於空殼公司，而是總部位於中國、並在中國營運的公司。」[182] 鑑於VIE結構的複雜性及其潛在的財務風險，美國證券交易委員會已明確規定，以這種結構運作的中國公司應公布相關資訊。[183]

與此同時，中國這方則推動法案，要求中國企業透露更少資訊給美國監理機構，為兩大監理體系之間的直接衝突奠定了基礎。首先，中國在2017年通過了《網絡安全法》，要求被認定為「關鍵信息基礎設施運營者」的公司要將資料儲存在中國境內，想將任何資料轉移到國外之前須做安全評估，批准後才能進行。[184] 滴滴事件過後，中國國家網信辦於2021年7月進一步宣布會加強監理要求，規定擁有至少一百萬名中國使用者個資的中國科技公司在海外首度公開發行之前，必須先接受網路安全審查。[185] 政府還通過了《個人信息保護法》[186] 和《數據安全法》[187]，進一步強化資料流動的限制。[188] 這兩部法律於2021年秋季生效。[189]《個人信息保護法》限制私人公司蒐集個人資訊與此類資訊的跨境傳輸；[190]《數據安全法》則針對具有「潛在影響中國國家安全」的資料，並規範這些資料如何處理、儲存和傳輸。[191] 根據《數據安全法》，這類資料若未得到政府的授權，不得轉移至外國機構。這些法律累積下來的效果，使得中國跨國公司更難遵守外國監埋機構的資訊規範。[192]

美中雙方各自頒布相互矛盾的規定，除了使在美國上市的中國公司處境極度尷尬，也為審計這些中國公司的美國公司帶來嚴峻的監理挑戰。業內一位投資人指出，如今美中法律之間存有直接的衝突：「正是中國監理機構阻止了美國監理機關的審計與檢查⋯⋯這些公司都由四大會計師事務所來審計；但根據中國法律，監理機構不允許事務所將審計結

果提交給美國監理機關。」[193] 目前，德勤、安永（EY）、普華永道（PwC）和畢馬威（KPMG）這四大會計師事務所主導著中國的審計市場，負責大約一百四十家在美上市中國公司的審計——即便是這些審計公司也必須透過當地的中國合作夥伴來營運。[194] 目前，這些事務所正面臨著兩難的風險：要麼違反中國監理機構不允許中國公司與美國監理機關分享財務記錄的規定；要麼就是違反美國監理機關要求它們這樣做的規定。如今，連審計公司也被捲入美中監理衝突的漩渦當中。

這場衝突影響深遠。最糟糕的情況可能會導致美國和中國的股票市場完全脫鉤，屆時市價約 2 兆美元的中國公司在美國證券交易所上市的股票都將面臨風險。[195] 這對雙方許多機構法人來說，都是個令人不安的未來。滴滴出行、字節跳動和螞蟻集團等中國公司可能會失去原本進入美國資本市場的機會；[196] 而一些較小的中國科技公司也有可能受到不利影響。例如，有聲書和 Podcast 平台喜馬拉雅最近取消了原定的美國首度公開發行計劃，轉而選擇在香港上市，原因就是上述又新又繁瑣的監理要求所致。[197] 照理來說，在紐約上市比在香港上市更有優勢，因為紐約擁有更深厚、流動性更佳的金融市場，也沒有香港繁瑣的監理要求，像是高獲利門檻。[198] 在新的監理環境下，曾經期望從中國科技公司首度公開發行中獲利的外國投資人和其他機構法人也面臨較不利的處境，其中包括高盛集團這樣的包銷證券商 [199]，以及像軟銀集團這樣重金投資滴滴的機構等。[200] 選擇繼續在美國上市的中國科技公司可能還會面臨所謂的「中國代價」，因為投資人和投資銀行會將此類上市所伴隨的法律和監理風險反映在價格中。[201] 美國證券交易委員會也可能在這場衝突中漸漸失去優勢地位，因為中國政府已經阻止了美國對世上一些最大科技公司的監理權限及施加影響的能力。究竟誰會是這場監理鬥爭的最終贏家，目前還不清楚，但可能包括那些肩負網路安全審查權的中國機構、

一部分較小的中國科技公司以及中國國內的股票交易所等。例如，北京近期開設了自己的證券交易所。在外國上市的打擊可能會反過頭來加強中國吸引頂尖公司在國內上市的風潮，提升中國股市的聲望和信譽，同時向世界展示，中國已不再需要華爾街了。[202]

但是，就連中國政府也十分謹慎看待股票市場全面脫鉤可能會帶來的成本。看似無法解決的美中衝突中，雙方也有各自保持克制的壓力。2021年12月，中國證券監督管理委員會發布了關於VIE結構的新規則，在加強國家安全監理的同時[203]，仍允許中國公司在海外上市，顯示出一種中庸的策略。[204] 至少截至目前為止，美中都沒有採取激烈脫鉤的行動，中國證券監督管理委員會和美國證券交易委員會依舊允許中國公司採用VIE結構在美國上市。中國政府最近也做出了一些重大讓步，避免中國公司大規模從美國證券交易所下市。2022年4月，中國證券監督管理委員會修訂了2009年的審計保密規則，這項規則原本禁止在海外上市的中國公司透露敏感的財務資訊給外國機構。[205] 同年7月，中國當局表示，它們正考慮採用一種三層分類系統，在美國上市的中國公司將根據手上握有資料的敏感程度分級，再依不同級別處理。[206] 只有持有「保密等級資料」的公司才會面臨下市的危機，持有「非敏感資料」或「敏感資料」的公司則可遵守美國的審計透明度要求。[207] 但對於持有敏感資料的公司來說，遵守中國法律可能代表公司得改變資料管理的做法，例如「將資料外包給第三方」。[208]

為了進一步展現美中雙方欲緩解緊張局勢的意圖，美中監理機構於2022年8月達成了一項具有里程碑意義的協議：美中監理機構將得以共享在美上市中國公司的審計記錄。[209] 透過賦予美國監理機關檢查和調查中國公司審計的權力，這項協議有望防止約兩百家在美國上市的中國公司被迫下市。[210] 然而，美國證券交易委員會主席詹斯勒慶祝協議達成之

際，以相當謹慎的態度說道：「儘管這是一個重要的框架，但請不要搞錯，真正的考驗在於實踐。這只是整個過程中的一個步驟。只有當美國公開發行公司會計監督委員會（PCAOB）能夠完全檢查、調查中國的審計公司時，這項協議才真的有實際意義。」[211] 2022 年 9 月，PCAOB 的檢查委員開始審查中國公司審計員的工作，首批受審查的對象為阿里巴巴以及速食連鎖企業百勝中國。[212]

儘管有這些初步進展的跡象，但在當前緊張的地緣政治環境下，進一步金融脫鉤的威脅仍舊真實存在，畢竟無論哪一方都無法承擔屈從對方要求的後果。中國政府依然堅持對個人資料進行更嚴格的控制，並更加重視有關資料傳輸的國家安全問題。也就是說，中國政府還是很難接受向美國監理機構全面公布此類資料。與此同時，美國政府則堅決防止美國投資人暴露於不合理的風險之中，希望能避免重蹈覆轍——滴滴出行上市的風波如今已惡名昭彰。因此，美國證券交易委員會有動力要求中國公司公布更多有關所有權結構、與中共的關聯以及完整的審計記錄等資訊。PCAOB 已明確表示，它們「必須完全取得相關事務所審計工作的文件——沒有漏洞，也不會有例外。」[213] 這場衝突早已在新里程碑協議的細節中展開。儘管兩國都對這次金融監理的新實驗展現出初步的合作意願，但雙方已經對中國監理機構在 PCAOB 檢查過程中應扮演的角色議題上產生分歧。[214] 這表明，儘管負擔的成本高昂，美中金融市場仍有進一步脫鉤的可能，可能性甚至愈來愈高。最極端的情況下，衝突升溫可能將導致全球股市完全脫鉤——這種情況雖然不太可能發生，但也不再無法想像。這將開啟一個全新的時代，無論是美中關係還是更廣大的去全球化趨勢，都將使全球經濟的分裂程度達到過去難以想像的地步。

交錯的垂直戰是否會導致科技脫鉤？

本章所討論的衝突揭示了當今數位經濟的複雜現實，全球科技公司被夾在不同的監理模式之間，面臨艱難的選擇；甚至更糟糕的是，不同政府之間的要求完全無法協調。全球科技公司幾乎沒有辦法同時達成在美國承諾保障言論自由、在中國配合政府審查、在歐洲保護使用者的資料隱私，也無法不被指責為了利益出賣自己的價值觀，或在試圖遵守一國法律時違反另一國法律。確實，這些衝突對任何跨國科技公司來說都無可避免，畢竟制定市場規則的是政府，而不是科技公司。Google 親身體驗到，它無法一邊在中國運作搜尋引擎，一邊堅持自己信奉的是言論自由而非審查制度。滴滴同樣明白這一點，滴滴的投資人也學到了這一課——它無法在美國證券交易所上市的同時，只公布北京允許公布的資訊。一旦這些選擇變得過於昂貴或難以達成，全球數位經濟的脫鉤便隨之而來：Facebook 在中國被封鎖、Google 放棄了「蜻蜓計劃」、滴滴從紐約證券交易所下市。然而，還有不少公司仍持續堅持，展示全球數位市場的益處：美國的青少年仍然可以隨著 TikTok 的旋律起舞——至少目前還是如此，部分得歸功於美國的司法機構。Apple 依然在中國蓬勃發展，儘管 Apple 只能在其他地方堅稱「隱私是基本人權」[215]，但在中國只能睜一隻眼閉一隻眼。畢竟，Apple 只是在「遵守法律」——與十億名網路使用者和每年 550 億美元收入有關的法律。[216]

交錯的垂直競爭帶來了多重影響。首先，這些衝突揭開美國科技公司面臨到的複雜平衡考量：是否要在中國營運以及如何在中國營運。這些決策將商業機會和利潤的考量與國家安全、企業價值及利益衝突等問題交織在一起。應對這些抉擇時，美國科技公司無不受到政治領袖、使用者、股東和員工的密切關注，而無論做出哪個選擇，都不可能讓所有

利害關係人滿意。中國國家導向模式亦毫不讓步，幾乎不給美國公司任何選擇空間，只有完全屈服或完全退出中國市場這兩個選項。近年來，領先美國科技公司在這個選擇上的行動顯示，只要中國政府允許它們留在中國、只要它們的核心業務活動（例如免費的網路資訊搜尋）不與中國監理模式的審查要求產生不可協調的衝突，它們就願意繼續在中國營運。然而對這些公司來說，面對如此極端的價值觀衝突，繼續留在中國要付出的代價，可能比退出中國還大。

中國科技公司在美國所面臨的衝突，以及美國公司在中國遭遇的衝突，兩者的邏輯截然不同。美國市場導向的監理模式對這些公司提出的挑戰甚少，畢竟美國崇尚經濟開放，一直以來都歡迎中國公司進入美國市場。即便美國的政治態度最近轉趨強硬、地緣政治的考量開始主導政策方向，中國科技公司仍能訴諸美國法院挑戰美國政府的限制，依賴美國的法律體系為自己辯護。在多起案件中，美國各地的法院都忠於美國的監理模式，維護了美國長期以來對商業自由和法治的堅持。然而，關鍵的問題在於，美國政府是否正有意識地選擇偏離自己對經濟開放的承諾，無論是以國家安全之名，還是以為了實現更大的公平和對等原則之名。或許這種政策轉向能成功遏制中國科技公司的影響力，但也有可能加劇美中科技戰目前的傾向——即美國逐漸放棄自身市場導向的核心原則，並無意間漸漸讓中國國家導向的監理模式成為數位經濟的指導範本。

因此，在當今緊張的局勢下，核心問題變成數位經濟的脫鉤將會進展到什麼程度。除了前面提到全球股市會面臨的風險之外，網際網路和更廣泛的數位經濟現正朝向更大程度的巴爾幹化（注：Balkanization，地緣政治學術語，指一個較大的國家或地區分裂成較小的國家或地區的過程，分裂出來的地方關係緊張甚至對立）邁進。第5章我將會探討美中科技戰的持續交火，包括出口限制和投資限制，已經開始分裂全球科技

的生態系統，因為美中正為爭奪科技霸權，在水平競爭中展開激烈交鋒。如果科技公司最終發現，在不同監理體系下已無法營運、只能擇一，那麼額外的脫鉤將隨之而來。若將這種脫鉤看作一個層面，有人預測全球網際網路將會分裂為「分裂網」——這個術語指的是「有無數平行網際網路的世界，即不同、私人和自治的網際網路宇宙各自運行」。[217] 實際上，這代表全球的網際網路將分裂為由不同政府或科技公司所控制的不同疆界。在這個巴爾幹化的數位世界中，公司和個人都得選擇一個系統，否則就得面對跨越兩個網路架構和兩套設備營運的成本和複雜性，例如用一支手機來發送微信訊息，用另一支手機來收發 Gmail。[218]

有些人認為這種脫鉤已經發生了，網際網路已分裂成兩個體系：美國的網際網路和中國的「互聯網」，甚至有人認為，隨著歐盟開始制定並推廣自己的標準，可能將有第三個體系誕生。2022 年美國外交政策智庫外交關係協會的一份報告宣稱：「全球網際網路的時代已經結束。」[219] 這個觀點也引起許多人的共鳴。如今，手握敏感科技的公司想在美中同時營運，將變得更加困難；它們可能得選擇一個市場，就像許多公司做過的那樣，並放棄真正全球化營運的理想。畢竟，這個理想背後的基礎，在於網際網路「全球化」的特質不但與生俱來，還無可避免。然而過去幾年我們看到，事實並非如此，網際網路開放與全球化的特性，依然取決於各國政府是否在政治決策上允許網際網路繼續朝這個方向發展。Meta 執行長祖克柏在 2019 年就已經指出：「中國正在建立一個以完全不同價值觀為中心的『互聯網』，並將『互聯網』的願景輸出到其他國家。」[220] 美國駐中大使也發表了類似觀點，2021 年，一位外交官指出，中國早在十年前就開始試圖將「互聯網」與西方的網際網路脫鉤，最終的目標就是建立兩套獨立的數位生態系統。[221]

中國正逐步建立一個獨立的數位架構，其中包含重視主權且帶有數

位極權主義的「互聯網」。它不需要Facebook、亞馬遜、Google或Apple，因為中國自己就有微信、阿里巴巴、百度、華為和小米。人工智慧方面，中國也不依賴他國，並正發展自動駕駛汽車、智慧城市、智慧醫療及健康應用，同時進一步完善已經十分強大的AI驅動國家監控體系。一旦中國推出自己的數位貨幣且在國際流通，並由此創建一個減少依賴美元或全球銀行金融電信協會（Society for Worldwide Interbank Financial Telecommunication，簡稱SWIFT）國際支付系統的替代金融體系，北京將會朝自主的科技生態系統更進一步。然而，全球半導體供應鏈的脫鉤十分困難，創建一個完全獨立的「分裂網」也是，我將在第5章說明。的確，中國的防火牆已在「互聯網」上立起邊界，創造了一個由中國政府審查政策所決定的獨立內容世界。類似的內容控制手段也在伊朗、北韓和俄羅斯等國施行。然而，要將一個國家完全切斷與全球網際網路的聯繫既昂貴又困難，正如俄羅斯在入侵烏克蘭後、試圖脫離全球網路基礎設施所面臨的挑戰。相較之下，中國在實現「分裂網」這方面處於更有利的位置，因為中國政府打從一開始就將整個「互聯網」基礎設施建設成一個受控的空間。[222] 中國也願意調動大量資源來創建並維護其「主權互聯網」。[223] 但中國最終是否真能實現完全自主的「互聯網」，目前仍不得而知。

即便控制內容也許可以在一定程度上分裂網際網路，但支持網際網路的核心技術基礎設施卻不太可能因此而分裂。例如，負責管理網域名稱系統的網際網路指定名稱與位址管理機構（Internet Corporation for Assigned Names and Numbers，簡稱ICANN）最近就拒絕了烏克蘭要求暫停俄羅斯連接其網域名稱系統的請求。這個動作強調，網際網路是一個去中心化的系統，設計背後的宗旨正是確保任何單一權威都無法控制或關閉這個系統。[224] 真正的「分裂網」需要從技術上使網際網路的協議

不再兼容，例如中國的「互聯網」與美國的網際網路將無法互通。然而，有些專家對這種分離的可持續性心存懷疑，畢竟技術人員可能很快就能找到連接的方法。各國也可以設立不同的管理機構來管理網際網路的不同領域，即使這些領域都使用技術上兼容的協議。例如，中國可以嘗試管理自己的 IP 位址和網域名稱系統。然而，即便中國有技術能力來創建某種形式的「分裂網」，鑑於其中涉及的成本和複雜性，中國是否願意真的追求這個戰略方向，目前也未可知。[225]

數位脫鉤的程度及其實際體現將在未來幾年揭曉。第 5 章我將探討地緣政治緊張局勢的升溫，可能進一步分裂全球數位經濟，因為主要的數位司法管轄區將繼續限制跨國網路的資料、技術和資訊的傳輸。在這些衝突中，科技公司將繼續處於核心位置，面對不同政府間無法協調的監理要求，愈來愈頻繁被迫選邊站。與此同時，許多科技公司依然堅持提倡開放、互聯的數位經濟所帶來的好處，展現出即便需要承擔政治和經濟風險，也願意相信可在全球數位市場中放手一博獲取收益的願景。各國政府深知，一個充斥資料大量在地儲存、網際網路分裂、股票市場脫鉤、數位公民被分隔的世界，或許能夠帶來更強的控制力和安全感，但它們也很清楚，實現這種控制和安全將付出極為沉重的代價，最終可能只會是一場得不償失的慘勝。這將削弱各國經濟、社會和個體的繁榮。或許最重要的是，如果極端脫鉤真的發生，將會損害所有數位體系賴以維繫的重要科技進步和經濟繁榮，並消除三大數位帝國之間未來實現關係緩和甚至共存的可能性，即使這種共存充滿不安與爭議。

Chapter 5 科技霸權爭奪戰：美中對決

在當今的數位經濟環境下，大部分的監理爭端都會隨著時間推移演變：有些鬥爭隨著各方利益的變化或趨同而緩和下來，有些則轉變為更棘手、更多面向的衝突。近年來，美國與中國之間的鬥爭演變方向十分明確：雙方都在升級策略，大步邁向更加強硬的對立。因此，在第 4 章中論及的那些個別垂直競爭，現正演變為兩個數位帝國之間更大型的水平衝突。這些早期的垂直競爭已經成了全球數位經濟逐步脫鉤的導火線，隨著美中爭奪科技霸權，這個過程正在加速推進；雙方都帶有強烈的意識形態色彩，並有可能引發嚴重的地緣政治後果。這個新的戰爭超越了 Facebook 決定要撤出中國、還是屈服於中國共產黨的審查要求；也超過了滴滴出行是否應在違反中國法律的情況下，向美國監理機構公布敏感資料的程度。科技公司仍然是這場水平戰爭下的主要工具和犧牲品，美國政府也不再針對某幾家個別中國公司。恰恰相反，如今美國的目標不僅是整個中國科技生態系統與中國政府，還包括中國未來的經濟、科技和地緣政治實力；正如中國政府現在正展開的決定性鬥爭，不僅針對美國領先的科技公司，更是針對美國全體這個主要對手。鑑於美中衝突升級，從前被描述為「戰役」的事件，如今已演變成兩個科技超級大國之間的「戰爭」。許多人認為，這場超級大國之間的衝突正是決定全球數位經濟未來、也是賭注最高的主要戰場。

美中科技戰對全球數位經濟畫下一道愈來愈長的陰影。這場超級大國之間的競爭正在撕裂全球供應鏈、衝擊科技公司、震懾金融市場，並擾動遠遠超越美中雙邊關係的國際關係。如今，大國競爭的新時代取代了過去更為樂觀的全球化時代；當時世人以為，中國將會融入全球經濟——尤其是 2001 年，中國剛加入世界貿易組織（WTO）的那段時光。隨後二十年間，出口貿易帶來了中國破記錄的高成長率。西方的公司得以進入中國龐大且充滿活力的消費市場，西方消費者也能取得廉價的中國產品因而受益。但是，中國的市場始終沒有完全開放，外國公司仍然面臨不少限制，包括前面章節所述的各種嚴格審查要求。但當然，世人仍舊盼望，隨著時間的推移，中國將逐步與全球經濟深度整合。中國能藉此與西方政治有更多接觸的機會，而在最樂觀的情境下，有些觀察家甚至認為，這將為中國的政治開放奠定基礎。這種樂觀情緒隨著中國與美國及美國盟友關係間的惡化而煙消雲散。世界貿易組織等國際組織也一直難以將中國這種國家主導的經濟體制順利納入原本的架構中。中國在全球經濟日益重要的地位，以及中國不願遵守國際經濟秩序既有規則的態度，加劇了西方陣營的怨懟。看來短期內，這些由根本差異所引發的緊張關係難以調和，也很有可能導致美中之間長期持續的衝突。

過去幾年間，本就緊張的美中關係進一步升溫，數位經濟這個領域逐漸成為美中對抗的主要戰場。2017 年川普總統上任以來，美中兩國之間的衝突演變成全面的貿易與科技戰，各個企業和其他政府不得不在動盪的局勢之間尋求平衡。美國與中國都將科技實力視為掌握經濟和政治主導權的重要關鍵，並將彼此視為地緣政治衝突的戰略對手，雙方也因此深陷其中。數位經濟變成兩國之間的零和遊戲，合作與妥協的空間幾乎蕩然無存，進一步加速美中科技資產的脫鉤。隨著美中局勢愈來愈緊張，全球對科技供應鏈的信任逐漸瓦解，促使包括歐盟在內的其他司法

管轄區採取更加強硬的科技民族主義作為,各國政府正加緊腳步,確保獲取關鍵技術的途徑。

對於科技戰的起源,美國和中國有不同的敘事。對美國而言,這場貿易戰與科技戰是美國對中國政府長期奉行不公平經濟政策的必要回應,包括中國系統性地侵犯美國智慧財產權、壓低人民幣匯率、參與網路盜竊與工業間諜活動、補助中國企業、偏袒國有企業,以及對希望能在中國營運的外國企業施加各種限制等等。[1] 除此之外,美國政府還提到中國政府壓迫人權的行為,例如最近對香港民主抗議活動的鎮壓和對新疆維吾爾人的大規模拘禁,這些事件都讓貿易制裁更具正當性。[2] 儘管這些事情早已醞釀了十幾年,但一直到 2016 年川普當選,才開始主導美國的政策制定方向。川普總統任期內,美國發起並加劇了對中國的貿易戰——而這場戰爭在拜登總統任內仍在繼續。歐盟等其他政府也同樣關切中國扭曲市場的政策和壓迫人權的行為,不過一直以來,它們更傾向在世界貿易組織的框架內解決貿易爭端。[3] 然而,在川普執政時期,美國對世界貿易組織的耐心幾乎耗盡,轉而採取單邊的貿易制裁行動。如今這場美中雙邊貿易戰已擴大為更全面的貿易與科技戰爭,科技資產更被視為經濟與地緣政治競爭的核心關鍵。因此,科技業成了雙方出口管制以及各種市場進入和投資限制的主要目標。

美國以中國不平等的經濟政策為正當理由,發動了貿易戰和科技戰;中國領導層則認為,美國的限制性措施是為了遏制中國崛起,並維護現有由美國主導的經濟和政治秩序。[4]「中國製造 2025」是美國貿易制裁的針對目標,這項產業戰略政策的目的是要讓中國成為全球高科技製造業的領導者。[5] 舉例來說,美國對航空及電動車等產業施加關稅,而這些產業恰恰是中國重點優先發展的領域。從中國的角度來看,這些關稅和美國的其他政策——包括對中國資訊與通訊技術巨頭華為的制

裁、拒絕發放中國學者和學生的簽證,以及要求中國終止對國內科技業的補貼等等——都可看出美國發動貿易戰和科技戰的動機帶有「壓制中國高科技業發展的意圖」。[6] 究竟美中科技戰是源於美國對中國不當市場行為的合理顧慮,還是源於美國試圖打壓中國合法挑戰其科技霸權的機會,美中雙方可能永遠無法達成共識。然而,現實情況是,這場科技戰已經演變成多線戰爭,除了逐步推動美中科技資產的脫鉤,還嚴重撼動全球數位經濟的基礎。

大多數的評論家都同意,貿易戰和科技戰的代價高昂,美中衝突最終注定沒有真正的贏家。然而,要令美國失望的是,這場科技戰中唯一明顯的贏家,可能會是中國國家導向的監理模式——這個模式正日益受全球青睞。美國以強硬的國家導向方式來回應科技戰,政府開始效法中國監理模式的某些做法,像是限制出口、保護科技業不受外國投資人影響等等。美國也正努力不懈進行國家主導的能力發展計劃,以期在全球供應鏈解體的時代取得新的技術能力,同時減少對外國的依賴——這也與中國相似。包括歐盟在內的其他司法管轄區都夾在美中科技戰的中央,被迫在代價高昂的衝突中尋求應對之道,甚至可能不得不選邊站。為了不被這兩大勢力隨意擺布,歐盟在這緊張的地緣政治環境中,積極推動科技自給自足,也就是歐盟稱的「戰略性自主」[7] 或「數位主權」。[8] 從歐盟的反應可以看出,美中科技戰正在加劇數位貿易和國際合作的普遍不信任。這場科技戰也在無意間促使美國和歐盟逐漸採納中國國家導向監理模式的某些元素,進而讓科技民族主義成為全球普遍的常規。

這個章節將接續第 4 章的討論,探討美中如何進入新的競爭篇章,超越過往針對特定科技公司進行個別垂直競爭的階段。隨著緊張局勢升溫,這兩個領先科技大國如今捲入了一場更廣泛的水平競爭,爭奪科技霸權之位。在這場科技戰中,整個科技生態系都成了戰場,最終的目標

是占據經濟與科技的領先地位，進而主導地緣政治。這個章節會概述美國近期對中國科技公司採取的主要動作，包括限制美國科技對中國的輸出，以及限制中國科技投資進入美國市場。美國還向盟友施壓，要求它們限制中國科技公司在市場上的影響力，藉此削弱中國企業出口的機會。這個章節將攤開討論上述作為，並分析可能會出現的短期與長期後果。此外，本章還將介紹中國政府針對美國科技公司的政策，包括限制美國公司在中國的營運機會，以及防止關鍵技術資產外流等等。無論是美國還是中國，雙方的政策措施都在經濟、科技和政治領域激烈交鋒，同時也反映出雙方試圖避免衝突全面升級，防止全球數位秩序徹底脫鉤的努力。這個章節將會列舉幾個案例，說明現有深厚經濟體的相互依賴如何讓美中兩國即便在大國對抗的情勢下，依然選擇採取克制的策略。這個章節還會探討另一個前沿領域的科技戰：人工智慧方面的技術軍備競賽，並揭示美中兩國政府如何進一步深入參與相關數位經濟的規劃與管理。美中科技戰已帶來重大影響，科技資產正逐漸脫鉤，數位保護主義也在全球各地日益成長。衝突的升級讓全球充滿不確定性，加速全球供應鏈瓦解，並揭示這場科技戰對世界數位秩序造成的巨大衝擊以及外溢效應。

美國對中國的措施：
反制中國科技實力提升所帶來的風險

美國政府針對中國科技公司採取了多項行政手段和立法措施來保護美國商業、外交政策和國家安全利益。首先，美國政府限制關鍵科技資產的出口，阻止技術外流至中國企業。然而實際狀況是，這代表美國科技公司無法向特定的中國科技企業及其他法人供應某些技術或零件。其

次,美國政府限制中國技術流入,例如削減中國企業在美國建設5G通訊網路基礎建設的機會。第三,美國政府採取具爭議性的「人才脫鉤」策略,限制中國科學家和學生的入境與滯留條件。最後,為了因應中國駭客涉嫌參與重大網路間諜活動,美國近期祭出一系列的制裁動作。這些措施的綜合效果,大幅限縮了中國科技公司在美國的實力與商業機會,同時也加劇了美中之間的政治緊張局勢。

限制關鍵技術出口

限制關鍵技術出口至中國是美國政府的關鍵策略之一,目的是不讓中國有機會獲取具有潛在威脅美國經濟或地緣政治利益的戰略性科技資產。美國早已不是第一次利用出口管制來推動外交政策目標及維護國家安全利益,但在當前美中科技戰之際,這個政策手法有了新的重要意義。2018年,美國國會加強了現行的出口管制制度,藉此回應中國機構試圖獲取美國敏感科技所付出日益增加的心力。[9] 美國國會通過了《出口管制改革法》(*Export Control Reform Act*,簡稱ECRA),授權政府限制關鍵物品出口至中國或其他國家,理由是這些出口可能會損害國家安全或外交政策利益。[10] 美國商務部的產業安全局是負責管制、維護「商業管制清單」(Commerce Control List)和許可制度的機構,針對特定出口目的地和相關用途設定許可要求。舉例來說,產業安全局一直遵循一項政策:一旦物件有可能「直接且顯著增強中國的軍事能力」,就會禁止向中國出口任何受國家安全管制的物品。[11]

《出口管制改革法》象徵美中貿易戰和科技戰的進一步升溫。除了賦予產業安全局永久權限來執行出口管制制度,《出口管制改革法》還擴大了政府限制「新興和基礎技術」轉移至國外法人的能力,要是技術

被認定為「對美國國家安全至關重要」,就可加以限制。[12] 儘管這類技術的具體清單尚未敲定,但預計人工智慧、機器學習、微型處理器、量子計算、資料分析、腦機介面、積層製造和機器人技術等領域都會列入其中。[13] 商務部因遲遲未能敲定受影響的技術名單而遭受批評,在這段被延遲的期間裡,這些技術可不受限制出口,可能會危害美國國家安全利益。[14] 例如,現有的「商業管制清單」有提到「監控硬體」,但對於臉部和聲音識別等現代監控技術卻還沒有明確的相關規定。[15] 然而這些技術已被中國政府用於對維吾爾人的群體監控和拘禁計劃。

實際上,《出口管制改革法》只會影響到少數美國科技的出口,考慮到美國國內要求有效限制中國獲取關鍵技術的強大呼聲,這或許頗令人意外。[16] 在2018年獲得新權力之前,為了回應企業希望進軍中國市場日益成長的壓力,產業安全局取消了許多普遍可用技術的出口許可要求。然而,隨著中國科技崛起以及地緣政治的野心不斷增加,2018年的改革提供了一個契機,相關機構得以重新審視這項執行過於寬鬆的政策。儘管如此,美國政府仍未好好抓住這個機會:2022年的報導指出,美國公司仍持續向中國出售半導體、人工智慧和航太零件等相關敏感技術。[17] 批評者斥責此乃「重大的政策失敗」,認為美國政府「不當地將商業利益置於國家安全之上」。[18] 然而,也有不少人理解政府克制的作為,強調如果沒有其他盟友一同實行類似的管控措施,美國的出口管制將無法達到預期效果;若缺乏協同的策略,其他國外出口商將會迅速填補美國退出市場後的空白,從而直接削弱制裁機制。

儘管產業安全局並未完全利用《出口管制改革法》所賦予的權力,對整個技術或其最終用途提出許可要求或完全禁止;但當局經常使用更具針對性的出口管制手段,來阻止某些技術轉移至中國。這個手段就是所謂的「實體清單」(Entity List),法律效力源自《出口管制條例》

（*Export Administration Regulations*，簡稱 EAR）。「實體清單」針對的是技術的特定接收者，而非技術本身；產業安全局可以利用「實體清單」限制向參與「違反美國國家安全和（或）外交政策利益」的公司或研究機構出口技術。[19] 截至 2022 年 8 月，美國政府已經將兩百六十家中國科技公司列入「實體清單」，[20] 其中包括不少知名的 AI 和人臉識別企業，例如大華技術、海康威視、曠視、商湯科技、雲從科技以及資訊與通訊技術巨頭華為。[21] 這些限制對美國科技公司造成重大影響，例如半導體企業高通（Qualcomm）不能再向華為供應 5G 晶片、Google 的 Android 作業系統也無法再安裝在華為的手機上。[22] 除了科技公司，還有其他法人實體也被列入「實體清單」當中，包括中國的大學，進一步擴大了美國出口管制的範圍。[23]

稍後我會繼續講述美國政府在 2022 年底大幅加強出口管制一事，在這之前，最具影響力的出口管制措施是 2020 年 5 月，美國政府禁止華為取得用美國技術所製造的半導體。[24] 這項決定將許多非美國晶片製造商也納入美國的出口管制範疇，限制延伸到所有使用美國晶片製造設備或軟體工具的外國公司。[25] 半導體是華為智慧型手機和電信設備的關鍵元件，而美國的制裁便是針對華為賴以維生的全球供應鏈。這項制裁以及後續將繼續討論的其他措施，對華為造成了嚴重打擊。[26] 失去與美國有關的半導體供應後，華為的智慧型手機和電信網路基礎設施等業務都遭受重創。2020 年第四季，華為的手機銷售額下降了 41%，2020 到 2021 年間的收入也下降了 29%。[27] 這些制裁迫使華為重新思考商業模式，轉換到雲端服務和智慧汽車等對外國元件依賴較少的新興領域，尋求成長的可能。

2021 年之前，美國的出口管制著重限制中國獲取「軍事情報用途」的技術，或「協助人民解放軍開發武器」的中國企業和機構。[28] 然而，

美國官員面臨愈來愈多要求更進一步、採取更多行動的壓力。2021 年 10 月，眾議院共和黨團寫信給商務部長雷蒙多，敦促進一步擴大出口管制，並指出中國正在試射具備潛在核武能力的高超音速飛彈，所構成的威脅不容小覷。信中強調：「由於我國對中國的出口控制和授權政策過於寬鬆，美國的軟體和工具可謂促成這個武器系統誕生。如果這還不足以喚起改革出口管制、重新審視我國與中國的科技研究合作及其「軍民融合」戰略的決心，那麼民主自由陣營將會在這個威權政權面前大失人望。」[29] 此外，美國政府也試圖利用出口管制遏制中國侵犯人權的行為。2021 年 6 月，美國參議院通過了 2021 年《美國創新暨競爭法案》(*United States Innovation and Competition Act*)，[30] 其中一個部分《2021 年回應中國挑戰法》(*Meeting the China Challenge Act of 2021*)將出口管制的範圍擴展至「具有潛在人權侵犯用途的技術」。[31] 這些措施的目的是要限制中國政府與商業實體獲取敏感或具戰略重要性的科技資產，藉此遏制中國對技術主導地位的追求，並削弱中國在國內外擴張數位威權主義的努力。

近來，美國將這場以牙還牙的出口管制戰升至新高。2022 年 10 月，美國政府推出了一套嚴厲的新出口限制規則，目的是要切斷中國獲取先進半導體晶片及生產工具的途徑，也就是驅動超級運算和人工智慧產能所需的工具。[32] 此外，產業安全局發布了新規則，進一步對已被列入「實體清單」的二十八家中國企業增添了出售技術的許可要求。[33] 這些規則除了回應國家安全的疑慮，還防止中國利用先進技術來破解美國的加密通訊或提升中國的武器系統等嘗試。[34] 更重要的是，這些管制措施援引了「外國直接產品原則」，將限制擴展至全球範圍內任何使用美國技術和設備生產晶片的公司，包括台積電這樣的主要供應商。[35]

這些新的管制措施反映拜登政府的看法：過往「實體清單」等出口限制手段不足以阻礙中國的科技發展。2022 年 8 月，有報導指出，中國

頂尖晶片製造商中芯國際儘管名列「實體清單」，仍成功製造出七奈米等級的晶片。[36]這項重大突破觸發了拜登政府的警戒，拜登政府早已試圖說服盟友一同對中國實施更嚴格的限制。[37]因此，新的出口管制措施採取更激進的策略，意圖將美國技術作為「關鍵瓶頸」來遏制中國的技術發展，例如切斷美國晶片的供應來讓中國 AI 產業陷入困境，或阻止中國獲取美國晶片製造所需的軟體，來斬除中國自行生產晶片的能力。[38]與其針對特定幾間中國公司或特定技術，新的限制手段將目標擴展至整個中國科技生態，無論是民用還是軍事領域皆然。短期內，這些新的管制措施無疑將對中國晶片製造商和科技公司造成損害；許多公司將難以取得用於 AI 演算法的美國硬體元件，連帶影響醫學影像、自動駕駛等多個產業。[39]然而，正如經濟制裁帶來的連帶效應一樣，美國公司也將受到波及。例如，新規定頒布之前，兩大美國晶片設備製造商應用材料（Applied Materials）和科林研發（Lam Research）約有三分之一的銷售額來自中國。[40]

美國能否完全切斷中國獲取這些技術的管道還有待觀察，因為美國無法說服盟友加入制裁體系。有消息指出，美國曾與英國、荷蘭、日本等政府談判，試圖邀請這些國家也對中國實施出口限制。[41]然而，有些盟友擔心這樣做會損害自身與中國的經濟關係，而不願加入。[42]過往，中國時常採取「分而潰之」的策略：在經濟上懲罰那些效忠美國舉措的國家，並獎勵那些不響應的國家。[43]長期來看，儘管中國會對這些措施有什麼反應尚未可知，但中國很有可能會尋找美國技術的替代品，加強國內的科技實力。[44]

這些管制措施將在短期內進一步推升美中科技生態系的脫鉤風險。根據新規定，持有美國護照的自然人將不得再為中國晶片公司工作，導致部分中國公司的高層主管辭職下台。[45]Apple 也正在考慮把 iPhone 的

供應鏈區隔開來，中國市場的 iPhone 將使用中國製造的晶片，與西方市場的 iPhone 有別。[46] 或許最重要的是，這些措施展現了美國跨黨派跨政府的共識：全面阻止中國科技崛起。從川普政府為了打擊華為而推出的《晶片與科學法》(CHIPS and Science Act)，再到最新的出口管制等，美國清楚表明不再遵循過往與中國互動的原則，而是將中國的科技進步視為國家安全議題，會以爭奪地緣政治霸權地位的戰略競爭視角來應對中國。

▎限制對關鍵技術資產或基礎設施的投資

除了限制戰略技術外流至中國，美國也試圖限制中國企業染指美國境內關鍵技術資產和基礎設施的可能。美國政府限制中國公司參與美國 5G 網路的基礎建設，正是這個現象的經典案例。當今，5G 市場已成了美中之間爭奪數位主權的主要戰場。正如世上其他地區，在美國，5G 網路是支撐各種重要社會服務和經濟活動的重要基礎，涵蓋電力、交通、銀行和醫療保健等領域。作為全球領先的 5G 技術供應商，華為在美中科技戰中成了眾矢之的。美國政府擔心，若美國的 5G 網路依賴華為建設，那麼透過這些網路傳輸的資料，可能會因華為與北京政府的緊密關聯，而被中國政府的間諜行動掌握。因此，美國政府已禁止華為參與美國的 5G 網路建設，同時還試圖說服全球盟友採取相同的做法。2019 年 5 月，川普總統簽署了一條行政命令，禁止使用會對國家安全構成威脅的外國公司所製造的電信設備，這道命令雖然沒有明確提到華為，但顯然是針對華為而來。[47] 美國國務院進一步將華為形容成「中國共產黨監控國家的工具」，因此「美國採取措施保護國家安全及公民隱私，並維護 5G 基礎設施的完整性，防止北京的惡意影響」，就再合理不過了。[48] 參議員班・薩斯（Ben Sasse）指出：「中國最主要的出口品項是『間諜』，而中國共產黨與華為這種所謂『私人企業』之間的界線根本是虛

構的。」⁴⁹ 參議員湯姆・柯頓（Tom Cotton）也同樣警告：「讓華為來建設 5G 網路，就像在冷戰期間依賴敵國建造潛艇或坦克一樣危險。」⁵⁰

拜登總統進一步加強了川普時期政策的執行力道，將華為以及中興通訊等其他中國數位基礎建設公司排除在美國市場之外。2021 年，拜登總統簽署了《安全設備法》（Secure Equipment Act），這項跨兩黨支持的法案要求聯邦通訊委員會制定規則，明確規定不再為「構成對國家安全有不可承受之風險」的通訊設備發放許可證。⁵¹ 因此，華為的設備將無法再進入美國的通訊網路。⁵² 更驚人的是，聯邦通訊委員會也在推動一項 19 億美元的「淘汰和替換」計劃，補償在偏遠地區的電信營運商拆除其網路架構中但凡有華為和中興的設備。⁵³ 由此可見，美國政府就算付出極大的代價，也要徹底阻止華為在美國的運作。然而，中國也不是省油的燈，積極出手捍衛華為。例如，應美國政府要求，加拿大政府以詐欺罪拘捕華為高層孟晚舟後，中國政府進行了「人質外交」，報復性地拘留兩名加拿大公民。⁵⁴ 然而，中國對華為積極的捍衛行為只會加深美國對華為與中國政府利益深度交織的狐疑，進一步加劇緊張局勢。

儘管美國政府下定決心要將華為趕出美國市場，但在說服其他國家相信「使用中國電信技術很危險」這件事上，美國的遊說成效有限。⁵⁵ 根據美國外交關係協會（Council on Foreign Relations）在 2021 年 3 月進行的一項研究，完全禁止、或在某些例外的情況下禁止華為進入 5G 市場的國家共有八個⁵⁶，包括美國的傳統盟友，像是澳洲、英國、日本，以及最近的加拿大。⁵⁷ 其他國家如法國、義大利、印度、越南和西班牙，雖然官方沒有正式對華為表明反對立場，但實際上已經排除或限制了華為能參與市場的機會。這些國家逐步淘汰華為的合約，延遲簽署華為的新合約，甚至直接選擇其他供應商。然而，美國仍有一些盟友允許華為建設網路系統，包括北約成員國匈牙利、冰島和土耳其，以及中東地區

的親密盟友，如阿拉伯聯合大公國和沙烏地阿拉伯。印度則持觀望態度，選擇在 2021 年將華為排除在其 5G 試驗之外，但官方沒有正式禁止華為。[58] 這點頗令人驚訝，因為印度制裁中國科技公司的手法一向十分當機立斷。像是 2020 年 6 月，印度擔心中國會竊取使用者的資料，侵犯印度的主權和完整性，於是禁止了將近六十款中國應用程式，包括 TikTok 和微信。[59]

各國政府之所以會對是否應禁止華為進入市場猶豫不決，部分原因是可替代的 5G 技術供應商數量有限。美國公司在電信設備產業的影響力微不足道。2020 年，華為控制了全球電信設備市場的 32%，而最接近華為的競爭對手──瑞典的愛立信（Ericsson）和芬蘭的諾基亞（Nokia）──僅各占 16% 的市場大小。[60] 然而，華為之所以能提供更優渥的融資條件，讓愛立信和諾基亞難以競爭，是因為華為享受國家的大力支持。[61] 例如，中國進出口銀行向巴基斯坦提供 1 億 2,470 萬美元的貸款，並免除了大部分的利息，對應條件就是巴基斯坦要選擇華為作為 5G 供應商──而巴基斯坦未經競爭性招標就做了這項決定。同樣地，中國國家開發銀行向印度第二大的行動網路營運商信實通信（RCom）提供了 7 億 5 千萬美元的貸款，讓信實通信得以用低廉的成本與華為簽訂數位網路設備的相關合約，用於建設第二個行動網路。[62] 根據《華爾街日報》調查，多年來，華為取得總計高達 750 億美元的國家資助，因此經常能在投標過程中以最多低於競爭對手 30% 的價格拿下資格。[63] 華為強調，能提供如此具競爭力的價格，主要是由於高額的研發經費投入與相應而來的技術專業知識。這兩點確實十分可觀，但專家指出，如果沒有政府補貼，華為的價格甚至無法承擔生產成本。[64]

許多開發中國家並不認同美國對資料隱私和安全的擔憂，或由於它們難以負擔電信及其他數位基礎建設，難得的機會一來，它們選擇忽視

這些問題。畢竟,這些國家亟需推動數位發展,自然會優先考慮基礎建設,而非保護資料隱私等基本人權。以馬來西亞前首相馬哈地・穆罕默德(Mahathir Mohamad)的言論為例,他輕蔑地回應美國對華為進入馬來西亞的擔憂,說道:「馬來西亞有什麼好監視的?」[65] 延續這樣的觀點,馬來西亞政府在 2017 年與華為簽署有關公共安全和智慧城市解決方案的合作備忘錄,也就不足為奇了。[66] 美國的盟友也面臨類似的挑戰,試圖在自己所在的地區抵抗中國的影響力。有了美國和日本的支持,澳洲曾試圖說服巴布亞紐幾內亞放棄華為旗下的華海通信所提出的光纖電纜建設計劃,建議轉而採用澳洲主導的替代方案;然而,儘管面對重重警告,巴布亞紐幾內亞最終還是選擇與華為簽約。[67]

限制華為在美國的業務發展,是美中科技戰中最引人注目的一場戰役。美國政府限制中國公司在美營運的作為遠不僅僅針對華為。美國還通過所謂的 CFIUS 程序來審查中國對美國關鍵技術的投資。[68] CFIUS 是美國外國投資委員會(Committee on Foreign Investment in the United States)的簡稱,這個跨部門的委員會負責以國家安全為由,審查外商直接投資,並可請求總統禁止某項投資,或下令撤回已經完成的交易。2018 年 8 月通過的《外國投資風險審查現代化法案》(*Foreign Investment Risk Review Modernization Act*,簡稱 FIRRMA)進一步擴大了 CFIUS 的管轄範圍[69],並也對某些涉及關鍵技術的交易引進了強制申報要求的機制。[70] 《外國投資風險審查現代化法案》還賦予 CFIUS 審查權,對於涉及關鍵技術、關鍵基礎建設或敏感個人資料的美國企業,即便是屬於非具控制權的投資,CFIUS 也有權審查。[71]

不出所料,近期這些投資管制的重點正是中國公司和中國投資人。例如,中國國家支持的投資基金在 2018 年提出了收購美國半導體測試設備公司艾科斯羅國際(Xcerra Corporation)的計劃,由於未能獲得

CFIUS 的批准，最終被迫放棄。[72] 而在 2020 年 5 月，CFIUS 的審查導致加州的 Ekso Bionics 與中國投資人的合資計劃破局。Ekso Bionics 的外骨骼動力服本是為了醫療及其他健康和安全用途而研發，但美方擔心它可能具有軍事應用潛力。[73] 中國投資人似乎也預判了 CFIUS 的負面評估結果，開始主動撤退。過去幾年內，中國在美國科技領域的投資顯著減少。2020 年，中國投資人僅參與十七項 CFIUS 的申報，明顯低於 2019 年的二十五項以及 2018 年的五十五項。[74] 這表明，儘管美國說服全球其他國家採取同樣行動的成效仍有不足，但美國政府對中國科技投資的嚴格審查，確實已對中國投資人在美國市場的投資活動產生了寒蟬效應。

人才脫鉤：科技戰的新戰場

美國對中國間諜行動的指控也折損了許多人才。2018 年，川普政府提出「中國行動計劃」（China Initiative），起訴涉嫌「竊取商業機密、駭客攻擊和經濟間諜行動」的個人。[75] 而實際上，這項計劃往往鎖定美國大學裡的中國裔研究人員。[76] 例如，麻省理工學院的陳剛（Gang Chen）教授就因「參與電信詐欺、未申報外國銀行帳戶資訊以及報稅表的虛偽陳述」等罪名而被起訴。[77] 儘管這些指控後來皆被撤銷，陳教授表示，他還在猶豫是否要再次申請美國政府的研究資金，畢竟「最後，你卻被當成間諜。」[78] 田納西大學專攻奈米科技的教授胡安明（Anming Hu）被指控六項重罪，但法官判定司法部「除了誤解文件之外，幾乎沒有提供任何其他實質證據」，最後無罪釋放。[79] 這項計劃的影響範圍遠不止於這些個別案例。2020 年 6 月，美國聯邦調查局公布，與中國行動計劃有關的調查中案件至少超過兩千件。[80] 直到 2022 年 2 月，拜登政府以「可能會對與中國有種族、族裔或家庭聯繫的研究人員產生有害的偏見」[81]，而且未能有效逮捕受中國政府指使的真正間諜，才終止了這項計劃。[82]

然而，中國行動計劃的結束並不代表人才脫鉤會就此打住。2020年，川普政府突然取消了超過一千名中國學生和研究人員的簽證，理由是他們與「中國的軍民融合戰略」有關，並擔心他們可能會「竊取敏感研究成果」。[83] 儘管被取消的簽證僅占三十六萬多名中國留美學生的一小部分，但這項政策清清楚楚向中國學生傳達了一個不友善的訊息，讓他們了解簽證隨時有可能被撤銷，因而打退堂鼓、放棄赴美留學的計劃。[84] 一些共和黨國會議員也要求重啟中國行動計劃。2022年3月，參議員馬可·盧比歐（Marco Rubio）和另外五名共和黨參議員提議要恢復計劃，理由是他們認為中國共產黨「是國家安全的最大威脅」，辯說：「在應對這項威脅的同時、卻將資源轉移到別處的決定相當愚蠢」。[85] 還有一些國會議員希望能更進一步。2020年5月，三位共和黨國會議員提出《安全校園法案》（Secure Campus Act），「禁止所有中國大陸公民取得前往美國攻讀STEM（注：指科學、科技、工程和數學）領域碩士或博士學位的學生簽證或研究簽證」。[86] 此外，2022年還有另一項由一位共和黨眾議員所提出的法案，試圖禁止任何中國共產黨黨員或其家屬就讀美國大學。[87]

針對中國學生和研究人員的限制是否明智眾說紛紜，特別是考量到這些人對美國科技領先地位的巨大貢獻。光是在STEM領域，就有16%的研究生來自中國，許多人畢業後選擇留在美國，繼續為美國的創新付出心力。[88] 此外，美國頂尖的AI研究人員中，有近30%的人受過中國教育。[89] 因此，如果這些人現在選擇將專業知識帶回中國，而不是按照原本的計劃，留在美國為經濟和社會盡一己之力，這對美國來說是個自我挫敗的策略。以諾貝爾物理學獎得主朱棣文（Steven Chu）為例，他是近兩千名聯署抗議「中國行動計劃」的學者之一，他們強調，美國的「知識技術實力」有很大的一部分來自移民的貢獻[90]。抗議信指出，美國

創新生態系的開放性一直是科學發展事業的標誌，若放棄這項原則，將可能削弱支撐美國科技進步與創新文化的根本力量。[91] 確實，一些不肖分子可能會濫用這種開放性，不同程度竊取智慧財產權的狀況也可能發生。然而，普林斯頓大學教授祖若水（Rody Truex）強調，這種開放的理念是「促使美國科學領先全球」的重要原因，「如果美國以安全之名將科學社群封閉，我們將犧牲自身最大的優勢，並背離我們的核心價值。」[92]

用制裁手段來威懾惡意網路攻擊

美國政府也漸漸將中國視作資安威脅，準備使出多種手段反制。近年來，美國成為網路間諜行動的主要受害者，其中包括 2016 年希拉蕊競選總統期間遭受的俄羅斯駭客攻擊。[93] 美國也是率先實施單邊網路制裁的國家，先是針對北韓（2015 年），[94] 然後是俄羅斯（2021 年）。[95] 2021 年 7 月，拜登政府加重了制裁中國的力道，指控中國政府策劃並執行了全球性的資安攻擊。[96] 美國聲稱，2011 至 2018 年間，中國參與了一場大型網路間諜行動，針對數十家美國及其他國家的公司、大學和政府機構。[97] 此外，美國也指控中國在一場大型間諜行動中入侵了全球公司、商務和政府都廣泛使用的微軟電子信箱系統。更嚴重的是，美國的盟友──包括北約、歐盟、英國、澳洲、加拿大、紐西蘭和日本──紛紛加入美國，將這次入侵微軟的行動怪到中國駭客的頭上。[98] 歐洲國家採取了較為謹慎的立場，僅指責中國縱容駭客在歐盟境內活動；但美國則是明確地將矛頭指向負責情報工作的中國國家安全部。這般強硬的立場反映出美國的認知：過去十幾年，中國已從相對低階的資安威脅搖身一變，成為陰險且精明成熟的資訊對手。中國在國家安全部的指揮下，調度了不少駭客高手進行資安滲透攻擊行動。[99]

這些網路駭客的爭端進一步加劇了美中之間的緊張關係。美國國務卿安東尼・布林肯（Antony Blinken）指責中國「破壞全球資訊安全」，並與犯罪分子同流合汙。[100] 他更將中國的行動描述為對經濟和國家安全的「重大威脅」。[101] 中國也同樣強烈反擊，外交部發言人趙立堅駁斥了美國及其盟友的指控，表示少數國家的觀點無法代表整體國際社會的共識。[102] 中國駐美大使館發言人劉鵬宇聲稱美方的指控是「毫無根據的攻擊」，並指責美國自己才是進行「大規模、有組織且無差別的網路入侵攻擊」的始作俑者，並引用 2013 年史諾登曝光的美國國家安全局監控計劃作為證據。[103] 國家安全局的文件揭穿了美國的作為，包括華為在內的眾多系統都是美國的監控目標，中國強烈指控美國才是網路間諜行動的加害者，而非無辜的受害者。[104] 在當前緊張的地緣政治環境下，全球尺度的資安攻擊威脅不斷上升──無論是俄羅斯在烏克蘭戰爭中的行動，還是中國在台海局勢升溫時的動作，都顯示未來科技戰在資安這個新戰場的衝突只會愈演愈烈。

為了保護國家核心經濟和國家安全利益，並防範中國間諜行動，美國立下了最新的資安規範。與日益嚴格的出口管制和投資限制綜合來看，這些政策展現了美國政府限制中國獲取戰略性技術和基礎設施的決心。除了戰略競爭的對手，美國還在經濟、地緣政治，甚至軍事層面上，將中國視作日益擴大的威脅。即便在最近科技戰的背景下，出於維護美國科技公司進入中國市場所帶來的經濟利益考量，美國政策制定者仍保持謹慎的態度，避免讓兩大數位經濟體全面脫鉤。然而，從 2022 年開始實施更嚴厲的出口管制可以看出，美國政府現在更願意將外交政策擺在經濟利益前面。政策方向有所轉變，美國自己也放棄了從 1990 年代以來支撐數位經濟監理的市場導向原則。美國政府已不再認為，當中國投資的關鍵技術已涉及國家安全威脅，經濟開放還是正當的。此外，美

國也不想再讓科技公司向中國供應可能增強其科技實力的戰略技術資源，特別是那些未來可能會反過頭來威脅美國地緣政治利益的相關技術。因此，這場科技戰意外促使美國朝向中國國家導向的監理模式靠近。而「科技」逐漸成為必須由政府監理與保護的重要戰略資產。

中國對美國的措施：
應對美國制裁並追求科技自給自足

美國最近對中國的各種強硬措施，迫使中國政府跟著推出一系列反制市場限制的動作，特別是直接針對美國科技公司。有些人可能會將這些動作視為對美國某些特定政策的直接回應，但也有人認為，這僅僅展現出中國監理模式持續帶有保護主義性質的政策延伸。無論如何，美中科技戰強化了中國保護國內市場免受外國公司影響的決心，同時繼續扶植強大的科技業，進一步增強中國科技自給自足的能力。因此，美中科技戰迫使美國在數位監理方面做出明顯的調整；但對中國政府來說，這場新時代的對抗並沒有削弱其監理模式，反而進一步鞏固並強化了中國既有的政策傾向，利用數位經濟來為國家在經濟與地緣政治上的利益效力。

中國在美中貿易與科技戰中的策略可以粗分為三個面向。首先，中國政府用相似的出口管制措施來回應美國的作為，包括在 2020 年通過了《出口管制法》和《不可靠實體清單規定》來限制關鍵技術資產外流。同時，中國採取各種監理規章來減少中國企業受美制裁的影響，像是 2021 年頒布的《阻斷法》（全名為《阻斷外國法律與措施不當域外適用辦法》）和《反外國制裁法》。其次，中國也仿效美國的 CFIUS 制度，

為基於國家安全對外商直接投資進行審查的行為創造了法源依據,並利用反壟斷法進一步限制外國企業對中國科技領域的併購行為。第三,這場科技戰增強了中國政府追求科技自給自足的決心,避免美國政府利用中國的供應鏈依賴性,對中國科技公司做出戰略性的打擊。[105] 這些回應措施強化了中國政府作為數位經濟守護者的角色,背後的目的是確保中國科技業能夠為黨的政治目標效力,最終實現中國經濟和地緣政治的抱負。

中國的出口管制:保護科技資產並抵禦美國制裁

近年來,中國政府以彼之道還施彼身,加強對出口的控制,限制某些戰略性技術和敏感資料的外流,並將原本四散的出口管制審查流程整合成單一的立法框架,於 2020 年實施《出口管制法》。[106] 這項法律著重「管制物項」,其中包括軍事產品、核子相關項目以及軍民兩用技術等。[107] 此外,中國還模仿了美國的「實體清單」模式管制出口。[108] 2019 年 5 月,川普政府宣布將華為列入「實體清單」,中國商務部隨即宣布建立類似的《不可靠實體清單》,於 2020 年 9 月公布,緊跟在美國政府發布對微信和 TikTok 等中國應用程式的禁令之後,顯示中國政府堅決採取對等回應的態勢。[109] 中國的《不可靠實體清單》針對在中國營運的外國公司,這些公司可能會「危害中國國家主權、安全或發展利益」,或在中止與中國企業的正常交易時「違反正常市場交易原則,對中國的企業、其他組織或個人的合法權益造成嚴重損害」。[110] 被列入清單中的法人將無法在中國境內投資、從事進出口業務或正常營運。[111]

截至撰寫本書的當下,中國尚未將任何一家公司列入《不可靠實體清單》上。[112] 然而,宣布這份清單本身已經對經濟產生影響。光是滙豐銀行有可能列入清單的傳聞,就導致其股價在發布消息後的幾天內跌至

二十五年來的新低[113]，因為滙豐曾在2018年華為高階主管孟晚舟因欺詐指控而遭拘留時，提供了相關的財務資訊。[114] 然而，中國的《不可靠實體清單》對美國公司可能不會產生太大的影響，因為許多大型美國科技公司早已禁止在中國市場運作了。與華為相比，美國公司受到這種針對性動作的風險較小，畢竟華為的業務相當依賴美國市場的營運，以及從美國科技公司採購相關關鍵技術資源。[115] 同時，中國自己最終也不希望將太多美國公司列入清單，因為限制這些公司的交易將直接影響仍依賴美國高科技供應的中國企業。[116]

為了補足《出口管制法》和《不可靠實體清單》的規範，中國政府於2021年6月通過了《數據安全法》。[117] 實際上，《數據安全法》的影響力遠遠超過《出口管制法》和《不可靠實體清單》。中國政府認為，數據安全和國家安全不可分割，全國人民代表大會更是在《數據安全法》的背景文件中強調：「數據是國家基本戰略資源，沒有數據安全就沒有國家安全。」[118]《數據安全法》不僅加強了對私人企業蒐集到的資料之控制，也設立了資料可向境外轉移的條件限制。由此可見，中國政府正在收緊對網路安全和資料安全的掌控度，目的既是為了防範外國的網路間諜行動，也可以限制國內大型科技公司如何處理蒐集到的資料。2016年的《網絡安全法》早已明定，「關鍵信息基礎設施運營者」必須將個人資訊和重要商業資料儲存在中國境內。[119] 新的《數據安全法》進一步鞏固資料在地儲存的常態化。在資訊安全領域，中國政府也展現了執法決心，從滴滴出行在美上市一事便可見得。種種圍繞滴滴資料的爭議，以及這些資料最終交付美國監理機構的程度，皆表明如今中國政府已將原本屬於常規的科技交易和資料處理問題，轉而視為重大國家安全問題。

除了限制敏感資料或戰略科技的出口，中國政府也同步採取其他措

施，保護本土企業免受美國制裁的影響。2021 年 1 月，中國商務部頒布了《阻斷外國法律與措施不當域外適用辦法》（簡稱《阻斷辦法》）[120]，直指外國法律「不當禁止或限制中國公民、法人或其他組織（合稱「中國主體」）與第三國（地區）及其公民、法人或者其他組織進行正常的經貿及相關活動」。[121] 這些規則的目標並非針對美國公司遵守美國對中國公司的主要制裁，而是在防止非美國公司因遵循美國法律而被迫面臨的次級制裁。[122] 例如，如果一家韓國半導體公司因美國將某中國電信公司列入「實體清單」而拒絕出售晶片，若中國政府認定美國的法律「不合理」，《阻斷辦法》便可阻止韓國公司遵守美國法律，並為中國公司提供法律依據，可在中國對韓國公司提起賠償訴訟。實際上，這些《阻斷辦法》將迫使韓國公司在美中法律之間做出選擇。值得注意的是，《阻斷辦法》並非中國獨有，歐盟也曾實施過類似的做法。[123] 然而，兩者之間很大的不同在於：歐盟的阻斷法規會在附錄中具體列明受影響的法律；而中國的《阻斷辦法》則是賦予政府更大的自由裁量權。[124] 目前，尚無具體的外國法律被正式列入《阻斷辦法》[125]，有可能是因為中國政府仍在衡量應付出的相關成本。[126]

2021 年 6 月，中國立法機構通過了《反外國制裁法》來補充《阻斷辦法》的不足。[127] 這項法律授權對協助制定或執行對中制裁的個人和機構採取反制措施。因此，《反外國制裁法》的規範可以遍布外國政府官員、個人和公司。[128] 反制措施包括禁止入境中國、凍結在中國的資產，以及禁止與中國機構交易等等。這項法律也為中國制裁美國和歐盟的個別政治人物提供了法定依據，像是前美國國務卿麥克・龐培歐（Mike Pompeo）[129] 和前美國眾議院議長裴洛西及其直系家屬。[130] 然而，就跟《阻斷辦法》的處境一樣，目前無法得知中國究竟有多大的意願真正落實這些措施，因為這可能會連帶損害中國經濟。因此，中國政府很有可能

希望單靠設立這些反制措施的威脅感，來阻止企業遵守外國的制裁。[131]

▎限制外國投資與外國公司在中國的運作

近年來，中國和美國一樣基於國家安全考量，加強了對外商直接投資的審查。中國政府於 2020 年 12 月通過了《外商投資安全審查辦法》，並於 2021 年 1 月生效。[132]《外商投資安全審查辦法》與美國的 CFIUS 審查過程類似[133]，由中共國家發展和改革委員會與商務部聯手進行。[134] 新法規明文規定，一旦外國投資涉及「重要信息技術和互聯網產品與服務」或「關鍵技術」，將自動啟動審查。[135] 要是有國家安全疑慮，政府可以增加限制條件來化解風險，甚至有權徹底禁止投資。[136]

不過即使在頒布《外商投資安全審查辦法》之前，中國對外國投資的態度一直充滿不確定性，在鼓勵與限制之間搖擺不定。例如，政府會發布「負面清單」（完整名稱為《外商投資准入特別管理措施（負面清單）》）[137] 來限制外國投資進入某些行業，但近年來又因貿易談判的妥協，將部分行業從清單撤下。[138] 此外，政府有時也允許外資進入通常受嚴格監理的行業別，例如，儘管中國的一般消費者禁止使用 VPN 繞過防火長城，最近中國當局卻准許外國公司投資北京的 VPN 服務合資企業，可持有達 50% 的股份。[139] 相較之下，為了維護對關鍵資源的掌控力，中國仍禁止外國投資稀土礦業。[140] 多年來，美國一直抗議中國限制稀土投資的做法，早在 2011 年就有一群美國參議員上書：「美國不應袖手旁觀，讓中國的投資政策束縛美國企業，削弱我國國家安全和經濟安全等需求。」[141] 儘管外國的反彈聲浪連連，中國仍在 2021 年的「負面清單」中，將稀土礦產列為外資禁止進入的行業。[142] 這個案例顯示中國政府在監理政策上的不可預測性，可能會成為外資投資中國企業的一大障礙。中國

在外國投資的政策上展現了兩條並行的路線：一方面，政府試圖藉由開放更多產業來緩和貿易戰的緊張關係，向外界釋放中國仍願意對外資敞開大門的信號；但另一方面，有些產業卻又牢牢限制外資，嚴加控管。

另一個中國政府用來保護戰略性科技的政策工具是反壟斷法。當政府希望阻止某個備受關注的交易（無論是國內還是國際交易）時，常常會利用反壟斷法的鐵槌來實現目的。藉由模糊反壟斷審查與國家安全審查之間界線，中國政府加劇了外國投資人所面對的風險和不確定性。多年來，中國執行反壟斷的相關機構被控利用併購審查來推動對國內企業有利的保護主義產業政策目標——這種做法其實與其國家導向監理模式相當一致。[143] 2008年，中國頒布了《反壟斷法》，而在《反壟斷法》實施後的幾年間，中國的監理機構被控任意拖延已通過美國與歐盟審查的併購案。[144] 然而時至今日，中國的併購控管體系仍相當難以預測。例如，當美國私募基金黑石集團（Blackstone）試圖收購中國前幾大房地產公司SOHO中國時，中國國家市場監督管理總局並未及時批准這筆交易，導致黑石集團在2021年撤回了這項收購提案。[145] 儘管我們無法得知為何這項收購未過批准，但國家市場監督管理總局的不作為，預計會讓其他潛在外國買家看到黑石的失敗後，不再有意願收購。[146]

在科技領域，未能順利通過中國的反壟斷審查與核准已導致許多重大交易幾乎談不攏或直接告吹，顯示中國有權對即便是在境外的科技投資施加限制。中國監理機構未能如期核准高通收購荷蘭晶片製造商恩智浦半導體（NXP）的提案，審查期長達二十個月，一直到2018年交易時效到期仍未做出決定。[147] 2021年，美國晶片製造設備供應商應用材料也碰到相同的處境，因未能及時獲得中國監理機構的核准，而放棄了對日本國際電機的收購提案。當時，中國的核准審查延遲了將近九個月，而在這段期間，日本、美國和歐洲的反壟斷機構皆核准了這項交易。[148] 從

其他案例也可以看到，有些公司雖然最終獲得中國核准，但代價不菲。2021 年 1 月，中國國家市場監督管理總局終於批准了思科收購美國光纖網路製造商 Acacia 的交易，這項交易從最初宣布以來已歷時十八個月。[149] 期間由於遲遲未能獲得中國核准，Acacia 一度要宣布終止收購協議。最終，思科以更高額的收購價完成了這筆交易。[150] 儘管獲得中國反壟斷審查核准的難度可能會影響與中國沒什麼關聯的交易進展，但要是外國投資人有意收購中國公司，更嚴格的監理審查會讓他們望而卻步。從這些例子可以看出，在美中科技戰的框架下，反壟斷法也漸漸成為一個有效的工具。執行反壟斷審查讓中國政府更能掌握國內的關鍵科技資產，北京當局也能確保這些技術繼續為中國的科技發展效力，達成國家利益的終極目標。

即便不考慮上述難以預測的外資審查與反壟斷調查狀況，外國公司投資中國往往也會受限，正如第 2 章和第 4 章所述，不論是進入中國市場、還是要在中國市場穩定營運，相關條件都非常繁重。Google 等美國科技公司早在近期衝突之前就已退出中國市場。而對於仍然留在中國市場的公司來說，它們的商業環境也變得更加艱難。例如，微軟旗下的 LinkedIn 在 2021 年放棄了中國的專業人才社交網路服務，僅僅留下發布職缺的功能。[151] 許多美國科技公司認為，要滿足中國政府的要求不僅成本過高，而且風險太大，因而選擇放棄中國市場；而另外一些公司如 Apple，則選擇用巨大的妥協換取能在中國營運的機會。無論怎麼說，要進入中國市場是有代價的，這點無庸置疑；而隨著美中科技戰所引發更嚴密監控的商業環境，這個代價正不斷攀升。

追求科技自給自足以應對制裁

除了採取各種措施來反制美國的制裁,中國的整體戰略一直以確保能實現科技自給自足為核心,減少未來對美國及其他外國科技的依賴。雖然這項戰略做法早在美中科技戰爆發之前就已提出,但這場科技戰進一步促使中國像當年的「史普尼克危機」(注:Sputnik Crisis,指 1957 年 10 月 4 日,蘇聯搶在美國之前成功發射史普尼克一號人造衛星,令西方世界陷入恐懼和焦慮,後來引發美蘇之間的太空競賽)那般,加速追求科技自給自足。[152] 這個政策目標最終促成中國的「雙循環」新發展格局。雙循環指的是一套經濟戰略,目的是在外盡可能保留國際貿易和金融體系利益,對內為中國做好韌性相關的準備,以因應未來中國可能隨時與全球市場斷聯的局面。[153] 雙循環的概念最早是由習近平主席於 2020 年 5 月提出[154],自此便出現在中國的第十四個五年計劃及其他相關文件中。[155] 這項戰略是對 COVID-19 和美中貿易戰做出的回應,這兩大事件讓中國知道潛在失去外國關鍵技術供應的風險,也因此強調中國要建立自主技術能力的必要性。[156]

雙循環戰略的核心理念是要提升中國自身的技術能力,並減少對外國技術的依賴。習近平和其他中國領導階層皆強調,要加強國家的「自主創新」,並掌控「卡脖子技術」。[157] 除了加強國內的供應,雙循環戰略還著重培養國內的需求,從而降低中國對外國消費市場的依賴。[158] 然而,雙循環戰略努力讓國內市場成為更穩固的供需來源,也藉由「一帶一路」等計劃來保持中國對外的連結——「一帶一路」是中國政府的外交政策,宗旨是促進中國企業在海外的基礎建設投資。[159] 因此,雙循環戰略描繪出一個既能自給自足、又與外界保持聯繫的中國市場:一方面實現國內市場的完全整合和自立自強,另一方面仍可從部分出口市場中

獲益，尤其是參與「一帶一路」的沿線國家。[160]

作為推動科技自給自足的一環，中國政府正鼓勵中國企業投資「深度技術」。對此，中國領導階層將技術區分為「可有可無」和「不可或缺」兩大類別：社群媒體、電子商務和叫車服務等消費型網路公司為前者；而半導體、電動車電池和電信設備則屬於後者，是中國技術發展的核心關鍵。[161] 這也解釋了為何中國的消費型網路公司成為近期監理整治的目標，而深度技術的相關投資反而可以繼續獲得國家的大力支持。上海科技分析評論家王丹進一步指出：「美國的制裁是推動中國追求科技自給自足的主要動力。」[162] 面對高額制裁和失去美國技術的情況，中國正積極培育國內的替代方案。因此，透過貿易制裁，「美國政府在無意間，比任何政令更有效地促使中國私人企業投入國內技術的發展」[163]，進而強化了中國的相對優勢地位。

科技自給自足的軍備競賽

美中之間的競爭以及由此而生的互不信任，正推動兩國加強科技自給自足，擺脫依賴關係。與此同時，兩國正加速與對方脫鉤、建立各自的科技生態系統，並競相在人工智慧、半導體、雲端運算和電池等關鍵產業提升自己的實力。這場新興科技領域爭霸戰大大提升了國家在數位經濟的重要性，兩國政府爭相提供大量國家補助支持關鍵技術。正如我在第 1 章提到的，儘管美國政府過去在數位創新中扮演了重要角色，但這場持續的補貼競賽實際上卻加強了國家導向的監理模式，讓國家在數位經濟中的主導地位更加鞏固。

人工智慧絕對是當前科技競賽的主要戰場。位於華盛頓特區的智庫

布魯金斯研究院在 2020 年的一篇報告中寫道:「誰能在 2030 年掌握人工智慧的領先地位,誰就將統治世界直到 2100 年。」[164] 各項研究也都支持 AI 的重要性,預測 AI 將影響全球的經濟體系。麥肯錫全球研究院估計,到了 2030 年,AI 可能會為全球經濟體增加 13 兆美元,每年額外帶來 1.2% 的經濟成長。[165] 世界銀行也同樣預測,AI 相關的產品和改善過的供應鏈將帶來「全球生產力和經濟成長的顯著收益」。2019 年德勤的研究顯示,2025 年全球 AI 市場估計將達到 6 兆 4 千億美元。2017 年普華永道的研究指出,預計到了 2030 年,全球的 GDP 將因 AI 的應用而成長 14%[166],並進一步表示:「到了 2030 年,AI 將為全球經濟體貢獻多達 15 兆 7 千億美元,這個數字超過中國和印度目前的產出總額。」[167] 看到這些預測,AI 領域成為全球科技競爭激烈的兵家必爭之地,也就不令人意外了,各大科技強國都迫切想在這波可預期的成長潮中分一杯羹。

美中兩國都鐵了心要贏得這場競賽。2017 年,中國政府發布了《新一代人工智能發展規劃》,[168] 明確提出到了 2030 年,中國要成為「全球 AI 引領國和人工智能創新中心」。[169] 中國國務院更宣示,AI 的發展應「無時不有、無處不在」;[170] 美國則以同樣的決心回應,力圖維持 AI 領域的領先地位。隨著中國 AI 能力快速成長,美國的目標變得日益迫切。2019 年,川普總統發布了一道行政命令,指出美國應「保持並增強 AI 領域的科學、技術和經濟領導地位」,並指示政府機構制定相關計劃和政策,強化美國 AI 領域的實力。[171] 川普總統於 2018 年任命、由前 Google 執行長施密特執掌的國家 AI 安全委員會也表達了相似的立場。[172] 2021 年,委員會向國會提交了厚達七百多頁的報告並發出嚴厲的警告:中國即將取代美國,成為全球人工智慧的超級大國。這份報告提到中國多達六百九十九次,強調美國維持技術優勢的重要性[173],並敦促政府在 2026 年之前,將每年 AI 的研發經費翻倍至 320 億美元。[174]

美國深知在 AI 競賽中，中國有得天獨厚的優勢：中國的 AI 公司能夠利用龐大消費市場的海量數據，而且這個消費市場不僅有緊密的數位連結，還受到嚴密的網路監控。[175] 中國還得益於極有效率的山寨文化，這種文化雖然無法帶動 AI 突破性的進展，但可幫助中國快速將現有的 AI 技術轉化為商業應用。[176] 政府也大力支持中國私人企業發展 AI。[177] 憑藉這些有利條件，中國大型科技公司在 AI 的發展上確實已經處於領先地位，例如百度的自動駕駛表現突出，阿里巴巴在智慧城市方面領先，騰訊則一心發展智慧醫療與健康領域等。不僅如此，根據中國 2017 年的《新一代人工智能發展規劃》，未來還將有更多發展重點：中國將強力推動智慧機器人、智慧車，以及虛擬和擴增實境等多個領域。[178]

這場 AI 競賽意義重大，主要原因是其背後龐大的經濟利益。然而，這場競賽也因為政治和意識形態的關係變得更加關鍵。中國以開發 AI 應用程式進行威權監控著稱，從而侵害個人的權利與自由。2021 年，美國國家安全顧問傑克・蘇利文（Jake Sullivan）強調中國有這個傾向，並表示：「美國及其盟友必須在 AI 和其他新興科技領域保持領先，確保這些技術對自由社會是安全、可靠且有益的。」[179] 美國會如此關注 AI 競賽勝敗的第三個原因是 AI 對軍事力量的潛在貢獻。美中雙方都清楚明白這一點，AI 的軍備競賽也因此加劇。中國在《新一代人工智能發展規劃》中，呼籲加強 AI 領域的軍民融合戰略，使 AI 能夠支援「指揮與決策、軍事推演、國防設備及其他應用」。[180] 對中國政府而言，AI 不但是提高國家經濟競爭力的重要因素，還是國家安全的核心科技，[181] AI 也因此成了挑戰美國軍事霸權的重要手段。[182] 美國國家 AI 安全委員會 2021 年的報告也持相似立場，警告美國對 AI 帶來的威脅準備不足，將導致嚴重的國安後果。因此，這份報告呼籲美國政府應加大投資，以確保「在 2025 年前達成軍事 AI 的戰備狀態」。[183] 國防高等研究計劃署也在

2018 年宣布，未來五年內將投資高達 20 億美元，用於新的 AI 計劃。[184] 隨後 2021 年，國防部長勞埃德‧奧斯丁（Lloyd Austin）承諾，將再投入 15 億美元資助美國國防部的聯合人工智慧中心。[185]

我們難以預測最終獲勝的是美國還是中國，因為兩國在這個領域各有不同的優勢。兩國在資金和投資方面的數字都相當驚人，美國主要受益於大量的私募資金，中國則仰賴大規模的政府資助。根據 OECD2021 年針對創投投資 AI 司趨勢的一項研究，2020 年，美國和中國的新創公司都獲得了超過 80％的創投資金，歐盟以 4％位居其後，英國和以色列則各占 3％。[186] 同份研究指出，2020 年美國 AI 公司的總創投資金高達 420 億美元，占全球總額的 57％；相比之下，流入中國 AI 公司的創投資金在 2018 年達到頂峰，但隨後放緩，至 2020 年降至 170 億美元，占全球總額的 24％。

美國擁有最多 AI 新創公司，也吸引最具創意的人才；中國則在申請 AI 相關專利方面占有優勢。根據 2018 年的一項研究，美國擁有 40％的 AI 新創公司，位居全球之首，其次是中國的 11％。[187]《哈佛商業評論》（*Harvard Business Review*）的一篇文章引用了 2019 年的《全球人工智慧產業數據報告》（*Global Artificial Intelligence Industry Data Report*），報告指出中國擁有 1,189 家 AI 公司，而美國則有超過 2,000 家活躍的 AI 公司。[188] 中國的 AI 公司在語音、圖像和影片辨識等領域特別突出。儘管美國新創公司的數量仍超過中國，但中國申請的 AI 專利數量世界第一。[189] 史丹佛大學的研究證實了這點，研究報告指出，儘管最終只有少數專利能過批准，但目前中國申請 AI 專利的數量超過全球的一半。[190]

從大多數研究可知，美國在培養（或吸引）AI 人才方面遙遙領先，但中國正急起直追。上文提到的《中國人工智能發展報告》指出，1997

年，中國在 AI 領域的全球研究論文占比僅有 4％，然而到了 2017 年，這個比例已接近 28％。這個跳躍進展顯示中國在 AI 研究方面的驚人進步，表明中國已超越了其他國家，包括美國。[191] 另一方面，2020 年有另一項研究藉由分析全球最重要的深度學習 AI 會議的貢獻，來探討頂尖 AI 人才的分布，結果顯示美國擁有的頂尖 AI 人才遠遠超過其他國家。在 2019 年的神經資訊處理系統大會（NeurIPS）上，共有 15,920 名 AI 研究人員提交了 6,614 篇論文，創下歷史新高；其中 21.6％ 的論文被期刊接受，研究人員以此作為認定全球頂尖 AI 人才的標準。在這個群體中，美國保持領先地位，擁有將近 60％ 的頂尖 AI 人才，來自美國的大學和公司（Google 排名第一，史丹佛大學第二）；其次是中國（11％）和歐洲（10％）。美國也在吸引全球最優秀的 AI 研究人員方面遙遙領先。同份研究顯示，儘管現今大多數頂尖 AI 研究人員都在美國工作，但這些人大部分是移民或外籍人士，其中 29％ 的人擁有中國的大學學位，其他 20％ 來自美國，18％ 來自歐洲。[192] 這些研究顯示，美中兩國在 AI 發展上都已深耕許久，從創立並資助新創企業、推動研究到培育人才。但兩國都決議進一步加碼——美國力圖保持領先，而中國則志在超越。

雖然人工智慧是美中科技戰的主要戰場，但還是有其他科技領域至關重要、甚至攸關生存，例如半導體。作為驅動大多數日常設備和服務的核心科技，半導體可謂國家實現科技自給自足的關鍵。所有數位設備的運作都仰賴半導體，是手機、電腦、醫療設備、廚房電器到飛機和汽車等各種設備的核心元件。早在 COVID-19 疫情爆發之前，中國就已向這個產業投入大量補助。據《中國證券報》的報導，自 2014 年以來，中國的地方政府和私人企業已向中國半導體產業注入高達 1,700 億美元的補助和投資。[193] 2019 年，中國政府設立了 289 億美元的國家半導體基金，並在 2020 年提供半導體業破記錄的 330 億美元津貼，進一步支持這

項產業發展。[194] 同一時間，美國也加入這場補助競賽。2022年，美國國會通過了《晶片與科學法》，編列了527億美元用於「美國半導體研究、開發、製造及人才的培育」。[195]《晶片與科學法》的立法目標在於幫助美國緩解供應鏈中斷，提升科技自給自足的能力，並加強對抗中國的競爭力。[196] 歐盟、南韓、日本和台灣也正在加強國家支持半導體業的力道，將這場關鍵技術的競賽推向全球，促使全世界走向由國家主導的「科技民族主義」路線。[197] 儘管投入了巨額的資金，我們仍無法確定這場補助競賽能否真正推動全球創新和科技進步，還是會淪為無謂的競爭，對科技自給自足、國家安全及經濟成長的預期目標幫助甚微。

美中科技戰的影響

美中科技戰的最終局面難以預測，但短期內，有幾個趨勢算是比較明確。首先，持續的科技戰將進一步加深不確定性，繼續削弱全球供應鏈間的信任；科技自給自足不僅是美國和中國的核心政策目標，也成了各國政府的施政方向。這個外溢效應可能會讓科技保護主義成為全球的新常態，各國也有可能從追尋美國市場導向監理模式轉向到中國國家導向模式。再者，兩國互信持續低迷，美中衝突可能會延續甚至加劇。雙方都不尋求和解之路，反而堅信這場衝突是爭奪技術、經濟和地緣政治主導權的重要戰役。這場衝突已經夾帶強烈的意識形態，雙方背後都有民意撐腰，無法退讓。[198] 儘管深陷緊張局勢，美中兩國緊密的供應鏈和商業壓力可能會阻止這場科技戰全面爆發，避免科技資產徹底脫鉤。在深遠的務實考量下，兩國意識到如果各自為政，將帶來巨大的經濟損失。無論是這場衝突本身還是全面開戰都代價高昂，雙方仍保持點到為止。

▎邁向全球科技民族主義？

這場科技戰最終可能不會有真正的贏家。如同貿易戰,科技戰對所有參與者而言都代價不菲。限制市場和補助競賽很少能促進擇優競爭或激發創新,而這才是推動科技進步真正的動力。反過來說,我們較可以預見的結果是:美中科技戰將讓全球轉向科技保護主義。這樣的發展對於支持自由貿易、科技進步和全球網際網路的人來說,是重大的挫折。同時,世界愈走向保護主義,中國以主權為核心的全球數位秩序願景及其國家導向監理模式的價值觀反而愈脫穎而出,成為贏家。

當前的政治環境為這種科技保護主義或數位民族主義提供肥沃的土壤。疫情爆發之前,經濟民族主義就已逐漸抬頭,削弱了支持市場開放和重視規則基礎的國際合作機構。如今,世界各國政府陸續發布帶有強烈民族主義色彩的產業政策,取代了過往的開放經濟。[199] 它們限制外資、約束出口並補助國內生產,目標是實現更廣泛的經濟結構轉型。COVID-19 疫情的爆發進一步鞏固了這些趨勢,邊界被封鎖,供應鏈受阻,國家之間互相爭奪關鍵醫療資源。各國意識到,一旦口罩等重要資源匱乏,是無法依賴彼此團結合作的。因此,各國政府正在調整貿易和技術政策,以應對全球經濟政治高度的不確定性和低信任度的現實。這種局勢已難以扭轉,失去的信任需要更長時間才能重建,尤其是在當前還不夠努力修復的情況下。

近年來,美國帶領全球偏離開放經濟,這股保護主義的趨勢從川普總統任期開始。[200] 川普一上任,立即果斷推行以本土主義和反貿易為核心的競選綱領。美國撤回對國際合作和機構的支持並拒絕任命上訴機構成員,藉此杯葛世界貿易組織,並且放棄了數項區域貿易協定,如《跨太平洋夥伴關係協議》(*Trans-Pacific Partnership*)。這股保護主義的浪

潮最終引發美國不僅對中國，甚至對其最親密的盟友和貿易夥伴發動貿易戰，如加拿大、歐盟和墨西哥。川普還積極推動科技民族主義的轉向，試圖讓美國與中國的科技供應鏈脫鉤。川普「美國優先」的政策在卸任後似乎依然延續。拜登總統的施政重點在於優先提升美國中產階級的實力，並保護國內就業，而非專注捍衛自由貿易與經濟開放。拜登介紹其雄心勃勃的 2 兆美元基礎建設法案時強調：「所有合約都只會給『美國公司、使用美國產品，且從頭到尾由美國工人完成。』」[201] 因此，不論是川普還是拜登，以國際貿易的角度來看，他們的做法都可稱作「根本的重商主義」立場。[202]

拜登總統不僅延續了前朝對中國的貿易戰與科技戰，更開啟了一個「大政府」時代。他以提升科技自給自足、重建國內基礎設施及重振美國經濟為名，向國內經濟注入前所未有的資金。這個工業政策的新時代獲得國會兩黨的大力支持，儘管這些作為正使美國逐漸偏離市場導向監理模式的核心價值。但同時，這個政策方向也面臨不少批評。前美國駐聯合國大使妮基・海莉（Nikki Haley）指責美國政府「採取自家版本的中央計劃」，效仿中國國家主導的經濟模式。她指出：「經濟自由是戰勝中共唯一有效的途徑。如果政府持續干預市場，以上帝視角決定誰贏誰輸，那麼，最終失敗的將是美國自己。」[203]

美國內部政策的轉向或許會讓部分觀察者感到意外，但中國在數位保護主義上的明顯操作早在預料之中。中國經濟向來以大量的國家干預和對外資的差別待遇聞名，數位經濟領域更是如此。中國強制技術轉移、排除外國科技企業，同時扶植國內龍頭在龐大的國內市場蓬勃發展。在歐洲引入「戰略自主」和數位自主權等概念之前，中國追求「自力更生」之路早已主導國家的經濟政策，野心勃勃的「中國製造 2025」計劃更進一步加強了這個趨勢。如同美國和歐盟，中國數位自主權等政

策計劃的核心目標是減少對外國技術的依賴,並提升中國在全球科技競賽中的地位。迄今為止,中國已將國家深深嵌入市場運作,除了積極推動科技自主,還限制外國科技公司在中國市場的運作能力。[204]

美中之間的發展也加強了歐洲以數位主權作為論述的重要性,顯示美中衝突正影響著全世界。許多歐洲公民呼籲,歐盟應繼續捍衛開放的網路和自由的貿易,相信唯有這樣才能重振國際間的合作,扭轉當前科技競賽的零和心態。同時,也有其他歐洲人反駁,若歐盟選擇繼續保持開放,但並未要求其他國家也應同樣對歐盟開放的話,這種做法未免太過天真。科技戰的爆發展現了全球開放數位經濟的侷限性,同時也暴露為追求效率最大化而建立的深度整合科技生態系統的脆弱。許多人認為,這個系統過度依賴國際體系的政治穩定,而這是錯誤的。歐盟必須做好獨立捍衛自身利益的準備,尤其是在這個由「美國優先」或「中國製造2025」等意識形態主導、且日益不公平的世界。[205]根據這個觀點,在一個其他國家不遵守規則的世界裡繼續相信開放市場和國際合作,絕對是有害、徒勞甚至相當危險的。歐盟別無選擇,只能捍衛並加強自己的科技主權,即便這也將促進其他地方的科技保護主義。然而歐盟並不孤單,數位主權已成了當今全球各國數位戰略的鮮明特色。作家史考特・麥康森(Scott Malcomson)甚至形容當前的時代有「自給自足的使命」,而這也成了「最引人注目的地緣政治特徵」,因為最主要的經濟體正退出全球化,開啟「自給自足時代」。[206]

如果美國和歐盟也開始以科技自給自足和數位主權為核心政策來重塑經濟,它們可能會失去說服全球接受開放數位經濟及其各自監理模式的立場。全球各國政府正利用數位主權這個概念為掩飾,讓資料在地儲存和偏袒國內科技等產業政策合理化。歐盟強調數位主權的核心政策目標,可能導致中國和俄羅斯等威權政府所推行的極端數位主權模式能獲

得更多正當性支持。政府可用數位主權的敘事來為多種網路監控辯護，成為專制政權進行全面數位監控的行動藍圖。例如，中國運用數位主權的概念來合理化政府在數位領域的過度控制，這種掌控不限於保護主義和競爭等議題，還延伸到對言論自由及其他個人自由的干預。因此，美國和歐盟愈是頻繁介入、主導國內數位經濟，它們要求中國政府放寬數位經濟控制、或勸阻其他國家不要效仿中國國家導向監理模式，這個批判力度將隨之減弱。

科技戰的下個階段：競爭與克制之間

絕對沒有人能準確預測美中科技戰的最終結果。但是，美國和中國很有可能都無法在這場競賽中獲勝，或真的成為唯一的「科技超級大國」。這場衝突結束後，也許不會迎來一個由單一強國主導的科技世界。綜觀當前不同的科技領域，我們可以看到中國在某些領域領先，美國則在其他領域仍（暫時）保有優勢。[207] 例如，Apple 可能是全球最知名的智慧型手機品牌，但中國企業在全球智慧型手機的銷售總額占據主導地位，十五個大品牌中有超過 50％ 的銷售額是中國品牌；特別是在亞洲和非洲的市場，中國智慧型手機受歡迎的程度超過 Apple 的 iPhone。即便美國的制裁大幅削減了華為的市場占有率，但華為的退出反而為小米等中國品牌帶來意外的商機。目前，小米智慧型手機的全球銷售量已超越 Apple，僅次於韓國的三星。此外，中國在電信網路設備和電池生產方面也都技壓美國，而在電訊設備領域，美國幾乎完全缺席。最令人驚訝的是，在長期由美國主導的軟體行業，尤其是社群媒體這個領域，中國也有重要進展。2019 年，中國社群媒體 TikTok 超越了 Facebook，成為最受美國使用者歡迎的社群媒體應用程式。相對來說，美國仍在其他幾個領域保持領先，像是手機遊戲和半導體銷售（儘管不是由美國製

造）。另一個美國目前仍可自豪的是，美國擁有頂尖電動車品牌特斯拉，儘管其他來自歐洲和中國的品牌緊追在後。[208]

儘管美中的競爭尚未有明確的勝負，我們幾乎可以肯定，競爭會持續下去。短期內也沒有任何停戰的跡象，因為雙方都還堅定持續追求各自的經濟和地緣政治目標。事實上，這場超級大國之間的衝突可能只會進一步加速。因此，關鍵的問題變成這場競爭的性質是否會在不久的將來發生變化。最糟糕的情況下，美中關係將進一步惡化，貿易戰和科技戰將加劇，爆發更大、更危險軍事衝突的風險隨之增加。美國前國防顧問格雷厄姆・艾利森（Graham Allison）曾提出，美中可能正走向「修昔底德陷阱」（注：Thucydides，修昔底德是古希臘的思想家，著有《伯羅奔尼撒戰爭史》），指的是當崛起中的大國威脅到主導大國的地位時，往往就會發生軍事衝突。正如斯巴達感受到雅典崛起的威脅後，伯羅奔尼撒戰爭便隨之爆發。[209] 艾利森指出，過去五百年間，崛起大國挑戰現存強權的事件共有十六次，其中十二次最終引發了戰爭。鑑於這個歷史現象，艾利森主張，美中在未來幾十年內爆發戰爭的可能性「大於零」；但他也強調，若雙方能謹慎處理，這個局面並非無法避免。[210] 儘管艾利森的理論頗具爭議，但許多外交政策專家皆指出，美中緊張的局勢正在升級，包括中國可能試圖以武力奪取台灣，從而引發美國的軍事回應。[211] 半導體是美中科技戰的關鍵戰場，考慮到這個領域自主創新所面臨的挑戰，有評論家認為，台灣在全球半導體產業的重要地位，或許會成為中國選擇武力犯台的動機；不過，這個觀點也引發不少人質疑，許多人對此持保留態度。[212] 2022 年，美國眾議院議長裴洛西訪台後，這個潛在軍事衝突的擔憂進一步升溫；中國政府將此舉視為挑釁，並隨即展開環台軍事演習回應。因此，我們仍無法排除這場持續的美中科技戰，最終演變成更危險軍事衝突的可能性。

儘管軍事衝突或許可以避免，經濟領域的競爭卻將持續下去。美中兩國極有可能會繼續實施更多的出口和投資限制，並繼續在戰略性的科技領域中，各自建立國家的能力，進一步與對方的科技資產脫鉤。這將對科技公司、政府和消費者產生不利的影響。然而，任何科技脫鉤的過程都有極限，畢竟這當中涉及高昂成本。貿易戰和科技戰對參與的各方來說，代價都相當高昂，這也提供了強而有力的理由支持雙方逐步放下衝突，甚至最終有望停戰。德意志銀行最近的一份報告估計，未來五年內，繼續打這場科技戰的成本將超過 3 兆 5 千億美元。[213] 除了代價高昂，科技脫鉤在實際執行上也極為困難，從第 4 章所述的案例及美中貿易戰迄今的影響中都可以清楚看出。儘管自貿易戰爆發以來，兩國的進出口貿易量有所減少，但雙方的供應鏈仍未真正的脫鉤。[214]

科技自給自足對於包括美國和中國在內的任何國家來說，可能都不切實際，因為當今的數位經濟體系已經高度融合。美中科技戰與美蘇之間的冷戰大不相同，那時兩國經濟體之間本就沒什麼連結，要切斷經濟和政治關係的成本較低。[215] 而現在，儘管中國下定決心追求科技自給自足，但目前仍然無法獨自生產某些高複雜度的產品，像是大型飛機和先進半導體等。[216] 半導體可能是其中最大的挑戰，因為這個領域仰賴多個司法管轄區的複雜供應鏈。儘管中國投入了大量資金，卻仍無法生產高端半導體，需要仰賴進口。[217] 半導體行業可說是研發投入密度最高的領域，企業必須仰賴全球市場才可有能回收研發成本。[218] 中國政府深知這項挑戰的難處，仍投入大量的國家資金提升本地產業；但迄今為止，自給自足的進展依舊有限。[219] 美國也在採取類似的策略，向半導體產業投入巨額政府補助，但這項高成本的嘗試也無法保證實現真正的自給自足。[220] 因此，領先科技強國最終不得不承認，在深度交織的經濟體中尋求脫鉤，不僅成本高昂，實際操作更是難以實現。這種相互依賴的關係

促使美中兩國即使身處大國對抗的局勢，也不得不保持一定的克制。

科技公司也是敦促政府收斂的重要力量。美國科技公司希望能抓住進入中國市場的機會，正如中國科技公司希望能保住接觸美國供應商、消費者和投資人的機會。許多美國科技公司希望美中衝突能緩和下來，以便在這個重要市場抓住商機。美國政府的限制直接損害了它們在市場上的機會。舉川普總統為例，他曾以中國盜竊愛達荷州半導體公司美光科技（Micron Technology）智慧財產權的行為，作為發動貿易和科技戰的正當理由。但是，根據美光科技執行長桑賈伊‧梅洛特拉（Sanjay Mehrotra）的說法，出口限制（包括無法向華為供應產品）正損害公司的業績。[221] 其他像是益華電腦（Cadence）、科林研發和泰瑞達（Teradyne）等美國科技公司，也同樣反對可能擴大的基礎及新興科技的出口管制。[222] 益華電腦警告，這類管制對中國影響有限（畢竟中國可以轉向其他供應來源），但會對美國公司及其員工造成不利影響。出口管制將削減益華電腦的創新資金，也有可能導致中國裔工程師流失，而這些工程師可能會將技術轉而帶回中國。[223] 英特爾也強調，美國的出口管制增加了科技業的成本，並呼籲美國政府放棄單邊手段，轉而與其他國家協同制裁。[224] 2020 年，美國半導體行業協會針對美國政府的新出口管制表明反對立場，並強調：「向中國出口非敏感的商業產品，有助於推動美國本土的半導體研究與創新，對美國的經濟實力和國家安全至關重要。」[225]

美國政府不能對這些企業的利益考量視而不見，畢竟美國確實需要科技公司蓬勃發展。美國企業在中國的利潤最終可為創新提供資金，這對美國來說非常重要。[226] 這也促使美國政府在處理現有政治緊張的局勢時，能有所收斂。目前的科技戰充分展現出商業利益與地緣政治利益之間微妙且艱難的平衡，也解釋為何兩國至今都未推動徹底的經濟脫鉤。例如，雖然美國對華為實施嚴厲又有效的制裁，但對其他中國科技公

司，美國的手段相對溫和。[227] 美國政府仍選擇採用出口許可制度，而非全面禁止出口大多數的技術，尋求國家安全與企業經濟利益之間的平衡。因此，儘管華為的營收持續下跌，其他中國公司並未遭受不利的影響。例如，因參與新疆鎮壓而在2019年被美國列入「實體清單」的監控技術製造商海康威視，在2021年上半年的營收反而增加了40％。[228] 同理，如同前面章節所述，中國政府迄今也尚未動用新的《不可靠實體清單》為這樣的決策將會損害需要美國高科技供應的中國企業。因此，未來美中科技戰可能只會出現部分的科技脫鉤。升溫與降溫的循環將交替進行，這場衝突雖然漫長且代價不菲，但終究仍在可掌控的範圍。

美國深知自己勢必得在地緣政治利益和價值觀之間取得平衡，比如應對中國日益成長的軍事威脅或譴責中國對維吾爾人的作為，以及希望與中國這個未來最大的經濟體維持商業往來的機會之間做出取捨。基於意識形態和政治考量，美國也有相關理由緩和緊張局勢。國際關係專家白潔曦（Jessica Chen Weiss）以「零和競爭的危險邏輯」描繪當今的美中關係。[229] 她認為，雖然中國確實變得愈來愈極權、態度強硬且不容異己——也因此成了美國政策制定者關注的焦點——但她批評美國許多回應作為更多是源於「對中國的恐懼」，而非「美國自身的需求」。[230] 如此一來，美國可能會忽略自身的利益，美國的核心價值觀也不再是外交政策的支柱。在美國試圖「超越中國」的過程中，戰略競爭逐漸成了目的本身，而非手段。美國可能放棄了自己的優勢，模糊了對世界的願景，並且遠離市場導向監理模式的核心價值，如開放性和不歧視原則。白潔曦認為，如果能重拾核心價值——人類進步、和平與繁榮——美國就會明白，「美國不必打敗中國也能贏。」[231]

正如本章所述，美中衝突受到強大政治動機的推動，衝突升級的可能性正在增加，這點毫無疑問。儘管科技戰和數位生態系統脫鉤的成本

高昂,但較有可能的走向是,部分脫鉤將持續下去,因為世人普遍認為:唯一比打科技戰更昂貴的選項,就是輸掉這場戰爭。即便如此,考量到當今美中之間錯綜複雜的經濟關係,任何脫鉤的作為都有其極限。美國和中國都得在意識形態與現實務實的需求之間徘徊,因此必須謹慎拿捏經濟脫鉤的願望與維持科技業發展之間的平衡,畢竟這些產業仍依賴著彼此的經濟聯繫。即便沒有爆發全面的戰爭或實現完全的科技脫鉤,美中科技戰仍將在那個曾經充滿希望的全球數位經濟願景上,投下深深一道陰影。那個願景希望跨越不同區域連結全球,而不是讓世界四分五裂。

Chapter 6 權利、市場與安全的衝突：美歐監理之爭

　　前一章說到，美中高風險的科技爭霸戰正在改變全球的經濟和地緣政治格局。兩國爭霸的局勢已非常清楚，再無曖昧空間，許多學術文獻和新聞評論都認為，這是一場現有強權和崛起大國之間的典型對抗。全球數位秩序將會走向何方，取決於美中誰會成為最後贏家，以及哪一方的監理模式會勝出——又或者雙方是否有某種共存的可能。

　　然而，這場愈演愈烈的大國競爭，並不是唯一能決定全球數位經濟格局的競爭，甚至也可能不是最重要的競爭。過去十年間，美國的科技公司一直在兩面作戰，不僅要面對中國國家導向的監理模式，也要應付歐盟以權利為本的監理模式。對美國科技公司來說，歐盟堅定的數位監理政策已經成為它們所面臨的主要限制，它們經常得在資料隱私、數位稅收、反競爭行為和內容審查等議題上，與歐洲監理機構進行曠日費時的垂直對抗。有時候美國政府也會試圖挺身而出，質疑歐洲監理機構過度干預美國公司，這時垂直對抗就會變成歐美之間的水平對抗。美國政府曾多次指控歐盟的監理模式不僅損害了美國科技公司的利益，也損害了美國政府的利益，讓美國無法有效執法，或維護國家安全。

　　一般來說，歐盟對美國科技公司的垂直打擊，很少會導致歐美監理

模式之間的直接衝突，這些公司通常都會服從歐盟，遵守美國沒有的法規限制。然而，兩邊的監理制度偶爾也會互相矛盾，逼得科技公司只能選擇違反其中一條法律。2013 年，微軟就曾陷入這種窘境：當時美國檢察官向微軟發出搜查令，要求它們交出與某場毒品販運調查有關的資料。[1] 然而，相關資料存在位於愛爾蘭的伺服器上，受到歐洲的資料保護法保障——歐盟法律禁止微軟傳輸美國檢方要求的資料。法庭上的交鋒於焉展開。2014 年，紐約地方法院裁定，無論資訊存在何方，微軟都必須依照美國政府的要求提供資料。[2] 微軟隨後上訴，並在第二巡迴上訴法院勝訴，推翻了地方法院的裁決。[3] 然而，數位隱私權在第二巡迴法院的勝利並非最終結局。2017 年，美國政府向美國最高法院提起上訴。請求最高法院審查此案時，代理訟務次長傑弗瑞・沃爾（Jeffrey B. Wall）強調：「第二巡迴上訴法院的決定對公共安全、國家安全和執法造成了直接、嚴重且持續的傷害。」[4] 美國政府的立場很明確：歐盟以權利為本的監理模式應向美國的執法原則和國安利益低頭。

最高法院未曾裁定這個議題，因為美國國會馬上出手介入此事，於 2018 年 3 月通過《釐清境外合法利用資料法》（Clarifying Lawful Overseas Use of Data Act），也就是《雲端法案》（CLOUD Act），相關討論因此失去了意義。[5]《雲端法案》授權美國政府和其他國家簽訂雙邊資料共享協議，前提是該國須具有可接受的隱私保障及公民自由保障。[6] 有了這些雙邊協議，政府就能直接像微軟這類的通訊服務供應商下令，要求它們提供儲存在國外的資訊。[7] 微軟樂見《雲端法案》通過，因為它們一直很在意目前這種矛盾的法律義務。[8] 然而，《雲端法案》的通過是否會完全消除微軟所面臨的這類矛盾，目前還很難說。美國和歐盟還在談判一份雙邊協議，以便將來在跨境執法時，能有請求資料傳送的法律依據。[9] 然而，由於雙方的分歧無法消弭，談判進展相當緩慢。[10] 歐盟

監理機構也警告美國政府，一些歐盟成員國已通過了抵制性的法規，預防歐盟公司或美國公司的歐洲分公司向第三國政府透漏資訊。《雲端法案》可能會與這些法規衝突。[11] 由此可以看出，儘管歐美競爭不如美中對抗那般激烈，既有的監理差異還是非常頑固，未必能克服。

微軟這場關於資料傳輸的漫長訴訟，顯示出美歐監理之爭對於科技公司、政府和數位公民都影響重大。同時，美歐的監理之爭與美中的監理衝突也有所不同。美中衝突有明顯的意識形態對立，但美歐之間卻有許多共通的價值觀，像是重視人權、個人自由、民主和法治。但要怎麼維護這些共同價值，雙方卻經常各執一詞。歐盟往往認為政府必須出手干預，才能守護這些價值，美國則相當抗拒干預數位市場。換句話說，大西洋兩岸的爭執其實是一場哲學之爭，爭的是塑造數位經濟和數位社會時，市場和政府的地位孰輕孰重。此外，對於各種施政綱領之間不可避免的取捨，美歐之間也常有不同的見解。因此，這場水平競爭往往會有一些對立面：網路用戶的基本權利與科技公司的商業自由對立；打著消費者福祉旗號的政府干預和打著技術進步旗號的私人企業創新對立；追求公平與追求自由對立；文明和人類的尊嚴和言論自由與個人自由對立；保有隱私的基本權利和維護國家安全的基本需求對立。

過去十年間，歐盟和美國發生了一系列激烈爭執，凸顯雙方看待監理議題的關鍵差異。其中最廣為人知的就是資料保護、數位稅收和反壟斷法，這些爭執點顯示出歐美監理模式之間的核心矛盾：歐盟不信任科技公司，而美國不信任監理機構。歐盟擔心美國科技巨頭的商業行為會破壞歐盟保護歐洲公民基本權利的努力，讓歐洲消費者失去公平競爭的市場。如此一來，不只是科技公司能擷取歐洲網路使用者的個人資料牟取商業利益，更糟糕的是，一旦歐洲的資料傳輸到美國，就有可能被美國政府用於監控。無論造成危害的是美國的民間企業還是公部門監控，

歐盟都認為自己有主權權利，甚至有義務介入並保護所有歐洲人的基本權利。同理，歐盟也堅持用反壟斷法來對抗美國的科技公司，以免這些公司濫用市場上的權力，吸走原本應屬歐洲消費者的經濟剩餘（economic surplus）。歐盟聲稱美國科技公司破壞了市場競爭，也剝奪了小玩家加入競爭的機會。最後，對於美國科技巨頭在歐洲提供的數位服務，歐洲政府也想方設法擴大稅收權力，要求這些公司必須像其他歐洲業者一樣承擔自己的責任，並對公共財政有所貢獻。簡單來說，就是嫌這些美國科技巨頭拿得太多、付出太少。這些考量促使歐洲監理機構積極介入，保護歐洲資料、維護競爭市場，並伸張稅收權力，回收一部分從歐洲數位業務獲得的營收。

　　歐洲關注美國科技公司過度擴張的同時，美國也在關注歐洲監理機構是否過度干預。美國經常認為，歐盟的監理作風不但過度干預，還有保護主義之嫌，一旦美國公司比歐洲對手混得更好，就會被不公平地針對。前美國貿易代表白茜芙（Charlene Barshefsky）最近就挑明指責歐盟在實施數位保護主義，並呼籲歐盟停止「科技民族主義」。[12] 她主張歐盟的反壟斷執法是「針對美國科技公司的攻擊性行動」，受害者包括英特爾、微軟、Meta、Google、高通和亞馬遜，並指責歐盟最近通過的《數位服務法》和《數位市場法》簡直是「作弊」，因為這些法案都在不公平地針對美國公司的商業模式。而對於法國和部分歐盟成員國實施或提出的數位服務稅，白茜芙也表示，這是削弱美國科技平台的「差別待遇」。歐盟開發歐洲自有的雲端架構以及提出《人工智慧法案》等作為，同樣也是出於保護主義的動機。白茜芙強調，歐洲應與美國共同對抗中國的數位保護主義，而不是「妖魔化美國科技公司」；最後她補充，如果歐盟堅持要走科技民族主義，美國將「別無選擇，只能將歐盟視作戰略威脅」。[13]

不過在許多議題上，大西洋兩岸的爭執似乎逐漸減弱，和第 5 章探討的美中衝突升級正好相反。2021 年，一份劃時代的全球稅務改革協議取代了前述歐盟成員國實施的單邊數位服務稅，解決了美國和歐盟在數位稅議題上的分歧。2022 年，美歐又談成一份協議，解決了歐洲法院對歐洲人資料安全的擔憂，雙方在司法上的資料流動可望重新暢行無阻。同時，美國也不再那麼執著市場導向的理念，而是逐漸承認需要有反壟斷法來平衡科技巨頭的空前權力。此外，雙方的漸趨一致並非朝中間靠攏，而是美國愈來愈走向歐洲以權利為本的監理模式。雖然美國既沒有能力、也不願意完全採取歐盟模式，但它確實承認如今的政治態勢和歐盟多年來的主張一樣，正往加強對科技公司的監理發展。另外，美歐也都更加關注中國崛起，以及中國未來對民主自由的影響，這點也進一步弭平了雙方的分歧。美國和歐盟都同意，與中國政府利用 AI 實施大規模監控、網路審查和鋪天蓋地的網路宣傳相比，大西洋兩岸的差異顯然好處理得多。中國的做法和民主自由南轅北轍，而民主自由向來是歐美社會的根本，也是它們在國際間提倡的價值。

本章將論及大西洋兩岸監理衝突的演變，以及歐盟和美國後來的和解。我會概述美歐監理爭議背後的關鍵問題，特別是雙方對於資料傳輸的不同看法，並深入討論資料隱私和國家安全之間的關係。本章也會仔細探討歐盟和美國關於數位稅議題的衝突，解釋歐洲為了向美國科技公司課徵數位稅，曾做過哪些嘗試，並指出這個衝突最後如何走向全球稅收協議。另外，本章也將進一步檢視美歐在歐盟反壟斷執法上的分歧——美國政府將這些做法描述為保護主義的表現。過去十年間，這些科技監理的衝突損害了大西洋兩岸的商業與外交關係，也經常導致美國科技公司與歐洲政府彼此對立，為美國和歐盟政府間的關係帶來許多風波；有時候，美國政府甚至會試著正面對抗歐盟政策，捍衛自家的科技

公司。最後，本章將會深入探討，是什麼力量促成大西洋兩岸的監理方向趨於一致，並討論強化美歐數位政策合作的可能性。

跨大西洋資料傳輸：隱私與監控之間

　　歐盟和美國最激烈的監理之爭與資料隱私有關，而這場爭執對於大西洋兩岸的數位經濟影響也特別重大。歐盟認為資料保護是一項基本權利，其基礎來自第 3 章談到的《歐盟憲章》和開創性的《GDPR》。這種以權利為本的做法常常與美國市場導向的信念有所衝突，因為後者認為，資料是一種可以供科技公司謀取利益的商品，無須加諸太多限制。美國政府、公司和政策專家都常對歐盟的監理方法表示懷疑，聲稱歐盟的資料保護法規是在搞保護主義，只會無意義地增加成本，對貿易毫無必要，同時也妨礙了美國公司的商業自由。[14] 2018 年，《GDPR》生效之際，前美國商務部長威爾伯・羅斯（Wilbur Ross）就出言警告，稱《GDPR》有可能「顯著干擾大西洋兩岸的合作，構築不必要的貿易壁壘」。[15] 其他評論也將《GDPR》和關稅劃上等號，表示《GDPR》可能會將規模較小的美國公司擠出歐洲市場，同時讓規模較大的美國公司增加成本，從而「利及至今在網路市場上未有建樹的歐洲科技公司」。[16] 一些美國科技公司也抱怨《GDPR》帶來的高昂合規成本，比如 Google 就曾表示，為了符合《GDPR》的規範，它們已經耗費「數百年的工作時數」。[17] 這些批評顯示，歐洲以權利為本的個人資料管理和美國市場導向的做法之間有很大的矛盾，因為後者認為個人的資料隱私與私人公司的經營自由彼此對立。

　　美國和歐盟在資料隱私上的分歧，不僅關乎私人公司如何擷取個人

資料、利用個人資料賺錢。執法或維護國家安全時，政府也會需要數位監控，這與公民的資料隱私權孰輕孰重，美歐看法不同，進一步增加了跨大西洋監理之爭的重要性。在美國，個人的資料隱私往往得向國安機構低頭，從政府掌握這麼大的數位監控權力，就能看出美國在制定政策時有多麼看重國家安全利益。這種國家安全第一的態度是美國監理模式的內建觀念；因此，儘管美國非常執著自由市場，但為了讓政府能干預數位市場、保護國家安全，美國同樣費盡心思。這也導致美國政府在平衡國家安全和資料隱私這兩種互相衝突的需求時，往往會做出與歐盟不一樣的結論，特別是歷經了九一一事件和反恐戰爭，監控成了美國情報政策中難以割捨的手段。[18] 一直到 2013 年，史諾登揭發了美國國安局對美國國民和世界各地無孔不入的監控，政府的監控活動才終於有所收斂，國會也通過了更完善的隱私保障措施。[19] 然而，即使有這些保障措施，美國法院通常還是比歐洲法院更不願意質疑國家安全利益。[20] 因此在歐盟看來，美國的政策制定仍然偏重國家安全，忽略個人隱私。

歐盟和美國正好相反，歐盟很早就採取了各式各樣的隱私保障措施來限制歐洲各國政府做出類似的舉動。歐盟法院明顯都以權利為本裁定各種判決，捍衛隱私，顯示歐盟法院傾向將隱私這項基本權利，看得比執法需求更為重要，許多裁決甚至主張，要把個人隱私看得比成員國的核心國安利益更重要。比如在 2014 年「愛爾蘭數位權利」一案中，歐盟法庭就宣布 2006 年的《歐盟資料保留指令》（Data Retention Directive）無效，理由是這項指令對於電信公司保留電子通訊中個人詮釋資料（metadata）的規定缺乏明確標準，且不合乎比例原則。[21] 法院不同意「保留資料是為了打擊嚴重犯罪」的說法，強調長期保留過於完整的資料會妨礙「幾乎所有歐洲人的基本權利」。[22] 2020 年，歐盟法院收到聲請，要針對兩項關於倡議組織 Privacy International 和 La Quadrature du

Net 的投訴案，裁定歐盟的資料保護規則是否限制、以及如何限制歐洲情報機構蒐集與保留資料。[23] 判決書中，法院區將未加區別的資料保留，按目的區分成打擊嚴重犯罪以及保護國家安全兩類。裁定指出，為了打擊犯罪而進行的大規模資料蒐集超出了「絕對必要」的限度，在民主社會中並不合理。然而，要是「對國家安全構成嚴重威脅，且能證明該威脅真實存在或可以預見」，這種大規模蒐集就有可能合理。[24] 即便如此，法院仍裁定監控不得是系統性的，必須有時間限制，還得受有效的審議機制約束。[25] 這份裁決顯示即使在歐盟，資料隱私也並非不可侵犯，還是得與正當的國安需求有所權衡，但它仍與同期美國法院的裁決有著根本性的差異──美國法院更同意政府有監控的必要。而歐盟這次的裁決以及其他判決都顯示，如果得在隱私和監控之間做出選擇，歐盟法院的直覺仍傾向保障隱私。

部分國安專家認為，歐盟在資料隱私和國家安全之間，並沒有達到適當的平衡。批評者聲稱，歐盟堅決捍衛資料保障的基本權利，卻限制了政府捍衛國家安全威脅的能力，國家難以防範敵國的軍事行動，或歐洲境內由非國家行為者發動的恐怖行為。[26] 以法國為首的部分歐洲國家，更一直批評歐盟法院的裁定限制了它們的監控計劃。[27] 美國政府也多次表達對於《GDPR》會影響國家安全的疑慮，並強調《GDPR》限制了歐美之間的資料傳輸。前美國司法部長蘿瑞塔·林奇（Loretta Lynch）指出，「恐怖分子和其他罪犯都樂見執法機構共享跨國情報有困難」，她也「非常擔心」《GDPR》可能將進一步限制大西洋兩岸的資料共享。[28] 川普政府的資安官員也深怕《GDPR》會對公共安全和執法「過度限制影響」。[29] 民間單位同樣對這些限制憂心忡忡。總部位於德州的資安公司 CrowdStrike 強調：「許多設計來阻止個人資料外洩的現代科技，都要仰賴即時、動態的跨境資料流動。」[30] 另一層擔憂則來自歐盟常被指控

為「偽君子」。美國的批評聲音指出，雖然歐盟法院也經常會限制歐盟成員國的監控行為，但整體來說，歐盟對美國監控活動的態度還是比較嚴格，並時常對歐洲政府、甚至其他貿易夥伴的類似做法睜一隻眼閉一隻眼。[31] 這也進一步加深了「歐盟法規暗藏反美偏見」的質疑。

歐盟法院訴訟如何擾亂大西洋兩岸的資料傳輸

美國和歐盟的分歧不僅僅是一場如何平衡公民基本權利與政府重大國安利益的哲學之爭，這場爭論對經濟、法律和政策都造成深遠的影響，從歐盟到美國的資料傳輸也變得更加複雜。而這場爭論的核心，就是因為《GDPR》禁止將歐洲的資料傳輸到未提供「等同」資料隱私保護的非歐盟國家。[32] 為了確定該國是否具備等同保護，歐盟實施了所謂的「適足性制度」，允許歐盟對資料是否可以安全從歐盟傳輸到非歐盟國家做出正式認定。這項適足性制度早在《GDPR》通過之前就已存在，用於評估外國資料隱私法律是否能提供和 1995 年《資料保護指令》等同的保護，而該指令正是《GDPR》的前身。然而，由於美國的資料隱私法規薄弱，適足性認定一直都對美國非常不利。但對美國和歐盟來說，跨大西洋資料傳輸的法律問題仍須解決，畢竟兩地之間價值 7 兆美元的貿易與投資關係都得仰賴這些資料流動。[33] 2016 年，美歐之間的年度數位服務貿易價值高達 2,600 億美元，2018 年更是成長到 4,120 億美元。[34] 對於 Google、Meta 等科技巨頭，以及銀行、律師事務所和其他商業實體來說，不受阻礙的資料流動至關重要，因為這些公司在向歐洲客戶銷售產品時一定會拿到個人資料。所以，美國和歐盟都非常認真想找出解決方案，保持大西洋兩岸的資料流動。

為了替跨大西洋資料傳輸補足法律基礎，美國和歐盟不得不尋找替

代方案來取代歐盟的適足性制度,於是雙方在 2000 年 7 月達成了《安全港協議》。[35] 這份《安全港協議》包含一套經雙方協商訂定、符合歐盟適足性標準的原則,只有願意加入這些原則的美國公司,才能獲准傳輸涉及歐洲當事人的資料。包括亞馬遜、Apple、Facebook、Google 和微軟在內,有超過五千家美國公司簽署了《安全港協議》;[36] 然而,這項協議卻在 2015 年被歐盟法院裁定無效。[37] 這項裁定是由史諾登洩密事件引起的,因為該事件揭發了美國國安局如何在美國國內外蒐集 Facebook 資料,進行大規模監控,這讓歐洲法院有理由重新評估《安全港協議》的適足性。但出乎許多人意料的是,歐盟法院作廢《安全港協議》之後,又對當時仍舊有效的《資料保護指令》做出解釋,對於向第三國傳輸資料的合法性設下了相當嚴格的標準。歐盟法院指出,適足性標準要求非歐盟國家「對基本權利和自由的保護,應實質等同於歐盟內部的標準」。[38] 而美歐在 2000 年簽訂、管控歐盟資料跨越大西洋流動長達十五年的《安全港協議》並沒有達到這個標準。

這份戲劇性的法院裁定,又可以追溯到奧地利的律師兼資料保護運動人士馬克斯·施倫斯(Max Schrems)。2011 年,年僅二十三歲的施倫斯對 Facebook 提起訴訟,要求 Facebook 交還從他這邊蒐集的所有個人資料。[39] 當時施倫斯還在攻讀法律,他一得知 Facebook 已經從他這蒐集了多達一千兩百頁的資料,就向愛爾蘭資料保護委員會提出多項投訴,指控 Facebook 侵犯他的資料隱私權。2013 年,史諾登洩密案又讓他的投訴顯得更為重要,他向資料保護委員會提出第二十三項投訴,指控他的個人資料受到美國監控的侵害。資料保護委員會拒絕調查施倫斯的投訴,指出 Facebook 的跨大西洋資料傳輸受到當時還有效的《安全港協議》保護。但施倫斯並沒有放棄,他堅持在愛爾蘭法院提起訴訟,要求法院就資料保護委員會拒絕調查投訴一事進行司法審查。[40] 最後,愛

爾蘭高等法院將此案提交給歐盟法院,接著歐盟法院在這場意義重大的判決中,作廢了歐美的《安全港協議》。[41]

這次在歐洲法庭上的挫折,促使美國和歐盟又談了一份新協議來管理大西洋兩岸的資料傳輸,也就是所謂的《歐美隱私盾》。[42] 新協議於 2016 年 8 月生效,截至 2020 年 7 月共有 5,380 家企業簽署。[43] 為了預防法律上的質疑,《歐美隱私盾》的談判重點放在建立更強的隱私保護、加強執行機制,以及關於美國政府存取個人資料的新保障。[44] 比方說要求美國任命獨立監察使,要是有人投訴美國國安機構可能濫用個人資料,監察使就要負責回應。[45] 儘管有所改進,《歐美隱私盾》的未來仍有許多疑慮。歐盟委員會、歐洲議會和歐洲資料保護委員會在 2017 年及 2019 年審查協議時,都對美國是否會遵行《歐美隱私盾》憂心忡忡。[46] 最後,歐盟法庭又對施倫斯的質疑做出判決,並於 2020 年 7 月廢除了《歐美隱私盾》。[47] 這次判決被稱作「Schrems II」,關注的重點依然是美國的監控法令,歐盟法庭認為美國嚴密的監控方針並未符合比例原則,因此資料被傳輸到美國的歐洲人,其基本權利依然未能得到保障。[48] 歐盟法院還特別強調,美國的監控法令允許國安機構在包含歐盟境內的海外地區大規模蒐集情報資料,且不受司法監督;[49] 並批評美國沒有提供救濟管道給外國的情報行動目標,他們無法向美國法庭申訴這些涉及自身隱私的監控行為。即使外國人可以向隸屬美國國務院隱私事務的監察使舉報,該機制也沒有提供請求全依據(cause of action),比方說,監察使所做的任何決定,對美國情報機構都不具約束力,所以無法滿足歐盟法律要求的「實質等同」。[50] 這些美國法律制度上的不足,導致歐盟法院做出影響重大的裁決,跨大西洋數位商務的許多法律基礎再度化為烏有,上千家依賴《歐美隱私盾》傳輸資料的公司也因此遭受重大打擊。

跨大西洋資料流動的未來

歐盟法院這項重大裁決讓依賴資料傳輸的公司幾乎走投無路。《歐美隱私盾》作廢之後，這些公司主要仰賴《標準契約條款》（Standard Contractual Clause）作為跨大西洋資料傳輸的基礎。因為歐盟廢除《歐美隱私盾》的同時，也在「Schrems II」的判決中認定，《標準契約條款》至少原則上是有效的。[51]《標準契約條款》是用於商業契約的一系列服務條款，歐洲委員會認為，這些條款能提供適足的資料傳輸保障。然而，《標準契約條款》普遍被認為是一種次等的資料傳輸機制，因為使用這些標準條款的公司得從歐盟法院設定的高標準，自行確認外國的監控制度不會違反歐盟的隱私保障——但這項任務非常艱難。另外一種選擇是採用《拘束性企業規則》（Binding Corporate Rules），加入已採用適足的資料保護措施，並在獲准的企業集團內進行跨大西洋資料傳輸。然而，這類規則同樣也得經過認證，確定它們符合歐盟法院所設定的高隱私標準。這種持續的不確定性對企業經營非常不利，很多公司開始呼籲要解決僵局。比如 Meta 在 2022 年提交給美國證券交易委員會的年度報告中就警告，如果找不到跨大西洋資料傳輸的解方，它們可能得將 Facebook、Instagram 等主要服務撤出歐盟。[52] 而當媒體報導了 Meta 欲撤出歐洲的威脅後，它們又急忙澄清，說 Meta「並不打算退出歐洲」，只是在解釋國際資料傳輸的不確定性，已造成了實在的風險。[53]

雖然對 Meta 這樣的公司來說，無論是《標準契約條款》還是《拘束性企業規則》，都不太可能提供令人滿意的長期資料傳輸基礎，然而其他人提出的解方要麼有政治困難，要麼缺乏商業吸引力。隱私權倡議者的觀點是，如果美國同意修改國家監控法令，資料就能恢復流通，並免去各種法律上的質疑。瓦解《安全港協議》和《歐美隱私盾》協議的施

倫斯在「Schrems II」公布後表示：「很顯然，如果美國公司希望繼續在歐盟市場占據一席之地，美國就不得不認真改變監控法令。」[54] 同樣呼籲美國改革監控法令的單位還有民主與科技中心（Center for Democracy & Technology），這是一個總部位於華盛頓和布魯塞爾的非政府組織，致力提倡符合基本人權與民主價值的科技政策。[55] 和其他改革方案相比，民主與科技中心特別重視增加監控的透明度、限制監控的目的與目標、及時刪除監控蒐集而來的非必要資訊，以及針對非法監控設立有法院命令背書的救濟措施。美國國會研究處也提出了一些可能的解決方案，比如用立法或行政命令來限制大規模的情報蒐集，或是設立其他救濟機制來平息歐盟法院的疑慮。[56]

政治學家亨利・法雷爾（Henry Farrell）和亞伯拉罕・紐曼（Abraham Newman）都主張，「Schrems II」讓美國有機會重新思考，在如今這個緊密連結的世界上，國安利益和監控的意義為何。[57] 在他們看來，美國遇到的問題不是「歐洲帝國主義」，而是「美國自己的帝國主義」。美國不能把自己的國安政策塞給盟友，卻拒絕在自己的政策中考量盟友的公民權利。跨國監控需要考量到他國的法定權利。為了捍衛自身的核心國安利益，美國得更廣泛分享情報，並與民主盟友更緊密合作；但如果美國不重新思考何為國家安全，以及什麼是個人資料隱私權，合作就不可能實現。其他人也強調，美歐勢必得在監控和隱私領域上加強合作，並敦促美國與歐盟成員國在資料監控上達成協議，在美國對監控的需求和歐洲對資料隱私的關注之間取得平衡。[58]

不過，也有另一些人反對這些想法，認為美國不該改變監控方針，更不用說讓歐盟法院來規範美國的監控法令。部分美國國會議員聲稱，歐盟法院的判決「重挫了美國和歐洲的消費者安全」。[59] 美國隱私和公民自由監督委員會主席亞當・克萊恩（Adam Klein）認為，美國情報機

構經常根據美國的監控法,和歐洲盟友分享有價值的情報,等於是讓歐盟免費搭便車,直接受益於美國的監控成果。[60]美國國土安全部的前政策助理部長暨國家安全局前法律顧問史都華・貝克(Stewart Baker)則用更強硬的口吻指責歐盟是心懷「司法帝國主義和歐洲中心主義的偽君子」,並指出「令人驚訝的是,歐洲法院竟然認為自己有權能以大規模制裁威脅美國公司,以摧毀或打擊美國重要的情報計劃。」[61]他力勸美國政府對裁決做出回應,除了對歐洲商品實施貿易制裁,還要撤回美國談判《歐美隱私盾》時所有對隱私權的讓步。另一部分的人態度較為保留,但仍認為歐盟法院在對外國的監控行動採取專斷標準的同時,又讓實施監控的歐盟成員國政府擁有國家安全例外,明顯自相矛盾,甚至是毫不掩飾的虛偽。[62]他們也指出歐洲各國政府也沒有提供等同的正當程序權利給在歐美國人,那憑什麼歐盟公民有權在美國法院質疑美國的情報行動。[63]

美國似乎不準備改變國安方針,特別是在當今緊張的地緣政治環境下,中國自信大增,俄羅斯更是入侵烏克蘭,掀起自二戰以來歐洲最大的軍事衝突。局勢發展至此,想立法限制美國的監控能力也不太實際。反而是俄羅斯入侵烏克蘭後,歐洲國家終於意識到它們所面臨的國安威脅,因此更有可能重新審視國安與監控的關係。歐洲各國政府已經開始重建國安架構,國家安全在政策議程和編列預算時變得更加重要。但與此同時,沒有人能預測如果歐盟司法機構收到請求,會不會在審查新的美歐資料傳輸協議時,考慮到地緣政治現實的轉變。目前,這些錯綜複雜的因素只會延長不確定性,造成各種法律風險,損害大西洋兩岸資料流動的穩定。

有一些人提出,唯一可行且最沒有風險的解方,就是要求公司將所有歐洲人的個人資料儲存在歐盟境內,並同意不外傳。自「Schrems II」

裁定公布以來，就有愈來愈多呼籲資料在地化的聲音。裁定剛公布，柏林一家德國資料保護機構就呼籲，在改革跨大西洋資料傳輸的法律架構之前，柏林的資料控制者（注：data controller 指負責確定個人資料「為何」以及「如何」處理的法人或自然人）應該將目前儲存在美國的個人資料全都傳輸至歐洲，並確保資料不會從歐盟傳到美國。[64] 負責過許多重要數位倡議的歐盟執委會委員布雷東也堅持「歐洲的資料應該留在歐洲」，其實就是在說，資料本地化應成為歐盟標準。[65] 一些評論家認為，「Schrems II」已經讓企業幾乎沒有別的可行選項，只能將資料儲存在歐洲，成為一種「軟性的資料在地化」要求。[66]

然而，不管是對美國還是歐盟而言，資料在地化都很難算得上是令人滿意的解方。[67] 首先，這不太可能終結美國的監控，因為美國早就在歐盟境內從事大量間諜活動，將資料儲存在歐洲無法保證資料不被美國監控。其次，資料在地化會抬高商業成本，阻礙數位與非數位商品及服務的貿易。對無法在每個司法管轄區都建立不同資料處理與儲存系統的小公司來說，成本更是巨大。最後，歐洲政治人物也常常批評中國、印度、俄羅斯等國的資料在地化政策。比如 2018 年，歐洲委員會評論印度隱私法案時就指出，該法案中的資料在地化條款「既沒必要，也可能有害，因為它將造成不必要的成本、困難和不確定性，可能阻礙商業和投資」。[68] 如果歐盟把資料在地化當作「Schrems II」問題的解決方案，就會將這種做法合理化，也很有可能導致資料在地化成為全球公認的標準。

以上種種可以看出，美歐之間資料傳輸方面的監理衝突，一直是大西洋兩岸最棘手的監理爭議，而且似乎沒有一勞永逸的解方。歐盟堅持保護歐洲資料免受美國侵入式監控的影響，而美國又不打算調整隱私與監控利益的平衡。這場監理之爭不僅嚴重干擾了美歐之間的商業關係，

也讓兩邊要影響其他國家的資料政策變得更難實行，甚至妨礙了對中國施壓的立場。美國一方面大力譴責中國的數位監控，一方面又固守自己對大西洋兩岸的監控政策；歐盟雖然反對中國政府的資料在地化方針，卻堅持認為自己可以限制資料流出歐盟——不管是流向美國，還是因為類似的原因流向中國。

不過，這場艱困的角力似乎也慢慢有了轉機。雖然歐盟法院兩度廢除美歐維持跨大西洋資料流動的協議，仍一直有人在這方面盡心盡力，以期談成另一項能夠通過歐盟法院嚴格審查的美歐資料傳輸協議。歐洲委員會和美國政府都非常希望大西洋兩岸的資料能恢復流通，這對雙方企業都至關重要。[69] 2022 年 3 月，拜登總統和歐洲委員會主席馮德萊恩發表了聯合聲明，表示美國和歐盟對於恢復雙邊資料流動，已經達成初步協議。[70] 隨後在當年 10 月，拜登總統簽署了《美國訊號情報活動保障升級命令》(Executive Order on Enhancing Safeguards for United States Signals Intelligence Activities)[71]，要求情報活動「必須對推進『優先性已經確認』的情報不可或缺……且其優先性符合比例原則」才能進行。[72] 納入歐盟裁決中的「不可或缺」和「符合比例原則」等用語，可解讀成美國正努力向歐盟保證，美國當局蒐集情報會有所限制，並反映歐洲尊重公民自由和隱私的價值觀。[73] 該命令還建立了一個新機制，如果歐洲公民認為自己的個人資訊在美國法律下受到非法處置，可以受「獨立且具有約束力的審查與補救」。[74] 他們的申訴會先由行政部門的民權保護官審理，如有問題就會交由資料保護審查法庭審查，該法庭的法官將由非屬美國政府的人員擔任。[75]

這下又輪到歐盟回應了。歐洲委員會評估美國的新承諾後，起草了一項決議，提交給歐盟各成員國和歐洲資料保護委員會審查。[76] 儘管還不確定那份行政命令是否符合歐盟法律標準，但歐洲委員會的態度很樂

觀,暗示新的救濟機制,納入必要性和比例原則,都可望解除歐盟法院的疑慮。[77] 但不出所料,還是有人不滿。其中最值得注意的就是施倫斯的看法,他指出這個救濟機制中的法庭「根本不符合《歐洲憲章》對『司法救濟』要求」[78],並再次指責歐洲委員會「放任歐洲人繼續受到監控」。[79] 由於「核心問題仍未解決」,他預測這些問題「遲早會再度提交到歐盟法院」。[80]

而美國這方也擔心這項協議仍然很容易引來法律上的質疑。前任參議員派翠克·圖米(Patrick Toomey)和美國公民自由聯盟(American Civil Liberties Union)的艾胥莉·高爾斯基(Ashley Gorski)指出,根據2022年3月最高法院對「聯邦調查局訴法扎加」(FBI v. Fazaga)一案的判決,美國政府將更容易在監控案中援引「國家機密特權」,個人將更難追究政府的監控行動。[81] 圖米和高爾斯基認為,這項裁決會讓歐洲覺得,美國政府對隱私問題並不是很有誠意。[82] 高爾斯基寫道:「儘管這份行政命令朝正確的方向邁出一步,但還是未能滿足歐盟的基本法律要求,導致歐盟與美國未來的資料傳輸面臨危機。」[83] 她還呼籲「國會制定有意義的監控改革」。[84] 或許美歐資料傳輸之爭終究難有長期的安寧,但以上發展都顯示,即便在深刻的分歧中屢遭挫折,美國和歐盟仍在積極尋找妥協之道。

數位服務稅引發跨大西洋貿易戰

科技公司的稅收則是大西洋兩岸監理之爭的另一個爭議點。美國的科技巨頭從歐洲業務賺取巨額收入,繳交的稅金卻微不足道。比如光是2021財政年度,Apple在歐洲的營業額就超過890億美元。[85] 但與這筆

龐大的收入相比，Apple 繳的稅簡直就是九牛一毛。歐洲委員會 2016 年的調查報告指出，根據 Apple 與愛爾蘭達成的稅收協議，「Apple 在 2003 年繳交的企業稅實際上只占其歐洲獲利的 1％，而到了 2014 年，這個數字更是下降到 0.05％。」[86] 近年來，這類爆料已在歐洲引起公憤，許多人開始呼籲增加這些公司的納稅義務，確保歐洲稅務機關能收到其中一部分的稅金。事實上，這股憤慨並不限於歐洲，許多地方都在呼籲政府更新過時的國際稅收規則。[87]

數位服務公司繳太少稅又分為兩個重點。首先，世人擔心這些公司利用各國稅法中的種種漏洞，進而完全逃避納稅義務。前面提到歐盟委員會對 Apple 稅率的調查，就反映了這點。Apple 之所以繳這麼少的稅，是因為它們利用美國和愛爾蘭法律對納稅居民的定義不同，開設在稅務上不屬於任何一方的子公司。[88] 而這還只是公司利用當前國際稅收制度的弱點來減少總納稅義務的一例。[89] 另一個重點則牽涉到數位服務公司應在哪裡納稅。對此，歐盟和成員國政府都質疑現行的稅法和協議，認為當前的規範未能公平分配跨境收入。這導致一些歐洲國家為了徵收到更多企業利潤，而採取新型的數位稅。而這些增加美國科技公司在歐納稅義務的做法，都遭到美國激烈反對，使得大西洋兩岸的政治局勢更為緊張。

這些科技巨頭在歐洲數位世界占據龐大的分量，貢獻的稅收卻微不足道，於是許多歐盟成員國紛紛提出、或已實施我們在第 3 章講過的數位服務稅。[90] 數位服務稅的目的，是將數位服務公司的獲利地和納稅地連結起來。這類稅目為市場所在國創造了新的課稅權，讓各國能對國內市占率龐大的數位服務公司課稅。傳統上，收稅權屬於企業的來源國、生產地或是居住國，因此數位服務稅把美國科技公司納入歐盟成員國的稅收範圍時，也挑戰了現形的國際稅務慣例。[91] 自從法國在 2019 年率先

實施數位服務稅以來，其他歐盟成員國紛紛跟進。[92] 其實早在 2018 年 3 月，歐洲委員會就提過一套涵蓋全歐盟的稅收改革，建議實施數位服務稅和數位利潤稅，藉此建立更協調一致的歐洲方針。[93] 但趁著法國和其他國家推行數位服務稅的潮流，歐洲委員會又重新關注這個領域，提出一項新的歐盟數位徵稅規則。[94] 此規則與數位服務稅不同，針對所有在歐盟網路上提供的商品與服務、且年營業額超過 5 千萬歐元的公司徵收營業稅。[95] 不過 2021 年 7 月，歐洲委員會同意暫緩這套數位徵稅規則，專心在 OECD 的國際稅收改革談判上尋找出路。[96]

歐盟成員國政府為自家的數位服務稅辯護，強調依照長期根據地課稅的傳統機制已經過時，不適用於全球化和數位化的當代。[97] 如今數位服務使用者有更多方式提供企業價值，例如提供個人資料，數位服務公司便能利用這些資料精準投放廣告。稅務學者也提出各種概念，重新詮釋如何在當今的數位經濟中創造價值，以及為什麼應該據此重新分配課稅權。[98] 然而，美國依舊堅持，數位服務公司不應在稅務上受差別待遇。美國政府拒絕了歐盟及其成員國政府提出的理由，批評數位服務稅是保護主義，並指責歐洲政府頻頻針對美國科技巨頭並不公平。不少批評者同意美國政府的立場，表示歐盟對數位使用者價值創造的看法「概念很大膽，收稅很方便」。[99] 這些分歧加劇了大西洋兩岸的緊張局勢，並為一場大型的水平競爭埋下伏筆。

美歐數位服務稅之爭如何將雙方推向貿易戰

美國始終反對歐盟和成員國的數位服務稅，認為這是針對美國公司的歧視性做法。曾在 2017 至 2021 年間擔任美國財政部長的史蒂芬・梅努欽（Steven Mnuchin）批評歐盟 2018 年提出的數位服務稅倡議「不公

平」，主張「網路公司不該承受有雙重標準的徵稅制度」。[100] 其他評論者也同樣譴責數位服務稅「幾乎全都針對」美國公司，認為歐洲的新稅目「短期目標是增加稅收，長期目標是損害美國科技公司的利益」。[101] 這些評論通常都暗指數位服務稅隱含了歐洲保護主義的盤算，一方面設下幾乎只有大型美國科技公司才達得到的高營收門檻，一方面又排除部分歐洲公司的主要營收類別，比如以賺取訂閱費為主的瑞典串流媒體Spotify 就逃過此劫。[102]

出於這些顧慮，美國端出貿易制裁威脅歐盟國家，首當其衝的便是第一個在國內實施數位服務稅的法國。前總統川普譴責法國的新稅法，表示：「法國剛對我國科技公司徵收數位稅。要是有人可以跟這些公司課稅，那也應該是它們的本國——美國。對於馬克宏愚蠢的行為，我們很快就會宣布重大的實質行動。」接著他又補了一條推文說，他一直覺得美國的葡萄酒比法國好。[103] 美國的回應不只是總統發文而已。2019 年 7月，美國貿易代表署宣布對法國的數位服務稅進行正式調查。[104] 根據《1974 年貿易法》中的〈三〇一條款〉，如果貿易代表署確認某項外國政策或做法不合理或有差別待遇，且對美國的商業造成負擔或限制，美國就有權限制該國進口。[105] 經調查，貿易代表署認定法國的數位服務稅有差別待遇，刻意針對 Google、Apple、Facebook 和亞馬遜等公司，卻將法國公司更成功的數位服務領域排除在外。接著，美國便宣布對某些法國原產的奢侈品課徵 25％的關稅。然而，美國又在 2021 年 1 月暫停了這項關稅，等待貿易代表署對其他歐洲國家數位服務稅的調查結果。[106]

2020 年 6 月，貿易代表署又展開了一場〈三〇一條款〉調查。宣布調查時，貿易代表羅伯特‧賴海哲（Robert Lighthizer）指出：「川普總統擔心我們有很多貿易夥伴正採用不公平的稅收方案針對我國公司。我們準備採取一切適當行動，捍衛我國的企業和勞工免受差別待遇。」[107]

2021年6月，貿易代表署結束了為期一年的調查，發現奧地利、西班牙、義大利和英國實施的數位服務稅都歧視美國公司，且不合乎國際稅收原則。[108] 例如義大利的數位服務稅就在涵蓋的服務以及營收門檻上歧視美國數位公司。該稅目超越國界的性質，以及用營收而非利潤作為納稅義務的基礎，都違反了國際稅收原則。[109] 貿易代表署還發現，義大利的數位服務稅「壓迫或限制了美國商業」。[110] 根據調查結果，貿易代表署宣布對這些國家的進口商品（總價超過20億美元）課徵25%的關稅，但是延緩徵收最長一百八十天，以利OECD完成談判。[111]

美國以報復性的貿易措施來反擊數位服務稅，其實也並不令人意外。在當今的經濟和政治環境中，貿易戰和保護主義都已變得司空見慣。一些稅務學者和貿易專家也提出相當有說服力的主張，認為數位服務稅有某些元素確實是歧視，是報復美國的行為。[112] 這些元素包括排除特定營收類別，讓歐洲公司免受數位服務稅影響。然而，另一些美國稅務學者則主張「數位服務稅歧視美國科技巨頭的說法毫無根據，甚至有點諷刺」。[113] 這些學者的主張也很有道理，他們認為法國差別對待數位廣告和傳統廣告並沒有任何歧視，因為數位服務稅的目標正是為了對脫離企業實際所在地的營收課稅。[114] 他們還指出，美國各州也已經提出或開始實施各種數位服務稅了，馬里蘭州的數位廣告稅或紐約州的資料探勘稅都是例子。這些地方性數位服務稅的存在，讓美國政府很難主張市場所在國不該對數位服務營收課稅。有鑑於這些觀點的差異，我們對於地方性的數位服務稅是不是保護主義、算不算報復性關稅，還很難找出共識；但大部分的人都會同意，單方面實施數位服務稅並因此走向貿易戰，應該不會是最好的發展途徑。因此，儘管大西洋兩岸的衝突升級，雙方出於經濟考量，仍會繼續設法緩和局勢，避免貿易戰爆發；這跟美中之間的貿易戰與科技戰截然相反：美中雙方都沒有退讓或協商妥協的

意願,即便打這場戰爭的代價高昂。

全球稅收協議下的停火

　　歐洲政府實施數位服務稅、美國貿易代表署對此展開調查的同時,各國也正在 OECD 的多邊談判中,努力匯聚稅收改革的共識。雖然科技業並非全球稅收改革唯一的焦點,但解決數位經濟帶來的稅收挑戰,一直都是改革的優先目標。只不過由於 OECD 內的談判長時間沒有進展,歐盟成員國才會率先實施各自的數位服務稅,當作 OECD 達成協議前的臨時措施。[115] 而美國的立場一直都反對各國各自在國內通過數位稅,支持由 OECD 主導的全球稅收改革。[116] 寫給時任 OECD 祕書長何塞‧安赫爾‧古里亞（José Ángel Gurría）的信中,前美國財政部長梅努欽表達美國支持 OECD 層級的討論,同時強烈反對數位服務稅,因為該稅對美國企業有歧視性的影響,且不符合現有國際稅收規則的架構。[117] 美國科技公司也偏好多邊稅制改革,Meta 的祖克柏就曾表示,即使會增加公司的總稅負,他也認同 OECD 的努力,因為這將創造一個「穩定可靠的未來制度」。[118]

　　歐盟片面實施的數位服務稅使得 OECD 必須加速尋找解決方案的腳步。美國政府也知道,如果 OECD 遲遲未達成協議,就會持續受到單方面徵稅的威脅,面臨「一個隨時會陷入混亂的世界」。[119] 然而,談判雖然有些進展,但美歐之間的分歧和緊張關係,仍舊導致談判在川普總統任內無法達成最終協議。2021 年 4 月,拜登政府提出了一套妥協方案,為 OECD 的談判推了關鍵的一把。根據這些提議,無論大型科技公司和其他大型企業的所在地為何,都得根據它們在每個國家的營業額繳交稅金。此外,美國還主張在全球設立 21% 的最低稅率。[120] 時任 OECD 祕

書長古里亞稱美國的提議「是個千載難逢、實現國際稅收制度全面改革的大好機會，既能讓企業稅收更為確定，也能確保所有公司都承擔公平的稅負。」[121] 法國經濟與財政部長勒梅爾也表示，歐洲領導人都認為協議就快達成了，「尤其是美國也確定放棄安全港原則」，許多批評者認為該條款允許一些跨國公司選擇退出全球數位稅規則。[122]

談判有所突破後，OECD 於 2021 年 10 月宣布，一百三十六個國家終於對全球稅收改革達成協議，並承諾在 2023 年底前實施。[123] 協議有兩個主軸，首先，即便跨國並沒有實際設立於市場所在國，公司的部分利潤也要分配給該國。這些公司將根據現有的國際稅收規則支付企業稅，直到獲利跨過特定門檻，而超過門檻的營收將分配給公司用戶與客戶所在的國家。[124] 此規則不僅適用於數位服務公司，營收達到一定門檻的公司亦然。[125] 這部分的最終結果反映了美國的立場：數位經濟不應與其他經濟活動分別對待；也反映了歐盟的要求：市場所在國應有課稅權，因為這些國家也為公司創造了價值。除了這些改革外，協議的第二個主軸是全球最低企業稅率，對營收超過門檻的公司課徵 15％的稅率，藉此減輕有害的稅收競爭、平衡競爭環境，並促進公平競爭。[126]

OECD 達成協議後，美國也同意暫不向歐洲國家徵收在 2021 年 6 月所宣布的懲罰性關稅。[127] 此外，法國、義大利、西班牙、奧地利和英國也同意，OECD 的改革方案一實施，就會廢除國內數位服務稅。如果新的全球稅收制度在 2023 年底前生效，這些歐洲國家會將過渡期間各公司溢繳的超額稅款，用於抵充在全球稅收協議下應支付的稅款。[128] 這份協議被譽為美歐關係和國際經濟關係中一次罕見而寶貴的勝利。如果計劃順利實施，美歐之間僵持不下的水平抗衡，就會變成如今衝突頻仍的世界中，最重大的一場國際合作。然而也有批評的聲音警告，美國國會還不見得能通過立法，實行 OECD 的協議。[129] 而近日歐盟也表示，如果

OECD 協議沒能順利實施，就會準備恢復徵收數位服務稅。[130] 因此，這份劃時代的協議對美歐關係來說，究竟是讓雙方就此休兵的長遠勝利，或只是一次過度樂觀的短暫和解，仍然難以判定。

歐盟的反壟斷政策與美國指控的數位保護主義

反壟斷法是大西洋兩岸數位政策的另一個爭議，除了凸顯美歐監理的差異，也引起雙方的不滿。摩擦的原因在於反壟斷監理的戰線高度不對稱：美國公司在幾乎所有數位服務領域都支配著歐洲市場，歐洲監理機構則一再指控這些公司濫用優勢地位。歐盟監理機構埋怨美國科技公司的反競爭行為扭曲了歐盟市場，損害歐洲消費者的利益；美國企業和政府則抱怨歐洲嚴格的反壟斷執法是保護主義的行為，刻意針對靠著創新實力擊敗弱小歐洲對手的美國科技公司。

歐盟向來是全世界最積極的反壟斷法執行者。而目前，歐盟許多有名的反壟斷案件都是針對科技業——或者就像許多美國評論家指出的，針對美國的科技業。值得一提的是，在本書寫作的當下，歐洲委員會正同時對抗 Google、Apple 和 Meta 的經營方式，包括 Google 如何蒐集用戶資料並偏袒自己的線上展示型廣告服務[131]、Apple 如何強制開發者使用自家的應用程式內購買機制[132]，以及 Meta 如何利用從廣告商處蒐集的資料來在分類廣告市場上與它們競爭。[133] 歐盟也指控亞馬遜把從第三方賣家蒐集來的資料，用於在自家經營和參與的市場上與這些賣家競爭，不過亞馬遜已經在 2022 年擺平此案了。[134] 除了這些歐盟層級的反壟斷調查，部分歐盟成員國也在利用各自的反壟斷法調查這些科技巨頭，進一步增加美國科技公司在歐洲面臨的監理挑戰。[135]

在這之前，歐盟和成員國已完成許多反壟斷調查，並對美國科技公司實施重大制裁。最近幾年，歐洲委員會已經三度開罰 Google，總罰款將近 100 億美元。2019 年，歐洲委員會在一個關於 Google AdSense 線上廣告計劃的案件中，開出了 17 億美元的罰款。[136] 再往前推是 2018 年對 Google 的 Android 作業系統罰了 50 億美元。[137] 而在更之前的 2017 年，歐洲委員會認定 Google 對自家比價購物服務的偏袒已經構成自我偏好，妨礙了競爭對手，而對 Google 處以 23 億美元的罰款。[138] 雖然 Google 成了歐洲委員會的主要目標，但其他公司也不好過，比如 2018 年高通也被判從事壟斷行為。[139] 這些案件並不新奇，過去二十年間，英特爾[140]、微軟[141]和通用電氣[142]等美國領先科技公司，都曾因壟斷而被歐盟裁罰。部分主要成員國也跟著委員會的腳步，讓整個歐洲的執法記錄變得更嚇人，其中最令人難忘的，就是義大利在 2021 年對亞馬遜開出 12 億美元的罰款。[143]

雖然歐盟多數的反壟斷案都是指控公司濫用壟斷地位，但有時歐盟也會用反壟斷權力來限制成員國給予企業的反競爭性援助。這裡的國家援助指的是成員國政府給予企業的選擇性優勢，比如稅收優惠，獲得這類援助的公司可能會在商業競爭中取得不公平的優勢，扭曲市場上的公平競爭，因而違反歐盟反壟斷法。歐盟委員會迄今最重大且具爭議性的國家援助案件也是針對美國的公司：Apple。[144] 前文提及 2016 年的裁決中，歐洲委員會就曾命令愛爾蘭向 Apple 追討 150 億美元的欠稅。[145] 根據委員會的說法，Apple 憑藉愛爾蘭稅務當局在 1991 年發布的稅收裁定，得以適用明顯較低的稅率、取得「不公平優勢」，扭曲了市場競爭。但 2020 年，歐盟普通法院推翻了歐洲委員會的裁決；[146] 委員會目前正向歐盟法院上訴，顯然是下定決心要繼續這場監理之戰。[147]

不過，歐盟想要的不只如此。這次挫敗之後，為了獲得新的執法權

力，歐洲委員會積極通過《數位市場法》，而該法案也於2022年在歐洲議會和歐洲理事會通過。[148]《數位市場法》針對所謂的「數位守門人」，也就是對市場競爭影響力最大的超級數位平台。只有營收極高的公司才有資格被指定為守門人，因此《數位市場法》主要的適用對象，都是亞馬遜、Apple、Google、Meta和微軟這些美國科技巨頭。《數位市場法》賦予歐盟權力，可以事先規範這些守門人的業務行為，禁止它們從事諸如自我偏好等特定商業舉止，同時要求它們確保其技術與競爭對手開發的產品能夠互通等等。[149]最重要的是，有了《數位市場法》，歐洲委員會就無需提供證據來證明企業的做法會傷害消費者，因為這些都已經被認定為不正當的做法，所以才需禁止。

　　歐盟對科技巨頭的反壟斷執法記錄光是一件一件分開來看就很驚人，若是對照美國反壟斷機構的執法記錄，更顯得歐盟的企圖心十分強烈。自從芝加哥學派的市場導向理念在1970年代扎根，美國過去大約半個世紀的反壟斷政策一直被這種市場導向的直覺左右。即使科技巨頭在歐洲市場的地位和行為不斷受到質疑，美國的反壟斷執法者還是一直避免挑戰這些公司。不過引起最多不滿的，或許是歐洲的監理方針已波及到美國，不但影響到美國公司的經營方式，也增加它們的經營成本。歐盟對美國公司執行反壟斷法時，美國監理機構基本上也都冷眼旁觀，直接損害了這些公司在本土市場上享有的自由放任。如此一來，美國市場導向的監理模式往往會敗給歐洲以權利為本的監理模式，因為一旦美國政府刻意放棄反壟斷執法，就等於一次次對歐盟果斷的監理行動退讓。

▍美國觀點：歐盟的反壟斷政策是保護主義

　　對於歐盟不斷祭出的反壟斷調查，美國政府和商界基本上都認為這

是出於保護主義，這些調查既有害又不公平。批評者指責歐盟對這些成功的美國科技巨頭進行反壟斷調查，是出自於歐洲人的絕望與嫉妒，想藉由偏袒較弱的歐洲競爭者，來抵消掉美國企業的科技優勢。[150] 好比說 Apple 的律師就指責歐盟把 Apple 當成「給反壟斷官員搶版面用的便宜目標」。[151] 美國的政治高層也表達過類似的看法，歐巴馬總統曾在 2015 年說過，歐盟對 Google 和 Facebook 的多項競爭調查，不過是反映出歐洲服務供應商無法與美國對手競爭。他表示：「我們擁有網際網路。我們的企業創造、擴展了網際網路，讓它在各方面變得完善，這都是歐洲人競爭不來的。」並進一步指責歐盟的調查是因為歐盟需要「開拓一些商業利益」。[152] 2016 年，美國財政部發表了一份白皮書批評歐洲委員會的「國家援助調查」，其中就包含 Apple 在愛爾蘭的納稅狀況一案。[153] 2018 年，川普總統也對歐盟裁罰 Google50 億美元一事激憤填膺：「美國企業在歐洲處於不利地位。」[154]「（歐洲人）確實利用了美國，但這種情況不會持續太久！」[155]

最近，美國又再度對歐盟的反壟斷保護主義有所顧忌，且特別關注《數位市場法》，認為該法是針對美國而來，畢竟被指定為數位守門人的全都是美國的科技巨頭。舉例來說，美國國家安全委員會曾在 2021 年 6 月致函歐盟外交代表團，表達他們很關注歐洲議會的某些成員特別在《數位市場法》中針對美國最大的五間科技公司，並指出歐洲委員會不願「真心誠意」與美國來往。信中進一步警告：「這樣的政策也將阻礙我們協調彼此監理制度的努力。」[156] 美國商務部長雷蒙多也承認：「我們對《數位市場法》有很多疑慮。我一直從科技業聽到這樣的聲音。」儘管如此她仍呼籲雙方好好溝通，尊重歐洲的法律制度和價值觀，因為「我們在很多方面基本上是一致的，並沒有那麼多分歧。」[157] 一些美國國會議員同樣很擔心歐盟的「數位主權運動」和《數位市場法》會對美國企業

造成不利的影響，並在 2021 年 6 月致信拜登總統表達此事。[158] 美國科技公司也不斷針對《數位市場法》奔走遊說，但依舊無法遏制歐盟的監理野心。[159]《數位市場法》的最終版本於 2022 年通過，歐盟機構讚譽此法具有變革意義，但 Apple 和 Google 等數位看門人都發表了強烈批評。[160]

其他美國立法者和商界領袖指出，歐盟的反壟斷保護主義是來自歐洲的數位發展藍圖，立意是追求數位主權，且帶有反美偏見。2018 年，共和黨參議員歐林・海契（Orrin Hatch）曾批評歐盟對 Google 開出的 50 億美元反壟斷罰款，他發推文表示：「長期以來，歐盟在法規、稅收和競爭方面的行動與立法，都對美國科技公司造成了不合比例的打擊。但這份裁決令人懷疑，這些所謂的行動，也許不過是一系列歧視性的營收掠奪。」[161] 美國商會主席薄邁倫（Myron Brilliant）也表達了相同的看法：「很可惜，一些歐盟官員似乎認為，改變歐洲科技公司命運最好的方式，就是歧視美國的競爭對手。」[162] Meta 全球事務總裁尼克・克萊格（Nick Clegg）則在 2020 年 10 月針對歐盟提出的《數位服務法》發表評論，警告歐盟「走向數位保護主義將導致自我毀滅。這樣絕不會讓歐洲占據領先地位，反而可能會加速網際網路分裂，導致歐洲在美國與中國企業開疆闢土之際淪為局外人。」[163] 同時也提醒歐盟，它們的「使命是拆除障礙，而不是設立新的障礙」。[164] 這篇評論反映了美國政治人物和商界最主要的感受，他們認為歐盟的反壟斷政策是歐洲更廣泛的監理構想的一部分，該構想不但遵循數位保護主義，還有明顯的反美偏見。這份感受讓整場美歐監理衝突全面升溫，加劇了雙方之間的憤怒和不信任，大西洋兩岸也因此更難追求一份共同的數位政策。

歐盟是否實行反壟斷保護主義？

歐盟的作為是反壟斷保護主義、還是更全面的科技民族主義，這點大概很難驗證。正如第 3 章的論述，歐盟反壟斷執法反映了歐盟對消費者福祉和市場的「公平」的重視。然而，保護消費者利益和保護主義之間確實存在一條細微的界線，監理機構的真正動機有時也很難確認。不可否認的是，美國科技公司真的常常成為歐盟反壟斷執法的目標，歐盟對領先科技公司使用反壟斷法的成本也真的比較低，如果這些公司不是歐洲公司，尤其如此。然而，比起公司的國籍，歐盟執法的根據，還是它們在市場上的支配地位，以及濫用地位的指控。[165] 歐盟開罰 Google 並不是為了保護某個歐洲的搜尋引擎。而且造成這次執法的投訴，也不是來自歐洲競爭對手，而是另一家美國公司：微軟。[166] 至於其他對美國科技公司的反壟斷執法，主要投訴者或受益者也都是美國公司。比如美國的電玩遊戲暨軟體開發商 Epic Games 就曾向歐洲委員會投訴 Apple，並從不利於 Apple 的反壟斷裁決中獲取最多利益。[167] 來自舊金山的評分軟體 Yelp 也一直頻繁批評 Google，敦促歐盟調查 Google 的壟斷行為。[168] 同樣地，歐盟對英特爾的反壟斷裁決，也是由英特爾的美國競爭對手 AMD 投訴而起。[169] 因此，只要深入了解歐洲的反壟斷爭議，就會發現爭端的兩頭往往都是美國公司，因此反壟斷是反美偏見作祟的主張，也很難禁得住考驗。[170]

最近針對歐盟併購管制的實證研究顯示，歐盟並不像指責歐盟保護主義的人所想的那樣，特別積極阻止外國公司收購歐洲公司，或對試圖進行併購的歐洲公司採取較寬鬆的態度。[171] 這項研究總結了 1990 至 2014 年間、超過五千宗通報歐洲委員會的合併案，最後並未發現委員會有系統地利用權力，達到保護主義的目的。真要說有什麼特別的發現，

反而是委員會幾乎不會質疑涉及外國收購方的交易，而比較常干涉歐洲公司之間的收購。也就是說，歐洲委員會並不是想靠併購審查權培養屬於歐洲的超級企業，或是保護歐盟企業不被外國公司收購，因此所謂歐洲反壟斷保護主義的敘事，也就很令人疑惑了。儘管如此，我們仍暫時無法確定，此研究的發現能不能推及反壟斷政策的其他領域，比如歐洲委員會對國家援助的裁決，或是對企業壟斷行為的調查。這些執法領域比較難做實證研究，因為國家援助的每一筆款項或單邊行為的總件數都不為人所知（包括委員會沒有追究的案件）。然而，併購、壟斷濫用、聯合壟斷和國家援助等案件的調查，都是由歐洲委員會內部的競爭總署負責。如果歐盟反壟斷政策的其他領域真有保護主義的影子，那麼委員會顯然要有特別的理由，才會在併購領域收斂保護主義傾向，又在其他領域實施偏見執法，但我們很難看出有什麼理由這樣做。

儘管目前為止，歐盟的反壟斷執法記錄算不上保護主義，但值得注意的是，如今整個歐盟的對話氛圍正在改變。[172]這種修辭上的轉變可以追溯到 2019 年，歐盟委員會否決了西門子（Siemens）與阿爾斯通（Alstom）的合併案。[173]這起合併原本會將德國與法國的兩大工業巨頭，融合成一間屬歐洲的超級高鐵企業。批評委員會決定的人士譴責，歐洲將因此錯失良機，無法升級對抗中國中車這個超級競爭對手。[174]但歐洲委員會堅守立場，告訴批評者「我們不該受政治左右」，而是要「忠於使命」，也就是保護歐洲消費者不受高價影響。[175]這一決定引來了更嚴厲的批評，指責歐盟的反壟斷政策缺乏產業政策指導方針，且愈來愈多人呼籲要改變這種政策取向。2019 年 2 月，為本案感到不平的德法兩國發表了《德法二十一世紀歐洲工業政策宣言》（*Franco-German Manifesto for a European industrial policy fit for the 21st Century*）。[176]文中提出了幾項改革，力求振興歐洲工業戰略，並「適應激烈的全球競爭」。其中，

兩國呼籲歐盟併購管制應該受到政治監督，並將產業政策考量納入併購裁決之中。這允許由成員國政府組成的歐洲議會，在某些情況下可以推翻歐洲委員會的合併裁決，以便創造屬於歐洲的超級企業。德國、法國和後來加入的波蘭在後續的另一份宣言中，不再那麼堅持要透過議會否決併購審查，但仍堅持在牽涉國際競爭力時，成員國應該要有權對歐洲委員會的裁定「發表意見」。[177]

《德法二十一世紀歐洲工業政策宣言》和針對西門子－阿爾斯通合併案裁決的批評，都可以視作對歐洲保護主義和科技民族主義的直接支持。而近日歐盟打算建立數位主權，更積極管理發展產業政策，有可能會跨越保護消費者利益的界線，成為保護主義。歐盟各地的科技民族主義修辭都漸趨強硬，呼籲產業政策要更主動出擊，打下歐洲科技主權的地基。時至今日，積極產業政策已經從政治聲明走向實際的政策倡議；歐盟宣布了新的工業政策計劃，擴大政府對半導體、電池，乃至人工智慧和雲端服務等科技發展的支持。法國是最支持介入性經濟政策的國家，甚至還加大力度倡導積極干預的經濟政策。馬克宏總統強調「我們正在進行一場維護主權的戰鬥」，還說「如果我們不在各個新領域扶植自己的優秀企業⋯⋯我們的選擇⋯⋯將由其他人擺布。」[178]

但並不是整個歐洲都一致支持政治化的併購裁決，或支持其他保護主義的反托拉斯改革。[179] 布魯塞爾也有一些重要人物反對數位保護主義。歐洲委員會執行副主席維斯塔格否認歐盟科技政策是出於反美偏見的說法，並一再強調「《數位市場法》並非針對特定企業或特定國籍的企業」。[180] 一些歐洲的關鍵立法者雖然承認《數位市場法》確實特別針對美國科技巨頭，卻表示歐盟完全有正當理由，而非出於保護主義。歐洲議會的重量級成員安德列亞斯・施瓦布（Andreas Schwab）一直主張，《數位市場法》只應針對亞馬遜、Apple、Google、Meta和微軟這五家科

技巨頭,他認為這些公司是競爭市場「最大的問題根源」,並補充說沒有必要「為了取悅拜登總統而指定一家歐洲守門人企業」。[181] 有的歐洲立法者則承認《數位市場法》的目標是美國公司,但不敢輕易斷言這是不是好政策。比如歐洲議會副主席蒂塔・查蘭佐娃（Dita Charanzová）在《數位服務法》和《數位市場法》尚未通過時就發表評論指出:「講白了,這些提案的目標就是美國公司。」[182] 查蘭佐娃還警告歐盟不要追隨中國,不要「將歐洲的網際網路變成封閉的花園」,並呼籲大西洋兩岸的數位監理應緊密合作。[183]

雖然這些聲明顯示,如何在開放的承諾與強化數位主權的需求之間取得平衡,歐洲各國並沒有統一的看法,但當今的政治環境還是偏向民族主義的經濟政策。部分歐盟成員國的民粹政府、中國日益成長的經濟實力和信心、英國脫歐後歐盟立法過程失去自由市場派的聲音,以及在不穩定的地緣政治環境中日益加劇的不安感,都有可能產生連鎖效應,促使國家和市場間的經濟計劃轉往新方向,並推動一些服務產業政策的改革。保護主義在世界各地也日漸普遍,中國和美國的政策取向也正如第 5 章所述,朝著更排外的方向演變。部分歐洲政治人物開始呼籲,歐盟應重新思考和調整政策,才能應對這個日益難以預測、充滿敵意的世界,否則就得追著其他人選擇的政策走。這個觀點強調,當今的世界愈來愈封閉,其他主要經濟體都在採取保護主義政策,歐盟不能天真地放棄捍衛自身國家利益。[184] 因此,歐盟很清楚自己正面對一個各國漸趨內向的世界,科技主權正在取代經濟開放,成為世人關心的重點,並且在這樣的背景下,做著有關反壟斷政策和整體數位發展的選擇。

跨大西洋數位政策和解的方向

我們已經在本章看到，美國市場導向的監理模式和歐洲以權利為本的監理模式經常互不相容，種種分歧也加深了跨大西洋的數位監理衝突。其中最主要的衝突圍繞在資料隱私、數位稅和反壟斷的垂直與水平競爭，但除此之外還有各式各樣的爭端，比如對於內容審查的看法分歧。歐洲人一直很擔心美國科技公司會讓歐洲的公眾討論環境惡化，因為這些公司都允許仇恨言論和不實資訊在平台上肆虐。因此，歐盟制定了相關法規，限制網路上的非法與有害內容。但反過來，美國也很關切此事，擔心歐盟的監理就算能減少不良內容，也會形成更有問題的言論審查。這方面的爭議說明，美國的監理模式更看重保護言論自由這項基本權利，而歐洲以權利為本的模式，則力圖平衡言論自由和人性尊嚴等其他基本權利。

然而，大西洋兩岸在數位政策上的分歧，或許正逐漸趨緩。從兩個發展可以看出，雙方很有機會走向和解的新時代。第一個發展是美國國內對科技業的批評日益增加。因此，美國可能會更傾向歐洲以權利為本的監理模式，減輕和大西洋對岸的摩擦，甚至有可能允許雙方的監理模式更趨一致。第二個發展則是美國和歐盟都愈來愈擔心中國的數位專制將會威脅到美歐所重視的民主自由、個人自由和開放的全球網際網路。這份對數位專制崛起的擔憂，也有可能推動大西洋兩岸進一步合作與趨同。

第 1 章我們已經談過科技公司在塑造數位經濟社會時的角色，美國公眾的認知已經有所轉變。經過劍橋分析、2021 年的國會山莊騷亂，以及 Facebook 吹哨者豪根揭發平台內部運作後，美國公眾對科技業已經相當反感，因為這些都是無法裝作沒看到的醜聞。[185] 許多學者、記者、政

策倡議者、中小企業，都對科技巨頭的無限權力憂心忡忡，最近就連國會和行政部門也看不下去了。如今，認為靠科技公司自律足已的聲音已經愈來愈小，愈來愈多人開始呼籲政府應像歐洲立法者和監理機構一樣積極。這種轉變可能會讓美國與歐盟的監理風格有更多相似之處。更重要的是，這也可能影響美國在反壟斷和隱私監理上的方針，緩解本章討論到的長期摩擦。

有跡象顯示，在這種新的政策環境下，部分數位政策的爭執未來或許有機會避免。比如美國對人工智慧監理的做法，似乎正朝著歐盟所中意的方向發展。2020 年，歐洲委員會發表了《人工智慧白皮書》，當時白宮還擔心，過度的監理可能將導致西方在人工智慧競賽中落後世上其他地區，更無法與使用人工智慧的威權國家抗衡。[186] 然而不久之後，華府的態度就改變了。2021 年 4 月，歐洲委員會剛發表《人工智慧監理草案》（*AI Regulation*），拜登的國安顧問蘇利文就在 Twitter 上讚揚歐盟的監理，表示美國「將與我們的朋友和盟友合作，發展值得信任、符合我們共同的價值觀，並能保護所有公民權利與尊嚴的人工智慧」。[187]

但也有人沒那麼樂觀，警告新的政策修辭可能永遠也無法轉化成具體的立法或行政行動，全球稅收協議仍有機會在國會化為空談。即使民主黨和共和黨難得有共識，認為科技公司需要監理，但談到具體該如何執行，兩黨也未必會有多少交集。最後，兩黨各自的反科技運動可能都改變不了美國的政策，大西洋兩岸的監理差異依舊會維持現狀。此外，美國法院是否會接受新的「反壟斷革命」，或是信奉芝加哥學派與科技放任主義的法院，會不會繼續絆住鼓起勇氣對科技公司出手的行政權，都還很難說。然而，即便大西洋兩岸在監理實務上不會大幅趨同，我們還是有理由認為，美國對歐盟數位政策的批評將會減弱，因為美國也正打算重新審視監理模式中的市場導向原則。[188]

為了讓緊密合作的承諾有制度可循，美國和歐盟在 2021 年 6 月成立了貿易科技委員會（Trade and Technology Council，簡稱 TTC）。[189] 委員會的宗旨包括緩解美歐之間的水平衝突，以及加強跨大西洋聯盟，共同對抗中國的市場扭曲政策，以及利用科技戕害自由的行為。TTC 負責處理雙方關注的一系列貿易和科技問題，包括技術標準合作、供應鏈韌性、資料安全、資料治理和網路安全，以及外國投資審查和出口管制。美國為了拉近跨大西洋合作所付出的心力，可用國安顧問蘇利文的話總結：「我們和歐洲不能再讓兄弟鬩牆演變成更大的家庭爭鬥。因此我們很驕傲能與歐洲盟友合作，成立新的美歐貿易科技委員會。」[190] 維斯塔格副主席也發表了類似的言論，強調歐盟和美國有「共同的民主價值觀」，並讚揚 TTC 是「我們更新伙伴關係的一大步」，將雙方共同的價值觀轉化成「大西洋兩岸的實質行動」。[191]

細究背後的動力，或許有更大一部分是因為歐美都很擔心中國與日俱增的影響力、中國提倡的數位極權價值觀，以及這些趨勢對民主自由未來的影響。TTC 的組織綱領並未直接點名中國，但各方確實清楚意識到，中國的科技進步已經構成戰略威脅，需要大西洋兩岸攜手應對。[192] 美國和歐盟在 2021 年 9 月展開第一場 TTC 會議後便發表了聯合聲明，強調雙方將共同致力開發「尊重普世人權與共同民主價值觀」的人工智慧科技，還重申它們會努力維護外國投資審查機制，應對「國安風險」。[193] 雖然聲明中沒有提到中國的華為止積極參與 5G 網路的基礎建設，但也確實表達出美歐雙方共同的擔憂：中國正積極收購世界各地的戰略性科技設施和其他資產。

對抗中國方面，美國一直比較強烈，並視 TTC 為美歐重要的合作媒介。[194] 美國政府強調 TTC「將著重協調我們的貿易與科技方針，確保為二十一世紀貿易與科技制定規則的是民主國家，而非中國或其他獨裁國

家」。[195] 然而，歐洲政界一直到最近為止，態度都比較謹慎。他們都很小心不要撩撥與中國之間的緊張關係，強調TTC「不針對任何單一國家」[196]，同時強調歐盟和美國「擁有共同的民主價值觀」，期望能「為以人為本的數位化和開放競爭市場盡一份心力。」[197] 雙方措辭有所差異，是因為歐盟和中國的經濟聯繫更深。在貨物貿易方面，中國已經於2020年超過美國，成為歐盟最重要的貿易夥伴。[198] 因此歐盟在面對這場不斷升溫的美中科技戰時，經常會想要兩面下注，同時和美中合作。其中最小心、最不想激怒中國的是德國，因為中國是德國汽車和其他工業的主要出口目標。[199] 然而，最近的地緣政治發展，像是中國拒絕譴責俄羅斯入侵烏克蘭，以及對西方制裁俄羅斯等作為，都讓歐盟與中國的關係變得緊繃，歐盟也對中國擺出更強硬的立場。歐盟對外事務部已經出聲疾呼重新調整雙方關係，並形容當今的歐盟與中國關係，無論在經濟還是政治上，都是依循「全面競爭」的邏輯發展。[200] 新的政策方向可能會在大多數政策領域限制歐盟跟北京的來往，並使歐盟的對中政策更向美國靠攏。

為了讓TTC發揮功能，美歐都在尋找折衷的共識；美方要承認TTC不僅是歐美大國聯合對抗中國的平台，歐方也得承認跨大西洋數位議程必須能回應中國日益強硬的態度。[201] 有了這樣的共識，TTC才比較有可能成為科技民主國家的廣泛合作基礎。關於這部分，我們會留到第8章討論，第8章將探討中國試圖出口國家導向的監理模式，以及美國和其他民主國家如何對抗這些企圖。雖然美國和歐盟都不信任中國，並承認它們和中國正在打一場「體制之戰」，但目前仍然說不準，TTC是否能弭平大西洋兩岸的爭端，讓歐盟和美國成為真正彼此信賴的合作夥伴。[202] 歷經川普任內對抗與不穩定的外交政策，大西洋兩岸的關係仍停留在低谷，歐洲國家亟需重建對「美國回歸」的信心。[203] 此外，近年來兩邊的

合作也不是很順利,《跨大西洋貿易及投資夥伴協議》(*Transatlantic Trade and Investment Partnership*)在 2019 年談判過後就無疾而終,2007 年成立的跨大西洋經濟理事會(Transatlantic Economic Council)也隨時間失去了影響力。[204] 就科技議題而論,歐盟內部仍眾說紛紜;歐盟應該如何與中國打交道,也同樣眾口難調。不過既然美國對科技監理的態度已向歐盟靠攏,歐盟對中國的態度也更為堅定,大西洋兩岸確實有機會透過 TTC 找到共同的數位經濟發展方向。這可能會為跨大西洋數位政策開啟新的紀元,讓美歐擱置彼此的監理爭議,專心應對許多人認為最重要的戰鬥:一同對抗中國那套由政府主導的數位獨裁監理模式,並捍衛民主自由,守住數位經濟的地基。

PART III

帝國擴張

7 Chapter 全球影響力消退：美國科技放任主義的式微

當今全球數位經濟的基礎，都是美國和其領先科技公司打下的。二十多年來，美國市場導向的監理模式促進了美國大型科技公司向國際擴張。打從 1990 年代，網際網路剛盛行起來的那段期間，美國政府就一直倡導開放、無監理和私人單位主導的數位經濟，並竭盡所能在國內外利用一切與科技革命有關的機遇。在柯林頓、小布希和歐巴馬任內，美國不僅在國內倡導自由市場和自由網路的價值觀，也積極將這些價值觀輸出至其他國家，強調這些價值觀對經濟成長和社會進步的重要性。美國一直試圖推動「網際網路自由計劃」（Internet Freedom Agenda），將市場導向的監理模式推廣到全球；該計劃主張創新必須不受政府監理或審查，否則經濟和政治進步都將受損。[1] 實際上，依循這個政策計劃等於依賴私人力量來塑造全球數位經濟，而所謂的私人力量，指的就是美國大型科技公司在外國社會經濟上、政治上和文化上肆無忌憚的影響力。

這些私人力量如今已無處不在。世界各國的公民都在使用美國的線上平台交流 —— 用 WhatsApp 發訊息、透過 Google 搜尋資訊、在 Facebook 上分享生活大小事，用 YouTube 上傳、觀看影片，在 Instagram 上發照片，以及用 Twitter 評論世界新聞。這些美國科技公司促進了全球

連結和對話，讓大多數人以為這對他們的日常生活有益，甚至不可或缺。很少人願意回到沒有這些工具的時代，因為這些工具讓世人能夠極其輕易彼此互動、分享資訊。然而，數位公民也愈來愈關注這些數位服務公司對日常生活的巨大影響力。如今，全球數位公民在網路上接觸到的內容，全都由少數幾家大型美國科技公司的演算法決定，這些美國公司塑造了非洲、亞洲、澳洲、歐洲和拉丁美洲民眾的想法、需求和購買行為。網路平台甚至比現實中的國家擁有更多的資源和權力，能夠對外國的使用者與社會造成深遠的經濟、政治和文化影響，從而深深改變他們的生活。儘管這些公司在全球不同領域擁有很大的影響力，但它們的理念卻與全球化相去甚遠。這些公司反映的是「加州意識形態」和美國的科技放任主義，靠著產品和服務向外輸出美國市場導向的監理模式與價值觀。

本書 PART I 已經談過美國、中國和歐洲的監理模式，PART II 則講述這些模式之間的衝突；現在，我們將放眼全球，開始研究這些模式相對的影響力。數位帝國不僅彼此之間會發生監理衝突，也在競爭全球的支配地位。美國、中國和歐盟都在輸出各自的監理模式，擴大各自的勢力範圍，它們之所以極力將世上其他地方拉向自己的市場導向、國家導向或以權利為本的模式，就是為了輸出隱藏在其中的規範與價值觀。在這一章，我們會尋訪每一塊大陸，看看各個數位帝國所依賴的影響力型態：美國利用民間單位的力量，中國利用基礎建設，歐盟則利用監理權力。

在 PART III，我們會先深入探索美國市場導向模式對全球的影響。本章記錄了美國數位帝國，以及其監理模式作為全球數位秩序指標的發展起伏。我們將了解早期的美國政府如何成功協助科技公司將私人權力拓殖海外，以及這些領先科技公司如何用各種方式影響外國社會。本章也會探討美國政府如何將網際網路自由計劃列入外交政策，讓美國科技

公司能夠落腳全球、無拘無束地發揮影響力。本章將解釋網際網路自由計劃特別重視、且不斷外銷的兩個核心原則：商業無監理原則和反審查原則。[2] 從柯林頓時期開始，美國政府就一直試圖透過各方面的外交手段，將這兩個原則推及全球。這背後大多都有美國科技公司的支持，畢竟無監理審查的全球網際網路，能讓這些公司將全球的數位市場塑造成符合它們利益與價值觀的樣貌。然而，美國科技公司的權力積累也讓外國政府憂心忡忡。本章會詳細介紹這些顧慮和近年來各國對美國科技公司全球影響力的批評，以及美國政府為了加強、鞏固這些權力的所作所為。我們將看到，近年來，愈來愈多人不滿美國的科技公司，美國市場導向的監理模式在全球的影響力因此動搖，歐洲以權利為本的模式和中國國家導向的模式也因此有了發展影響力的空間。

美國科技公司的全球影響力概述

美國市場導向的監理模式主要是靠科技公司對全球市場的掌控來向外傳播，這些公司在推動科技進步的同時，也塑造著外國社會的經濟、政治和文化。由於 1990、2000 年代，也就是許多大型科技公司成立之際，所謂的數位監理幾乎不存在，這些公司得以在各地蓬勃發展並積累權力，原則上不受任何一國政府限制。因此，這些公司的私人權力也為全球數位經濟帶來了「私法秩序」。[3] 在這種私有化的法律秩序中，制定參與規則和充當治理機構的不是政府，而是科技公司。公司以商業慣例、社群規範、服務條款和其他形式的自我監理取代了政府制定的規則。記者凱特・克洛尼克（Kate Klonick）將科技公司描述為「新總督」，因為它們發揮的權力與影響力，往往比真正的政府還大。[4] 政治學家伊恩・布蘭默（Ian Bremmer）認為，從所謂「科技極」（technopolar）

的概念來思考，或許會比傳統上以國家為中心的單集、雙極、多極等說法，更能準確描述當今的世界秩序。[5] 有了這種權力，世人不禁好奇，這些公司最終是否將贏過政府──這個問題將在結語一章中討論。論政府和科技公司之間的垂直爭鬥如何演變，這些公司的權力相當真實、全面，且遍布全球。值得注意的是，2021 年全球價值最高的四個品牌就是 Apple、亞馬遜、微軟和 Google。[6] 雖然這些公司塑造了整個世界，其全球用戶的價值多樣性卻幾乎沒有反映出來。反觀，這些公司都來自美國，因此它們的全球影響力，也反映了市場導向監理模式所蘊含的許多典型美國價值觀。

　　雖然 Meta 旗下的 Facebook 不在四大公司之列，但自從 2004 年成立以來，Facebook 的用戶早已遍及全世界，和其他美國科技巨頭擁有同樣的全球影響力。Facebook 是全球最受歡迎的社群網路，其次依序是 YouTube、WhatsApp、Instagram 和 Facebook 的 Messenger。[7] 儘管 TikTok 的普及率正在竄升，但這家中國社群媒體的全球用戶數依舊落後 Facebook 一大截。[8] 而且在以上的領先社群中，除了 YouTube 和 TikTok，其他都歸 Meta 所有。Facebook 在全球擁有約二十億的每日活躍用戶和三十億的每月活躍用戶。[9] 2021 年，全球 36％的人口擁有 Facebook 帳戶[10]，全球超過 70％的社群媒體每日用戶是 Facebook 使用者。[11] Facebook 的用戶基礎也遍布全球各地，2022 年 1 月，印度成了 Facebook 的頭號市場，擁有 4 億 1,700 萬名使用者。[12] 整體來看，東南亞占 Facebook 總註冊用戶的 21％，南亞 18％，北美 13％。[13] 這些統計資料顯示，美國市場僅占公司總使用者數目的一小部分。然而，Facebook 主要的廣告收入仍然來自北美。就用戶層面而言，2021 年，每個北美用戶為 Facebook 帶來 160 美元的廣告收入，每個歐洲用戶帶來 51 美元，每個亞洲用戶則只帶來 13 美元。[14] 因此，即使北美只占

Facebook 用戶的 13％，該地區仍貢獻了將近 50％ 的營收。[15] Meta 旗下的訊息與視訊通話平台 WhatsApp 在美國以外的市場占有率也相對較高，在超過一百八十個國家裡，有二十幾億人在使用這個軟體。[16] 其中第一名是印度，2021 年共有 4 億 8,800 萬名使用者，其次是巴西和印尼。[17] 只有 30％ 的美國手機用戶使用 WhatsApp，而巴西有 93％，阿根廷有 84％，義大利手機則有 81％ 的用戶使用 WhatsApp 服務。[18] 這些統計資料無疑顯現出 Meta 在全球卓越的影響力。

另一家美國科技巨頭 Google 的全球影響力，也已經大到多數人無論是日常生活還是工作都脫離不了。2021 年，Google 在全球搜尋引擎的市占率超過了 86％。[19] 這個數字驚人之處在於，Google 在中國被禁，也就是說，只有人在香港或是用 VPN 翻牆的網路使用者，才能對 Google 的全球市占率有所貢獻。2021 年，北美 Google 的市占率為 89％，其他地區更高，像是歐洲占 92％，亞洲占 93％，澳洲則占 94％。[20] 多虧了亞洲的網路使用者快速成長，Google 在亞洲的市場市占率也迅速成長[21]，其中又以印度最為顯著：截至 2022 年 7 月，Google 在印度的市場占有率已經高達 94％。[22] 中國和俄羅斯是少數例外，中國最受歡迎的搜尋引擎是百度，俄羅斯則是 Yandex。與中國不同的是，俄羅斯並未禁止 Google，而 2021 年 Google 仍占 45％ 以上的搜尋引擎流量。[23] 跟 Facebook 很類似的地方是，儘管 Google 的用戶遍布全球各地，但其廣告收入主要還是來自美國和歐洲；不過，隨著預期市場的收入成長，它們從其他地區賺到的營收比例可能也會增加。

同樣地，自從 1970 年代創立以來，Apple 也在全球各地建立起驚人的影響力。2021 年，Apple 的總營收超過 3,650 億美元，目前主要集中在歐美，但其他地區的獲利也很可觀，且不斷成長。[24] 相較其他美國科技巨頭，Apple 在中國市場可說是非常強勢。2021 年，Apple 的全球營

收有42%來自北美和南美，24%來自EMEA地區（指歐洲國家、印度、中東和非洲），19%來自中國、香港和台灣等華語地區，8%來自日本，7%來自包含澳洲在內的亞太其他地區。[25] Apple在美國以外的營收正迅速成長，其中以亞洲為最。迄2021年為止，Apple在十年間的年均營收成長率分別為美國23%、歐洲30%、中國69%、日本33%以及亞洲其他地區34%。[26] 在歐洲和中國，Apple價值最高的產品iPhone，營業額成長也比美國更快。從2020年到2021年，iPhone在美國的營業額成長了15%，在歐洲成長了50%，在中國也成長了23%。[27] 非洲是唯一的例外，截至2022年8月，Apple在非洲手機市場僅占13%的分量，其餘市場則由韓國三星和多家中國低價手機公司瓜分。[28] 最近，Apple增加了產品線，比如AirPods、Apple Watch和各種服務，使得Apple的營收（特別是在中國）成長了不少。另外，Apple在亞洲的穿戴式設備、家居和配件營收也成長了243%。[29]

微軟是資歷最久的美國科技巨頭，自2011年以來，微軟約有50%的年度營收來自美國以外的地區。[30] 公司的營收幾乎平均分為三個部分：雲端系統、個人電腦和生產力，包括Microsoft 365、LinkedIn訂閱和Microsoft Teams等等。[31] 微軟的雲端系統全球都有人用，前三大客戶分別是美國的威訊（Verizon）、台灣的微星和韓國的LG。[32] Microsoft Teams在全球各地也很普遍。COVID-19疫情期間，這個視訊會議平台的流行度急劇上升，根據疫情初期的統計，光是2020年3月31日這一天，所有Teams用戶一共錄製了二十七億分鐘的會議。[33] Teams在全球共有2億7千萬名用戶，其中有1億4,500萬名每日活躍用戶，分布在181個國家。[34] 相較之下，Microsoft 365的訂閱戶整體集中在美國和歐洲。[35]

儘管亞馬遜目前大部分的收入都來自美國，但它正朝著國際擴張。2020年，這家電子商務巨頭仍有68%的收入來自美國，但在許多重要的

外國市場，亞馬遜的影響力也日益增加。[36] 2018 年，亞馬遜在美國以外最大的市場是德國，但自從亞馬遜倉庫服務（Amazon Warehouse Services）蓬勃發展以來，亞馬遜目前最重要的出口市場已經變成了印度。[37] 在美國，亞馬遜占據了 45％的電子商務市場。在歐洲國家，亞馬遜面臨的競爭更為激烈，但仍然是舉足輕重的勢力：在英國，亞馬遜占據了 30％的電子商務市場，而在德國，亞馬遜的市占率則為 27％。亞馬遜在印度的市占率為 31％，落後印度本土的電商公司 Flipkart。[38] 然而，亞馬遜在美國以外的成長速度相對較快，未來幾年，其全球影響力很有可能與日俱增。[39]

儘管過去十年間，中國科技業有很驚人的成長，但全球數位私法秩序的核心價值還是非常美國。雖然有幾家中國科技巨頭已經發展得比美國對手更龐大，但它們無法像在中國國內那樣，對國際網路用戶的生活造成顯著影響。其中的原因在於，美國科技公司長期以來著重發展全球業務，而中國的同類企業一直到最近還在顧其國內龐大且備受保護的市場。舉例來說，由於中國市場的巨大規模，阿里巴巴的全球營業額其實遠遠超過亞馬遜。根據 2021 年公布的資料，2019 年亞馬遜的全球營業額為 2,390 億美元，阿里巴巴則是 7,650 億美元；[40] 然而，同一年阿里巴巴的總營收裡，大約只有 7％來自國際業務。[41] 同理，騰訊大部分的營收也都來自中國本土，2020 年的國際營收僅占公司總營業額的 7％。[42] 滴滴出行為了在紐約上市、提出股票上市說明書之際，也只有 12％的用戶來自國外。[43] 電信巨頭華為在國際市場的營收曾一度超過中國市場，但由於過去幾年美國制裁的影響，華為不得不退出部分海外市場。[44] 撤退的直接結果是華為 2021 年 65％的收入來自中國。[45] 然而，中國科技公司的國際影響力還是有可能在未來幾年成長。由於中國政府最近對科技業實施的重大監理打擊，加上美國政府的嚴格限制，部分中國科技公司

正設法拓展業務範疇,並大力投資海外擴張,進攻中美以外的市場。[46]

美國科技公司雖然有時因為掌握太大的市場力量,以及榨取資料的商業模式而備受譴責,但它們的成就還是普遍受人景仰。許多國家試圖模仿加州的新創天堂矽谷,以期複製美國科技公司的成功,包括以色列台拉維夫的「矽溪」(Silicon Wadi)、英國倫敦的「矽圓環」(Silicon Roundabout)、智利聖地牙哥的「智利矽谷」(Chilecon Valley)、德國柏林的「矽道」(Silicon Allee)、奈及利亞拉哥斯的「矽湖」(Silicon Lagoon)和肯亞奈洛比的「矽原」(Silicon Savannah)。這類計劃最早的例子是杜拜的「網路城」(Internet City,和加州矽谷同一時期成立),當時杜拜政府試圖效仿美國的科技放任主義,消除稅收和其他成長障礙,科技業基本上不受監管。[47]而且與阿拉伯聯合大公國標準的商業監理不同,外國公司可以持有當地科技公司百分之百的股權。這些特性使得網路城吸引到許多世界領先的科技公司,包括微軟、甲骨文、戴爾(Dell)、思科、惠普(HP)、IBM、佳能(Canon)、西門子、Logica、Sony、愛立信和康柏電腦(Compaq)。杜拜大公阿聯酋總理穆罕默德・本・拉希德・阿勒馬克圖姆(Mohammed bin Rashid Al Maktoum)因此自豪地宣稱「杜拜已然成為中東矽谷」。[48]非洲各國政府也大力投資方興未艾的科技領域。肯亞在 2007 至 2010 年間首先嘗試成立屬於非洲的「矽原」。[49]接著奈吉利亞通信和數位經濟部長伊薩・潘塔米(Isa Pantami)也接著跟進,宣布奈及利亞的奧貢(Ogun)將成為非洲的下一個矽谷。[50]但即便世界各地都努力建立自己的科技中心,美國矽谷仍然是當今世上最大、最具影響力的數位發展生態系統,也是各國政府的靈感來源。

美國科技公司在各國占據重要的市場地位,當地網路用戶在獲取資訊、從業習慣、商業交易、新聞消費、私人交流等領域,無一不受美國

的產品和服務影響，美國科技公司也因此有能力影響外國用戶的想法和需求。然而，一旦缺乏有效的政府監理，這些公司就會完全從自身的商業利益出發，隨心所欲改造外國的社會，影響外國網路用戶的生活。而且，科技公司在行使各種私人權力的同時，也是在將美國監理模式所蘊含的價值觀傳播到其他大陸。這些公司的工程師大多住在美國，深受美國價值觀影響，對世界上各種文化理解有限，但他們寫出的演算法和開發的產品卻推動著全球性的深刻變革。這解釋了為什麼當今這種私法秩序會成為全球主流，同時又徹徹底底契合美國價值。

網際網路在1990年代商業化後，美國科技公司的全球化大致上很受外國政府歡迎，這些政府通常支持美國政府對自由市場的堅持，以及「自由的網路是數位經濟基石」的觀點。然而近年來，隨著這些公司的權力和社會影響力日益超出任何政府所能想像的範圍，各國也開始想方設法監理這些公司。許多國家都在想辦法限制這些公司的私人權力，要求它們遵守當地法律，比方說在地資料儲存，或在平台上幫內容分級時遵守某些文化、政治或宗教規範。儘管最近有這些嘗試，但科技巨頭的私人權力往往還是大過政府監理的力量。這些科技公司的影響力通常還是能持續得到當地使用者的支持，全球性的私人權力不但更加鞏固，外國政府想限制這份權力也更加困難。

了解美國科技公司的私人權力如何崛起，以及這種權力在全球化的過程中幾乎不受約束的脈絡，就可以明白為何過去二十年，全球數位秩序都遵循美國市場導向的監理模式。然而，本章後續會討論到，這種私人權力已經無孔不入且處處為禍，成了各國政府關注的問題，並以此為由開始限制這種權力。因此，儘管美國的領先科技公司靠著強大的私人權力，讓美國市場導向的監理模式成為數位全球化的典範，但如今也正是這種強大的私人權力，讓此模式在全球都步上衰微。

藉由「網際網路自由計劃」
將美國的監理模式推及全球

美國科技公司能在全球大肆擴張，也要歸功於美國政府的大力支持。美國政府以網路自由為概念核心來設計外交政策，將市場導向的監理模式傳播到全世界，讓美國的科技公司得以稱霸全球。雖然「網際網路自由計劃」沒有標準定義，但前司法部助理部長戈德史密斯將此計劃總結成美國監理模式核心的兩大原則：商業無監理原則與反審查原則。[51] 從網際網路剛開始發展的 1990 年代起，美國政府營造的國內監理環境就給予科技公司很大的權力，讓它們可以毫無阻礙地成長茁壯。美國還設法將這種監理環境輸出到國外，方便科技公司占據全球主導地位。然而，網際網路自由計劃不僅僅是為了增加美國科技公司的商業機會，也是未來美國在後冷戰時期的外交路線，為推廣民主、自由和其他西方意識形態與價值觀出一份力。美國擔心，柏林圍牆倒塌、蘇聯解體後，如果世界各國開始建立新的「虛擬牆」，審查網路上的言論、打擊網路異議人士，就有可能損害政治自由的新時代承諾。比如 2010 年國務卿希拉蕊就曾比較柏林圍牆和蘇聯的新聞自由限制，警告說威權政府正在加強審查力道，「一道新的資訊帷幕正籠罩全世界大部分的地區」。[52] 這是美國政府亟需阻止的發展。

▍輸出商業無監理原則

柯林頓擔任總統的 1993 到 2001 年間，正是網際網路商業化的初期。柯林頓政府深知網際網路能帶來大量的經濟機會，於是迫切想為美國的科技公司謀利，而這需要全球網際網路在無監理干預的環境下發展。

1996年，美國國會通過了《通訊規範法》以及著名的〈二三○條款〉，保護科技公司不必為受託管理的內容負責。[53] 隨後，行政部門便將此原則推及全球，積極建立有關全球數位治理的論述，敦促外國政府效仿美國，擁抱無監理、市場導向的電子商務模式。[54]

1994年，世界電信發展大會（World Telecommunication Development Conference）在布宜諾斯艾利斯舉行，美國副總統高爾呼籲世界各國協助建立「全球資訊基礎設施」，選擇以市場導向、由民間單位主導的網際網路治理方式。高爾主張，這種方式能連接全球社群，推動資訊分享與傳播，並促進全球經濟成長與民主。[55] 1997年，柯林頓政府發表了《全球電子商務架構》，概述美國推動全球網路自由的新政策。[56] 架構的主設計者是柯林頓總統的首席政策顧問馬格茲納，他負責向全球推廣美國的數位政策，包括無監理原則。馬格茲納強調：「市場會保障最大的個人自由與個人選擇，而競爭能為世人帶來最多選項。因此，競爭和個人選擇應該是新數位經濟的箴言。」[57] 他還強調《全球電子商務架構》具有「全球化的本質」，美國必須與其他國家對話，確保全球各地展開數位革命時，都有可預測的法律與政治環境。[58]

在推動網際網路自由計劃的初期，美國政府首先把目標指向一直以來最親密的貿易夥伴和政治盟友，並在世紀之交成功讓一些盟友做出承諾，同意推廣無監理、市場導向的全球電子商務模式。在1997年到2001年間的一系列聯合宣言和貿易協定中，澳洲、智利、法國、日本、約旦、荷蘭、菲律賓、新加坡和英國等國家，以及歐盟和亞太經濟合作組織，都同意了1997年《全球電子商務架構》中概述的原則。[59] 比如柯林頓政府在1998年與日本達成協議，雙方同意「共同邁進，實行市場導向、由民間單位主導的發展方針，強化隱私保護、保護智慧財產權，並鼓勵網路上的資訊和商業自由流動」。[60] 根據美日聯合聲明，「兩國政府

應避免對電子商務施加不必要的規定或限制」。聯合聲明還強調了自由跨境轉移資料的重要性,並強調「政府不應對網路上的內容實施比現實世界更嚴格的限制」。[61] 白宮宣布這份政治協議時,特別感謝日本支持美國市場導向和無稅收的電子商務監理模式,以及採取「反對歐盟偏愛的隱私法規」的立場。[62]

在網際網路發展初期,美國就已經感覺到歐盟更傾向監理新科技,並擔心歐洲這種監理傾向可能會影響美國願景中自由、無監理的數位經濟。此時的歐盟已經採取監理措施管控資料流動,並在美國宣布《全球電子商務架構》不久前(1995 年),通過了《資料保護指令》。[63] 美國也從這項立法預見,要是大西洋兩岸的監理真的發生衝突,可能會對數位貿易和資料流動形成潛在的障礙。或許部分是為了防止歐洲繼續加強監理,在柯林頓總統任內,美國分別與歐盟和英國談判,且都發表了聯合聲明。在 2000 年的美歐聯合聲明中,美國和歐盟一致同意:「電子商務的拓展基本上將由市場主導,並以民間單位推動為優先。」[64] 雙方政府還承諾「盡可能在全球範圍發展自我監理的行為準則與科技,藉此促進消費者對電子商務的信心」。1999 年的美英聯合聲明中,雙方也同樣承諾將電子商務的治理交由市場主導。[65]

其他國家也同意美國的政策目標。在 1998 年的美澳聯合聲明中,美國和澳洲都同意無監理和反審查原則。[66] 聲明中強調民間單位主導對於電子商務成長的重要性,同時肯定「政府應避免實施不必要的監理。如果有監理的必要,應當維持『輕量化』的監理環境」。雖然這些對於無監理原則的承諾,大部分都是以上這類政治宣言,但這些承諾偶爾也會被寫進具有約束力的協議之中。約旦加入世界貿易組織後不久,美國和約旦就於 2000 年簽署了《美約自由貿易協定》(*US–Jordan Free Trade Agreement*),也是美國與阿拉伯國家的第一份自由貿易協定。[67]《美約

自由貿易協定》包含有關電子商務的實質性條款，可以看作是促進美國科技業出口的重要途徑。根據《美約自由貿易協定》，兩國都體認到，不必要的市場進入障礙會阻礙電子商務的發展，因此同意「積極避免」對數位產品施加這些障礙。[68]

美國政府還試圖用《通訊發展倡議》（*Development Initiative*）來說服一些開發中國家採納市場導向的監理模式：倡議始於 1999 年，提供監理援助，並支持目標國家採行有助於建立資訊社會的政策。[69]《通訊發展倡議》的內容包括協助非洲、亞洲、中歐、拉丁美洲和加勒比地區的國家建立獨立的監理機構，監督數位經濟。美國的目標是確保這些機構按照「競爭、自由化、私有化和透明」的原則，普及國內的通信基礎設施。[70] 在柯林頓時期，美國等八大工業國的領導人（即現在的七大工業國加上當時的俄羅斯）還成立了「數位機會小組」（Digital Opportunity Task Force），算是「彌合國際數位鴻溝，創造數位機會」的首次嘗試。[71] 為了實現目標，柯林頓總統也敦促民間單位協助美國政府在開發中國家廣設網際網路和相關科技。有幾家公司響應了這次號召，比如思科就將思科網路學會（Cisco Networking Academy）拓展到了二十四個最低度開發國家；微軟則同意支援在哥倫比亞、印度、韓國和俄羅斯的數位落差計畫。為了協助這些計畫，美國進出口銀行也提出要接受許多新興市場政府的債券。美國海外私人投資公司（US Overseas Private Investment Corporation）則承諾撥出 2 億美元的信貸額度，提供給支援開發中國家執行電子商務計劃或數位發展計劃的美國公司。[72]

為了推動網際網路自由計劃，美國也把手伸進了國際機構，在世界貿易組織積極引導各種數位政策的前期討論。1998 年在日內瓦舉行的 WTO 部長級會議上，柯林頓總統發表了一次演說，描述網際網路將「賦予全球數十億人難以想像的革命性潛力」。[73] 接著他敦促各成員國採取

類似美國的政策，呼籲「世界各國加入美國，停止對跨境電子傳輸徵收任何關稅」，以確保這「數十年來最有前途的新經濟機會」能夠成長。不久後，柯林頓政府順利達成政治目標，促成了許多秉持無監理原則的電子商務貿易協議。WTO 成員國在 1996 年的《資訊科技協定》（*Information Technology Agreement*）中，消除並避免對資訊科技和電子商務徵收關稅，或設立其他貿易障礙。[74]《資訊科技協定》不是對所有成員都具強制力的多邊協定，而是可以選擇要不要加入的複邊協定，而最初選擇簽署的二十九國當中，大部分都是富裕的已開發國家。[75] 至於全體成員國承諾遵守市場導向原則，則是要等到 1998 年的《全球電子商務宣言》（*Declaration on Global Electronic Commerce*）。[76]

美國政府也極力確保數位經濟的多邊治理架構是採取多方利害共同體（multistakeholder）的模式，並由民間單位主導，而非像中國所主張的那樣，由聯合國等國家主導的既有機構來主導數位政策議題。網際網路指定名稱與位址管理機構（ICANN）就是其中一個例子。ICANN 是一個負責管理網域名稱系統以及其「通訊錄」的非政府組織，正是這套系統確保每名網路使用者每次在瀏覽器上輸入網域名稱時，都能連結到正確的網站。美國政府在 1998 年成立了 ICANN，並賦予該組織管理網際網路的任務，包括管理域名系統。儘管 ICANN 成立時的名義是非政府組織，且如今已完全自主，但一開始，ICANN 其實是根據美國商務部的契約運作，且受美國政府監督。後來，美國政府才逐漸授予 ICANN 更多自主性，並在 2014 年完全放棄控制 ICANN，實現了美國最初的目標：讓民間單位主導網際網路治理。從 ICANN 成立以來，就有好幾個國家想爭奪對 ICANN 運作的控制權，但都被美國擊退了，美國支持的市場導向治理模式也終於成為主流。[77]

美國在柯林頓任內積極推動無監理原則，且始終保持這種立場至

今。經過了整個 1990 年代和 2000 年代，美國似乎成功將無監理原則推行到全世界，全世界幾乎都沒有數位監理政策；而到了 2010 年，這種現象才像我們稍後要談的那樣開始逆轉。無監理原則的成功，讓美國政府將目標轉向防止政府審查，為自由網路消除最後一項威脅。儘管當下的重點是民主推展和反審查原則，美國政府依然堅決抵制所有數位監理──特別是 2010 年以來，歐洲和其他地方的監理活動開始增加。

輸出反審查原則

美國市場導向的監理模式，以及積極輸出這種模式的網際網路自由計劃，從來都不只是為了經濟自由，也涉及到政治自由。除了推廣無監理原則，美國政府也支持並積極輸出反審查原則，希望這能成為全球網際網路治理的基石。普及反審查原則能幫助美國在海外傳播其監理模式，進而推進美國政府的經濟和政治目標。首先，這麼做能進一步推動美國的經濟目標，保護美國科技公司免受外國審查影響，幫助它們在全球市場擴大私人權力，在平台上傳播的內容也不會被外國政府干涉。再者，這同樣有助於美國政府實現政治目標，也就是讓民主自由成為全世界政治生活的組織原則。換句話說，向全世界推行網際網路自由計劃中的反審查原則，並輸出美國監理模式的主要特徵，對美國政府與科技公司來說都有利可圖。

這份輸出反審查原則的決心，可以看作是美國民主推展戰略的一部分──從冷戰時期開始，這一直是美國外交政策的基本要素，直到冷戰結束仍繼續維持。在冷戰期間，美國認為「資訊戰」對於民主推展至關重要，因此投資了自由歐洲電台（Radio Free Europe，簡稱 RFE）、自由電台（Radio Liberty，簡稱 RL）等計劃（注：自由歐洲電台成立於 1949 年，

向蘇聯衛星國和波羅的海國家廣播；自由電台成立於 1951 年，向蘇聯本土廣播。兩家電台於 1976 年合併為 RFE/RL。）RFE 與 RL 是美國政府資助的新聞組織，在冷戰期間向蘇聯和東歐地區播送新聞，至今仍以二十七種語言向阿富汗、伊朗、俄羅斯和巴基斯坦等二十三國播送新聞。[78] RFE 與 RL 等計劃的宗旨是對抗共產主義的宣傳，向生活在共產體制下的人民傳播改革理念，幫助他們更了解西方公民日常享有的自由。[79] 因此，早在網際網路時代以前，美國就相信自由的資訊能帶領全世界走向民主。

美國以其他民主推展倡議為基礎，努力推廣美國監理模式的反審查原則。自從 2000 年代初發生九一一恐怖襲擊以後，美國國會就開始將美國的網路自由推向海外，兩黨在 2001 年至 2003 年間聯合提出了一些意圖輸出民主的法案，其中一項就是呼籲各國制定全球戰略，「打擊網路干擾與審查」。[80] 國會議員反覆表示，網際網路是促進個人權利和海外民主的工具，美國政府應該撥更多資金支持海外的網路自由。比如，參議院有份跨黨派的法案宣稱，網際網路正成為「有史以來最強大的民主化和自由交流引擎」，同時強調無審查的網際網路對「制衡世界各地的威權政府」至關重要。[81] 這項法案特別指出緬甸、古巴、寮國、北韓、中國、沙烏地阿拉伯、敘利亞和越南等國家的政府，都會嚴格限制連線上網和線上內容，法案中也對美國政府打擊海外網路審查不力深表遺憾。[82] 國會議員尤其關注中國缺乏網路自由的問題，他們提出立法、組織專案連線、資助相關計劃，並就此議題舉行聽證會。[83] 然而，這些努力都沒什麼顯著的成果。

2006 年，小布希政府的國務卿康朵麗莎・萊斯（Condoleezza Rice）正式將網路自由定為美國的重點政策，並成立全球網際網路自由小組（Global Internet Freedom Task Force，簡稱 GIFT）。這個小組隸屬美國國務院，目標是促進網路上的言論自由和資訊與思想的自由流通，以及防

止專制政府審查、壓制正當的言論。[84] 多虧 GIFT 奠定的基礎，美國才得以打擊外國政府對網路言論的壓迫，而這些基礎又在日後希拉蕊擔任國務卿時進一步加強擴張。[85] 同樣是在 2006 年，小布希政府也更系統化地監控外國政府保護網路自由與線上人權的程度，比如將相關政策納入國務院每年的《國家人權報告》中。[86] 儘管小布希政府積極推動網路自由，但說到他任內的民主推展，世人往往只會想到以武力輸出民主的爭議。2003 年，小布希總統發動了伊拉克戰爭、推翻了海珊政府，卻被世人譴責為粗暴、拙劣的美國干預主義。這場戰爭的後續影響，也解釋了為什麼世上有一部分人始終很擔心美國向全世界輸出價值觀的作為，就連傳揚自由和民主也同樣受到懷疑。

在歐巴馬總統任內，網路自由成了更重要的外交目標。國務卿希拉蕊在 2010 年 1 月那場著名的演講中，宣告網路自由是美國的外交目標。[87] 在同一年和隔年的其他重要演講中，她也詳細闡述了目標，提倡統一、開放和全球化的網際網路。她承諾美國將提供必要的外交、經濟與科技資源，來推動海外自由的發展，同時承諾美國支持「開發新工具，使公民能繞過具政治動機的審查，行使言論自由的權利」。[88] 在歐巴馬任內，美國政府透過資助開發新科技以及培訓記者和民主運動人士，直接支持專制國家內的言論自由和線上資訊的自由流動。新的網路自由小組（NetFreedom Task Force）接替了 GIFT，掌握著四十多個國家內運用新科技逃避政府審查的嘗試，並提供相應的培訓，協助有志之士利用這些科技。[89] 這些行動顯示美國政府堅信，只要輸出美國以網路自由為核心的監理模式，就有可能在全球引發並維持民主轉型。

在歐巴馬的第一個任期內，網際網路自由計劃又因阿拉伯之春而備受矚目。這場依靠社群媒體的抗議行動於 2010 年爆發，迅速席捲整個北非和中東，世人開始懷抱希望，認為網際網路將能在當地掀起民主化的

浪潮。[90] 這次起義可謂完全仰賴社群媒體和數位科技的支持，因為異議人士都是利用 Facebook、Twitter 等美國網路平台組織抗議行動。[91] 美國政府也有協助異議人士，國際共和學會（International Republican Institute）和全國民主研究所（National Democratic Institute）都有為組織抗議活動的基層運動人士提供社交媒體培訓和資金支持——這兩個機構都是由美國國會創立，資金來自國家民主基金會，且分別與共和黨與民主黨維持著鬆散的連結。[92]

推動網路自由方面，美國也有一些熱心的合作夥伴，特別是歐洲國家。希拉蕊那場演講過後，幾個歐洲國家也制定了自己的網際網路自由計劃。這些計劃有部分是為了和美國一樣，回應各種外部事件，比如 2009 年伊朗在總統大選的爭議中，以武力鎮壓發動大規模抗議的群眾。[93] 瑞典和荷蘭特別積極和美國合作推動海外網路自由，美國也因此更容易輸出市場導向的監理模式。有了這些國家的合作，美國不僅更容易傳播網路自由的敘事，也減輕了一些國家對美國外交政策和民主推展的懷疑跟反對。[94]

美國政府和盟友也積極打入各種雙邊與多邊論壇，比如在聯合國推動網際網路自由計劃。[95] 2012 年，它們贏得了一場重要的勝利：聯合國人權理事會（UN Human Rights Council）一致通過了一項決議，敦促所有國家「促進並簡化網際網路的使用」。[96] 這是第一個承認數位自由權利的聯合國決議，也讓希拉蕊實現了她在演講中的承諾。[97] 人權理事會通過決議沒多久，就有愈來愈多國家開始參與網路自由的相關討論。2012 年 9 月，肯亞帶頭組織了第二屆線上自由聯盟（Freedom Online Coalition）會議——在非洲國家的領導下，將有關網路自由的討論拉到了非洲。[98] 隨後加入該聯盟的非洲國家還有突尼西亞和迦納。[99] 在類似突尼西亞的威權國家或是民主轉型國家裡，美國對異議人士的支持也有可能讓這些

國家的網路自由敘事更加豐富。隨著這些發展，美國的監理模式，特別是積極推動網路自由的核心價值，似乎已經有了空前的全球影響力。

除了推動相關決議、簽署宣言，以及在會議和外交談判中捍衛自由願景，美國政府也參與了支持威權國家異議人士的各種倡議。這反映出另外一種信念：如果不直接支持這些政治運動家的實際作為，美國監理模式所依託的價值觀就無法擴散到其他國家，引發民主改革。2008年至2012年間，美國國會提撥了將近1億美元支持各種海外網路自由運動。[100] 國務院會向非營利組織和開發者提供資助，協助發明新科技，讓專制國家的個人可以自由存取資訊，在線上自由交流。[101] 此外，訓練社運人士使用新科技的計劃也有資金支援。新工具包括各種科技和軟體，能夠幫助使用者規避內容審查、防止網路攻擊、保持匿名和預防政府追蹤與蒐集資料。也有一些資金特別為社運人士的衛星電話、筆記型電腦或行動網路等硬體設備而設，好讓他們就算被政府斷了網路，依然能與網際網路保持聯繫。2012年的一份報告指出，靠著國務院的網路自由資金，「超過一萬名網誌作者、記者和社運人士透過五十項計劃學習了十種語言，有數十萬人從這些團體發布的資料和指引得到幫助。」[102] 大多數政府資助的項目都是由非政府組織執行的，不過某些情況下，這些非政府組織會將科技開發外包給私人公司。[103]

美國國務院的援助通常會針對有網路審查和壓制政治權利記錄的專制政權。在2010年的演講中，希拉蕊指出：「國務院已在四十多個國家開展行動，幫助被專制政府壓迫的人。」[104] 她點名的國家包括中國、埃及、伊朗、突尼西亞、烏茲別克和越南，這些國家都有政府審查、網路資訊自由受威脅，或部落客和社運人士被拘留的情形。國務院也在中東地區支援了阿富汗、伊朗和敘利亞等國的網際網路自由計劃。例如，國務院和五角大廈一同投入了超過5千萬美元，在阿富汗建立獨立的手機

網路，藉此抗衡塔利班停止官方服務的影響。[105] 在伊朗，國務院的計劃則著重開發反審查工具、確保社運人士的通訊和平台，以及為當地社運人士提供數位安全訓練。[106] 敘利亞內戰期間，國務院發起了一些協助反對派的計劃，包括提供叛軍媒體科技訓練、規避審查的科技和衛星電話、筆記型電腦等通訊器材。[107] 從這些例子都可以看出美國政府如何將網路自由視為外交政策的核心，並認為這些自由對於促進全球政治改革至關重要。

美國國務院推動網路自由計劃的核心原則是利用私人單位。[108] 美國政府靠著推行市場導向的監理模式，培養了科技公司的私人權力，現在又積極利用這些權力，來達成美國其他層面的政治目標。2010 年的那場演講中，希拉蕊警告科技公司不要「滿足專制政府的規則，從中獲取市場利益」，同時提到科技公司「有責任協助維護言論自由」。[109] 一般來說，美國科技公司很積極支持政府的網路自由政策，畢竟它們的商業模式和全球網際網路息息相關。[110] Google 甚至有自己的外交計劃：執行長施密特在 2013 年曾敦促緬甸政府利用民間單位的協助，建立自由的網際網路，指出「自由的網路和更普遍的網路使用，將有助於鞏固目前進行的政治改革」。[111] 同年，施密特參訪北韓，敦促平壤開放網際網路。思科也表示支持，畢竟萬一全球網際網路分裂成各自獨立的國內網路，將會對它們的硬體業務造成嚴重影響。[112] 此外，國務院也會在必要時呼籲科技公司進行一次性的合作。例如 2009 年伊朗大選期間，美國政府就曾要求 Twitter 延緩預定的網路維護，以免干擾伊朗抗議者交換情報，以及向外界公開伊朗的狀況。[113] 美國政府向 Twitter 提出這個要求，顯示它期望科技公司能共享政府的政治目標，也反映出美國在這種將政府和科技公司視為合作夥伴的監理模式背後，還有更深層的精神。

然而，由於美國完全依賴民間單位輸出監理模式，一旦科技公司的

Chapter 7　全球影響力消退：美國科技放任主義的式微

305

商業目標與政府的政治目標不一致，美國政府就會遇上明顯的困境。比如有幾次，美國政府花了好幾百萬美元阻止美國公司將特定科技提供給威權政府。部分美國科技公司也被指控向專制政權出售技術，幫助專制政權監控人民、限制個人自由。例如，加州一家屬於波音旗下、名叫 Narus 的公司，就曾提供技術給中東和北非的專制政府，用於打壓民主運動人士。2011 年埃及爆發抗議活動、推翻胡斯尼・穆巴拉克（Hosni Mubarak）的政權後，也發現穆巴拉克政權曾使用 Narus 的深入封包檢查技術來蒐集分析大量埃及公民的相關資料。[114] 據報導，瞻博網路（Juniper Networks）和思科也曾被指控協助外國政府實施監控和審查。有人批評，瞻博協助中國電信升級下一代承載網路（CN2），使網路長城得以運作；思科則是提供中國政府用於監控和網路審查的硬體設備。思科否認曾協助中國審查。然而，洩露的文件顯示，思科曾向中國推銷自家科技，並展示如何幫助政府壓制政治異議。[115] 類似的衝突我們曾在第 4 章探討過，而這些衝突也說明，美國政府的自由理念有時會被國內的科技公司破壞，因為這些公司的目標是在外國市場追求利潤，哪怕它們的追求會牴觸美國政府的外交政策目標。

部分國會議員曾公開批評美國科技公司對威權政府的協助。共和黨眾議員克里斯・史密斯（Christopher Smith）率先提出立法，要求美國公司對這類行為負責。[116] 在 2006 年的致詞中，史密斯曾經譴責美國科技公司從事「令人作嘔的合作」，這種合作「斬斷了異議人士的聲音」，「為了市占率和利潤而打壓人權」。他特別指出 Google、Yahoo!、思科和微軟如何協助中國政權的監控，促成對中國人民的「大規模打壓」。國會也多次嘗試追究科技公司在中國活動的責任，但立法終究未能通過。[117] 這些發展都顯示，採用極大化科技公司私人權力的監理模式，最終有可能會削弱美國政府的政策目標，因為科技公司往往會將私人權力

用於商業目的。這些衝突也顯示美國政府和科技公司的利益有時很難保持一致，導致近年雙方的摩擦不斷升級。

網際網路自由計劃的最新演變

儘管早期美國政府與科技公司之間存在一些衝突，但在柯林頓、小布希和歐巴馬時期，美國政府大致上仍將科技公司視為合作夥伴。這幾任政府都致力協助這些公司在全球擴張，並將網路自由計劃視為共同的目標，期望把全球的數位秩序塑造成符合美國監理模式價值觀的樣貌。然而到了川普時期，政策方向有了變化。這段時間美國的外交政策變狹隘了，顧著打對中國的貿易戰與科技戰，與國際盟友漸行漸遠，斷掉了各種往來。

轉變政策的同時，川普政府基本上也放棄了推動海外網路自由。2018年美國的網路安全戰略中，名義上仍包含促進網路自由，實則放任現有的計劃無疾而終，網路安全辦公室在國務院的地位降低了，海外網路自由的優先度亦然。[118] 比如2020年，川普政府凍結了由國會批准給開放科技基金會（Open Technology Fund，一個在全球打擊數位審查和監控的非政府組織）的2千萬美元資金；失去這筆資金，基金會只好中止四十九項網路自由計劃（總共六十項）。[119] 開放科技基金會的負責人表示：「組織在兩百多個國協助人權和民主倡議者、記者和其他人士的任務，大約80％都受到資金凍結影響。」川普政府還試圖打壓「美國之音」（Voice of America），這是一個1942年成立、由美國政府資助的國際廣播電台，目的是以自由和準確的資訊對抗納粹宣傳。如今，美國之音的任務是以四十七種語言傳遞可信賴的新聞內容，並保護全球數位言論。就像開放科技基金一樣，美國之音也受到美國國際媒體署（Agency for

Global Media）的監督。然而，川普提名的署長卻大量解雇美國之音的員工，甚至拒絕批准外國記者的簽證延期，而這些人如果被迫返回自己的國家，可能會面臨嚴重的後果。[120] 美國棄守言論領域的全球領導地位引來許多批評，因為這創造了權力真空，而最渴望填補這塊真空的自然是獨裁政府。[121] 這個政策立場完全違背了川普政府在限制中國國際影響力的各種努力。

川普總統還時常威脅要在國內實施類似極權政權的政策，藉此破壞美國的網際網路自由計劃，也就是說，美國將會放棄市場導向的監理方式。Twitter 在川普的推文上添加事實查核的連結之後，川普曾暗示，他有權力關閉社群媒體公司[122]，甚至不惜關閉整個網際網路來保護美國的國家安全。[123] 有些共和黨的國會議員支持川普的暴論，比如眾議院司法委員會的共和黨成員在 2020 年 10 月發布了一份報告，呼籲立法打擊科技公司對保守言論的審查。[124] 2020 年 9 月，三名共和黨議員提出了《線上自由與觀點多樣性法案》（*Online Freedom and Viewpoint Diversity Act*），以便在科技公司濫用〈二三〇條款〉的保障並傷害言論自由時對其問責。[125]

這些例子顯示，美國政府最近的焦點已從應付外國專制政府的審查，轉移到指控美國科技公司懷有自由派偏見，並在國內執行審查。儘管有這些指控，最近的研究卻沒有在社群媒體上找到這種反保守派偏見；[126] 反之，美國右翼媒體卻經常散播保守派的政治宣傳，培養陰謀論，並在新聞媒體上散播假訊息。[127] 這表示美國新聞媒體都在從事政治宣傳──而這卻是多年來美國政府在海外所對抗的行為。網路上由川普本人散播、關於 2020 年總統大選舞弊的假資訊，或許就是美國政府在國內利用網際網路侵蝕民主、而非強化民主的最佳證據。川普總統未能擊敗科技公司，但他的行動悖離了美國監理模式的關鍵原則，因此也直接傷害了這些原則，進一步損害美國政府在海外捍衛網路自由的努力。

拜登總統上台之後，撤銷了許多川普時代的政策，但政府與科技業的關係仍僵持不下；拜登特別強調，美國的監理模式必須脫離無監理原則。不過同一時間，拜登政府又重新將網路自由的承諾，放在美國外交政策的核心。[128] 拜登政府之所以再度重視網際網路自由，是因為此時中俄的專制已經變得更加強硬，利用數位工具鞏固鐵腕統治。在 2021 年的演說中，國務卿布林肯強調美國正在努力確保「科技為民主服務、抵制不實資訊、捍衛網路自由、減少監控科技濫用」。[129] 而在 2022 年 4 月，拜登又在國務院成立網路空間與數位政策局（Bureau of Cyberspace and Digital Policy），[130] 宣布該單位將與國務院的民主、人權和勞工事務局（Bureau of Democracy, Human Rights, and Labor）的任務相輔相成，打擊世界各地磨刀霍霍的數位專制主義。[131] 有人問布林肯為何要成立新局處，他答道，美國正處於一場競爭，這場競爭關乎數位世界未來的規則、基礎設施和標準。他敦促全世界的民主國家捍衛普世人權和民主價值，成為數位世界未來的基礎。[132] 因此，美國政府新一階段的網際網路自由計劃主要聚焦在中國不斷成長的野心和能力，不過俄羅斯的軍事侵略，也同樣被視為侵害自由。

雖然拜登很認真想恢復美國的網際網路自由計劃，但他已經放棄了將無監理原則當成數位經濟的基礎。儘管華府有時會批評外國的監理模式（比方說在美國看來顯然是針對美國科技公司的歐盟）[133]，但拜登政府和國會都逐漸認為，這些科技公司確實已經變得太過強大，必須有所控制──這與過去美國認為政府干預會阻礙科技、經濟和政治進步的態度截然不同。2021 年 7 月，拜登發布了一道行政命令，呼籲加強對科技業的反壟斷監理。[134] 當時國會有幾項法案正在審議中，內容都是對科技公司進行更嚴格的反壟斷監理、加強資料隱私保護、以及對網路平台上的內容負責。自此，就連美國政府本身也不再將無監理原則當作數位經

濟的基礎。如此一來,即便美國政府目前主要的外交政策方向是對抗中國的數位獨裁模式,卻沒有提出另一種積極、清晰的願景。

美國全球影響力所受的批評,以及監理模式如何偏離市場導向

美國科技公司廣泛的全球影響力在國外開始招致愈來愈多批判,有愈來愈多聲音反抗這些公司的私人權力,也讓美國更難在國外推廣市場導向的監理模式。雖然這些公司為外國公民的生活帶來許多正面的影響,但各地的公民和政府也逐漸意識到,他們社會中許多災難,都可以歸咎於美國的科技公司和商業模式。此外,美國政府在推動網際網路自由計劃時,也常受國內質疑,因為美國公民對市場導向監理模式的信心也正在消退。因此,現在世界各國政府都在對抗美國科技巨頭,以更嚴格的監理約束其商業模式,並收緊對國內數位經濟的控制。在這場競爭影響力的全球戰局中,美國市場導向的監理模式正節節敗退。而那些苦惱美國模式固有問題的政府,自然也愈來愈想向歐洲以權利為本、或是中國國家導向的監理模式靠攏。

▍美國科技公司在世界各國受到的批評

美國科技公司的成功或許真的讓外國公司和政府欽佩甚至嫉妒,但世界各地批評的聲音還是愈來愈多。這些科技巨頭的商業行為確實傷害了外國的經濟和社會,引發愈來愈多不滿,要求限制權力與影響力的呼聲也愈來愈多。我們已在前文討論過一些相關案例,比如 Facebook 如何為針對緬甸羅興亞人的種族攻擊提供討論平台,並促成種族清洗。[135] 目

前，羅興亞人正發起一場重要的訴訟，要求 Meta 為催化種族滅絕賠償 1,500 億英鎊。[136] 除此之外，Facebook 和美國其他社群媒體也成了外國干預選舉和操縱民意的平台，影響了英國 2015 年的脫歐運動。[137] Twitter、Facebook、Instagram 和 YouTube 的演算法不但放大了情緒化和分裂性的脫歐宣傳，還放任十五萬個俄羅斯社群媒體帳號在公投日前後發布支持脫歐的訊息。[138] 由此看來，美國科技公司的商業風格很有可能會損害國外民主選舉的信譽。

雖然說 Facebook 對緬甸種族滅絕的協助格外可憎，但實際上，所有美國社群媒體都非常「包容」仇恨言論和假訊息。比如 2019 年，社群媒體上的假新聞完全失控，這些聲稱羅姆人在法國誘拐兒童的假報導放大了反吉普賽的刻板印象，在整個歐洲引起大規模的暴力事件。[139] 這些謠言在 Snapchat、Twitter 和 Facebook 上迅速蔓延開來，最後導致五十至七十名憤怒群眾襲擊了巴黎郊區的兩個羅姆人社區。[140] 歐洲議會的特任委員會發現，歐洲羅姆人已多次成為假訊息宣傳的目標，而網路平台正是讓這些謠言升級、並導致 2019 年暴行的關鍵。[141] 2016 年，另一個著名的假新聞是由一個叫做 Anonymous.Kollektiv 的 Facebook 社團散播開來的，新聞虛假宣稱有一名十三歲的俄裔德國少女在德國被難民強姦。[142] 從策略來看，這個故事迅速傳播的時間點正好是梅克爾做出爭議性命令、決定接納一百萬名難民進入德國之後，而這則留言也讓處境窘困的難民更難進入德國社會。[143]

2021 年，由 Facebook 前員工豪根洩漏的《Facebook 報告》又進一步揭發了平台上大量的仇恨言論。[144] 其中有個駭人案例來自印度——Facebook 最大的市場，截至 2021 年底共有 4 億 1,700 萬名用戶。一名 Facebook 研究人員在當地創了一個新帳戶，體驗喀拉拉邦人在社群媒體網站上的感受。他接受了 Facebook 演算法生成的所有追蹤建議。而在報

告中,他表示:「過去三個星期間,我看到的死者影像比我這一輩子看到的還要多。」[145] 喀什米爾發生自殺炸彈攻擊後,反巴基斯坦的內容也開始流傳到這位研究人員的 Facebook 上。[146] 許多社團都有數以萬計的成員,但巴基斯坦的 Facebook 社團普遍來說只有十四萬人。在《有害網路:印度的案例研究》(*Adversarial Harmful Networks: India Case Study*)這份報告中,印度西孟加拉邦前 40％的瀏覽文章都被注記為「虛假或不真實」,有個不知道哪來的帳戶甚至累積了超過三千萬的點擊數。這些內容不只完全憑空捏造,還帶有種族歧視與仇恨,將穆斯林比作「豬狗」,聲稱《古蘭經》呼籲男性強姦他們的女性家人。[147] 從此案例可以看出,當一家美國社群媒體在國外拓展業務時,如果沒有先充分了解當地的文化或政治,或是沒有資源來預防並解決平台引發的社會危害,就會產生糟糕的影響。[148]

除此之外,美國的網路平台常被恐怖分子用於各種犯罪活動。比如 2019 年紐西蘭基督城的恐怖襲擊,槍手就是利用社群媒體,直播自己在兩座清真寺內屠殺五十人的畫面。[149] 另一個大事件發生在 2020 年的法國,當時一名中學老師薩米埃・帕蒂(Samuel Paty)在一場恐怖攻擊中慘遭斬首,原因是他在一堂討論言論自由的課上,給學生看了有關先知穆罕默德的諷刺漫畫。在這起兇殺事件之前,帕蒂曾在社群媒體上被人騷擾,也就是說,兇手有事先確認並針對帕蒂發動這場國內恐怖主義殘殺。[150] 批評者也指出有恐怖分子利用平台招募成員或是策劃恐怖襲擊。比方說,有人利用 Meta 的 WhatsApp 策劃 2017 年 6 月的倫敦橋恐怖攻擊,導致西敏市有四人遇害。[151] 這次攻擊的籌劃只有幾個星期,三名兇手都是在 WhatsApp 的群組中策劃的。WhatsApp 使用點對點加密,就算是 Meta 也無法查看用戶的訊息。時任英國內政大臣安珀・魯德(Amber Rudd)呼籲科技公司應開放高風險人物或有關恐怖攻擊警報的情報。[152]

然而時至今日，警方依舊無法看到該群組的聊天內容。[153]

無論網路平台再怎麼努力，有害內容往往刪也刪不完。2019年3月15日基督城的清真寺發生槍擊案後，各大社群媒體公司都竭力刪除相關影片，但同樣的內容卻不斷浮上各大網站和平台。同樣地，Meta和Google也未能履行禁止塔利班建立帳號的禁令。塔利班在2021年8月奪取阿富汗首都喀布爾後，一名發言人就在官方YouTube上傳了五段影片。[154] 儘管社群媒體禁止，當年的8月9日到18日間，仍有超過一百個社群媒體帳號和專頁成立，宣稱它們屬於塔利班，或是支持塔利班的目標。不到十天，這些帳戶就累積了超過四萬九千名追隨者，以及超過五十萬次點閱。美國平台無法阻止塔利班在自己的平台上宣傳，塔利班得以利用這些強大的工具壓制國內的反對派，並打造和平與穩定的形象來掩飾其暴虐。[155] 如此一來，美國平台就成了塔利班在阿富汗鞏固權力的工具，並在全球各地招致許多批判。

社群平台引起反感的另一個主要原因，在於很多獨裁國家政府都會利用美國平台宣傳。比如有人發現，中國高層會操縱Google和Bing的搜索結果，但這些平台在中國明明就禁止使用。[156] 美國智庫布魯金斯學會發現，中國官方媒體影響了跟「新疆」一詞有關的內容，而中國政府一直被指控嚴重侵犯當地的人權。在超過88％的搜尋結果裡，前十名都至少會出現一家中國官方支持的新聞媒體。[157] 對美國平台而言，要清除這些政治宣傳和假訊息，一直是十分棘手的挑戰。牛津大學網際網路研究所發現，有超過八十個國家的政府都在使用假訊息宣傳。[158] 2021年，Meta關閉了與全國抵抗運動黨（National Resistance Movement）有關的二十多個Facebook帳戶，該政黨由烏干達總統約韋里・穆塞維尼（Yoweri Museveni）領導，而他一直在利用假帳號，讓政府看起來比實際上更有聲望與力量。[159] Twitter最近刪除了268個坦尚尼亞帳號，因為

這些帳號都在散布針對坦尚尼亞人權組織 Fichua Tanzania 和其創始人的「惡意報導」。[160] 然而，被停用的假訊息或政府宣傳帳號只占其中一小部分，以 Twitter 為例，有報導指出，在全球三千五百多個親政府宣傳帳號中，只有 11％被停用。[161]

還有一種批評則是針對美國平台無法有效控制外語內容。豪根揭露的文件指出，Facebook 無法控制衣索比亞的煽動性仇恨言論，使得該平台被用來鼓吹持續內戰，以及殺害、大規模囚禁提格雷人（Tigrayans）。[162] 曾主持 Google 的人工智慧倫理團隊的資料科學家蒂姆妮．葛布魯（Timnit Gebru）精通這些 Facebook 貼文使用的安哈拉語（Amharic），她描述這些文章是「我見過最可怕的內容」，並將那些言論和多年前盧安達種族滅絕事件中的措辭相提並論。而在揭祕文件中，Facebook 承認它們缺乏審查安哈拉語內容的能力。豪根在向國會作證時進一步證實了這點，並將 Facebook 在緬甸種族滅絕中的角色拿來對照。[163] Facebook 在印度也碰到了類似的問題。印度有二十二種主要語言，而根據報導，有十七種語言的仇恨穆斯林言論常常逃過審查。[164]

有些人可能會質疑，這些美國平台到底有沒有認真解決它們對國外造成的各種社會危害。確實，儘管 Facebook 的活躍用戶只有 10％在北美，但 Facebook 卻將 87％的打擊假訊息預算都用在美國，只有 13％用在其他地區。[165] 2021 年，豪根在向歐洲議會發表演說時也強調了這個落差。她指出，這對歐洲來說是個相當重要的問題，因為歐洲用的語言也很多。她警告：「我向各位保證，歐洲很多語言都沒有安全系統，或只有一點點安全系統。」[166]

除了普遍存在的語言偏見，美國公司在海外提供的產品和服務還帶有文化和意識形態偏見，而這些偏見都反映了矽谷工程師的世界觀。法

學家希特倫曾深入探討過美國科技公司產品的架構選擇，指出這些選擇大多重現了深受矽谷思維影響的白人與亞洲男性價值觀，以及他們的個人與環境認知偏見。而產品使用者的生命經驗往往與開發者相差甚遠。[167] 這一點引起的批評，主要是美國科技公司若非動機不良，就是沒有能力應對自己積累的全球影響力。這些批評直接導致政策大幅轉向，脫離美國市場導向的監理模式，這種模式向來被認為是美國科技巨頭能夠崛起、並稱霸全球的原因之一，然而，許多負面後果也隨之而來。

網際網路自由計劃所受的批評

世界不僅不信任美國科技公司，也懷疑美國政府積極推動的網際網路自由計劃。針對威權國家和新興大國的行動很容易引起爭議，因為這些行動的目的是影響他國政治架構，甚至促成政權更替。[168] 舉例來說，美國國務院在 2009 年伊朗抗議期間，曾要求 Twitter 延遲原定的網路維護以協助抗議者，而這正好強化了伊朗領導人的觀點：「網際網路是西方強權的工具，其最終目的是促成伊朗的政權更替。」[169] 中國也將美國的網際網路自由計劃視為「破壞政權穩定」的工具。[170] 有些批評者更是認為，網際網路自由計劃的運用是選擇性的，而非放之四海而皆準。[171] 比如美國似乎沒有對巴林部落客、社運人士阿里・阿卜杜勒馬姆（Ali Abdulemam）被捕發表意見，可能是因為巴林是美國的盟友、美軍的第五艦隊駐紮在巴林，以及美國必須謹慎管理與海灣阿拉伯國家合作委員會（Gulf Cooperation Council）成員國的關係，而這些國家都支持巴林的行為。[172] 即使之前沒有直接成為美國政府促進自由的政策目標，各國也對美國實現政策目標的方式感到擔憂。比如原本網路相對自由的俄羅斯，2011 年竟開始研究要如何限制社群媒體——因為俄羅斯官員懷疑「西方」正在利用社群媒體，鼓動、指揮世界各地的起義，並開始將

Facebook 和 Twitter 等科技公司視作「網路恐怖主義代理人」。[173]

不只獨裁者對美國的網際網路自由計劃有所顧忌，史諾登洩密事件爆發之後，一些民主國家也反對美國推動網路自由的努力。史諾登揭露了美國政府從事大規模全球監控的行為，利用網際網路來達成國安目標，違反了美國監理模式中網路不受政府干預的核心原則。人權運動者指責美國的虛偽、譴責美國的做法，批評過去網路自由的倡導者「已經在全球網路公司知情與不知情的協助下，掌握了一份大規模的監控計劃」。[174] 甚至一向支持美國網際網路自由計劃的歐洲，也感受到美國監控機構的威脅；知道這些監控行動不僅針對獨裁國家，也針對美國的友邦與盟國，比方說歐洲的政治人物、公司和公民後，歐洲更是無法忍受。[175] 史諾登的洩密無疑對美國倡導網際網路自由計劃的信用造成嚴重的打擊，也直接損害了其市場導向監理模式在世上的吸引力。

網際網路自由計劃喪失信用的另一個原因，則是就實務面來看，它並未達到宣稱的目標。如今世上許多地方依舊缺少這些自由，應該就是計劃失敗的最大明證。不過，失敗的跡象一開始並不明顯，因為網際網路自由計劃起初確實有一些斬獲，好幾個國家在美國的推動下，願意加入開放、相互連結的網際網路。2012 年，歐巴馬在聯合國大會上發表演說，強調美國支援阿拉伯之春等民主轉型運動的成績，並稱許馬拉威和塞內加爾和平的權力轉移，以及緬甸邁向開放的努力。[176] 阿拉伯之春剛開始時，許多人曾寄望網路可以在當地引發民主浪潮。[177] 然而，寄望並未實現，阿拉伯的春天沒有到來，極權政府壓制了民主黎明的光芒，重新掌控整個地區。[178] 另一個例子是白俄羅斯，雖然 2020 年的拖鞋革命靠著 Telegram 這個通訊程式突破網路封鎖，但亞歷山大·盧卡申科（Alexander Lukashenko）總統的政權至今仍未動搖。[179] 還有很多例子都顯示，網路帶動民主轉型的趨勢，在很多地方都已經反轉過來，威權政

府重新占據優勢——這讓美國政府很難繼續宣揚數位科技革命。雖然數位科技曾讓自由鬥士與民主運動家能用新的工具帶來改變，但威權領導人同樣也能利用數位科技鞏固政權。研究並倡導民主和政治自由的非營利組織自由之家曾在 2021 年發布一份報告，指出 2010 年以來，全球的網路自由每年都在下降，世界各國政府都在限制網路言論、逮捕網路用戶、妨礙人民使用社群媒體平台，或乾脆下令關閉網際網路。[180] 也就是說，美國的網際網路自由計劃在國際間並沒有長期受到重視，數位科技也從未真的增進世上的民主和自由。

如今，美國也沒什麼立場繼續為外國的網路自由和民主而戰，因為很多美國科技公司已經成為假訊息和各種有害內容的幫凶，讓許多人清楚看到如今所謂的「自由網際網路」是什麼德性。儘管民主世界普遍對內容審查沒有好話，但也有愈來愈多人認為，缺乏監理的網際網路會傷害個人和社會，同時也會削弱民主自由。美國民主的困境也進一步挑戰了網際網路自由計劃。2021 年 1 月 6 日，國會山莊因選舉舞弊的網路假訊息陷入騷亂，任何人看到當時的影像，都很難堅持網路可以促進民主自由，或應該由美國來引領世界繼續追求這個目標。

無監理原則也有類似的遭遇。雖然這個原則早期獲得某種程度的支持，但如今由於許多政府都設法用監理權對付科技公司，各國普遍都放棄了無監理原則。只不過情況也非清一色如此，1990 年代以來，美國已經對全球電子商務和網路治理造成很大的影響。[181] 柯林頓的政策顧問馬格茲納回憶，當年有一些政府本來還在考慮要加強監理，對網路交易徵收關稅，或是將監理權力交託給電信機構。比方說，歐洲就曾考慮對所有透過網路傳輸的資訊徵收「位元稅」（bit tax）。然而美國公布架構之後，馬格茲納就觀察到，外國政府的態度也隨之有所變化。他認為這種變化必須歸功於美國提出的架構，以及美國政府將該架構推行到全世界

的外交努力。這改變了課徵關稅與各種稅收的趨勢，並讓歐洲政府決定放棄還在討論的位元稅。當時美國似乎已經成功說服全世界，以私人企業自我監理作為數位經濟的基本原則。

由於美國推廣的政策，一直到 2010 年左右，數位經濟大體上依然缺乏規範。因此，當今的數位經濟從各方面來說，都是早年各國政府追隨美國商業無監管原則的產物。1995 年的《資料保護指令》（2016 年《GDPR》的前身）就是這個時期少有的監理實驗。不過和《GDPR》相比，《資料保護指令》並沒有那麼強硬。早期歐盟的內容調控在很多方面都還是遵循美國的無監理原則。比如 2000 年的《電子商務指令》中，有很大一部分都參照美國的《通訊規範法》〈二三〇條款〉，讓科技公司免於問責，平台也不必調控內容。[182] 然而這種一味拒絕監理的做法終究有了變化：自 2010 年開始，歐洲率先通過了許多相關法規，過去幾年間，這類法規也逐漸遍行全球（詳情請見第 3 章與第 9 章）。如今，歐盟與多國政府都一改先前的政策，積極對付科技業。目前幾乎全世界都一致認為，科技巨頭已變得太過強大，必須以監理來約束，這和美國以前大力宣揚的無監理原則正好相反，不久之後，美國說不定也會加入這種共識。前面提過，拜登政府已經逐漸承認不能只靠科技公司自我約束，政府必須介入，並在數位經濟領域行使權力。只不過對曾經的霸主來說，除了面對自己的監理模式的影響力已經不如從前，美國也必須自問，現在到底是該設法扭轉頹勢，還是要承認市場導向的模式對美國、乃至全世界都不再有益。

美國監理模式的影響力日益衰減，替代模式崛起

對美國的網際網路自由計劃來說，早期的成功已成了累贅，在全球

各地引發各種反作用。自由放任的監理環境讓科技巨頭輕易擴張到全世界，獲取令人憂心的影響力。隨著時間過去，這些企業在經濟、政治和文化上的勢力都直逼甚至超越了政府，引起政治領袖的密切關注；這些平台持續濫用市場權力、侵犯用戶隱私、傳播仇恨言論、不實訊息和其他有害內容。為了對抗這些問題，各國政府都開始設法清除科技巨頭靠著美國網際網路自由計劃保護所創造的私法秩序。

歐盟的做法是祭出一波監理法規。過去幾年，歐盟和成員國都頒布了各種關於反壟斷、資料隱私、網路著作權、人工智慧、數位稅、內容調控、平台運作等新法規。[183] 如同戈德史密斯所言，歐洲「已經認識到美國網路公司霸權對歐洲生活方式構成了危險」，他認為這一方面是因為史諾登的揭發，一方面也是因為「美國網路公司使用其巨大權力影響道德、政治、新聞、消費選擇，以及許多歐洲官員無法忍受的面向」。[184] 第9章將會談到，歐盟的數位監理目前正逐漸遍行全球，許多國家開始效仿歐洲的監理模式，縮限科技公司的權力，保護數位公民。這股在世界各地流行起來的科技監理浪潮，不只是在反抗美國監理模式，也可以看出美國科技公司的私人權力，已經超出外國社會能接受的程度。

從這個角度理解，就知道網際網路自由計劃後來會在全世界的政策方向之爭中落敗，可以說是美國政府親手播下的種子。平台免於審查固然產生了早期科技樂觀主義者所預期的自由，卻也培育出一個允斥著仇恨、暴力和假訊息的網路公共空間。而且正如同本章前面所引用的許多例子，不少社會危害都和網路上的言論自由有關，這也讓人質疑絕對的言論自由，是否真的能通往民主自由。就連歐盟這樣最重視言論自由的民主政府，也放棄了網路自由至上的敘事，開始限制仇恨言論、不實訊息和其他網路上的有害內容，以建立平衡的線上言論自由規則。對這些政府來說，美國的網際網路自由計劃已經是上個世代科技樂觀主義的產

物,它在網際網路革命初期也許有所貢獻,但現在看來,並不太適合現代的數位經濟,因為網路自由經常會遭人濫用或危害社會。

美國的網路自由在極權世界引起的反彈更大。中國因為擔心美國公司的影響力過大,開始推動「網路主權」的論述,以代替美國市場導向、民間單位主導的全球自由路線。中國批評全球數位治理應該擺脫ICAAN等民間單位主導的機構,轉向聯合國之類由國家主導的組織,以便中國能夠發揮更大的影響力。中國一直很排斥美國的網際網路自由計劃,並堅持以維持社會穩定的名義,全面審查國內的互聯網。然而過去幾年,中國也為世界提供了另一個方向,指出創新和科技進步並不需要依賴美國所倡導的自由;相反地,這些都可以跟嚴格控制網際網路的極權政府共存。中國不僅是在批評美國市場導向的監理模式、反擊美國將此模式推及全球的企圖,更是在提出替代網際網路自由計劃的敘事,讓不滿美國科技公司權力的國家有新的選項、讓厭惡美國政府擴大這種權力的政治實體有另一種出路。

趁著美國模式失去威望,中國加緊出口其威權、國家導向的監理模式,也逐漸獲得全球的影響力,打擊美國的網際網路自由計劃,特別是反審查原則。而歐盟在推廣以權利為本的監理模式時,也積極輸出其監理權力(這點會在第9章繼續說明),削弱了網際網路自由計劃中的商業無監理原則。這些發展背後的意義在於,當今的數位經濟雖然主要由美國監理模式塑造,但近年來也引起很大的反感。這種反感讓歐洲以權利為本的模式,以及中國國家導向的模式有機可趁,掠取更多影響力;但同時這是因為世界各國政府意識到,美國所構想的數位經濟過於自由,也過於受制於美國利益與美國企業,於是開始擺脫美國的監理模式。

Chapter 8 以基建輸出：中國數位專制的全球擴張

　　美國科技公司在全球擴展版圖、以及美國政府向國外推動網際網路自由計劃的二十年間，中國並沒有閒著。此時的中國政府正全力扶植國內科技業，並提供大量國家資源，協助整個產業進攻國際市場，如今中國的實力已經能與美國媲美。中國還發展出另一套監理模式，提出和美國、歐盟截然不同的數位經濟願景。而近年來，美國的市場導向模式失去國際威信，中國也趁機堅定地一步步利用科技公司的力量，扭曲全球的數位經濟、朝數位專制的模式發展，並擴張中國數位帝國的影響力。

　　過去十年間，中國擴大全球影響力的主要手段是向世界各國提供數位基礎建設。中國科技公司正向許多國家輸出數位建設所需的硬體，包括 5G 網路、光纖電纜、資料中心和其他關鍵科技，這些科技形成了一張大網，國內、跨國和世界性的資料流動得以實現。但除此之外，中國科技公司也提供愈來愈多監控技術和相關的數位產品與服務，影響外國數位社會的建設和治理方式。最能體現中國全球影響力的就是「數位絲路」計劃，目標是將非洲、亞洲和拉丁美洲廣大的網路和中國串在一起，將這些國家緊緊拉入中國的勢力版圖。[1] 因此我們可以說，中國藉著向世上許多國家供應數位基礎建設與基礎技術，掌控了某種「基礎建設權力」。

有了基礎建設權力，中國科技公司得以深入外國市場，擴展其影響力。靠著幫這些國家的數位生態系打下基礎，中國科技公司有了數位擴張的本錢，更有辦法吸引這些國家採用中國的技術、規範與標準。一旦接受協助的國家使用了中國的網路、電纜和資料中心，其未來的科技投資也更有可能向中國公司靠攏，更依賴中國的供應鏈。[2] 由於中國數位基礎建設的設計本來就和緊接而來的中國技術結合運作，而這些技術的維護往往又掌握在中國供應商手中，難免形成路徑依賴。這導致收受援助的國家未來更容易依賴中國的科技生態系統，被中國的數位影響力牢牢抓住，結果又更受中國政府影響，更離不開中國政府。

此外，隨著愈來愈多國家選用中國技術，和這些技術有關的中式技術標準也變得更加普遍，最終成為開發其他技術時預設的標準。中國也藉此更有爭取制定國際標準的權力，以及對科技發展的影響力。為了讓國家標準進一步成為全球標準，中國正努力安排中國人民進入許多制定關鍵國際標準的組織，打入領導階層，這麼一來，中國企業以及背後的中國政府就更能影響新科技的標準。

中國國家導向的監理模式也有可能隨著「中式智慧城市」擴張，這些城市中的監控科技也將沿著數位絲路蔓延。[3] 這類科技賦予政府更多能力去控制公民，也有可能讓數位監控常態化，深入滲透到社會當中。[4] 然而，儘管基礎建設會造成路徑依賴，但依賴並不是必然的。接受中國數位基礎建設或技術的國家並不是注定得逐漸採納數位專制的規範和做法。然而，光是有可能採納，就讓美、中和歐盟之間，開始醞釀一場爭奪全球數位經濟規範的大戰，對中國基礎建設權力的反彈也愈燒愈旺。

各國採用中國科技的理由不一而足。首先，中國政府非常積極輸出中國的數位科技、提供慷慨的國家支持、大肆在外國投資對中國科技公

司有利的基礎建設。其次，許多國家也真的需要中國的技術，因為對於不少開發中國家來說，這才是負擔得起的數位發展途徑。而這些推力與拉力，都間接導致中國國家導向的監理模式擴散至全球。[5] 此外，中國政府始終強調，數位主權是中國模式的基石，這個觀點引起世上許多地方認同，讓中國的影響力更容易在這些市場扎根。[6] 同時，包括美國在內的其他國家也連忙警告，接受中國的基礎建設投資可能會帶來各種危險，比方說整個國家都將暴露在中國政府的監控下。因此美國除了自己拒絕中國的科技供應商，也勸導各國做出相同的選擇。

這一章節將著重探討數位絲路的來源和影響，並介紹由人工智慧主持的中式「智慧城市」或「安全城市」計劃，如何在世界各地蔓延開來。[7] 本章也會談到，中國如何在制定數位科技標準的國際組織一步步搶占更重要的位子，協助中國的技術標準在國際間博取更多青睞。此外，雖然中國對數位經濟的監理模式仰賴許多專制統治工具，但這些工具並非中國獨有。為了證明這點，本章也將比較同樣是專制國家、同樣採用國家導向的模式，中國和俄羅斯之間又有什麼異同。藉由比較我們將明白，中國雖然不是唯一擁抱數位專制規範的強權，但中國在實施國家導向監理模式方面，確實占據了獨一無二的地位，因此才能天下歸心，成為全世界「科技專制政權」的首腦。然而，隨著中國數位基礎建設的觸手伸向全球，國家導向的監理模式正一步步拓展國際影響力，美國和自由世界的盟友也開始擔心這股勢力──不過，要找出對抗這股影響力的方法並不容易。

中國的基礎建設權力伸向全球

中國在全球數位經濟中拓展勢力的手段，主要是讓科技公司到世界各國從事核心數位基礎建設。而這種基礎建設權力主要以硬體設備為基礎，比如華為和中興通訊的電信設備。但提供雲端服務、電商平台等基礎建設的中國公司也參與其中，最近甚至還打入社群媒體平台市場，阿里巴巴、騰訊和字節跳動等公司，都已將業務擴展到全世界。因此，本章節中的「基礎建設權力」一詞，指的是國家、城市和其他治理實體為了建立和管理數位社會而採購的各種中國技術，包括 5G 網路、海底電纜等有形的數位基礎設施，以及其他類型的基礎數位生態系統，像是雲端系統、靠人工智慧運作的監控方式等等。

中國企業的全球影響力日益擴張，讓許多國家憂心忡忡，特別是美國和其主要盟友。儘管前一章我們談過，美國科技公司的私人權力也是全球關注的焦點，但各國對中國的顧忌更為強烈，畢竟中國科技公司的私人權力和中國政府的國家權力之間並沒有明確的分界。一般認為，中國企業都受北京政府控制，因此也深受中國政府政治路線的影響。[8] 我們在第 2 章也看過，這些公司普遍得配合中國政府的言論審查和監控行動。而當這些公司向外國市場提供數位基礎建設，批評中國影響力的人就會質疑，中國政府是否根本就在利用這種手段，暗自滲透外國社會。如果真是這樣，北京當局就有可能靠華為的 5G 設施竊取資料，或藉由在海外爆紅的 TikTok 散播政治宣傳，進而影響他國社會。[9] 因此，儘管很難驗證或衡量，但中國的基礎建設權力不但能鞏固中國科技公司的全球影響力，也很有可能增強中國政府的全球影響力。要是發生這種情況，這些外國社會就有可能落入中國政府監控和影響的範圍。因此，這些外國國家或許沒有刻意採取或仿效中國國家導向的監理模式，這個模

式卻可能因他國採用中國的數位基礎建設而造成間接影響。

數位絲路與中國影響力

中國最明顯運用其規範和價值觀的地方，莫過於「數位絲路」的建設。數位絲路隸屬中國政府的「一帶一路」計劃，是一項以基礎建設為基礎的全球發展戰略，也是中國外交政策的核心。自 2013 年提出以來，一帶一路已是中國對外投資的總體框架，涵蓋超過一百個國家。[10] 計畫的目標是建立陸地、鐵路和海上網路，串連亞洲與其他大陸，加深各國貿易關係並促進中國經濟成長。數位絲路則是來自中國政府於 2015 年公布的白皮書，將數位串連的元素加入一帶一路當中。[11] 數位絲路包含一系列的計劃，像是建設電信網路、鋪設海底資料電纜、建立資料中心、建立全球衛星導航系統，以及向非洲、亞洲、歐洲、拉丁美洲和加勒比地區輸出中式智慧城市和其他網路基礎建設技術。

根據一些估計，2019 年加入一帶一路的 138 個國家中，有超過三分之一參與了某個和中國公司合作的數位絲路計劃。[12] 然而，由於數位絲路計劃的性質不怎麼清晰，要評估真正的涵蓋範圍也沒那麼容易。數位絲路並不是由中國政府嚴密統籌的單一計劃，而比較像是一個鬆散的倡議或品牌經營，目的是串連中國私人科技公司在海外進行的各種數位計劃──雖說是私人公司，但其中絕大部分都有受到中國政府某種形式和程度的支持。即使在政府介入較少的案例中，中國科技公司也傾向標榜其跨國計劃是數位絲路的一部分，以表明它們有在配合中國政府的數位戰略，確保北京支持它們的做法。[13]

數位絲路同時為中國政府和民間單位的利益效力，它不但幫華為、中興通訊、阿里巴巴和騰訊等中國科技巨頭拓寬了發展前景，也讓其他

公司能在絲路上積極拓展海外業務。一旦這些公司在海外建立起數位基礎建設，往往就能讓該國固定使用中國的科技，如此一來，中國公司就更容易爭取到將來的科技採購、維護和升級合約。數位絲路愈擴張，中國標準在世上就愈普及，也對中國制定國際標準愈有利。[14] 而這又會反過頭來成為中國企業的優勢，因為遵循這些標準的科技公司都要繳納可觀的專利金與授權費用。

雖然科技公司能靠著數位絲路開拓新市場，成為最直接的受益者，不過由於各種經濟和地緣政治因素，中國政府也能從中獲得莫大利益。為了促進國家經濟成長，中國政府非常積極發展科技業，盼能實現它們成為全球科技領袖的口號。而要達成此目標，就得讓中國企業在出口市場上占據更顯要的分量。於是，中國政府非常樂意提供政治和財政支援，包括出口信貸，還有為採購中國科技的國家提供貸款擔保。舉例來說，中國進出口銀行曾經為中巴光纖計劃（Pakistan–China Fiber Optic Project）提供85％的融資，還曾提供奈及利亞一筆貸款，讓華為在當地建設5G網路。[15] 隨著美中科技戰不斷升溫，雙方的數位經濟日益脫鉤，中國政府也意識到，它們不能繼續暢行無阻進入美國市場，美國的盟友也愈來愈抗拒中國科技，中國必須和開發中國家交朋友，畢竟只有這些國家還有可能繼續同意中國公司展現全球野心。

由於數位絲路計劃中，中國政府的影子隨處可見，世人開始擔心，中國是否也正利用數位絲路達成地緣政治的目的。有了數位絲路，中國就更容易影響人工智慧、機器人、物聯網和區塊鏈等關鍵科技的國際標準。[16] 這不僅會讓中國政府在經濟領域占據優勢，也會有更多地緣政治戰略優勢可以抗衡美國和其他對手。不只如此，數位絲路更讓中國企業掌握存取世界各地大量資料的訪問權，有時這些資料甚至牽涉政治機密，或是具有地緣戰略價值。而中國的間諜活動和國安法律都要求私人

公司必須配合，和政府分享取得的資料——美國和許多盟友擔心的正是中國政府同樣也能取得這些資料。[17]中國政府也藉由提供科技和培訓，幫助外國政府加強對數位社會的控制，並向國外輸出數位主權和國家控制的觀念。也就是說，每一個數位絲路計劃都是中國政府的橋頭堡，為的就是向外國推銷國家導向的監理模式。

數位絲路計劃有很多型態，不過所謂的智慧城市或安全城市，或許是中國藉數位基礎建設擴張影響力的案例中，最常見也最有爭議的一類。雖然包括本書在內，智慧城市和安全城市通常都是同義詞，但智慧城市主要強調改善市政運作，比方說交通管制或電力分配自動化；安全城市則強調將警務工作自動化，藉此改善公共安全，以及偵測犯罪和其他有害行為。[18]兩類計劃的共同之處在於它們都依賴 AI 技術，比如利用監視攝影機、測量設備、感測器和其他類似的監控科技來蒐集資料，並結合資料的處理。根據設計這些科技的中國公司所言，這些科技可以大幅提升效率、精簡治理，並改善城市居民的日常生活。為了輸出智慧城市計劃，華為、中興通訊、海康威視和阿里巴巴等中國公司通常會直接和採購這些科技的外國城市合作。[19]然而這些計劃的背後，普遍都有中國政府的補貼貸款或政治支持。此外，批評者最擔心的其實是，有鑑於中國科技公司和共產黨之間千絲萬縷的關係，中國政府大概也能擷取這些人工智慧系統運作所需的資料流。[20]

要知道智慧城市計劃究竟有多少項目並不容易。美國國會曾在 2000 年設立了美中經濟暨安全檢討委員會（US–China Economic and Security Review Commission），目的是監控每中經濟關係對國家安全的影響；而根據委員會 2020 年的報告，中國企業至少在 398 個計劃中安插了智慧城市科技。計劃遍布 106 個國家，涉及 34 家中國企業，而華為是最主要的供應商。[21]儘管最積極採用中式智慧城市的是威權國家，但也有些自由

國家想靠中國科技來改善治理。2021 年的一項研究顯示，在 64 個採用中國安全與智慧城市科技的國家中，有 41 個國家被非政府組織自由之家歸類為「不自由」或「部分自由」國家。[22] 一些歐洲國家如德國、義大利、荷蘭和西班牙──正如華為官網上的新聞稿所示──也有購置華為的智慧城市科技。[23] 2016 年，法國馬賽曾與中興通訊合作實施「公共安全大數據計劃」（Big Data of Public Tranquility Project），並建立一座智慧運算中心，配合閉路電視攝影機系統來防治犯罪。在德國，中國企業也和地方政府合作建立智慧城市平台[24]，並與在地企業建立聯合研究中心。[25] 換句話說，中國的影響力分布很廣，不只限於同樣信奉數位威權主義的國家。

往全球南方擴張

　　中國數位基礎建設的勢力遍及非洲、亞洲、拉丁美洲和歐洲，開發中國家受到的影響尤其顯著，不過，許多已開發國家也引進了某些中國科技，中國的技術標準也因此能向全球擴展。各國需要中國數位基礎建設的原因並不一致，有些採用中國科技的地方不一定認同中國政府的意識形態。許多開發中國家認為，數位發展對經濟成長至關重要，而採用中國科技是最經濟的選擇。其中一些政府也可能被「資料主權」的口號吸引，因為這會讓它們更容易掌控資料流動。不過當然也有一些政府的意識形態與中國監理模式很契合，它們深信中國科技能讓它們複製國家導向監理模式的一些關鍵特徵，像是強化對公民的監控，以及壓制異議內容，而這兩者都能幫助它們鞏固對整個社會的控制。這些威權傾向的國家在採用中國基礎建設之餘，有時也會配套引進中國的法律規範，進一步將這種國家導向的監理模式確立為數位社會的基礎。

中國科技公司在非洲許多地區都大有斬獲。根據報導，中興通訊曾在 2018 年為衣索比亞、奈及利亞和蘇丹的各大城市安裝行動網路和其他數位基礎建設，提供資料儲存和分析服務，以及供應監控科技。[26] 另外，華為也在非洲扮演很重要的角色。迄 2019 年為止，已經有大約四十個非洲國家安裝了華為的電信網路。[27] 比方說，埃及電信部長就跟華為簽了一份備忘錄，約定讓華為在當地建立雲端運算和人工智慧中心。[28] 中國金融機構還向埃及電信產業提供了 2 億美元的融資，以「優惠的還款條件」支持埃及部署華為的 4G 網路。[29] 埃及東北部蘇伊士省的公車行動視訊監控系統也是由中國的國有企業海康威視提供。[30]

華為也在肯亞推出了大型智慧城市計劃，首都奈洛比就是其一。[31] 奈洛比的犯罪率相當高，正好能用來展示中國監控技術的效果。為了這個專案，華為在奈洛比設置了 116 個 LTE 基地台、1,800 台攝影機、200 個交通監控系統和兩個資料中心。華為並不想隱藏這套監控設備的威力，官方網站這麼宣傳：「老大哥在好幾哩外盯著奈洛比的一舉一動。」[32] 肯亞當局也進一步宣揚這個消息，奈洛比警局長就曾宣稱：「每個人的一切行為都受監視。」[33] 除了這個龐大的監控系統，華為還為肯亞的行動支付系統 M-PESA 提供平台，而肯亞有超過一半的人口都習慣使用行動支付轉帳，等於是讓中國科技又搶下一處戰略要衝。[34]

辛巴威也採用中國的監控技術。2018 年，辛巴威政府宣布與海康威視合作，使用監控技術加強邊境安全。[35] 海康威視還在辛巴威第四大城穆塔雷提供智慧城市技術。除了海康威視，辛巴威政府也跟中國人工智慧公司雲從科技密切合作。2019 年，辛巴威總統艾默森・姆南加瓦（Emmerson Mnangagwa）訪問中國後，辛巴威政府就與雲從科技達成協議，雲從科技將為辛巴威的金融部門提供臉部辨識技術，並為機場、鐵路和汽車站提供保全應用程式，接著又捐贈多套臉部辨識終端機給辛巴

威。前辛巴威駐中大使克里斯托弗‧穆茨萬格瓦（Christopher Mutsvangwa）對中國的布局表示歡迎：「中國一直是我們風雨無阻的朋友，而這一次，我們將請中國來辛巴威引領我們的人工智慧革命。」[36]

中國科技公司當然樂見這樣的生意機會，不過向辛巴威等國家提供科技的背後還有更多利益。雲從科技捐贈臉部辨識技術多半不是出於利他的動機，加深與辛巴威的合作，或許也不單單是為了金錢上的利益。對於雲從科技來說，辛巴威是一個非常有吸引力的市場，也可說是一個測試、改進公司臉部辨識技術的實驗場。[37] 有了辛巴威，雲從科技就有機會接觸與中國非常不一樣的人種組成樣本，並在訓練臉部辨識演算法時更容易消除既有的種族偏見，而這種偏見正是當今 AI 系統普遍面臨的一大限制。雲從科技執行長姚志強就是意識到這點，在某次訪談中，他提到：「針對亞洲人臉和非洲人臉的科技差異相對較大，不僅是膚色，還包括面部骨骼等其他特徵。」[38] 麻省理工學院媒體實驗室和微軟研究院於 2018 年進行的一項研究顯示，臉部辨識科技對膚色較深的人錯誤率明顯較高。[39] 淺膚色男性的錯誤率低於 1%，而深膚色女性的錯誤率幾乎高達 35%。之所以會有這種錯誤，是因為此類演算法主要都是用男性和白人臉孔訓練的，因此只要在辛巴威取得豐富資料，雲從科技就能在全球的人工智慧科技競爭中搶得優勢。雖然開發沒有偏見的演算法沒什麼好批評的，但科技公司該不該在未經目標個人同意、或在缺乏其他隱私保障措施的情況下使用大量人口資料，又是另外一個問題了。

除了採用中國科技，一些非洲政府也有意識地在國內立法上複製中國的數位治理模式，特別是內容審查方面。坦尚尼亞於 2015 年通過了一項「受中國模式大幅影響」的網路安全法。[40] 該法禁止「虛假」內容，和中國禁止「假訊息」很類似。[41] 2018 年，坦尚尼亞又通過了一項線上內容監理法，其中也有一條禁止「造成困擾」的內容[42]，語焉不詳的程

度和中國政府禁止「擾亂社會秩序」差不多。[43] 該法還有一項訂定理由是根除「敗壞風俗」,如同中國的法令禁止在社群媒體上散播「封建迷信」。[44] 埃及同樣在2018年通過了一項具有數位極權傾向的網路犯罪法,和中國的《網絡安全法》很像,一方面擴大政府審查網路的權力,一方面嚴懲發布或存取受限制資訊的個人。[45]

當然,這些國家本來就有威權傾向,不管中國如何,它們都會想要實施內容管制。但話說回來,這些法律確實也協助中國擴張影響力,使國家導向的數位監理在愈來愈多國家成為常態。從另一些例子更能直接看出,中國的建議給了這些國家多少好處。比方說,中國曾提供非洲國家的政府官員有關網際空間管理的培訓;[46] 也曾訓練衣索比亞人民革命民主陣線(Ethiopian People's Revolutionary Democratic Front)的官員如何透過科技、立法與媒體互動,監控和管理線上的論。埃及、約旦、黎巴嫩、利比亞、摩洛哥、沙烏地阿拉伯和阿拉伯聯合大公國等北非和阿拉伯國家的高階媒體幕僚,也接受了類似的網路管理指導。[47]

中國的影響力在其亞洲後院更是深入,而受中國掌握最深的國家或許就是巴基斯坦,這可是一個人口超過兩億兩千萬、正在快速成長的數位市場。華為旗下的華海通信協助巴基斯坦政府鋪設了連接肯亞與吉布地的「巴基斯坦-東非電纜」(Pakistan East Africa Cable Express,簡稱PEACE,一路連到歐洲)。[48] 巴基斯坦還採用了中國的北斗衛星導航系統,這是美國全球定位系統(GPS)的競爭對手。華為也提供監控設備幫助巴基斯坦建設「安全城市」,其中拉合爾安全城市(Lahore Safe City)計劃還在2016年被華為宣傳是「世界上最大的綜合安全城市架構」。[49] 此外,中國企業還主導了巴基斯坦的電子商務和金融科技市場。2017年,中國電商巨頭阿里巴巴與巴基斯坦貿易發展局簽署了合作備忘錄後,就開始協助巴基斯坦的電子商務基礎建設。而阿里巴巴旗下的金

融科技公司螞蟻集團，也在巴基斯坦大行收購電子商務和金融科技公司，進一步鞏固中國科技公司對當地數位經濟的控制。

在東南亞和南亞的其他地區，中國企業也有類似的重大進展。舉例來說，菲律賓 2019 年展開的「安全菲律賓」（Safe Philippines）計劃就是一個大型監控計劃，宗旨是改善大馬尼拉都會區的公共安全。[50] 當局使用了超過一萬兩千台監視攝影機，以及相應的臉部辨識技術。計劃的技術支援來自華為和中國通信建設集團，中國也為此提供了將近 4 億美元的貸款。在光纖等數位基礎建設領域，華為和中興通訊也占據重要地位。[51] 此外，華海通信還在菲律賓和東南亞其他地區進行了許多海底電纜專案，在在顯示中國科技公司遍布當地的影響力。

中國的影響力甚至延伸到拉丁美洲，然而一直以來，當地無論是地理還是經濟上，都與美國有緊密深厚的關係。厄瓜多就以各種方式參與了數位絲路，從中國公司取得安全城市和其他監控科技，減少國內的犯罪率。根據 2019 年《紐約時報》的調查報導，厄瓜多在中國技術與資金的協助下，建立了一個叫 ECU-911 的深入監控體制。報導指出，這讓厄瓜多變成一座「偷窺癖的天堂」。[52] 厄瓜多 ECU-911 計劃的主要合作夥伴是華為和中國電子進出口公司。據報導，中國電子進出口公司的技術人員，也在首都基多的 ECU-911 總部與厄瓜多人員一起工作。[53] ECU-911 計劃同樣有中國的貸款資助，而在資金協議中，厄瓜多承諾將供應大部分石油資源給中國。ECU-911 系統的主要功能是提供厄瓜多警方影像資料，然而，報導卻發現，厄瓜多的國內情報機構同樣可以存取 ECU-911 蒐集的資料。[54] 人權運動人士特別關注這個存取權限，他們指出，在前總統拉斐爾・科雷亞（Rafael Correa）任期期間，情報機構曾長期恐嚇、攻擊政治異議人士。但由於厄瓜多的犯罪率相當高，報導也指出，大部分民眾願意在隱私權上妥協、接受大規模監控，以期公共安全

能夠改善。

中國的影響力不僅深入專制國家和急需數位發展的開發中國家，也延伸到美國和歐洲。在美國，至少有一百個市政府向中國科技公司採購了監控科技，即使2019年聯邦政府已經將海康威視、大華技術等公司列入黑名單，狀況依然沒有改善。[55] 在歐洲，塞爾維亞政府自2019年以來一直與華為密切合作實施「安全城市」計劃，在國內安裝了數千架智慧監視攝影機。[56] 塞爾維亞政府將這些計劃列為機密，並禁止民眾公開討論此議題。[57] 此外，不只塞爾維亞這種「有缺陷的民主國家」，老牌西歐民主國家也大量向中國採購這些技術。[58] 諸如法國、德國、英國和其他歐洲國家，都有中國公司設置的5G網路或監控科技。[59]

不過，中國對待美國和歐洲的策略，與對待開發中世界的策略還是有所不同。對中國科技公司來說，已開發國家是新科技的來源，而不只是目的地。中國政府一向十分積極支持中國企業收購外國技術，根據2021年的一項研究，中國在五十多個國家大使館中都設有一名「科技外交官」，其任務是為駐在國的中國企業尋找投資機會。[60] 官員和中國科技部緊密協作，監控駐在國的技術突破，並評估這些技術的來源（無論是企業、研究機構還是個人）是否有可能分享智慧財產權，和中國建立合資企業，或是直接與中國企業合作。這些針對性的合作關係，通常是為了協助突破北京指定的科技發展瓶頸，或是專門配合中國共產黨的優先發展目標。這些外交官也協助中國公司簽署投資協議、授權和生產協議，或者聘請外國研究人員到中國工作。目前，科技外交在日本、俄羅斯、英國和美國最為猖狂。2020年7月，德州休士頓的中國領事館被人爆料，說他們積極從事此類外交活動，美國政府隨即強行關閉了領事館。[61] 時任國務卿龐培歐表示，關閉休士頓領事館與中國竊取美歐智慧財產權有關，並指稱該領事館是「間諜與智慧財產權盜竊的樞紐」。[62]

中國休士頓領事館的關閉,只是中國監理模式的全球影響力成長引來美國、歐盟及其盟友關注的其中一例,本章的最後將有更詳細的討論。而引起最多關注的,是中國藉著數位絲路計劃,在全球性的標準制定機構中取得更大的地位,也是我們接下來要談的議題。

中國標準

出口數位基礎建設的同時,中國科技公司也在輸出中國的技術和工業標準,因為所有使用中國技術的網路和設備都使用這些標準。[63] 如此一來,中國標準就愈來愈能主導全球科技的發展。此外,中國也試圖透過在相關組織中的國際影響力,進一步擴散這些標準。中國還試圖將國際數位經濟的整體治理模式,塑造成更適合國家導向的監理方針。為此,中國同時採取兩種策略。第一種是提倡全球數位治理轉向,放棄美國和歐盟支持的多方利害共同體機構,改由聯合國這種以國家為中心的機構決定。就算第一種策略沒有發生,第二種策略也將確保中國的影響力能有效滲入現行的多方利害共同體中。而目前為止,第二種策略似乎比較成功。

中國國家導向監理模式的核心理念,是由主權國家負責治理網路和整個數位經濟。因此,中國政府一直主張採取以國家為基本單位的國際網路治理模式,而聯合國將扮演一個顯赫的角色:一個由各國政府主導的論壇。[64] 舉例來說,2011 年中俄兩國就提出了一份《資訊安全國際行為準則》(International Code of Conduct for Information Security),呼籲聯合國大會採納;該準則著重防範網路攻擊的規範,同時也申明各國在所有與網路有關的公共政策問題中,擁有哪些主權權利。[65] 2015 年,上海

合作組織又更新了準則,並重新提交給聯合國;該組織是一個歐亞地區的政治、經濟、安全聯盟,當時的成員國包括中國、哈薩克、吉爾吉斯、俄羅斯、塔吉克和烏茲別克。儘管提議的準則從未被聯合國採納,但中國自此一直倡導類似的政策。[66] 2017 年,中國與巴西、俄羅斯、印度和南非一起發表了金磚國家領導人宣言,強調「所有國家應該平等參與網際網路的發展和治理」。[67] 同年,中國發表了一份關於聯合國網路治理的意見書,重申聯合國才應是制定國際網路規則的主要角色。[68] 中國主張強化聯合國的功能,因為這樣就會放大政府在網路治理中的角色,損害由美國發起、歐盟支持,以民間單位和公民社會為核心的多方利害共同體模式。對中國而言,以聯合國為中心的網路治理模式還有另一個好處:開發中國家都是聯合國治理機構中的成員,因此中國有機會動員這些成員,支持推廣國家導向的數位治理。

為了強化聯合國在全球網際網路治理中的重要性,中國發起了「世界互聯網大會」,每年在浙江烏鎮舉行,是中國高調推動網路主權願景的重要平台。[69] 在 2014 年的首屆大會上,中共總書記兼國家主席習近平發表演說,強調中國將以尊重國家主權的精神進行國際合作。大會結束後,中國又向與會者發表了《烏鎮宣言》,重申此一願景。宣言中提到:「我們應尊重各國對互聯網發展、使用和治理的權利,並避免濫用資源和技術優勢來侵犯其他國家的互聯網主權。」[70] 雖然該宣言從未正式通過,但中國後來於 2017 年發布的《網絡空間國際合作戰略》延續了此一宗旨,強調所有國家有「自主選擇網絡發展道路、網絡管理模式、互聯網公共政策和平等參與國際網絡空間治理的權利」。[71] 顯然是在拒斥市場導向模式強調的開放、自由和去國界的特質。

設法抬高聯合國地位的同時,中國也戮力打擊 ICANN 等多方利害共同體機構,以及網際網路工程任務組(Internet Engineering Task

Force，簡稱 IETF）等由民間單位主導的治理機構；這些機構讓科技公司在數位治理、乃至於技術標準上擁有很大的聲量。然而，雖然目前無法徹底抹消這些機構的重要性，中國仍逐步影響這些組織，讓它們符合中國的利益。2021 年，中國通過了「中國標準 2035」戰略，計劃在國際標準制定中逐步取得更重要的地位。[72] 中國國家標準化管理委員會工業標準二部主任戴紅也強調這個目標，表示「全球科技標準仍在制定當中，這給予中國產業和標準大好良機，能超越世界。」[73]

誰有權定義關鍵科技的標準，將是全球數位經濟最主要的戰場，因為這些標準很可能成為後續科技的預設標準。從鋰電池、USB 接頭、衛星、電力傳輸和寬頻蜂巢式網路等硬體，到網際網路協定、人工智慧和物聯網等軟體，誰能掌控工業標準和協定，誰就能影響現有和未來的科技發展。中國政府深明標準的重要性，強調「三流企業做產品；二流企業做研發；一流企業訂標準。」[74] 定義科技標準最具體的優勢在於，一旦專利成為國際標準，開發者就能向所有使用者收取授權金。[75] 一旦中國成為工業標準的上游，授權金就會流向中國企業。而如今，影響國際標準的能力也有可能帶來更大的地緣政治力量，因為諸如人工智慧這些猶有爭論標準的科技，都極具地緣戰略意義。爭奪制定人工智慧等科技標準的競爭，是整個科技大戰中極其關鍵的一環，而且這些原本為民用而開發的科技，在軍事領域上也愈來愈重要。

不久以前，這些標準主要都還是由美國和歐洲的科技專家制定，他們在標準制定組織的影響力遠遠超過其他國家。然而，中國在這方面擴張影響力的計劃已經開始有成效。國際標準制定組織和內部的關鍵小組中，已經有中國人攀上了領導位階。制定電話和網路連結標準的國際電信聯盟（International Telecommunications Union，簡稱 ITU），就在 2014 年至 2022 年間選出中國政府推薦的趙厚麟擔任祕書長。[76] 全球最大的科

技、工業和商業標準制定機構國際標準組織（International Organization for Standardization，簡稱 ISO）也在 2015 年至 2018 年間，選了鞍山鋼鐵的黨委書記張曉剛擔任首任中國籍主席。[77] 制定所有電子產品標準的國際電工委員會（International Electrotechnical Commission，簡稱 IEC），也於 2020 年選出中國工程院院士舒印彪擔任主席。[78] 根據 2018 年的報導，在第三代行動通訊合作計劃（3rd Generation Partnership Project，簡稱 3GPP）成為開始制定 5G 通訊標準後，其五十七個主席和副主席職位中，已經有十個被中國公司拿下。[79] 此外，中國也想方設法在智慧城市相關的科技標準討論中搶到更多影響力。在 ISO 和 IEC 共同成立的聯合技術委員會（Joint Technical Commission）中，共有二十八個國家加入了智慧城市小組，但小組的五名前任和現任官員全都來自中國，許多會議也都在中國召開。[80]

從這些人物的公開言論可以看出，他們在進入相關組織高層後，往往會利用職務推動中國的國家利益。像是趙厚麟在任期間，就曾公開宣揚中國的一帶一路計劃、駁斥美國對華為的間諜指控，並大力讚揚中國在電信和網路標準制定上的影響力成長。[81] 就任 ITU 祕書長時，趙厚麟曾宣誓不受個別會員國影響，「只考慮聯盟利益」，但這些言論大概很難稱得上有在遵守宣誓內容。[82]

中國企業也常呈交自家標準給這些組織。舉例來說，中興通訊、華為和海康威視都提出了監控科技的標準，希望 ITU 能夠認可。[83] 人工智慧系統的未來標準則是更重要的戰場，為了迎接這一戰，中國已經在國內制定了人工智慧標準，並加入 ISO 的人工智慧委員會，好將中國標準推至國際，因為 ISO 目前正在制定關於資料品質、風險管理和大數據分析的人工智慧產業標準。[84] 另一個例子則是華為，華為的 5G 技術專利領先全球，已經向 3GPP 提出超過三萬五千個標準，其中四分之一通過

核准。[85]

中國在各標準制定組織中運用影響力的案例，最有爭議的莫過於「新IP」。這個計劃由華為、中國聯通、中國電信、中國工業和信息化部合作，在ITU提出，目的是為核心網路科技建立一套新標準，將IP標準化的權力從非政府組織IETF和ICANN轉移到屬於聯合國體系的ITU[86]——而既然ITU是聯合國體系的一部分，就代表各國政府可以掌控「新IP」。[87]世人擔心一旦這個提案通過，新系統就會取代透過IP位址連結所有個人電腦和網路用戶、在全球傳輸資訊的現行系統。而新的標準將會限制不同網路之間的互通性（interoperability），損害網路跨國界的性質。不過根據華為的說法，「新IP」協定將會比現行「不穩定」的網路基礎建設更好，因為同一個網路中的設備將會直接互相通訊，毋需在更大的網際網路上收發資訊。但批評者警告，這麼做將會徹底消滅開放的網際網路，公民使用網路將會受國營供應商掌控，因為在封閉網路裡驗證、新增IP位址勢必都有「追蹤功能」。[88]華為向ITU提出新標準時，還表示「新IP」協定將配有「噤聲指令」，可以切斷特定IP位址和整個網路的連結。[89]支持中國「新IP」標準的國家包括俄羅斯、沙烏地阿拉伯和伊朗，而美國和一些歐洲國家則強烈反對。[90]

部分西方評論家同意中國科技公司的看法，認為眾人對新IP協定的顧慮實屬過度誇大；另一些人則指出，現有IP系統的技術問題不必接受中國方案也可以解決。喬治亞理工學院的米爾頓・穆勒（Milton Mueller）教授指責記者在煽動世人對「新IP」的恐懼，相關擔憂已經超出實際影響程度。[91]他主張「新IP」只是一份政策白皮書，並認為「由於沒有真正的技術規範，我們無法知道華為提出的『新IP』方向究竟會使全球資料通訊變得更專制、還是更自由。」[92]另一方面，思科科技政策長艾莉莎・庫珀（Alissa Cooper）則解釋IETF為何反對「新IP」：「我

們認為，用一種由上而下的設計方針，全面替換現有的 IP 堆疊（IP Stack）會造成危害……沒有任何證據指出，提議中描述的這些挑戰無法單靠改進現有的 IP 套組（IP Suite）來應對。」[93]

自「新 IP」提出以來，西方的政策制定者一直對此憂心忡忡。2022 年 2 月，歐洲委員會執行副主席維斯塔格宣布了一項新倡議來對抗中國在尖端科技標準制定上的影響力。在解釋這項倡議的必要性時，維斯塔格特別點名了「新 IP」提案，並主張全球標準應「由活絡的民主市場經濟」設定。[94] 2022 年 6 月，中國政府和華為又在 ITU 的電信發展會議上提出一項新專案「IPv6+」。[95] 這一次，中國主張新系統將能改進當前的網際網路，實現「網路更有效率的資訊配置」並「整合其他科技」。[96] 然而，一名在會中擔任觀察員的人權倡導者警告：「IPv6+ 和新 IP 不過是新瓶舊酒，了無新意」。[97] 時至今日，支持中國數位獨裁模式的一方，以及深怕獨裁模式會蔓延全球的一方，仍繼續打著這場 IP 標準之戰。

隨著中國在國際標準的制定上擁有更多影響力，現有的多方利害共同體模式也受到挑戰；新的模式更以國家為中心，因此也更適合中國國家導向的監理模式。美國和歐盟都主張私人產業才應是標準制定的主角，但隨著中國在 ICANN、IEC、ISO 和 ITU 等組織中的影響力日益增強，歐美產業界的聲量不只被中國產業界稀釋，也被中國政府給稀釋了──因為許多中國的標準制定組織都派遣代表參加這些國際組織，而這些組織又與中國政府密切合作。[98] 中國政府會對這些組織下達非正式的指示，確保它們推動的標準都符合中國的國家利益。中國的國有企業也會積極參與標準制定，中國政府則會主動協調中國成員在國際組織中的立場，特別是牽涉到 5G 標準等重要國策時。[99] 因此，雖然中國未能讓聯合國成為網路治理的中央決策機構，卻還是逐步改變多方利害共同體，將之扭曲成更受國家掌控的機構，以鞏固中國「數位主權」的願

景，挑戰自由、開放和無國界網際網路的理想。

中國以外的數位專制

　　雖然中國國家導向的監理模式正向全球擴散，但各地的網路控制和國家監控等專制趨勢，也很難說是完全受中國直接影響。無論中國採取什麼政策，伊朗、北韓、俄羅斯和沙烏地阿拉伯等國的領導人，都不太可能接受美國的網際網路自由計劃，或效仿歐盟，將公民權利當作數位治理的基石。比方說過去十年，俄羅斯政府已從西方這種僅有少量限制的監理模式，轉向嚴格把關的國家導向監理模式。如今的俄羅斯已經愈來愈贊同中國的觀點，認為數位經濟隸屬國家主權，網際網路應受到政治控制。入侵烏克蘭後，俄羅斯更是積極利用網路進行國家控制與政治宣傳。靠著對數位經濟的威權控制，俄羅斯又能更輕易推動國家導向的威權式數位治理路線，同時直接削弱美國的市場導向模式，以及歐洲以權利為本的模式。顯然，俄羅斯的發展受到中國啟發，大概也亟欲複製中國模式的某些部分。但如果進一步觀察俄羅斯政府做了哪些事來控制國內的數位經濟，就會發現這個國家幾乎只是空有願景。如此看來，中國確實有十分特殊的條件，才能以這種國家導向的模式執行威權統治，而大多數試圖效仿中國的國家（包括俄羅斯），將無法像中國一樣徹底由國家主導整個網路。換句話說，採用國家導向的監理模式不僅要有政治意願，還要有龐大的資源和科技實力。

　　談到中國的數位威權規範在全球的影響力，很難不去研究俄羅斯，因為俄羅斯正逐年漸漸轉向國家導向的中國監理模式。2019年，俄羅斯通過了一項非常符合中國數位威權原則的《主權網路法》（*Sovereign*

Internet Law）。[100] 該法確立的法律架構允許政府不斷對國內網路追加更多控制。有些評論者將《主權網路法》和中國的防火長城相提並論，因為它們同樣都在限制網路使用者存取政府認為有害的內容。[101] 該法也進一步賦予俄羅斯政府將國內網路和全球網際網路隔離開來的權力。[102] 俄羅斯政府聲稱自家技術已經能完全依靠國內伺服器，維持自主的俄羅斯網路「主權俄網」（sovereign RuNet）。[103] 政府向公眾辯解，西方勢力嘗試切斷俄羅斯與全球網際網路的連線，唯有這麼做才能保護俄羅斯的利益。但俄羅斯的社運人士主張，建立主權俄網真正的目的，是克里姆林宮希望擁有將俄羅斯與世隔絕的選項。[104]

2021 年，俄羅斯政府又通過一項新法令，要求社群媒體巨頭和其他大型外國網站經營商在俄羅斯境內成立辦公室，進一步加強對網路的主權控制。[105] 這項法律的基礎是 2014 年要求資料在地化的相關法規。[106] 資料在地化要求所有在俄羅斯經營的外國公司，都必須在俄羅斯境內蒐集、儲存和處理任何俄羅斯公民的個人資料，藉此加強國家對資料的主權控制。俄羅斯當局也表明，它們已經準備好據此執法。2016 年，負責監控、控制和審查俄羅斯大眾媒體的聯邦通訊、科技資訊與大眾媒體監督局（Roskomnadzor，簡稱 RKN）發現微軟的 LinkedIn 違反了資料在地化的法規，便立刻封鎖了 LinkedIn 在俄羅斯的網站。[107] 2020 年，Facebook 和 Twitter 也因違反資料在地化的法規而被罰款，同時 RKN 還威脅這些公司，如果它們在 2021 年 7 月前未能於俄羅斯境內建立資料庫，將會面臨額外罰款。[108] 接著，Google 也遭到類似的指控，RKN 於 2021 年 6 月對 Google 提起訴訟[109]，莫斯科地方法院於 2021 年 8 月開出了罰款。[110] 2016 年的《亞羅娃婭法》（Yarovaya Law）和 2018 年的增修版本，又進一步將這些條件變得更加嚴苛；該法要求科技公司保留用戶的通訊記錄（包括圖像、文字和語音訊息）[111]，資料必須存在俄羅斯，

一旦當局要求，它們就得交出相關情報。[112]

俄羅斯的內容審查也愈來愈接近中國。最近這幾年，俄羅斯政府實施了好幾項新法令，並採取了許多行動，以便深入控制公眾討論。平台無論是審查親俄宣傳，還是未能限制反俄或牴觸親俄宣傳的內容，都會受到懲罰。而這條立法的主要目標，自然非 Meta、YouTube 和 Twitter 莫屬。2020 年俄羅斯還通過了一項聯邦立法，要求社群媒體公司刪除在俄羅斯法律下屬於「非法」的內容，並對不遵守的公司處以罰款。[113] 這項法律的執行也非常嚴格，Google、Facebook、Twitter 和 TikTok 都在 2021 年受罰，因為這些公司未能刪除有關 2021 年 1 月俄羅斯反政府抗議的內容。[114] 而另一條於 2020 年通過的聯邦法律，則規定所有網路平台只要審查俄羅斯媒體的內容，就會遭受制裁。[115] 根據這項法律，莫斯科的一處仲裁法院裁定 Google 歧視俄羅斯寡頭康斯坦丁・馬洛費耶夫（Konstantin Malofeev），命令 Google 必須恢復這位富豪的 YouTube 頻道「皇城電視台」（Tsargrad TV）。[116] 自 2014 年以來，馬洛費耶夫就因為支持烏克蘭的親俄分離主義者，受到美國和歐盟的金融制裁。馬洛費耶夫盛讚這是俄羅斯網路主權的勝利，並表示：「加州人不能來俄羅斯制定規則。」[117] 他還曾致函被 Twitter 和 Facebook 禁言的川普，力勸他來俄羅斯法院控告美國科技公司。[118]

過去十年，俄羅斯轉向國家導向模式的開端，可以追溯到 2012 年和普丁連任有關的一連串事件。[119] 有了社群媒體的推波助瀾，2011、2012 年的街頭抗爭壯大得非常迅速，卻也是俄羅斯數位專制的轉捩點。這些事件讓普丁政權注意到，社群媒體很有可能威脅到政權和國內政治穩定。自此，普丁的措辭便趨於強硬；2021 年 3 月普丁指出，如果網路不「遵守正式的法律規定和社會的道德法則」，俄羅斯社會將「從內部崩潰」。[120] 2020 年，俄羅斯政府通過一項新法令，規定網路上的誹謗最高

可處兩年徒刑，藉此進一步收緊對線上言論的控制。[121] 這一招既方便又有效，阻止了不少妨礙普丁政權的新聞和評論。

轉向數位專制也讓俄羅斯和中國有更大的合作空間。這兩個國家同樣都對美國在全球數位治理中的地位感到不滿，於是攜手制定了一份聯合網路治理之策。俄羅斯外交部國際資訊安全司司長歐嘉‧梅爾尼科娃（Olga Melnikova）在 2021 年 7 月的發言中表達了這些不滿，她指出：「莫斯科和北京都反對華盛頓的全球霸權，包括數位領域。」[122] 兩國於 2015 年簽署了一份有關網路安全的雙邊合作條約。[123] 還有媒體報導指出，兩國計劃在 2019 年簽署一項管理非法線上內容的國際條約。然而，條約文本並未公開，兩國是否達成協議也尚不清楚。[124] 中俄兩國也積極在聯合國等論壇上推廣「網路主權」的概念，正如前文所述，這可視作兩國都試圖將國家導向的監理模式正式推上國際舞台。[125] 儘管俄羅斯和中國有共同的價值觀，偶爾也會攜手合作，但在優先事務和能耐方面，雙方也有所差異。[126] 中國追求的是主導全球科技，但這對俄羅斯來說並不可行，因為俄羅斯的科技能力落後中國。俄羅斯更在乎的是利用網路發揮相對較強的軍事和情報能力，包括破壞其他政權的穩定。

儘管俄羅斯一心模仿中國的網路治理特徵，但實務上來看，俄羅斯並未成功複製中國國家導向的模式。其中的挑戰在於，俄羅斯的數位社會一開始並不是建立在數位專制的基礎上，要回過頭來重建將更加困難。在尚未專制化的十多年前，俄羅斯的網路可說是相當自由，並且遵循西方的價值觀。這段自由的網路發展史會讓政府試圖建立嚴格的審查制度時遇上政治阻礙，因為俄羅斯人已經很習慣線上往來了。舉例來說，在普丁入侵烏克蘭、封鎖西方社群媒體之前，Instagram、YouTube 等服務一直很受歡迎。[127] 政府對審查網際網路的能力大為受限，只好搭上戰爭的順風車，才有理由實施更嚴格的審查制度。

俄羅斯也缺乏中國政府那種監控和審查網際網路的能耐。[128] 也就是說，儘管俄羅斯接受了中國國家導向模式的精神，卻遲遲沒有像中國一樣投入資源、確實落實，建立有效的政府控制力。像是前面提到的 RKN 僅有三千名員工，中國則有大約十萬人負責這項任務。而在有效審查所需的科技能力上，俄羅斯也明顯落後。[129, 130] 舉例來說，2020 年 6 月，俄羅斯不但無法成功封鎖通訊平台 Telegram，還屢次波及許多無關的網站，最後只能撤銷對 Telegram 的兩年禁令。遙想 2018 年，俄羅斯審查機構試圖禁止 Telegram 之際，曾意外封鎖了超過一千六百萬個不相干的網站，甚至包括審查機關的網站，而 Telegram 仍然逍遙法外，用戶數還從一千萬激增到三千萬。[131] 2021 年，俄羅斯政府試圖利用降低運作速度來懲罰 Twitter，卻意外癱瘓了克里姆林宮、聯邦會議和一些政府機構的網站。[132] 這些事件凸顯出俄羅斯相當依賴外國的網際網路基礎建設，因此難以自絕於全球網際網路影響、實行大規模監控，或以其他方式實踐中國那種國家導向的監理模式。中國正積極透過人才交流和共同科技開發計劃協助俄羅斯建立更強大的科技能力，但以俄羅斯本身的實際能力來看，要實現數位權威主義的願景，還有很大一段路要走。[133]

俄羅斯也很清楚自己仍舊仰仗外國的數位科技，很多科技需求也必須依靠中國或西方。選擇與中國密切合作、採用華為技術，則顯示俄羅斯寧願依賴中國，也不想繼續看美國或西方的臉色。一名俄羅斯官員的言論清楚闡述了這種立場：「我們不是被美國監聽，就是被中國監聽，我們得選擇比較不邪惡的那方。」[134] 然而，俄羅斯政府雖然允許華為建設 5G 網路，卻要求只能使用俄羅斯的電信設備，透露出俄羅斯也不怎麼信任中國。這個條件的後果是當地的 5G 建設陷入停滯，因為該國根本沒有相應設備。[135] 此外，俄羅斯並不完全依賴中國的監控技術；直到不久之前，俄羅斯還是會從西方引進先進科技，特別是品質優秀的裝置。例

如，莫斯科的智慧城市監控系統主要是使用思科、戴爾、惠普和輝達等美國公司的設備。[136] 由此可見，俄羅斯並不只是引進中國國家導向的模式，還打算確立屬於俄羅斯的版本。同時，俄羅斯也設法發展自己的技術，減少對外國平台的依賴。根據2021年一項俗稱「反蘋果法」的新法令，設備生產商必須在智慧裝置（如智慧型手機、平板電腦和筆記型電腦）上預先安裝俄羅斯的應用程式；[137]Apple一開始反對這項法令，但最終還是同意遵守。[138]

2022年俄羅斯入侵烏克蘭後，整個國家更進一步轉向專制，美國和歐盟對俄羅斯的敵意也迅速成長，導致俄羅斯的科技開始與西方脫鉤。為了控制與戰爭有關的論述，俄羅斯祭出了專制體制的經典招數：利用網路做政治宣傳。政府先是封鎖了一些美國數位平台，包括Facebook、Instagram和Twitter。根據2022年3月莫斯科法院的裁決，Facebook和Instagram必須禁止，因為母公司Meta「正在從事與戰爭有關的極端活動」。俄羅斯聯邦安全局（Russian Federal Security Service，FSB）還指責Meta「創造了一個『另類現實』，煽動對俄羅斯人的仇恨」。[139] 這項禁令其實是為了回擊西方的制裁，因為這些制裁要求科技公司在平台上限制俄羅斯官方媒體RT電視台（Russia Today）和衛星通訊社（Sputnik）的內容。[140] 美國和歐盟禁止向俄羅斯出口西方科技，試圖藉此孤立俄羅斯，施壓克里姆林宮結束侵略，並從烏克蘭撤軍。另一方面，中國並未譴責俄羅斯的侵略行為，反而在中國網路平台上放任、甚至推助俄羅斯的戰爭敘事。[141] 因此，未來幾年，俄羅斯很可能會和中國走得更近。

漫長的俄烏戰爭已經成為獨裁與民主之間的激烈對立，同時影響歐美應對俄羅斯的威脅、以及應對中國這個數位獨裁大國威脅的方式。雖然俄羅斯這樣的數位獨裁國家確實是一大憂患，但中國依然是美國和盟

友最主要的對手,因為中國國家導向模式的影響力和對整個世界的衝擊,都是俄羅斯無法相提並論的。

令人擔心的中國全球影響力

針對中國數位基礎建設擴張,以及此趨勢對全球數位經濟影響,批評者提出了諸多顧慮。最明顯的一個問題就是,一旦讓中國公司建設智慧城市,合作城市就會面臨威權化的風險。原本用來緩解交通和改善能源利用的監控攝影機,也可以用來即時監控市民的一舉一動。隨著各國政府獲得新的控制工具,中國的數位威權文化也會隨之擴散至世界各國。另一個問題是,依賴中國科技會讓各國有可能受到中國政府監控,因為一般認為,中國科技公司只要收到中國政府要求,就必須交出相關資料。雖然這些問題實務上不太好驗證,但已足以讓美國和盟友下定決心,設法限制中國的影響力。

▍中式監控蔓延全球

在探討中國藉由數位絲路日漸擴張影響力時,有件事必須牢記:雖然對中國政府來說,數位絲路是一套布局大計,為的是輸出數位威權的規範,但另一方面,數位絲路往往確實有其需求,因為不少政府都有採購中國技術的動機。[142] 很多犯罪率高的國家都積極建立監控系統以利執法,而這背後普遍都有國內公民的全力支持,因為比起資料隱私,他們更擔心自己的人身安全。而且,這些政府也能拿出許多靠著數位技術有效降低犯罪率的成績,證明進一步投資數位監控是合理的決定。中國的地方政府就一直十分熱衷宣揚監控技術的好處,據報導,四川省有個村

子因為裝了監控攝影機，犯罪率在兩年之內歸零。[143] 其他國家的政府也會用類似的案例，強調數位監控為社會帶來的正面影響。比如有篇報導就宣稱，新德里警方靠著人臉辨識系統，在短短四天之內找到三千名失蹤兒童。[144]

智慧城市依靠科技驅動，而這些科技可以用在很多地方，有些確實有益，有些則沒那麼正派。利用現代科技蒐集資訊讓城市運作更有效率確實並無不法，也無須擔憂。打擊犯罪是政府的責任，合法利用科技提升公民的安全也相當合理。[145] 然而，除了這些善意的用法，這些科技也可以用來進一步侵犯個人權利，鞏固威權控制。人臉辨識和類似的技術可以協助政府監控公民，像是追蹤異議人士與其他對政府構成風險的社運人士──中國就是一例。因此，關鍵問題不在於科技本身，而在於怎麼應用。

中國企業也一直急著強調，生產某種技術是一回事、決定如何運用又是另一回事。而被問到技術遭濫用的可能性時，華為回應，它們「提供技術支持全球智慧城市和安全城市計劃。但在每個計劃中，都沒有參與設計如何使用技術的公共政策」。[146] 被美國政府制裁的中國人臉辨識公司雲從科技也辯稱，它們雖然出口監控技術給辛巴威等國家，但決定如何運用技術的是辛巴威政府，而非公司本身。雲從科技的公關總監傅小龍還以美國的軍備銷售來比喻：「就像美國在全世界販賣軍火一樣，它們也不在乎其他政府是否用美國武器殺人。」[147]

然而，科技供應商是否應對科技的實際運用負責，此事見仁見智，但我們都可以合理假設，許多中國科技公司販售的智慧城市技術，都成了各地政府鞏固控制力的工具。而威權主義在世界各國擴張版圖，也讓這些侵犯權利、強化控制的監控技術有了穩定、甚至逐漸成長的需求。

根據自由之家發表的排名，全世界的網路自由都在下降。2021年的《網路自由報告》中評估了世界各國的網路自由，指標包括使用網際網路的障礙、內容限制和使用者權利侵犯等等，研究發現全球網路自由已連續下降了十一年。[148] 報告還提到間諜軟體（spyware）的採購正急遽增加，愈來愈多政府採購先進的監控技術。[149] 也就是說，許多威權政府都積極部署監控技術控制國內社會，而提供它們工具的來源正是中國。

COVID-19可能也進一步增加了全世界對數位監控科技的需求。為了防止疫情擴散，各國政府都急著部署數位科技，引進最新的接觸者追蹤措施。數位監控對於追蹤潛在感染者以及警示可能接觸病毒的個體，確實能幫上不少忙。中國能在疫情前期多少控制住COVID-19，部分或許可以歸因於整個社會願意忍受高侵入性的數位監控措施，以及嚴格的出入限制——不過後來，這些侵入性措施還是受到嚴厲的抨擊。中國以顏色分類的健康碼和追蹤系統幾乎無孔不入，許多評論者也同意，這些措施能有效防止民眾四處遊走，在疫情初期迅速減少COVID-19病例。[150] 然而，這種公共衛生基礎建設也可能成為政府侵犯個人自由、蒐集個人資料的藉口。疫情也有可能成為藉口，以維護城市「安全」為由來合理化政府監控公民活動和接觸、強制隔離，或其他種種措施。[151]。同時，民眾也有理由擔心，疫情結束之後，這些措施也不會取消，而是會被政府用來執行迫切性較低的監控。

有了中國提供的監控技術，政府就能追蹤公民的數位足跡；然而，中國並不是唯一提供這類科技的國家。2019年卡內基國際和平基金會（Carnegie Endowment for International Peace）的研究調查了176個國家的AI監控情況，發現中國企業確實是這些技術最主要的供應者，總共有63個國家曾向它們採購相關技術。其中單是華為一家，就曾向至少50個國家出售過監控技術。[152] 不過，想要監控公民的政府也可以從西方

採購監控科技，並將這些系統用於不自由的目的。法國、德國、以色列、日本和美國的公司在這個領域都很活躍，由 IBM、帕蘭泰爾（Palantir）和思科等美國公司提供的監控科技，已出售至 32 個國家。有家名為 NSO 集團（NSO Group）的以色列公司開發了號稱「世上最強網路武器」的間諜軟體「Pegasus」。[153] 後來的報導也顯示，不論是民主還是威權國家，都普遍濫用這個間諜軟體。[154] 由於 NSO 集團將 Pegasus 提供給外國政府，用於對付社運人士、政治人物、商業領袖和記者，NSO 集團在 2021 年也成了美國的制裁對象。[155]

中國科技公司的 AI 監控技術不只賣給其他極權國家，民主自由國家的科技公司也不專為民主自由國家提供服務。[156] 正如中國公司在民主和獨裁國家同樣活躍，民主自由國家的公司也會把科技賣到人權記錄糟糕的市場。比如沙烏地阿拉伯的安全城市技術來自華為，但雲端伺服器是由 Google 建立，人臉辨識攝影機則是由日本公司 NEC 提供。此外，美國政府雖然因為協助監控新疆維吾爾人，抨擊並制裁了中國科技公司，但在 2019 年，美國科技公司也被爆料參與其中。[157] 換句話說，中國絕非世上唯一的監控科技來源。

然而，批評中國監控技術者指出，中國技術還有另外一點令人擔憂：中國公司與中國政府之間的模糊關係，包括中國政府經常向外國政府提供貸款來購買監控科技等牽連。一般認為，中國公司會將蒐集到的資料交給中國政府，就算它們承諾不會這麼做，基本上也不可信。因此，中國科技最大的隱憂，就是中國政府可能會藉著技術出口、海外基礎建設或是外銷技術管理，存取中國公司蒐集的資料。換句話說，中國賣到外國市場的基礎建設不只有可能協助外國政府進行數位監控，也可能是中國政府監控海外的工具。如果北京利用數位絲路存取使用國的資料展開間諜行動，這些國家的核心國安利益就可能會遭受損害。所以正

如第 5 章所述，包括美國在內的一些國家已經開始拒絕中國技術，以免受中國間諜行動影響。日本前貿易大臣甘利明近日也警告世人，中國在智慧城市標準上的投入是一個「陷阱」；監控系統終將成為中國從全世界高科技城市挖掘資料並送回北京的埠頭。[158]

有些評論者則警告，讓中國公司來執行智慧城市的基礎建設，就等於是把癱瘓城市運作的「斷電開關」交給這些公司。[159] 中國政府也有可能利用存取政治機密資料的權限，脅迫或是勒索外國的政界高層，蒐集影響外國政治的籌碼。[160] 另一些人則強調，雖然截至目前為止，中國政府對數位絲路的掌控不算強硬，但隨著科技地緣政治上的衝突加劇，這種情況也許將會改變。數位絲路為中國高層挖掘了一條基礎建設隧道，他們為了挑戰由美國主導的科技秩序，很可能會進一步將這條隧道用在戰略上，拉攏更多國家作為自己的科技與地緣政治衛星國。[161] 如果事情真的這麼發展，中國政府大肆宣揚的資料主權理念就只是在畫大餅而已，畢竟數位絲路上的國家最後都會任由中共操縱。[162]

不過說實話，目前還沒有足夠的證據來斷定這些隱憂是否會成真。2019 年，《華爾街日報》報導，華為員工協助烏干達和尚比亞政府對其政治對手進行間諜活動。[163] 所謂協助包括擷取對手的加密通訊和社群媒體帳戶，以及使用行動數據追蹤對手的行蹤。調查並未找到證據顯示這些協助是應中國政府要求進行，還是中國高層指示，甚至無法證明他們知道這些行動。但調查也顯示，這些國家的華為員工直接參與了監控行動。當地安全官員向《華爾街日報》分享了他們擷取的 WhatsApp 訊息副本，並解釋華為技術人員的協助對此番行動至關重要。[164] 而這類現場直接協助的基礎，正是華為員工在北京幫非洲官員做的一般技術培訓。華為高層也建議烏干達政府研究一下華為在阿爾及利亞的監控系統，因為阿爾及利亞政府部署了大規模監控技術，並以駭客技術攻擊官方宣稱

會威脅國家安全的反對派成員。然而，儘管這類培訓不缺記錄，但華為是否涉入當地政府的日常監控行動，卻很難找到證據。

在序章中，我們提過另一起引起國際關注的事件，也就是華為和非洲聯盟的資料洩露醜聞。後來發現，中國建造的非洲聯盟總部早已成為駭客攻擊的主要目標，非盟的資料完全暴露在中國的監控之下。[165] 毫不意外，中國政府否認參與其中。[166] 儘管非盟努力解決問題，像是發出新標案，以及為大樓的通訊系統徵求新合約，但還是難以擺脫中國對非盟運作的影響力。[167] 2020年，日本的網路研究人員警告非盟，他們發現有一群中國駭客涉嫌操縱非盟的伺服器，如果成功，他們就能再次竊取整個非盟中心的監控錄影。[168] 中國駐非盟使團再次否認了這些指控，聲稱「我們從不干涉非洲的內部事務」，並強調非洲和中國是「好朋友、好伙伴、好兄弟」。[169] 對中國支援的依賴，使得非盟在應對中國的駭客行動時陷入複雜的境地，這也解釋了為什麼非盟之前會猶豫是否要譴責駭客入侵。無論是技術支援、能力建設還是應對資安問題，中國都扮演相當關鍵的角色，對於維持整個非洲的和平也做了不少貢獻。[170] 由此可見為何非洲聯盟沒有採取激烈反應，解除和中國的合作關係。

有些人可能會主張，單單指責中國並不公平，畢竟世上有這麼多國家的政府都在監控世界各地，就連民主政府也不例外。儘管要找到全球數位監控的全面資料很難，但確實有一些相關的嘗試。比如上述的卡內基研究就證實了無論是自由還是不自由的政權，都會使用AI監控科技。[171] 史諾登洩密案更是直接把這件事攤在陽光下，揭露了美國國安局的大規模監控，而華為也是美國政府的眾多監控目標之一。[172] 美國政府並不否認廣泛的監控行動，只是強調民主國家的監控與獨裁國家有別。面對這些監控計劃侵犯公民自由的指控時，美國情報機構辯稱，這些計劃是為了防範恐怖攻擊和其他國家安全威脅而行[173]，完全合乎憲法，也受國會和司

法的嚴格監督。[174] 卡內基研究也同意美國的立場，顯示如果部署監控科技的不是自由政府、而是極權政府時，就會有更大的隱憂。在保護個人基本權利這方面，民主自由國家通常有更完善的治理機制，極權政府則更有可能濫用科技，因為它們缺少這方面的法律限制和政治監督。[175] 然而，史諾登洩密案無疑讓美國政府頓失批評中國監控的道德高地。中國政府輕描淡寫駁回了美國的批評，指出美國自己的情報行動更具侵入性。中國外交部發言人趙立堅更直稱美國才是「最大的駭客、監控和竊密帝國」。[176]

除了強調美國的監控、揭露西方的虛偽，中國也積極反擊任何試圖將中國塑造成對立勢力的敵人。瑞典的國內網路封鎖華為後，中國就威脅要禁止瑞典公司愛立信參與中國的 5G 建設。[177] 於是愛立信積極展開遊說，反對禁止華為，並激烈地為競爭對手辯護，以保住進入中國市場的機會。[178] 而這次的報復性威脅僅僅是冰山一角，中國非常擅於利用經濟上的刁難，報復抵制中國影響力的國家。2020 年，澳洲因為實施華為禁令、批評《香港國安法》，以及主張調查中國在 COVID-19 疫情初期的過失而激怒了中國。[179] 於是，中國便對澳洲大麥徵收高額關稅、暫停部分澳洲牛肉進口，以及對澳洲葡萄酒徵收反傾銷稅。[180] 在宣布葡萄酒關稅後的新聞發布會上，趙立堅表示，澳洲應該「做更多有利於互信和合作的事情」。[181] 除了懲罰對中國立場堅定的國家以外，對於支持中國目標的國家，中國也會承諾提升雙方關係，並報以相應的經濟利益。像是最近幾年，許多國家都不再承認台灣，轉而與中國合作。[182] 2021 年尼加拉瓜與台灣斷交之際，就有外國觀察家指出，中國承諾投資尼加拉瓜政府，建設一條價值 500 億美元的運河，很可能就是促成此一決定的重要因素。[183] 這些例子顯示，中國這套軟硬兼施的策略，確實能有效減少針對中國全球影響力的批評。

▎對抗中國全球的影響力成長困難重重

最近有一些人呼籲民主自由國家應該加深合作、對抗中國的影響。[184] 他們認為如今全球數位經濟的基本規範已經日漸成為意識形態的戰場，應該組建一個「科技民主國家」聯盟，來對抗中國和其他「科技獨裁國家」。這些提議會在結語章節中詳細闡述，不過簡單來說，這個理念基於同一種認知：民主國家目前所付出的心力尚不足以對抗中國國家導向的監理模式崛起，而且沒有一個國家能夠獨自應對這個挑戰。迄今為止，民主國家都提不出數位絲路的替代方案，在防禦網路攻擊方面也沒什麼實質進展，而且尚未協調出一套能反映其共同價值觀的科技標準。

這些提議尚未促成一個穩定的科技民主聯盟，也沒有發展出全面對抗中國數位極權的策略，但至少還是有一些計劃、承諾和機構正在籌備中。川普政府於2020年8月啟動了一項名為「乾淨網路」（Clean Network）的計劃[185]，目標是「以完善的規劃保護國家資產，包括公民的隱私和企業的敏感情報，不受中國共產黨等惡意行為者侵入」。[186] 該計劃成立時，國務卿龐培歐呼籲「所有熱愛自由的國家和企業」加入這個倡議，共同應對「資料隱私、安全和人權」面臨的威脅。[187] 乾淨網路計劃還制定了所謂「數位信任標準」（digital trust standards），以評估設置和經營5G基礎建設的電信設備供應商是否可信，並將一些5G供應商指定為可信的「乾淨電信公司」（Clean Telcos），防止華為向計劃成員提供服務。[188] 乾淨網路計劃以一系列的「布拉格提案」（Prague Proposals）為基礎，這些提案來自2019年5月在捷克舉行的一場會議，當時與會的三十個國家曾就5G網路安全達成了共同的立場。[189] 參與會議的人士有歐洲、北美、澳洲、日本和韓國的安全官員，以及歐盟與北約的代表。[190] 布拉格提案沒有特別點名華為，而是提出了一套非約束性原則，

警告各國政府如果 5G 網路供應商可能受他國牽制，或者來自未簽署國際網路安全與資料保護協議的國家，就應該避免依賴這些企業。

截至 2020 年 12 月，已有五十幾個國家加入乾淨網路計劃，「乾淨電信公司」和其他類型的「乾淨公司」則有一百八十家，甲骨文、富士通、思科、西門子和惠普都在此列。[191] 歐盟二十七國中有二十六國加入計劃，只有德國尚未做出決定，有可能是因為德中兩國的經濟關係緊密，不願激怒主要貿易夥伴。[192] 其他民主國家和大型經濟體，包括澳洲、加拿大、印度和日本也是該計劃的成員。拜登打算如何拓展這個川普時代的成果，目前還不清楚，但國會正持續對政府施壓，要求採取更多措施來對抗中國不斷成長的影響力。[193] 目前，拜登政府已經表示會堅決制裁中國的科技公司。如第 5 章所述，拜登政府除了對抗中國的科技野心[194]，也很重視加強美國自身的能力，以確保美國在科技領域繼續保持領先。[195]

G7 也是一個促進科技民主國家合作、對抗中國數位絲路的政治論壇，成員國包括加拿大、法國、德國、義大利、日本、英國和美國。在 2021 年 6 月的會議上，G7 推出了一個名為「重建更好世界」（Build Back Better World，簡稱 B3W）的計劃，[196] 並承諾動員私人資本，協助「填補開發中世界超過 40 兆美元的基礎建設需求」。[197] B3W 可以說是一帶一路和數位絲路的替代方案，因為它符合 G7 成員所重視的民主價值觀，其他不屬於 G7 的民主國家也受邀加入。[198] 一名拜登政府的高級官員否認 B3W 只是為了「與中國一較高下」，並聲稱 B3W 是「體現我們價值觀、標準和商業方式的正面選項」。[199] 2021 年，歐盟也承諾將在 2027 年之前投資高達 3 千億歐元，用於全世界的關鍵基礎建設，協助實現「全球門戶」（Global Gateway）計劃，可謂歐盟對中國一帶一路的回應。[200] 然而，B3W 和全球門戶等計劃的效果如何，比如承諾的資金最

終是否會實現,目前都還不清楚。[201] 相較之下,一帶一路背後有中國政府堅實的財政與政治支持,中國企業也因此能在開發中世界搶到更宏大、風險更高的建設專案。[202]

除了上述以全世界為目標的計劃,美國也試著加強投資亞洲地區,來對抗中國的數位基礎建設力量。舉例來說,美國正考慮和印太地區經濟體簽訂數位貿易協定,抑制中國在當地的影響力。[203] 這些數位貿易協定將涵蓋澳洲、加拿大、智利、日本、馬來西亞、紐西蘭和新加坡等國家,內容則將侷限於數位議題上,目的是在跨境資料流動、資料保護、各種監理標準,以及人工智慧標準上達成共識。該協定也有可能建立在現有協定的基礎上,比如 2019 年的《美日數位貿易協定》(US–Japan Digital Trade Agreement)和 2020 年的《新加坡－紐西蘭－智利數位經濟夥伴關係協定》(Singapore–New Zealand–Chile Digital Economy Partnership Agreement)。[204] 美國、日本、印度和澳洲之間也開啟了一項名為《四方安全對話》(Quad)的協定,攜手建立半導體的安全供應鏈,並確保安全通信網路的發展。[205] 2021 年 9 月的會議過後,四方聯盟發表了一份關於科技發展共同原則的聯合聲明,強調它們同樣在乎「民主價值觀和對普世人權的尊重」是科技治理和運用的基礎。[206] 儘管沒有名言聯盟的目的是要反制中國,但成立四方聯盟已經清楚表達了這幾個國家的立場:「科技不該被誤用或濫用於專制監控和壓迫等惡意活動。」[207]

對抗中國的基礎建設權力、並組成一個凝聚力夠強的抗中聯盟並不容易。美國無法阻止中國的經濟崛起和科技實力,也無法輕易誘使其他國家放棄中國經濟蓬勃發展所帶來的機遇。如今,以中國為最大貿易夥伴的國家已經幾乎是美國的兩倍。[208] 如果這些國家被迫在美中之間做出選擇,它們很有可能會選中國。而在拉攏亞洲經濟體參與各種對抗中國的數位協議時,美國確實碰到了一些挑戰,因為中國是當地各國最主要

的貿易夥伴。[209] 中國已經公開反對美國和印太地區經濟體之間的數位貿易協定討論，而這些反對很可能會讓一些亞洲經濟體放棄與美國達成協定。[210]

近年來，為了對抗中國散布全球的影響力，美國政府增加了不少力道，並將美國與中國的爭鬥描繪成一場關乎民主自由未來的戰役，積極在數位領域集結科技民主國家聯盟，對抗中國和其他科技獨裁國家。兩種敵對意識形態和政治制度之間的競爭，又使得阻止中國影響力成長、並限制中國倡導的數位監理模式，變得更為意義重大——這部分將會在結語中詳細說明。總之，如今這場戰鬥被定義成數位民主與獨裁之間的爭鬥，美國給了各國一個簡單明瞭的選擇，那就是信守各自的政治信念與其數位社會奉行的基本價值觀。然而，儘管這些努力都在持續進行，目前還是沒有跡象顯示，中國國家導向的監理模式或其全球影響力會在短時間內減弱。

9 Chapter 布魯塞爾效應：歐洲推動數位權利全球化

2016 年，歐盟通過了意義重大的資料隱私法規《GDPR》，很快就被 Meta、Google、Apple 和微軟等美國尖端科技公司接受，成了全球化的資料隱私標準。[1]《GDPR》尚未生效，Meta 就已經選擇將《GDPR》的保護用於全球二十二億用戶（現為三十億）。[2] 為了應對《GDPR》，Google 同樣也更新了全球性的隱私政策，並向用戶發送通知：「隨著歐盟的新資料保護法規生效，我們正在進行相關更新，並為全球的 Google 用戶改進系統。」[3] Apple 依據《GDPR》評估了所有產品的隱私影響，並按照規則要求，更新了全世界的作業系統。[4] 微軟則是根據《GDPR》改變了「隱私設計」（privacy by design），從一開始就將產品設計成可與歐盟的隱私標準相容，並透過微軟產品的內在特徵，向全世界推行這些標準。[5]

為什麼這些美國巨頭即使不在歐盟，也願意遵守《GDPR》，而不是利用其他地方更寬鬆的資料隱私法規？所謂的「布魯塞爾效應」現象，正好可以解釋歐盟為何有能力單方面規範全球市場。[6] 由於歐盟市場的規模和吸引力，多數大型科技公司都希望進入這個市場，而進入市場就得遵守歐洲的監理標準。科技公司當然可以在歐盟市場用一套資料隱私標準，又在其他地方採用不同的標準，但規模經濟和統一業務慣例的好

處太多了,分開做通常沒什麼吸引力。所以,這些公司往往會選擇最嚴格的監理標準當作全球標準,確保標準合乎全世界的監理規範;而所謂最嚴格的標準,大部分都是歐盟標準。如此一來,歐盟的資料隱私監理模式往往就在這種市場力量和公司的業務誘因下,成為全球的監理模式。

除了科技巨頭依照歐盟法規調整全球作風這種實質上的布魯塞爾效應,許多外國政府也採用歐盟訂定的監理法規,形成法律上的布魯塞爾效應。迄今為止,已經有將近一百五十個國家通過了國內資料隱私法,其中大多數都與歐盟制度頗為類似。[7] 保羅‧許瓦茨(Paul Schwartz)和卡爾-尼可勞斯‧派佛(Karl-Nikolaus Peifer)兩位法學家指出:「歐盟的資料保護制度影響力驚人,世界各地幾乎都遵循此法行事。」[8] 另一名隱私專家葛拉罕‧格林利夫(Graham Greenleaf)指出:「我們可以說,『歐洲標準』的資料隱私法規正成為全世界大部分地區的標準。」[9] 許多政府都認為《GDPR》是最高也最廣為接受的「黃金標準」,因而紛紛仿效。[10] 而越過某個臨界點後,歐盟規範已經成為普世的做法,任何政府想要制定資料隱私法規,都很難找到理由偏離這套規範。

實質上與法律上的布魯塞爾效應顯示歐盟擁有龐大的監理權力塑造外國科技公司和政府的資料隱私政策,並在全球市場擴張影響力。歐盟龐大的監理權力是其全球影響力的主要來源,也是歐洲數位帝國的根本。相較於美國輸出的私人權力、中國輸出的基礎建設權力,歐盟在數位領域的主力無疑是監理權力;而不管是外國科技公司,還是包括美、中在內的外國政府,都無法完全逃過監理權力的網羅。有了監理權力,歐洲以權利為本的監理模式也擴散到全球,歐盟也因此有足夠的底氣塑造全球的數位經濟,與美中兩國分庭抗禮。

本章將解釋為何歐盟能勝過美、中和其他國家,成為影響國際數位

經濟法律規範的主要勢力。首先是資料隱私領域。論及歐盟法律對各公司、政府與數位公民的影響時，往往會先提到《GDPR》，但在許多數位經濟領域，歐盟也已經（或即將）占據重要地位，並同樣產生布魯塞爾效應。以下論述將會揭示，歐盟的反壟斷規則和內容規範都有可能透過布魯塞爾效應傳向全世界，包括對網路仇恨言論和假訊息的規範；人工智慧領域也很可能成為歐盟全球監理影響力的主場。歐洲以權利為本的監理模式將在這些政策領域進一步鞏固勢力。討論完歐盟監理權力在全球的影響力後，我們將檢視歐洲的「監理帝國主義」，以及針對這種全球影響力的各種批評。

布魯塞爾效應如何塑造全球資料隱私政策

過去十年裡，歐盟已經成為數位經濟中最強大的監理者，並藉此獲得決定全球數位科技發展與應用方式的獨特影響力。布魯塞爾效應解釋了為什麼無論是在歐洲還是其他地方，數位產品與商業活動的規則與標準常常由歐盟制定。歐盟也因此能在各種政策領域扭轉全球市場的規範，不分數位與非數位領域。在數位領域，歐盟的監理影響力遍及科技公司的商業行為和外國政府的立法行動，兩者對於將歐洲監理模式推行全球、成為具體政策，都有重大的作用。其中最好的例子，也許就是歐盟對資料隱私的監理。

▎實質影響

布魯塞爾效應是一種規範影響力，源於歐盟龐大的消費市場、採用嚴格法規的強大監理機構以及市場力量，讓科技公司在選擇統一規則

時，決定以歐盟馬首是瞻。歐盟全球監理影響力的根本，在於將近四億五千萬人口以及歐洲相對富裕的龐大市場，很少有跨國公司能夠拒絕。可是單靠市場規模，並不足以形成這種監理影響力，否則也會出現「北京效應」、「德里效應」、「東京效應」或是「華盛頓效應」。經濟體必須確實具備監理量能，同時擁有制定嚴格規則的政治意志，才能壟斷全世界的監理影響力，而歐盟在許多政策領域都符合這兩個條件。中國監理機構的經驗和專業知識都尚無法與歐盟匹敵，因此監理量能不及歐盟。而美國雖然監理量能夠大，卻一直缺乏調度量能的政治意志——美國對市場導向的信賴，使其對政府監理抱持近乎本能的懷疑。相較之下，歐盟向來擅長訂立規則和監理，配合布魯塞爾龐大的官僚機構，完全有能力制定法規並加以實施。然而，只靠歐盟無法將所有規則推行到其他地方，布魯塞爾效應只會在監理消費者市場這種非彈性目標時才會發生——畢竟消費者和資本不同，不會逃往監理較鬆的司法區，損害歐盟的監理影響力。最後一點，唯有當企業的產品或行為無法按市場切割，也就是遵守單一監理標準比利用其他市場更寬鬆的標準還有利時，歐盟標準才會成為全球標準。這五個條件是布魯塞爾效應的支柱，也解釋了為什麼歐盟是如今唯一能有效單方面影響全球市場的數位強權。

我們從市場規模開始再解釋清楚一點。眾所周知，一個國家的市場規模是衡量國家對外國公司和個人行使監理權力的一大能力指標。市場愈大，進入該市場對企業就愈有價值。因此，消費市場愈大、愈有錢，就愈能迫使企業遵守制定的規則，因為放棄進入這樣的市場會有所損失。小市場就沒有這種權力。舉例來說，如果瑞典沒有成為歐盟這個大型市場的一部分，獨自實施 Google 不願遵守的嚴格資料保護規則，那 Google 大可直接退出瑞典市場。但 Google 不太可能輕易放棄歐盟這個龐大市場。當然，單論市場規模的話，還有其他幾個司法區也有機會決

定全球標準。歐盟是世界第二大經濟體，國內生產毛額超過 17 兆 1 千億美元，可謂世上最重要的消費市場。[11] 由於富裕消費者的比例高，許多生產者都得依賴歐盟才能持續供應產品和服務。歐盟人口接近四億五千萬，人均國內生產毛額高達 4 萬 4,024 美元。[12] 美國雖然更富裕，但消費市場較小；而中國的消費市場雖然更大，消費者卻沒那麼富裕。然而，這三大司法區都因國內市場規模龐大，而有機會成為全球監理者。

對 Meta、Google、Apple 和亞馬遜等眾多科技公司來說，歐盟已是不可或缺的市場。雖然多數科技公司並未特別提出歐盟的使用者資料，但 Meta 在 2022 年第二季的記錄顯示，歐洲每個月有四億零七百萬名月活躍使用者。[13] Google 在大多數歐盟成員國的搜尋市場占有率也超過 90％。[14] 拿 Google 旗下的 YouTube 來說，光四個歐盟成員國就有全球超過 9％ 的使用者。[15] 歐洲也是 Apple 2022 年第二季的第二大市場，占公司全球收入的 24％ 左右。[16] 亞馬遜在歐洲的整體市占率約為 10％，但在德國和荷蘭等國家卻高達 28％。[17] 因此對這些公司來說，放棄歐盟市場基本上是不可行的選擇。

但光靠龐大的消費市場，並不足以讓一個國家或地區擁有制定全球規則的權力。政府必須用心建設法律機構，賦予機構必要的監理量能，將龐大市場的力量轉化為切實的監理影響力。[18] 過去六十年間，歐盟有意識地建立了龐大的監理機關，成員國也慢慢賦予歐盟機構更多監理權；如今，這些權力都掌握在一個具備深厚專業知識、且忠於歐盟的官僚機構手中。歐盟委員會是歐盟的行政中樞，也是大多數監理倡議的發起者；委員會的成員是受過良好教育、放眼全世界的專業官僚，共同致力完成歐洲整合的使命。[19] 這份共同使命讓委員會往往能避免政治內訌，他們既能運用權限，也有相對一致的看法，使得歐盟很容易建立大規模的監理。歐盟監理量能的另一個關鍵特徵在於監理機構擁有很大的

制裁權,能在最後關頭拒絕不符合歐盟監理要求的產品或服務進入市場,保證各大企業會確實遵循法規。另外,若是企業違反規定,歐盟也有權處以重罰。舉例來說,要是企業不遵守《GDPR》,歐盟成員國的資料保護機關就可以對企業處以相當於全球收入4％的罰款。[20] 以Google2021年的收入來說,就是103億美元。

與歐盟相比,中國仍然缺乏歐盟這種制定規則的量能或經驗,更遑論制定能影響其他司法區的規則。雖然中國也在建立監理機構,但大概還得花不少功夫,才有機會讓北京效應取代布魯塞爾效應。美國儘管具備打造華盛頓效應所需的監理量能,卻缺乏持續使用監理量能的政治意志。大多數時候,歐洲人支持政府執行高強度的監理,美國人則更傾向讓公司自我監理。第3章提過的幾個原因解釋了為何歐盟會有實施嚴格監理的政治意志:歐洲人較不信任市場,而是更信任政府可以透過監理介入市場,產生公平、有效的結果。《GDPR》即反映出歐洲對市場力量的不信任,歐洲人不相信這些仰賴資料獲利的科技公司會願意保護消費者的資料。規範在歐盟也有重大的政治目標,因為它是促進歐洲整合的工具。如果歐盟的二十七個成員國各自為政,用不同的國家標準來保護個人資料,單一市場就無法確實運作,因為企業在每個國家都要面臨不同的監理環境。因此包含《GDPR》在內的每一項指令和規定,通常都具有雙重目標:一是為了推進特定的政策目標,比如隱私等基本權利;二是整合單一市場,調整不同國家的法規,確保資料能在歐盟境內自由流動。這項整合目標也為監理提供了重要的推動力。

歐盟之所以能成為全球的監理強權,除了有龐大的內部市場,還有浩大的監理量能與偏好嚴格規範的傾向。但即便是歐盟也無法輸出所有規範,布魯塞爾效應只會出現在無法轉移到其他司法區、規避歐盟規範的非彈性監理目標上。比如在資料隱私領域,科技公司無法透過將資料

處理活動轉移到歐盟之外的方式規避《GDPR》。無論資料處理在哪裡進行，《GDPR》都會保護歐洲的資料當事人，因此《GDPR》具有超越領土和高度不可移動的性質。某種程度上，這也解釋了為什麼科技公司這麼難逃避《GDPR》，最後還選擇將《GDPR》納為全球標準。

布魯塞爾效應也能夠塑造跨國公司的商業行為，因為它們偏好採取一套全球一致的資料隱私政策。在挑選全球通行的標準時，公司通常會選擇《GDPR》當作最嚴格的規範，以便在任何地方都符合法規。[21] 換句話說，科技公司傾向選擇標準化而非因地制宜，因此歐盟的規則就會隨著它們的運作，擴展到所有司法區。例如，雖然資料隱私法規本身可能因地而異，但科技公司通常會簡化自家的全球資料管理系統，好降低遵守多個監理體制的成本。[22] 從統一標準帶來的好處，就可以了解為什麼如今許多跨國公司都只用一套符合歐盟《GDPR》的隱私政策來管理全公司上下。[23]

有很多原因讓科技公司認為資料保護無法按市場切割，因此選擇全球一致而非因地制宜。以前要區分歐洲公民和非歐洲公民的資料一直都有技術上的困難。[24] 如今，這件事在科技上或許可行，但要特別為歐盟建立特殊的網站或資料處理方式，成本依然過高。[25] 既然無論在科技還是經濟上，資料保護都無法切割成不同市場，一些美國科技公司乾脆選擇採取統一的隱私政策。[26] 商譽和品牌等原因也是科技公司走向全球一致的理由，因為在同一個司法區裡，要同時保護一些用戶的隱私，同時又拒絕提供其他用戶隱私保護，確實很困難。比如加州的無線音箱公司Sonos就向全球客戶提供《GDPR》的保護措施，表示它們相信「所有Sonos使用者都有權享受這些保護，因此我們將會對全球用戶實施這些更新。」[27] 會採取這種「不可切割」的假設，背後最強大的驅力是《GDPR》要求科技公司在開發產品時，採用「隱私設計」和「預設隱

私」，將重視隱私的選項設為預設值，實現最低限度的資料蒐集。[28] 正如前面提過的，Apple 和微軟等科技巨頭都遵循這些概念，採取全球統一的產品設計，強化了布魯塞爾效應。[29]

當然，布魯塞爾效應並不是隨時都會產生。有時科技公司也會有動機因地制宜，將政策變更限制在歐盟境內。比如 Meta 收購 WhatsApp 後，就應要求停止在歐洲蒐集用戶資料，但在美國仍會將兩個平台上蒐集到的資料合併使用。[30] Meta 還修改了企業結構來應對《GDPR》，它們選擇將《GDPR》推廣給全球用戶，但很快又將亞洲、非洲、澳洲和中東的用戶，從愛爾蘭分部轉移到美國分部底下，藉此限制非歐洲用戶利用《GDPR》尋求救濟的能力。[31] 此外，部分司法區的資料在地化要求，也可能會讓科技公司比較難採取全球一致的隱私政策——要麼乖乖在某個市場成立獨立分公司，要麼停止在當地營運。舉例來說，目前俄羅斯和中國都要求資料在地化。[32] 俄羅斯因微軟的求職社群網站 LinkedIn 拒絕進行資料在地化，而禁止 LinkedIn 在俄羅斯營運。[33] 相較之下，LinkedIn 長期以來一直屈從中國的資料在地化要求[34]，並持續在當地運營，直到 2021 年 10 月才退出中國市場。[35] 近年來，規定採取資料在地化的國家愈來愈多，印度也曾暗示，政府籌備中的資料隱私立法包含資料在地化的要求。[36] 這種趨勢有可能讓科技公司考慮不再只依循歐盟的隱私規則，設計全球一致的經營方針。

布魯塞爾效應能否讓全世界都轉而採取歐洲單一市場的規範，說到底是一個實證性問題。近年來，學術界已經開始設法評估布魯塞爾效應的強度，一些初步研究也顯示此現象確實存在。比如有項 2021 年的研究曾探索《GDPR》是否影響了跨國公司對加拿大公民的資料保護方針：結果顯示，即使加拿大公民並非《GDPR》的正式保護對象，《GDPR》仍讓這些公司進一步保障加拿大公民的權利，作者選擇將此歸因於布魯

塞爾效應。[37] 另一項 2019 年的研究也指出，平均而言，《GDPR》實施之後，美國消費者得到的隱私保障變得更長，並包含更多《GDPR》中的元素。[38] 還有一項 2021 年的研究花了十八個月，追蹤超過十一萬個網站，指出《GDPR》生效後，多數網站為了確保符合法規，都減少了與網路科技供應商的連結。這種現象同樣發生在為非歐盟使用者設計的網站上，儘管這些網站並沒有正式受到《GDPR》約束。[39]

這些例子顯示，儘管布魯塞爾效應並非無往不利，但它確實為歐洲資料保護規範通行全球一事出了不少力。前面說過，美國市場導向的監理模式是靠著私人企業的力量散播海外；中國國家導向的監理模式是透過基礎建設的力量向外輸出；而歐盟和美國一樣，也是透過私人企業輸出監理模式。不同之處在於，歐盟對全球數位政策的影響力並非來自歐洲境內強大的科技業，反而是藉著布魯塞爾效應，利用外國公司的力量出口以權利為本的模式，建立起另一個數位帝國。說實話，正是美國的科技公司將歐洲以權利為本的監理模式推向全球，並協助歐盟抗衡美國市場導向的監理模式。布魯塞爾效應如此強大，還有一個原因是歐盟很輕易就能擴大影響力。歐盟只需監理單一市場，接著市場力量和全球企業的商業利益，就會自動推廣歐洲的資料保護規則，使歐盟擁有龐大的影響力——想當初設計規則時，那一小群官僚根本沒料想到這點。

法律上的影響

除了影響全球企業的市場行為，歐洲數位法規也正在塑造外國政府所採用的監理架構，形成法律上的布魯塞爾效應。這種立法複製的現象在資料隱私領域尤為明顯，背後的驅動因素也很多，包括歐盟原本就有本事起草可適用於不同司法區的法規——畢竟這些法規一開始就由二十

七個不同的國家商權而生。此外,所有歐盟法規、準備材料以及後續的法院解釋都以二十多種語言發布,包括法語、葡萄牙語和西班牙語,很容易就能移植到非洲和拉丁美洲等地區。

但通常來說,法律上的布魯塞爾效應都直接以實質上的布魯塞爾效應為基礎:跨國公司要先調整全球方針、符合歐盟規定,接著才有動機遊說本國政府採納歐盟風格的規定;因為許多國內公司並未進入歐盟市場,沒有動機遵守昂貴的歐盟規範,而國際公司必須改變國內的監理方針,才不至於在國內落於下風——這也是大衛・沃格(David Vogel)提出的「加州效應」理論焦點。這個理論原本是在描述環境法規如何與最嚴格的監理司法區(即加州)趨於一致,因為受到加州嚴格規範約束的公司,也會遊說美國其他州採取一樣嚴格的規範。[40] 而布魯塞爾效應就是這種現象的全球版本:布魯塞爾制定的規則逐漸被全球各地的政府採納,因為各國國內企業愈來愈支持這些規則。

美國市場對資料隱私的態度體現了這個動態,凡是受歐盟資料隱私法規影響的美國科技公司,都一個接著一個在本土市場提倡類似的法規。2018 年 10 月,Apple 執行長庫克呼籲美國政府在聯邦層級實施歐盟式的隱私法規,表示「是時候讓世上其他地方」跟隨歐盟的腳步。[41] Meta 創辦人兼執行長祖克柏同樣在《華盛頓郵報》撰文,呼籲全球採用類似《GDPR》的法律架構,並表示:「如果更多國家採取類似《GDPR》的法規作為共同框架,將對整個網際網路都有幫助。美國和世界各國的新隱私法規都應該建立在《GDPR》提供的保護上。」[42] Meta 的商業模式比 Apple 更依賴資料蒐集,因此這些發言的意義也更為重大。這些科技公司會支持聯邦隱私法的另一個原因是加州在 2018 年通過了《GDPR》的變體:《加州消費者隱私保護法》,該法在 2020 年進一步強化,與《GDPR》站在同一陣線,成為《加州隱私權法》。[43] 對於科技公司來

說，各州隱私法規如果互相衝突，會非常麻煩，因為這會讓遵守法規變得更複雜。[44] 對 Apple 和 Meta 這些公司來說，遊說聯邦以《GDPR》為範本立法是個非常有吸引力的選項，因為它們早就為了遵守歐盟規範而調整了自家的業務方針。

另一個讓歐盟式隱私法規普及到全世界的重要因素，是各國希望獲得歐盟的「適足性認定」。[45] 適足性認定代表歐盟正式認定當事國的資料保護標準提供了足夠的保障，可以安全批准歐盟的資料傳輸到該國。獲得適足性認定，就等於接通與歐盟的資料流，對於任何有在歐洲經營的公司來說，都能帶來重大的商業機會。至今，歐盟已認定十四個非歐盟國家的資料保護法規達到適足標準，包括安道爾、阿根廷、加拿大（僅適用於商業組織）、法羅群島、根西島、以色列、曼島、日本、澤西島、紐西蘭、韓國、瑞士、英國和烏拉圭。[46] 美國並未享有適足性認定，且誠如第 6 章所述，歐美之間資料流的合法性已經引發了多次法律爭端。阿根廷因為 2000 年的資料保護法，在 2003 年獲得了適足性認定，因為該法和《GDPR》的前身，也就是歐盟 1995 年的《資料保護指令》十分相似。[47] 2016 年，阿根廷成立了一個小組，負責研究《GDPR》通過之後，阿根廷應如何立法改革，才能繼續保有歐盟的適足性認定，顯示出阿根廷願意不斷更新法律，持續遵循歐盟規範。[48] 2018 年，歐盟和日本達成了適足性協議，承認彼此的資料保護制度相當。[49] 在這項協議之前，日本就於 2015 年修訂了《個人資料保護法》（*Act on the Protection of Personal Information*），部分原因就是要和《GDPR》接軌。[50]

澳洲也正在檢視 1988 年訂的《隱私法》，希望這次修法能更符合《GDPR》。[51] 這次修法以政府機構澳洲競爭及消費者委員會（Australian Competition and Consumer Commission，簡稱 ACCC）2019 年提出的《數位平台調查報告》（*Digital Platforms Inquiry*，簡稱 DPI）為基礎[52]，包括

許多數位隱私改革,其中特別強調澳洲政府應設法向歐盟申請適足性認定,以及將《GDPR》的概念融入澳洲法律當中。[53] 比如,ACCC 建議「加強對同意聲明的要求,使《隱私法》大致上符合《GDPR》標準」。[54] 另一項建議則是消費者應有權要求刪除個人資訊,這「大致符合《GDPR》第十七條的原則」,也就是「被遺忘權」的概念。[55] 此外,ACCC 還呼籲更新《隱私法》中對「個人資訊」的定義,以便配合《GDPR》對「個人資料」的定義。[56] 整體而言,儘管 DPI 沒有建議全面採行《GDPR》,但它確實指出,與《GDPR》更緊密接軌可以顯著提升澳洲隱私規範的效力,而且更容易對處理澳洲消費者個人資訊的單位問責。[57] 目前,澳洲政府也已初步表達支持 DPI 大多數有關隱私的建議。[58]

中國 2021 年通過的《個人信息保護法》中,也有許多條款與《GDPR》非常相似,顯示出布魯塞爾效應的力量,即使像中國這樣對數位經濟有不同願景的國家,也得配合歐盟以權利為本的模式。[59] 《個人信息保護法》和《GDPR》一樣具有域外效力,對個人資料的定義廣泛,要求企業等單位在處理資料時必須遵守合法基礎。[60] 《個人信息保護法》還複製了《GDPR》中有關資料處理的關鍵原則,包括合法、透明、目的限制、準確、安全和個人資料蒐集最小原則。[61] 儘管該法顯然受到歐盟的監理原則影響,但也同時顯示出中國的數位威權傾向:雖然中國的資料保護法特別指出有幾類個人資料特別「敏感」,需要更強的保護,但《GDPR》當中有些指定的敏感類別也沒有涵蓋在內,比如工會成員資格、政治觀點以及性取向等相關資料。[62] 《個人信息保護法》還包含一項「公共安全例外」條款[63],並明確考慮實施大規模的公共監控。[64] 此外,它也強烈要求資料在地儲存,強化國家的掌控。[65] 儘管該法包含了中國自身的國家導向監理模式,但從上面的敘述可以看出,中國的資料隱私法仍有受《GDPR》影響。

一些亞洲、非洲和拉丁美洲國家不但效仿了許多《GDPR》的特徵，也保留了一些與《GDPR》文本或精神相異的國家特色。印度 2019 年公布的《個人資料保護法案》（*Personal Data Protection Bill*，簡稱《PDPB》）草案顯然受到《GDPR》的啟發，儘管該法目前已經撤回。《PDPB》和《GDPR》類似，都要求處理個人資料的單位要遵守合法基礎[66]，並區分出需要更多保護的「敏感資料」。[67] 然而，印度提出的法律在某些方面也和《GDPR》不同。舉例來說，《PDPB》沒有包括「被遺忘權」，或是針對自動化決策（automated decision-making）的權利。[68] 該法案對政府監控的保護相對薄弱，也讓隱私權倡議者憂心忡忡。[69] 與《GDPR》不同的是，《PDPB》裡頭有一些「關鍵資料」條款，禁止將這些資料轉移出國，只要政府認為有需要，就要將資料儲存在印度境內。[70] 由於業界和隱私權倡議者的強烈批評，印度政府於 2022 年撤回了法案，但也承諾將公布「新的資料隱私法草案，並徵求公眾意見」。[71]

　　非洲最大經濟體奈及利亞的隱私立法也仿效了《GDPR》。《GDPR》通過後，奈及利亞政府也於 2019 年頒布了《奈及利亞資料保護規則》（*Nigerian Data Protection Regulation*）。[72] 該法與《GDPR》高度相符，甚至某些地方的措辭完全相同。[73] 該法的執行條款受到不少批評，奈及利亞政府也正考慮修改法律。[74] 部分修法建議將奈及利亞的法律與《GDPR》進一步接軌，比如成立資料保護委員會，或納入針對自動化決策的權利。然而，該法中措辭空泛的「公共道德」和「公共利益」例外條款，也可能偏離了《GDPR》重視的權利保護規範。[75] 最後再提一個拉丁美洲的例子：除了先前提到的阿根廷，巴西也在 2018 年通過了一項資料保護法。[76] 巴西的《一般個人資料保護法》（*Lei Geral de Proteção de Dados Pessoais*）和《GDPR》很類似，採用歐盟對個人資料的廣泛定義，以及《GDPR》中的六大資料處理合法基礎。[77]

對照全世界都在仿效《GDPR》建立資料保護法的趨勢，美國至今仍缺少全面性的聯邦資料隱私制度，就顯得很特異了。有鑑於國會無所作為，各州都沿著加州的腳步，開始推動各自的州內資料保護法。[78] 加州的《加州消費者隱私保護法》於2020年生效，隨後的《加州隱私權法》也在2023年全面取代《加州消費者隱私保護法》。《加州消費者隱私保護法》的幾項條款與《GDPR》類似，包括資料蒐集者必須告知當事人會蒐集哪幾類個人資訊[79]，當事人也有權知道企業蒐集了什麼資料[80]，以及有權要求刪除和自己相關的資料，也就是「被遺忘權」。[81]《加州隱私權法》的施行讓加州的資料保護法又更接近歐盟的《GDPR》，包括對資料處理目的限制更為嚴格，以及限制資料的保存時間。[82] 然而加州這兩個版本的隱私法，適用範圍還是比《GDPR》更受限，因為它們只規範企業對個人資料的使用，但《GDPR》則適用於任何公、私單位，只要該單位符合《GDPR》所定義的「資料控制者」或「資料處理者」。

除了加州，諸如佛羅里達州、麻州、紐澤西州、紐約州、德州和維吉尼亞州等州政府，也都通過了州內隱私法。[83] 雖然法條內容大多仿效加州，但也有直接借鑒《GDPR》的概念。比如維吉尼亞州的《消費者資料保護法》（*Consumer Data Protection Act*），還有紐澤西州、明尼蘇達州的法律也都模仿《GDPR》，將「資料控制者」或「資料處理者」區分開來。[84] 在紐澤西州，立法者引用了《GDPR》的基本原則，也就是一切資料處理都必須合法、公平、透明。[85] 紐約州的一項法案則幾乎逐字照搬《GDPR》的規定，禁止單靠自動化資料分析對個人做出有「法律影響」的決定。[86] 這些例子顯示，儘管《GDPR》的布魯塞爾效應可能尚未完全影響美國國會，但歐洲的隱私保護卻已經透過各州立法在美國生根。

布魯塞爾效應對隱私以外領域的影響

《GDPR》是歐盟最有代表性、但不是唯一能影響全球的數位規範。歐盟也影響了全球對於內容審查（包括仇恨言論和假訊息）以及反壟斷的規範，從這些領域都能看到歐洲監理模式如何以美、中望塵莫及的方式，影響更大範圍的數位經濟。目前，歐盟對人工智慧的監理也遙遙領先，很可能會影響科技公司開發人工智慧，以及世界各國政府的人工智慧立法。為了解釋歐盟的監理權利，接下來我們將探討澳洲、日本、南韓和英國的例子；這些國家在經濟政策、政治聯盟和意識形態上，往往和美國緊密連結。但從下列例子我們會發現，它們對數位經濟的監理，其實更常參考歐洲以權利為本的模式。

▎內容審查

正如第 3 章所述，歐盟已經藉著有關仇恨言論和假訊息的法規，形塑了 Facebook、Twitter、YouTube 等科技公司的全球政策。在仇恨言論方面，科技公司通常會遵循歐洲對仇恨言論的定義，禁止那些可能受到〈美國憲法第一修正案〉保護的內容。有別於美國憲法保護所有思想──包含仇恨在內──只有當言論可能立即引發暴力，才可以出手限制[87]，歐盟則是選擇禁止煽動仇恨的言論。[88] YouTube 選擇採用歐盟對仇恨言論的定義，在全球服務條款中將仇恨言論定義為「鼓吹暴力攻擊或仇視特定人士／群體」的內容，並列出各種常見的仇恨類別。[89] 也就是說，YouTube 不但禁止煽動暴力的言論，也禁止煽動仇恨的言論。從這項政策可以看出，科技巨頭是如何從美國堅定尊崇言論自由的監理模式，轉向歐洲以權利為本的監理模式，協助歐盟塑造全球數位經濟。

面對全世界的使用者，科技公司管理線上內容有兩種選擇：一是制定放之四海而皆準的統一規則，二是因地制宜、為每個市場量身打造專屬規則。[90] 從各大科技巨頭的服務條款可以看出，它們通常會在簽署歐盟的《仇恨言論守則》之後，就將同一套定義用於全球。儘管歐盟委員會早已明言，《仇恨言論守則》僅對科技公司在歐洲的行為有效，但是一般來說，這些公司的全球服務條款都採用了歐洲的禁止條款。[91] Meta 和 Google 很早就開始採用統一規則，Twitter 一度為各國市場量身打造規則，但在簽署《GDPR》後的六個月內，就同樣轉而採取統一標準，在全球服務條款中禁止「仇恨行為」。

原則上，科技公司可以利用地理封鎖，為每個國家量身定制內容審查規則。[92] 地理封鎖指的是根據使用者的 IP 地址，分隔不同地方的網路使用者。[93] 有時，科技公司會利用這項技術為某些司法區制定內容審查政策。比如 Apple 在 2019 到 2022 年間，就遵從俄羅斯的要求，將克里米亞顯示為俄羅斯領土；當時要是從俄羅斯境內查看 Apple Maps 和天氣應用程式，就會看到克里米亞是俄羅斯領土。然而，在俄羅斯以外查看這些應用程式時，克里米亞則會顯示為不屬於任何國家。而在 2022 年俄羅斯入侵烏克蘭後，克里米亞在俄羅斯境外又改為顯示成烏克蘭領土。[94] 同樣地，為了避免被土耳其禁止，Meta 也移除了土耳其用戶對某些頁面的存取權，因為這些頁面有侮辱先知穆罕默德之嫌，但在其他地方還是可以看到這些內容。[95] 此外，科技公司也可以透過國碼域名進行地理封鎖。比如說，德國和法國都禁止否認納粹大屠殺，因此在德國和法國預設的 Google 搜尋引擎上（google.de 和 google.fr），就找不到否認納粹大屠殺的網站，不過在 google.com 還是可以找得到。[96]

不過實務層面來說，科技公司很少使用地理封鎖，反而會因為技術、經濟或社會文化等各種因素，採用全球統一的規則。比如有時候，

數位帝國　Digital Empires

要準確區分歐洲和其他地方的資料就相當不容易。Google 在歐洲、中東及非洲地區的前任國際傳播與公共事務負責人瑞秋・惠特史東（Rachel Whetstone）就承認，各國政府在言論自由上的法律差異「形成了艱難的科技挑戰，比如說，要在一個國家限制某種內容，而在另一個國家不限制就十分困難。」[97] 此外，網路使用者也可以更改帳號位置設定、繞過地理封鎖，或利用加密技術隱藏位置，因此有時候要遵守某個司法區的特定規則，就只能全面移除內容。[98]

時至今日，科技公司已經能解決大部分的技術挑戰，但實務上，它們往往為了合規考量，而採取更一致的內容審核政策。若要運用服務條款及社群準則來管理仇恨言論，就必須先將條款改寫成詳細的內部政策指南。指南的定義必須非常具體，全球的數十萬名員工和外包審查員才能依據指南，在二十四小時之內審查發文。如果各國有不同準則，內容審查的工作就會變得繁瑣、容易出錯且成本高昂。[99] 此外，考量到品牌的社會與文化形象，科技公司也會傾向維持統一的標準。比如 Meta 的自我定位是「跨越國界、促進全球對話的全球企業」，如果使用地理封鎖，就會隱藏部分用戶的發言，直接妨礙社群網路的經營模式。[100] 大量使用地理封鎖也違背了 Meta 讓「世人能無國界溝通」[101] 以及只有「一個 Facebook」[102] 的目標。因此，統一的內容審核規則更適合 Meta 的核心商業模式，也解釋了為什麼 Meta 要全面移除特定言論。

由於特別區分哪些是歐洲資料並不容易，法院命令往往也要求科技公司全面移除非法內容。[103] 2019 年 10 月，歐洲法院對一起關於「Meta 是否有責任移除平台上的仇恨言論」案件做出了裁決。[104] 該案由前奧地利綠黨領袖伊娃・格拉威什尼希（Eva Glawischnig）投訴，她要求 Meta 移除一些中傷性的 Facebook 發文。歐洲法院必須裁定，Meta 除了奧地利，是否也必須全面下架相關內容，以及此義務是否延伸至針對同一

人、相似但不完全相同的仇恨言論貼文。而法院認為，要求Meta找出類似或根本一樣的貼文很合理，並指出歐盟法律沒有領土限制，也就是「不排除此禁令能在全球產生效力」。[105] 從前，歐洲法院並不會這麼大膽要求根據「被遺忘權」全面移除內容，因此這次裁決可以說是揭開了歐洲仇恨言論規範跨入其他司法區的序幕。[106]

歐盟2022年通過的《數位服務法》可能會讓歐盟有更強的能力去規範科技公司的全球商業行為，並在美、中無法插手的領域監理全世界的數位經濟。[107]《數位服務法》不會取代歐盟對假訊息和仇恨言論的規範，這些規範仍然是判別哪些言論必須移除的具體基準。但《數位服務法》還會另外形成具有約束力的程序義務，要求平台迅速移除禁止內容，或阻斷存取。《數位服務法》也將增強平台的透明度與問責義務，比如強制平台告知使用者為何會看到某則廣告，以及揭露廣告由誰提供。該法還禁止了某些行為，包括針對未成年人，或是根據種族、族裔、宗教、政治立場或性取向等受保護類別投放精準廣告。[108] 大型線上平台還必須遵守額外的義務，比如年度風險評估和外部審計，並向研究人員和政府當局分享內容審查決策的資料。[109] 有了更深入存取平台資料的權限後，監理機構就能深入檢驗平台的演算法運作，以及線上內容的審查方式是否和宣稱的一致。

讓這些義務延伸到歐洲之外有很多原因。舉例來說，為了讓歐洲使用者有機會影響、修改平台上顯示的內容，Meta必須開發出新的方式和歐洲使用者互動，比如調整設定，以配合使用者自主權的擴大。出於技術、經濟和商譽考量，Meta選擇了之前應對《GDPR》的做法，賦予歐洲以外的使用者更多權利；如今它們所做的每個決策都會引來大眾關切，因此雖然從技術或經濟考量來看，將這些設定限制在某些國家，只讓歐洲使用者擁有更多權利並不困難，公關上卻很難說得過去。像是既

然 Meta 已經禁止在 Instagram 上針對歐洲青少年投放精準廣告，要繼續允許美國和其他地方的廣告商這麼做，就會惹來麻煩。大眾會譴責 Meta 只保護歐洲的未成年使用者，卻放任美國和其他地方的廣告商繼續利用未成年人的弱點。此外，《數位服務法》通過之後，研究人員和政府當局就擁有更大的權限，可以更深入檢視平台的商業模型和演算法；除非平台特別為歐洲開發並使用不同的演算法，否則各大平台的全球商業行為就將因此公之於眾。向全球公開檢視結果後，其他市場的透明度和問責性也會隨之提升。還有，《數位服務法》也成功讓大型平台採取更完善的準備，以應對選舉干預等系統性風險；新的風險管控措施投資，也可能會影響科技公司在全球的合規與風險管理策略。

《數位服務法》也可能成為其他國家監理相同領域的範本，形成法律上的布魯塞爾效應，強化歐盟在相關領域影響外國立法的能力。歐盟的假訊息與仇恨言論規範已經影響了其他國家的立法者，促成許多立法改革。比如澳洲在 2021 年 2 月公布的《假訊息與錯誤資訊守則》(*Code of Practice on Disinformation and Misinformation*)，就和歐盟的假訊息規範相當類似。[110] 起草者表示，該守則「借鑒了歐盟的類似守則」而定。[111] 澳洲也在前面提到的《數位平台調查報告》中指出這類守則有其必要。[112] 報告中，ACCC 建議守則應「根據歐盟的《不實資訊行為守則》等具國際公信力之模型來定義何為假訊息」。[113] 澳洲政府的回應也肯定了這一點，指出日後的自願行為守則（voluntary code）將「參考國際範例的經驗教訓，如歐盟的《不實資訊行為守則》」。[114]Adobe、Apple、Google、Meta、微軟、Redbubble、TikTok 和 Twitter 等科技公司都簽署了澳洲的《假訊息與錯誤資訊守則》，承諾在澳洲採用這些脫胎自歐盟規範的內容審查方針。[115]

澳洲與歐盟的內容審查守則雖然有一些差異，但從兩者相似之處也

能看出歐盟監理政策對澳洲的影響。差異之一是，澳洲守則規範的範圍除了假訊息還包括錯誤資訊，歐盟守則只規定假訊息，且僅限於具備欺騙意圖的訊息。[116] 澳洲守則對「危害」的門檻也比較高，規定平台必須在網路內容對民主、政治、政策制定過程或公共利益構成「迫切的嚴重威脅」時介入[117]，而歐盟守則禁止可能「對公眾造成危害」的假訊息。[118] ACCC 解釋，歐盟可能比較適合採取較低門檻，因為許多歐盟國家都經歷過外國社群媒體干預及假訊息攻擊，影響到國內的政治程序。[119] 這項守則將由澳洲通信與媒體局（Australian Communication and Media Authority）負責執行；機構表示，澳洲將會吸取歐盟在這塊領域的經驗，善用這份守則，並指出它們預期「平台商已經從歐盟的經驗學習到如何做出具體承諾，達成明確並符合守則目標的成果。」[120]

英國也受歐盟以權利為本的監理模式影響，在 2021 年 5 月推出了《線上安全法案》（*Online Safety Bill*，簡稱《OSB》），僅比歐盟公布《數位服務法》的時間晚了五個月。[121] 法案目前（2022 年）正在國會審議中。《OSB》規範的範圍很廣，涵蓋非法內容以及「合法但有害」的內容，如仇恨言論、恐怖主義內容、詐騙和兒童性虐待。英國政府對此雄心勃勃，宣稱它們正在創建「世上最進步、公平和負責的制度」。[122] 但英國和歐盟的立法並非一味模仿，而是透過積極的同步對話密切合作，追求大致相似的目標。[123]《OSB》有許多和《數位服務法》相似的要素，比如要求平台提出各種報告、風險評估，並規範移除內容後的申訴程序，同時，法案也加強了對言論自由的保障，以平衡禁令的影響。[124] 在某些方面，《OSB》的管轄範圍超越了《數位服務法》，比如禁止交友詐騙──這種騙局會讓受害者誤以為自己在交友平台上發展了一段關係，進而上當匯款或提供個人資訊。該法案也包含詐騙禁令，禁止用戶在 Facebook 群組中發布假投資情報或透過 Snapchat 發送詐欺訊息。[125]

《OSB》還規定了嚴格的懲罰措施，除了罰款、封鎖有違禁內容的網站，某些情況甚至能判處科技公司高層服刑。[126] 英國的《OSB》代表許多國家在內容審查方面逐漸脫離美國市場導向的監理模式，轉向歐洲以權利為本的監理模式。

反壟斷法規

正如第 3 章所言，歐盟一直是對抗大型科技公司壟斷的先鋒。歐盟的執法決策對全世界產生了多重影響，有時歐盟委員會的決定導致科技公司將歐盟的措施照搬至全球，產生實質上的布魯塞爾效應。有些時候則是外國反壟斷機構跟隨歐盟，對各大公司展開類似的調查。最近，世界各地的立法者和反壟斷執法者都在密切關注歐盟推出的《數位市場法》，這有可能成為各國提出類似法規的範本，並進一步加強法律上的布魯塞爾效應。

一旦科技公司遇到反壟斷措施，它們就得決定只在當地實施補救措施，還是要擴及全球；而只有當公司選擇擴及全球，才會產生布魯塞爾效應。2004 年的微軟案是一個早期的例子。[127] 當時歐盟委員會發現微軟濫用市場霸權，非法隱瞞互通性資訊（interoperability information，注：如系統架構、通訊協議、介面定義、數據格式等技術規範，供不同軟硬體讀取、交換、互相使用）妨礙競爭對手；因為少了這些資訊，各種和工作群組伺服器作業系統相關的軟體產品就無法協作。歐盟要求微軟公布這些資訊，儘管這項要求僅限於歐洲，微軟還是選擇維持全球統一的授權協議──這就是典型的實質性布魯塞爾效應。相較之下，2017 年的 Google Shopping 案就沒有產生這種效果。[128] 當時，Google 因偏袒自家的購物服務，妨礙其他競爭平台，而違反歐盟的反壟斷規定。歐盟委員

會對 Google 處以罰款，並要求它們移除演算法偏差，這項裁決也在 2021 年受歐盟普通法院支持。[129] 為了遵守裁決，Google 成立了一個獨立的業務單位來管理歐盟的 Google Shopping，將合規範圍限制在歐盟市場。[130] 靠著地理定位，Google 成功將歐洲的購物業務和其他地方區隔開來，確保非歐盟 IP 地址的使用者仍然依循 Google Shopping 原本的商業模式。[131] 儘管這種區分市場的方式可以避免布魯塞爾效應，對科技公司來說很有吸引力，但基於成本、技術或聲譽考量，這個選項並非無往不利。

科技公司有時會想施行全球性的補救措施，因為它們知道如果不這麼做，外國的反壟斷執法機構可能會另行展開調查，並在司法轄區內要求類似的補救措施。例如澳洲的《數位平台調查報告》就強調，消費者選擇將哪個瀏覽器設為預設瀏覽器很重要，並建議「Google 應為澳洲的 Android 設備用戶提供和歐洲用戶相同的選項」，並補充說：「如果 Google 在報告發布後六個月內未為澳洲的 Android 用戶提供類似選項，ACCC 將向政府建議，應考慮強制要求 Google 提供此選擇」。[132] 收到《數位平台調查報告》之後，澳洲政府也敦促 ACCC「監督並回報 Google 在歐洲推出的選項，允許消費者選擇預設的網頁瀏覽器和搜尋引擎，然後再決定是否在澳洲推行」。[133]

世界各地的反壟斷監理機構都愈來愈關注科技業，並跟隨歐盟委員會的腳步，挑戰美國科技巨頭的商業行為。有時這些調查可能會變成所謂的「模仿訴訟」（copycat litigation），也就是外國機構搭歐盟調查的便車，在國內開罰或要求公司實施其他補救措施，而無需自行進行競爭評估。由於反壟斷調查通常需要時間、科技專業知識和大量資源，所以這麼做很有價值。另一方面，無論是歐盟正在進行的調查，還是對科技公司做出的負面裁決，都能警示外國機構有哪些潛在的反競爭行為，並促使各國採取行動。實務上來說，要證明外國機構是受到歐盟既有挑戰的

影響，還是基於獨立考量和調查而發起反壟斷調查，往往沒那麼容易。然而，任何希望對科技巨頭採取行動的外國反壟斷機構，大概都密切關注目前最活躍、也最具經驗的歐盟監理機構如何行動。

舉例來說，自2010年起，歐盟對Google的多次調查就讓其他司法區的機構紛紛搭上便車，採取行動。歐盟的調查引起了全球關注，好幾個司法區都對Google提起非常類似的調查。歐盟委員會對Google作業系統Android的調查，除了導致Google被處以50億美元的罰款，還促使俄羅斯、巴西、土耳其、南韓和日本等多個司法區採取行動。2015年2月，俄羅斯聯邦反壟斷局（Russian Federal Antimonopoly Service）對Google在Android上的商業行為展開調查。會有這次調查，是因為搜索引擎Yandex（當地Google最大的競爭對手）投訴，而在此之前，Yandex公司也曾向歐盟投訴Google，促使歐盟展開調查。俄羅斯聯邦反壟斷局開啟調查時，社會大眾已知歐盟委員會正在調查Google和Android相關的業務行為，並準備啟動正式程序。[134] 接著，土耳其也對Android展開調查，並在歐盟對Google做出裁決後不久處以罰款。[135] 鑑於裁決的時間和內容，評論人士指出：「土耳其競爭局（Turkish Competition Authority）的判決再次表明，它們在評估商業行為是否反競爭性時，基本上仍然依循歐盟委員會的腳步，尤其是複雜的問題。」[136] 巴西對Google的Android調查也在歐盟裁決一年之後展開，並同樣有可能受歐盟影響。[137] 歐盟做出裁決後，巴西的反壟斷機構經濟防禦管理委員會（Administrative Council for Economic Defense）時任主席亞歷山大・巴雷托（Alexandre Barreto）表示：「我們現在要做的就是分析歐盟的裁決，確定我們是否有理由在巴西採取行動。」[138] 為了加強限制Google的反競爭行為，日韓也效法歐盟的做法：日本在2021年對Google展開有關Android的調查；[139] 南韓也在2021年因Google濫用

Android作業系統市場上的主宰地位,對Google處以罰款。[140]

加入歐盟打擊壟斷行為的不只有巴西、日本、俄羅斯、南韓和土耳其。根據《資訊》(The Information)蒐集的資料,Apple、亞馬遜、Google和Meta四家公司光在2021年的夏天就面臨全世界超過七十項反壟斷調查。[141] 有趣的是,其中有五十多起調查是在過去兩年內展開的,顯示世界各國逐漸擺脫美國的市場導向模式,擁抱甚至直接模仿歐洲以權利為本的模式之後,全世界的反壟斷能量也都跟著成長。除了歐盟和一些個別成員國(法國、德國、義大利、荷蘭和西班牙),這四家公司也面臨澳洲、巴西、加拿大、以色列、印度、日本、俄羅斯、南韓、土耳其、英國和美國的反壟斷調查。Google是最常見的目標,在十四個司法區中,共有二十五項進行中的調查,且已遭法國、義大利和土耳其罰款,以及歐盟判處的將近100億美元罰款。Apple是第二個大目標,在十三個司法區面臨總共十九項反壟斷調查,接下來是Meta(在七個司法區中有十四項調查)和亞馬遜(在六個司法區中有十二項調查)。

除了鼓勵其他國家強化對科技公司的執法,歐盟目前也為想強化監理工具、限制科技巨頭市場權力並減少相關有害行為的政府指出方向。歐盟開創性的《數位市場法》於2022年一通過,就引起全球各地密切關注,好幾個政府已經推出或開始考慮類似規範。英國競爭與市場管理局(Competition and Markets Authority)在新成立的數位市場小組(Digital Markets Unit)帶領下,於2020年12月公布了自己的監理草案,比歐盟委員會公布《數位市場法》的時間早了一週。[142] 草案中的監理制度與《數位市場法》非常相似,同為一個具法律約束力的事前監理制度,適用於具有「重大」和「根本性」市場權力,以及有「戰略性市場地位」的大型數位公司。歐盟和英國的監理針對的問題很相似,包括互通性要求和增強消費者對預設值的選擇權等義務;懲罰措施也很像,比方說罰

款，還有針對行為或結構採取補救措施。主要的區別在於，英國的監理制度為每個科技公司量身定制義務，因此 Meta 的義務可能會跟亞馬遜不同；歐盟的《數位市場法》則對所有「數位守門人」施加相同的行為規則，量身定制的義務則留待實際執行時決定。英國的制度還包含了通知併購的額外義務，而《數位市場法》中並沒有這項；這表示英國在某些方面可能採取比歐盟更以權利為本、以消費者為中心的監理模式。

同為美國主要盟友的日本如今也逐步擺脫美國市場導向的模式，改採歐洲以權利為本的模式。雖然力度遠不及歐盟，但過去幾年間，日本也已展開立法改革規範大型數位平台。2020 年 5 月，日本國會通過了《特定數位平台之透明性及公正性提升法案》（*Act on Improvement of Transparency and Fairness in Trading on Specified Digital Platforms*，簡稱《TFDPA》），並於 2021 年 2 月生效。[143]《TFDPA》目前主要針對線上購物和應用程式商店，並預計將擴大適用範圍到數位廣告公司。Apple、亞馬遜和 Google 已被指定為所謂的「特定數位平台提供商」。[144] 法案還對指定的科技公司施加新的公開義務[145]，要求它們自我評估，並向經濟產業省提交年度報告，以進一步提升透明度和問責性。[146] 如果經濟產業省發現指定平台的行為有損透明公正，日本公正取引委員會（Fair Trade Commission）就可以展開反壟斷調查。[147]《TFDPA》的實質性目標體現了歐洲以權利為本的模式，但信任企業執行目標，則體現了美國市場導向的模式，可謂一種複合式監理方案。[148]《TFDPA》雖然不及《數位市場法》，卻也仿效了歐盟 2019 年的《平台與商業關係規範》（*Regulation on Platform-to-Business Relations*），同樣著重增進線上中介服務對商務使用者的公平性和透明度。[149]

南韓的監理方針比日本更具魄力，歐盟的影響也更明顯。2021 年 8 月，南韓政府通過了一項開創性的修正案，修改了《電信事業法》

（Telecommunications Business Act），專門針對 Google 和 Apple 的應用程式商店。[150] 新法律被稱作「反 Google 法」，因為它禁止 Google、Apple 和其他應用商店強制用戶在支付應用程式費用時，使用經營商自己的應用程式內購買系統（In-App Purchasing System）。該法也禁止商店「不當」刪除應用程式、延遲批准，或強迫應用程式開發者進行排他性合作。[151] 法條呼應了歐盟反壟斷監理對公平的重視，在條文中使用了「갑질」（注：gapjil，「갑」指契約關係的甲方，「질」則是行為，通常甲方會占有主導優勢，乙方只能確認內容甚至被迫接受，甲方的行為也較容易有濫權等特質）一詞，意為「權勢壓迫」的「不公正行為」。該法也借鑒了歐盟委員會對 Apple Store 的待決調查、《數位市場法》的措辭，以及加州對 Apple 的私人訴訟，還有美國政府針對 Google 的訴訟。然而，南韓是全球首個判定這種行為非法的國家，不僅追隨了歐盟的腳步，還為歐盟和其他地方指出一條新方向。

就連中國和美國也漸漸採取歐盟的觀點，認為需要更有力的反壟斷執法，數位市場才能恢復競爭。也就是說，反壟斷已走入數位經濟領域，歐盟、美國和中國這三大強權對相關事務的監理正趨於一致。正如第 2 章提到的，過去兩年，中國正以前所未有的力道打擊國內科技業。為了推進「共同富裕」，中國政府多次利用反壟斷權力，將財富從國內最大的科技公司分配出去。2021 年 2 月，中國國家市場監督管理總局頒布了新的《反壟斷指南》，為反壟斷執法的新時代揭開序幕。[152] 2021 年 4 月，國家市場監督管理總局對中國電子商務巨頭阿里巴巴處以破記錄的 28 億美元罰款，因為阿里巴巴「表現得像一家壟斷企業」。[153] 2021 年 7 月，國家市場監督管理總局又阻止了由騰訊推動、涉及鬥魚和虎牙兩大直播平台的 53 億美元併購案。[154] 10 月，外送巨頭美團也因壟斷行為遭國家市場監督管理總局處以 5 億 3 千萬美元的罰款。[155] 儘管中國的

反壟斷行動明顯帶有一些中國特色,但也清楚顯示,中國愈來愈認同歐盟的觀點:反壟斷法能有效促進更公平的市場環境。因此,儘管中國和歐盟在審查和數位監控等政策領域仍有不小的差異,但在反壟斷領域,中國正逐漸走向歐盟過去十年所開創的監理模式。

相較於中國政府迅速果斷轉向歐盟式監理,美國要往這方向走就困難得多。不過正如第 1 章的論述,美國市場導向的監理模式正受到愈來愈多批評。隨著科技巨頭榨取市場的情況日益嚴重,更新甚至重寫反壟斷法的聲音不斷增加,就連國會也愈來愈認同美國需要更有力的反壟斷法,特別是針對科技業。為此,國會舉行了數次質詢科技業高層的反壟斷聽證會,草擬報告,並提出加強現有反壟斷法的法案,其中一些更動也和歐盟《數位市場法》的部分內容非常相似。[156] 行政部門也動了起來,司法部和聯邦貿易委員會分別對 Google 和 Meta 的商業行為提出挑戰。[157] 這些發展都讓美國的反壟斷討論愈來愈接近歐盟長期以來的方向。然而,雖然討論方向有所改變,這些討論是否會轉為新的立法、美國法院最終是否會接受這些支持針對科技巨頭執法的新反壟斷傷害理論,目前都還是未知數。[158] 不過,即便在美國這個布魯塞爾效應尚未觸及的最後邊疆,目前所見所有的反壟斷監理修正也都明顯朝歐盟的方向改變。

人工智慧

人工智慧很有可能成為下一個布魯塞爾效應的領域。歐盟在 2021 年 4 月公布了一份企圖頗大、且十分全面的人工智慧監理草案,成為這方面的領頭羊。[159] 歐盟的目標是確保人工智慧合乎倫理,以及第 3 章提過的,避免人工智慧應用程式的演算法摻雜有害偏見。這項監理方針有潛

力從許多層面塑造全球的 AI 發展。任何開發者只要想用歐洲的資料訓練演算法，或針對歐洲市場開發 AI 應用程式，都會受到新的歐盟監理框架約束。如果開發者之後在歐盟以外的地區提供相同的 AI 應用程式，那麼這些演算法就得用其他不屬於歐洲的資料重新訓練，來避免歐盟的監理約束。一般來說，像這樣切割市場對人工智慧開發者而言很不經濟，因為優質的 AI 應用程式需要龐大的資料集。因此開發者的結論很有可能會是將歐洲標準用於所有目標市場，以便合規使用歐洲資料當事人的資料。當然也有一些應用程式的目標市場比較侷限，不太會用上歐洲資料，這時量身打造演算法就更為有利，不受歐洲以權利為本的監理模式影響。

其他因素也會促使科技公司將歐洲標準當作人工智慧開發的全球標準。歐盟草案中的監理方針要求人工智慧開發者採取的一些資料治理措施，很可能會成為企業內部的通行政策。比如原本是用來維持歐洲資料穩健性（robustness）、準確性與安全性的措施，就很可能會擴及全公司。一旦公司為了歐盟市場，投資大量資源在風險管理和資料品質上，就沒有太多動機去為其他市場開發準確性較低的 AI 系統。舉例來說，如果一家國際企業利用人工智慧來徵才，它就不太可能在歐洲使用無偏見的招聘演算法，卻在其他市場使用品質較差的演算法；反之，公司應該會在所有人力資源運用都採取標準化的演算法。歐盟推動演算法透明化也將讓全世界的人工智慧開發者無從遮掩，因為要是歐盟以外的人想知道這些 AI 系統的品質，也能輕易找到資訊。這些來自歐盟透明化制度的人工智慧安全資訊，甚至有可能被用於美國的訴訟當中。[160] 比方說，如果有一款 AI 自駕車根據歐盟規則，設定成在特定條件下會停止運作，那麼開發者該在美國關閉此功能嗎？如果這款車在美國因相同條件發生事故，且原告能證明，這些額外的安全功能是針對歐洲市場設定

的，車商就很難向美國法院辯稱此事故無法合理預見（reasonably foreseeable）。單從這個例子就能知道，基於法律風險和商譽考量，公司會選擇以歐盟規則作為全球標準。

歐盟的人工智慧法規也有可能成為其他司法區的範本，因為歐盟在這個領域是先行者。目前，還沒有其他國家制定過可以當作基準的全面性 AI 法規，因此很多國家在制定自己的監理框架時，可能都會參考歐盟。比如日本政府就在 2019 年 3 月，發布了《以人為本的 AI 社會原則》（*Social Principles of Human-Centric AI*，簡稱《社會原則》）[161]，這些原則中的價值觀，很大程度都是複製當時歐盟正在研擬的 AI 監理原則。《社會原則》強調尊嚴、多樣性與包容，並構想出一個「尊重人類尊嚴」的社會，而不是建立一個「用人工智慧控制人類行為」的社會。《社會原則》模仿了歐盟的語言，強調人的基本權利，指出「AI 的應用不得侵犯憲法，以及國際標準所保障的基本權利」，並呼應歐洲方針，要求強化隱私保障、公平競爭、公正性、問責和透明。然而實務上，日本目前還是選擇採取企業自律，理由是要跟上 AI 開發與部署的速度和複雜性，且硬性規定有可能對創新構成風險。[162] 參與立法準備工作的專家小組還採取了一種科技樂觀主義的語調，指出某些 AI 相關的風險「可能會隨著科技發展而消除」。[163] 因此和前面提到的《TFDPA》一樣，日本看似與歐盟有一樣的目標和價值，但在實踐價值方面，還是選擇了更接近美國風格的自律規範。

除了日本，還有別的國家也正在制定 AI 治理的相關規範，方針也明顯受歐盟影響。舉例來說，澳洲正在研擬一項新的 AI 治理法規，整個準備過程都呈現出與歐盟相近的原則。2019 年，澳洲政府公布了一份《人工智慧倫理架構》（*AI Ethics Framework*），強調有必要確保 AI「安全」、「可靠」、「公平」、「包容」、「合乎道德」且「值得信賴」，並

以基本人權為中心。[164] 澳洲政府表示，這份架構是參考國外類似發展制定的，其中包括歐盟 2019 年公布的《可信賴人工智慧倫理準則》。[165] 澳洲政府 2021 年的《人工智慧行動計劃》（*AI Action Plan*）也強調「可信賴、安全和負責的人工智慧」，再次呼應了歐盟的 AI 監理方針。[166] 以上跡象都顯示，澳洲可能會採取歐盟以權利為本的監理方針：澳洲人權委員會（The Australian Human Rights Commission）在 2021 年 3 月發表了《人權與科技調查報告》（*Human Rights and Technology Final Report*），報告建議，澳洲政府在採用新的人工智慧決策系統做行政決策前，應先評估對人權造成的影響。報告指出：「此方針與歐盟理事會人權專員等專業權威的建議一致。」[167] 關於臉部辨識，澳洲人權委員會也支持歐盟理事會人權與法治總署過去在《臉部辨識準則》（*Guidelines of Facial Recognition*）中提出，以風險為重的相關建議。[168] 在人工智慧監理方面，澳洲可能會和歐盟更密切合作，雙方已經有過一場數位經濟與科技會談，會談主題是在人工智慧和區塊鏈等領域，基於「共享價值」攜手合作。[169]

直到最近，美國一直心心念念，想在人工智慧競賽中贏過中國，還警告歐盟不要過度限制人工智慧。2020 年 1 月，白宮表示：「歐洲和我們的盟友應避免採用過度干預的模式扼殺創新。」並補充道：「對抗威權使用人工智慧最佳的方式，就是確保美國及其國際夥伴繼續成為全球創新中心。」[170] 這些言論都凸顯出，美國認為自己的市場導向模式明顯比歐洲以權利為本的模式更有優勢。然而，拜登政府對歐盟的人工智慧監理草案的回應又相當正面；草案發布不久，白宮國家安全顧問蘇利文就發推文說：「美國歡迎歐盟在 AI 領域的新倡議。我們將和我們的朋友與盟國合作，推動反映我們的共同價值、值得信賴的人工智慧，並致力保護所有公民的權利和尊嚴。」[171] 這個評論也顯示，就算是美國，如今對於人工智慧的監理，也逐漸轉向歐洲以權利為本的方針。這種措辭的轉變，或許是因為美國政府日漸意識到中國政府如何利用 AI 壓迫民眾，

並認知到有必要確保中國的 AI 監控技術不會像第 8 章討論的一樣遍及全球。

以上例子都顯示，歐洲以權利為本的監理方針不僅影響科技公司全球的商業行為，也影響外國政府在資料隱私、內容審查、反壟斷以及人工智慧等領域的監理方針。不過歐盟的影響力不只如此。2019 年，獨闢蹊徑的《線上著作權指令》（Online Copyright Directive）促使澳洲對新聞產業展開監理，後來，澳洲對網路平台的監理強度甚至超越了歐盟。[172] 2021 年初，澳洲政府準備通過《新聞媒體議價守則》（News Media Bargaining Code），並鼓勵 Google 和 Meta 等數位平台為平台上分享的內容，向媒體業者支付費用。[173] 法案通過之前引發了激烈的反應。Meta 的應對措施非常極端：封鎖所有澳洲新聞機構，讓它們無法在 Meta 的平台上發布文章，並禁止澳洲的 Facebook 用戶查看或分享國內外的新聞內容。[174] 由於當時正值 COVID-19 疫情，這個決定導致大眾無法透過 Facebook 獲取重要的醫療和急救資訊，引起極大公憤。[175] Google 則採取了不同做法：雖然它也曾批評這項法案，並威脅退出澳洲市場，但 Google 最後還是與新聞集團（News Corp）簽訂了收益共享協議。[176] 後來，Meta 也在最後關頭和澳洲政府完成談判，撤銷之前的決定，修訂版的《新聞媒體議價守則》則在 2021 年 2 月立法通過。在這次妥協後的修訂中，澳洲政府同意不將《新聞媒體議價守則》施加在為澳洲新聞產業做出「重大貢獻」的數位平台身上。[177] 因此，Meta 和 Google 不必與所有新聞機構談判，但可以預期，它們會跟自己有實際引用內容的媒體公司協商。歐盟則有可能效仿澳洲的先例，強化《著作權指令》，部分政治人物已呼籲歐盟在數位監理中加入更強的收益共享條款。[178]

還有一個引起仿效的政策是數位服務稅；目前許多歐洲國家已經決定課徵數位服務稅，歐盟則提出以全歐盟的數位服務稅來取代個別國家

徵收。其他國家的政府也有意效法，希望從大型科技公司在市場營運所創造的龐大利潤分一杯羹。舉例來說，加拿大曾表示，如果2023年前OECD未能達成協議，就要在國內推動數位服務稅，然而美國對此不以為然。[179] 加拿大財政部發言人皮耶－奧利維耶‧赫伯特（Pierre-Olivier Herbert）表示，儘管加拿大承諾參與OECD的談判，「我們也會確保跨國科技巨頭會為它們在加拿大創造的收益繳納企業稅。」[180] 加拿大的國內數位服務稅提案與歐盟很類似，如果實施，每個年收入達到7億5千萬歐元的個別或集團企業，都要繳交3％的稅金。[181] 2019年也有報導指出，以色列稅務局和財政部正在準備依照法國模式立法，徵收3％到5％的數位服務稅。[182] 土耳其也在2019年模仿歐盟的主要條款，通過了數位服務稅。雖然土耳其的稅率高達7.5％，且對象比歐盟草案更廣，但土耳其的方案仍和歐盟有許多相似之處，包括全球收入門檻為7億5千萬歐元；涵蓋數位廣告服務、數位平台服務和資料相關服務；且稅收針對的是營業額，不是獲利。[183] 基於這些因素，美國貿易代表辦公室認為「歐盟2018年的提案，似乎已成為土耳其數位服務稅的範本」。[184]

這些例子顯示，並不是只有歐盟有意規範科技業。世界各地的許多政府都跟歐盟一樣，擔心科技公司過於強大，必須訂定規範、好好治理。即使是澳洲這種市場和監理方針通常比較像美國的國家，也在推動各式各樣的數位規範，以及類似歐洲監理模式那種以權利為本的價值觀。科技業正感受到來自四面八方的壓力，因為全球各地的監理機構正從各個層面挑戰它們的商業模式，質疑它們對市場競爭、平台內容管理、AI演算法開發，以及處理消費者資料的方針。而這麼多的監理計劃顯示，歐洲以權利為本的監理模式不僅是歐盟和成員國政府的指南針，影響力也擴及到愈來愈多國家，各國政府都希望從科技公司手中奪回控制權，重新掌握決定數位經濟的能力。

外國科技公司與政府對布魯塞爾效應的擔憂

在歐盟以外的地方,布魯塞爾效應雖然沒有得到一致讚譽,但也沒有遭到全面批評。一些外國利益相關者很歡迎歐盟保護權利的法規能發揮全球性的影響力;然而,也有一些人從經濟或政治的角度,譴責歐盟作為全球監理霸主的角色。對於歐盟日益成長且逐漸全球化的監理影響力,有幾個常見的批評方向。其中一些批評曾在第 3 章提及,針對歐洲以權利為本的監理模式。但也有一些企業和政府擔憂的,是透過布魯塞爾效應將這種監理模式推及歐盟之外。有時候,對布魯塞爾效應的反感會促使外國企業和政府試圖對抗這些妨礙自身利益的歐盟數位規範。但接下來我們將看到,這些嘗試目前尚未取得顯著成果。

對布魯塞爾效應的常見批評

關於歐洲以權利為本的監理模式邁向全球,主要批評是其中所謂的「乘數效應」,也就是不只歐盟模式的好處,其代價也會隨著布魯塞爾效應一起全球化。比方說,如果有一項歐盟法規會妨礙效率,這種低效率就會成為跨國企業商業行為的慣例,也會複製到世界各地的法律架構中。換句話說,如果歐盟做了正確的決策,就有可能成為全球性的正確決策;但倘若歐盟做了錯誤決策,也有可能成為全球性的錯誤決策。歐盟的全球監理影響力還消滅了政策實驗和避險的好處,各個司法區難以嘗試不同的監理架構,政策制定者也無法從差異中學習應變,調整國內的監理方針。

而對於歐盟的監理方針本身,最主要的批評在於監理、成本和創新之間的關係。批評者經常聲稱,歐盟對數位經濟強硬的監理模式增加了

經營成本，抑制了相關的創新。[185] 如果是這樣，那麼這些成本同樣會反應到歐盟以外的其他地方——我們在第 3 章曾說過，這種觀點可能是對的，但也不一定。還有一種批評認為，歐盟的監理背後有保護主義的動機，特別是想要阻擋美國的科技公司。[186] 許多人懷疑，歐盟是否把科技監理當成武器，替相對落後的歐洲企業維繫競爭力。不過我們已經在第 6 章詳細談過這個指控，結論是保護主義並非歐盟數位監理的主要動力；但確實，在這個各國積極追求「數位主權」的時代，保護主義的壓力正在上升。

還有一種針對布魯塞爾效應的批評，直指這種現象本身就會損害其他國家的民主制度。這種觀點認為，歐盟的全球監理影響力損害了其他主權國家不受干預的民主權利，也妨礙了公民的政治自主。最尖銳的批評甚至會使用「監理帝國主義」這種字眼，指責歐盟沒有徵求外國監理機構、企業或消費者的同意，就對外輸出規範。[187] 比方說，歐盟就被指控實施「資料帝國主義」、透過《GDPR》「重新征服世界」，歐盟的「法律巨獸將越發嚴格的隱私規則施加到所有政府與企業身上，從舊金山到首爾都跑不掉」。[188] 但這種批評很容易反駁，因為歐盟只是對內部市場執行監理，這是它的主權權利。歐盟只不過是要求所有在歐洲經營的歐洲和外國公司遵守歐洲規則。[189] 如果科技公司將歐盟的法規延伸至全球，是從商業角度考慮後的自願行為，指控歐盟「帝國主義」就沒有道理。舉例來說，如果 Facebook 選擇以歐盟對仇恨言論的定義來管理自己全球的業務，或是 Google 決定向美國或拉丁美洲的網路使用者提供《GDPR》保護，都不算是損害外國的主權利益。

然而，即使布魯塞爾效應不算新型態的帝國主義，實務上也的確限制了外國政府的監理自由，並經常凌駕其他國家的偏好。舉例來說，如果美國的監理機構已經批准兩家美國公司合併，但歐盟委員會不允許，

那麼歐盟更嚴格的裁決就會勝過美國的裁決。這種較量顯示，相較於美國市場導向的監理模式，歐洲以權利為本的監理模式對科技公司的約束力更強大。但一群非民選的歐洲公務員竟能決定美國企業交易的結果，很可能會讓許多美國人感到不安。畢竟，美國公民就算不滿意歐洲的裁決，也無法要求歐洲政客負責，這就損害了美國人的政治自主。布魯塞爾效應這種固有的反多數決成分，可能會導致外國政府難以根據內部民主程序確立的偏好來服務公民。因此，美國政府可能會主張，布魯塞爾效應限制了美國的監理自由，從而削弱美國的主權。

但就算布魯塞爾效應確實妨礙外國政府的監理自主，也未必會損害民主。許多美國人擔心，大量的商業遊說已經扭曲了美國的民主程序和立法議程，特別是在美國最高法院對《聯合公民案》(Citizens United)做出裁定後，企業想花錢影響選舉可謂暢行無阻。[190] 儘管歐盟的立法過程並不完美，也非絕對民主，但與美國的立法程序相比，仍較不容易受企業影響。[191] 在歐盟，公民團體對監理施加的壓力往往能夠平衡商業利益的影響力。[192] 因此也有些人認為，布魯塞爾效應多多少少可以抵消美國企業利益勢力過強的問題，恢復一些因此被忽視的消費者利益，雖然這個觀點可能有點爭議。

儘管有這些批評，但並非所有外國人都認為歐盟的全球監理影響力會侵害主權，有些人甚至相當樂見布魯塞爾效應。民調顯示，多數美國人（75％）認為政府應加強監理企業對個人資料的處理，並支持使用更好的工具，讓使用者對自己的個人資料更有控制權。[193] 在2020年一項大規模的美國消費者調查中，93％的受訪者都表示，他們會選擇優先考慮向重視資料隱私的公司購買產品；還有91％的受訪者表示，他們偏好向「永久保證使用者可以存取自己的資訊」的公司消費。[194] 歐盟的監理也常讓外國倡議團體對國內政策有更進一步的認識，並影響相關的國內

辯論。[195] 美國公民自由聯盟就曾表示,「美國可以從歐盟的做法中學習」,「國會應該參考這個模式,制定類似的全面性隱私法案」。[196] 在提倡更強力的聯邦資料隱私立法時,美國外交關係協會也舉歐盟的《GDPR》為例,對比美國的「拼湊式做法」,說明什麼是全面性的資料隱私保護法。[197] 美國倡議團體「消費者行動」(Consumer Action)的國內事務主任琳達‧謝里(Linda Sherry)也說過,美國各州和聯邦法律對消費者的保護都不足。根據謝里的說法,「如今各國公司紛紛採取歐盟的資料保護法,我們希望所有消費者都能享有更嚴格的資料安全,並對個人資訊擁有合理的控制權,如同許多人都從歐盟強而有力的監理得到保障。」[198] 也就是說,各國對布魯塞爾效應的批評可能不太一致,而且許多外國的利益相關者也都贊同歐洲以權利為本的監理模式。

科技公司與外國政府如何對抗布魯塞爾效應

外國公司或政府就算對歐盟的全球監理權力感到不滿,卻也難以採取有效行動來對抗,因為布魯塞爾效應讓歐盟成為能與美、中並駕齊驅的全球數位經濟強權。布魯塞爾效應是市場的選擇,並不受政治談判左右。因此,受歐盟規則影響的外國公司意識到,它們必須在這些規則被歐盟機構和成員國政府採納並執行之前,努力發揮影響力。布魯塞爾的遊說活動因此非常蓬勃,畢竟只要能影響歐盟委員會或其他機構,就能帶來非常可觀的利益:在最理想的情況下,遊說成功不僅能影響歐洲的監理,也能影響到全球的監理。

布魯塞爾效應刺激了以科技業為主的外國公司投入大量資源參與歐盟的監理程序,針對歐盟委員會和歐洲議會展開遊說。根據歐洲企業觀察(Corporate Europe Observatory)2021 年的一項研究,數位經濟已成

了歐盟遊說規模最大的產業，支出超過金融、製藥和能源等行業。[199] 美國科技公司特別重視歐盟的遊說投資，在十大數位產業遊說者中，有八家是美國科技公司，其中以 Google、Meta、微軟和 Apple 的遊說支出最為可觀。產業協會也很積極遊說，比方說美國的資訊科技產業委員會（Information Technology Industry Council）就是一個代表多家科技公司的遊說團體，近日他們增加了派駐布魯塞爾的工作人員，因為他們清楚體認到歐盟正在「推動和引導政策」。[200]

《GDPR》是目前為止受遊說影響最深的歐盟立法，數位公司與消費者和資料保護倡議者展開了激烈的對抗，整個立法過程煙硝味十足，光是在歐洲議會的立法過程中，就曾提出超過四千項修正案。[201] 為了減少《GDPR》對商業行為造成的負擔，外國政府、公司行號和商業團體都全力遊說。在諮詢階段，思科、英特爾、微軟和 NBC 環球集團（NBC Universal）等美國大型企業，以及美國科技協會歐洲分部（TechAmerica Europe）、美國商會（American Chamber of Commerce）與日歐商務協議會（Japan Business Council in Europe）等組織都提交了意見。[202] 另一方面，歐洲的公民社會也受許多國外的非政府組織支持，像是歐洲數位權利（European Digital Rights）的背後就有澳洲網路法律與政策中心（Australian Cyberspace Law and Policy Center）和美國民主與科技中心（Center for Democracy & Technology）撐腰。[203] 最後，雖然隱私倡議者稱不上全面勝利，但整個立法過程終究還是催生出一部空前嚴格的資料保護法，對資料控制者施加了許多義務，並伴隨嚴厲的懲罰。

儘管外國公司付出大量心力、不斷增加遊說預算，但迄今為止，還是未能靠遊說大幅削減布魯塞爾效應。就算有一點進展，產生的影響還是會被公民團體和其他非商業行為者的努力抵消。2019 年有人對歐洲遊說活動發表過一篇研究，發現商業利益對歐盟規則的制定，影響力並沒

有比其他利益更明顯。[204] 最近的《數位市場法》在布魯塞爾受到許多遊說壓力，但還是未能有效制約歐洲監理機構。《數位市場法》在 2022 年 3 月暫時通過後，政策評論一致認為科技巨頭「在對付歐洲的反壟斷之戰中落敗」，並指出這些公司的法律團隊已經承認監理機構占了上風，於是開始研究怎麼遵守新規則。[205] 就連受雇對付《數位市場法》的遊說集團也不願公開替科技業辯護，有位遊說者表示：「結局一開始就定調了，這是場虛假的戰鬥。科技業想對抗整個體制注定會失敗。」[206]

隨著布魯塞爾的監理機構掌握愈來愈多政治影響力，科技公司往往只能接受歐盟的監理，並在這場注定失敗的鬥爭中，取得有限的成果。就像我們之前看到的，一些公司不僅將這些法規當作公司的全球隱私標準，還搖身一變，成為在本國推動類似監理改革的倡議者。有時候，這些公司也會利用歐盟的監理實力來對付自己的競爭對手。外國科技公司逐漸將法律戰線轉移到布魯塞爾，利用歐盟委員會來挑戰競爭對手的商業模式。例如 2011 年，微軟就針對 Google 向歐盟委員會提起反壟斷投訴[207]，雖然微軟最後在 2016 年跟 Google 和解，但甲骨文、Kayak、Expedia 和 Trip Advisor 等其他美國公司，都繼續敦促委員會對 Google 做出裁決。[208] 2020 年，Meta 和微軟向歐盟委員會表示，它們對 Apple Store 的限制性規則有疑慮。[209] 規模較小的美國科技公司更是積極敦促歐盟委員會利用反壟斷權力來對抗美國科技巨頭。2021 年，Epic Games 正式向委員會對 Apple 提起反壟斷投訴。[210] Yelp 則多次敦促歐盟對 Google 採取行動。[211] 此外，Yelp 也加入許多美國公司 2017 年的行動，向歐盟委員會指控「Google 摧毀了就業機會，並妨礙創新」，同時支持懲罰 Google 的「反競爭行為」[212]，並支持歐盟提出的《數位市場法》。[213] 以上例子顯示，外國公司有時候也能夠反過來利用布魯塞爾效應，將歐洲數位法規的成本轉嫁到競爭對手身上。

面對布魯塞爾效應，科技公司並不是唯一苦苦掙扎的群體，外國政府同樣也缺乏限制歐盟監理範圍的途徑。畢竟歐盟是在監理自己的內部市場，這是主權的排他性。如果說美國公司自願調整全球商業模式，以求合乎歐盟的規則，美國政府就很難輕易將它們對美國市場造成的邊際影響歸咎到歐盟身上。因此，美國政府往往只能作壁上觀，無法影響市場將科技公司和各國推向歐盟式的監理，其他外國政府亦然。而世界貿易組織之類的國際機構，也無力提供能讓外國政府挑戰歐盟法規的平台。要比世界貿易組織更早出手挑戰歐盟的科技法規，外國政府必須先證明歐盟的法規有有歧視性，但這點非常困難，畢竟歐洲公司也要遵守相同的規則。因此，世界貿易組織頂多只能提供少數途徑，讓外國政府減少因為歐盟法規的外部效應所造成的額外成本。有時候，世界貿易組織甚至還會妨礙歐盟的貿易夥伴進行單邊報復，導致布魯塞爾效應進一步強化。舉例來說，如果美國因為資料傳輸禁令對歐盟實施貿易制裁，就會違反世界貿易組織的規則，並面臨歐盟提起的訴訟。因此，世界貿易組織往往是布魯塞爾效應的保護傘，而不是對抗它的武器。[214]

　　既然難以避開歐盟的監理影響力，外國政府最好的策略，似乎就是和歐盟的監理方針合作。這種合作會讓它們有機會參與塑造全球數位監理規則，而不是被邊緣化。因此，美國刻意拒絕和歐盟達成一些國際貿易協議或許令人吃驚，《跨大西洋貿易及投資夥伴協議》就是一例。[215] 該貿易協議的潛力在於克服美國和歐盟監理上的分歧，並為雙方帶來最大的經濟利益。美國在 2019 年放棄了談判，影響全球監理標準的能力也遭受重創，使得布魯塞爾效應更加堅不可摧。如今，美國和歐盟正試圖依靠新成立的貿易科技委員會，在技術標準上密切合作，這有可能讓美國再次掌握機會，抗衡歐盟長期以來在科技監理上的霸權。[216] 同時，美國是否真的希望阻止歐洲以權利為本的監理模式邁向全球，目前仍要打

上問號，因為在美國國內，無論是民意還是兩黨都希望能強化數位監理。考慮到美國人明明愈來愈贊同相關規範，國會卻愈來愈難通過相關的資料隱私、反壟斷與內容審查等法令，依靠布魯塞爾效應或許真是最合適的選擇。

結語

　　本書描述了三個數位帝國以及各自的數位經濟監理模式，這些模式的重點分別是市場、國家和數位公民的權利。書中也描繪了美國、中國和歐洲的監理模式如何跨越緊密交織的全球數位經濟，影響國內外的社會及個人生活。這些模式經常彼此衝突，引發對於數位經濟和社會未來的激烈爭論。這類討論提出一些重要問題：究竟哪一種監理模式，或是各個模式的哪些方面，最終將會勝出、占據主導地位？持續的數位競爭又將如何重塑全世界的經濟與政治版圖？

　　本章將會回答這些問題，並探討各國之間的水平競爭中，哪一種監理模式將會勝出，以及在科技公司與政府的垂直競爭中，誰會取得最終勝利。行文至此，我們也將深入仔細分析最迫切的問題：在不久的將來，數位經濟治理將會變成什麼模樣？最後牽動這個世界，以價值觀形塑我們數位生活的，究竟是以市場、國家，還是以公民權利為核心的監理模式？另外本章也會探討，既然許多科技公司的規模和影響力已足以和國家抗衡，將來的政府是否還能繼續為科技公司制定規則，抑或是科技公司會比政府更能影響社會的經濟、政治和文化走向。這些問題無一不涉及我們如何組織和治理社會的各個層面。深入理解這些問題，將幫助我們展望未來，並有可能指引我們做出正確的決策，邁向蓬勃的數位經濟與繁榮的數位社會。

美國正在輸掉與中國、歐盟的水平競爭

迄今為止，有關數位經濟未來的公共討論大多聚焦於美、中兩國的科技競爭，歐盟則常被視作無力的旁觀者，因為它自己沒有重要的科技業，又夾在兩個爭奪科技霸權的超級大國之間。[1]一些評論者形容，歐洲正成為「美中科技戰的受害者」，或是「夾在美中之間的殖民地」，並且「缺乏足夠的談判籌碼來決定自己的數位命運」，被迫「在美國和中國之間做出選擇」。[2]這種敘事不無正確之處，畢竟無論是開發數位新科技，還是培育國內的科技業巨頭，美中無疑領先歐盟。然而，這種敘事也很片面，只聚焦在科技主導權，但數位經濟規則和規範的競爭同樣也是全球數位競爭的重要面向。更全面的解讀是，歐盟並不是無力的旁觀者，只能在兩個對手之間做選擇；反之，歐盟其實擁有極大的權力和影響力，能夠推動自己的數位願景。

前面談到，歐盟對於數位經濟有自己的願景，並解釋這個願景來自歐盟強大的監理機構，而監理機構又在全世界泛起許多漣漪。因此，儘管歐盟並沒有掌握很多尖端科技，卻依舊能為科技制定規則。在許多案例中，歐盟都能以規範影響科技公司在歐洲、乃至於全世界的行為，監理對手幾乎沒辦法有效抗衡。隨著愈來愈多國家揚棄美國的市場導向模式，許多非威權國家都採納歐盟法規，當作數位經濟的規範性願景和法律基礎。因此，談到數位經濟的治理，真正被迫做出選擇的並不是歐盟，而是美國──美國必須選擇要與歐盟聯手，還是任由中國繼續擴張影響力。

▍美國監理模式正在式微

本書前幾章的主要結論在於，美國市場導向監理模式的規範吸引力

和全球影響力正逐漸消退。正如第 7 章所言，美國模式在各國都逐漸喪失權威。多年來，美國積極在國際間推動「網際網路自由計劃」，呼籲各國採用市場導向的監理模式。網際網路自由計劃要求各國政府避免監理科技公司，或審查網際網路。然而，這個計劃基本上已經失敗，世界各地不斷加強數位監理，網路審查也愈加嚴厲。[3] 某種程度來說，美國模式衰落的種子，也許正是美國科技公司親手埋下的，它們巨大的成功暴露了堅持自由市場理念的缺點。這些公司的全球影響力，以及對世界各地而言都顯得太超過的權力，引發了全球性的反彈，促使許多國家持續強化監理，盼能削弱企業的力量。[4] 與此同時，許多民主國家放棄了美國的市場導向模式，轉而採用歐洲以權利為本的模式；而一些威權色彩較重的國家，則是轉向中國國家導向的監理模式。這股對數位經濟收緊國家控制的潮流，也可以理解成一種對美國科技公司影響力過大的反應，因為許多威權政府都認為這些公司會威脅到政權穩定，促使它們設法鞏固國家在數位世界的權力。

不過，最能證明美國監理模式衰退的證據，還是美國自己也慢慢放棄這個模式（如第 1 章所述）。美國的網路使用者開始質疑市場導向模式的價值，並表示希望能加強數位監理。舉例來說，2020 年的一份調查顯示，72％的美國成年人認為社群媒體公司對政治擁有「過多權力和影響力」。[5] 美國大眾也開始重新審視美國模式一直以來堅稱的言論自由。愈來愈多人開始重視網路上的有害內容，包括假訊息、恐怖主義宣傳和外國對選舉的干涉。近年來在網路上和現實中氾濫的仇女言論和種族歧視，也受到大眾強烈反彈。「#MeToo」和「#BlackLivesMatter」等社會運動除了揭發女性和黑人面臨的結構性歧視與虐待，也強化了加強監理的聲量。社會運動讓世人開始關注網路上的種族主義和仇恨言論，要求科技公司從平台上刪除這些內容的呼聲也日益高漲。[6] 隨著大眾對平台

內容審核政策的批判聲浪高漲，重振反壟斷法的討論也日益增加，而這些討論大多著重於如何約束科技巨頭。

政治人物也呼應公共輿論，開始質疑市場導向監理模式的好處。美國國會目前就有好幾項辯論中的法案，都是要嘗試改變一直以來在反壟斷、內容審查和資料隱私等領域的無監理政策。[7] 沉寂了那麼久，美國政府終於重新拿出反壟斷權力，由司法部和聯邦貿易委員對 Google 和 Meta 的商業行為分別提出挑戰。[8] 以上發展使得美國的政策論述變得更接近歐盟過去十年間的樣貌。就連科技公司也愈來愈認為監理有其必要。隨著令人無法忽視的醜聞愈來愈多，科技業過往那套「無論科技的哪個環節出了問題，科技本身終將是解決方案」的說法，也失去了公信力。比如《華爾街日報》2021 年的專題報導〈Facebook 文件〉（Facebook Files）就揭發了 Facebook 明知平台對社會造成嚴重傷害，卻沒有採取任何解決措施。[9] 這些公關醜聞迫使科技公司承認，自我監理的時代已經結束了。目前，科技業的遊說主要是設法塑造政府的監理方式，而不是抵制監理行為──不過也有一些人懷疑，這些企業雖然表面上支持監理，私底下仍會設法妨礙美國國會達成有意義的立法，防止現有的商業自由受到根本性的限制。

一些評論者認為，2021 年 1 月 6 日的國會山莊騷亂可能是美國在線上內容監理這方面態度大變的關鍵。[10] 記者艾蜜莉・巴茲隆（Emily Bazelon）形容這起事件顯示「美國的思想市場顯然失敗了」，並暗示美國科技放任主義對言論自由的信仰是這起事件的原因之一。[11] 國會山莊騷亂導致輿論普遍譴責線上平台放任有害和危險的言論迅速蔓延，最終導致暴動。有鑑於這些發展，未來幾年內美國可能會通過一系列的改革，採取類似歐盟的監理模式。誠如第 6 章所示，美歐在資料隱私、數位稅和反壟斷等領域的水平監理競爭，大抵由歐洲模式勝出。隨著大眾

越發質疑科技公司的社會角色，美國許多利益相關者也開始支持歐盟風格的監理模式。也有些人把重點放在中國數位威權主義規範的威脅，認為美國得設法和歐盟以及其他科技民主國家加強合作，這部分晚點還會進一步說明。

但部分評論者認為，美國不太可能推動任何監理改革。儘管民主黨和共和黨都從不同角度對《通訊規範法》的〈二三〇條款〉提出看法，但國會裡的政治角力未必能在內容審查領域催生出實質性的改革。[12] 基於類似的理由，制定聯邦隱私法案的倡議也可能會遇上挫折。儘管對科技公司強烈不滿，但國會的政治失能也許已經嚴重到足以妨礙任何有意義的立法。美國法院是否願意加入反壟斷革命也是未知數，目前支持對科技巨頭執法的新理論是壟斷會造成傷害，但這樣的理論可能會被法官拒絕。[13] 此外，美國人依然擔心監理可能會帶來負面影響，像是妨礙科技公司創新，變得難以推出消費者想要、或更新消費者目前所依賴的產品。許多網路使用者表示自己重視消費者的選擇權和資料隱私，但是到頭來，他們可能還是更重視亞馬遜免運等生活中的便利。[14] 至於要如何監理線上言論，美國人的看法也很矛盾。正如巴茲隆所言：「我們不希望政府來做；我們也不希望矽谷來做。但我們同樣不希望沒人來做。」[15] 因此，美國輿論的轉變，也許終究還是無法引發監理改革，或只是雷聲大雨點小。倘若真是如此，未來幾年，歐盟應該仍是科技業監理的主要輸出者，美國公民和監理機構只能束手觀望，甚至指望歐盟成功。

▍威權政府趨向中國監理模式

美國市場導向的監理模式在國內外都漸失人心，但與此同時，中國國家導向的監理模式卻在世界各地攻城掠地，引發美國、歐盟以及其他

民主國家關注,並擔心中國的監理模式將會勝出。無論從價值面還是現實面來看,這種擔憂絕非空穴來風。中國的科技發展相當了不起,但利用科技的方式往往充滿壓迫性。中國政府將網際網路從促進民主的工具,變成專制統治的爪牙。中國的數位威權治理模式侵犯了個人權利,剝奪了中國人民重要的公民自由,並以大量的政府監控壓迫少數民族。這表示,自由並非網際網路的固有元素,而是取決於掌權者允許還是壓制自由。正如第 8 章所述,中國利用「數位絲路」將其規範和監控科技輸出國外,因此中國監理模式對民主自由和個人自由的威脅,並不侷限在中國,還將波及全世界。

然而,就算從價值層面批判中國監理模式很容易,要預測中國模式實務上何時會衰退卻很困難。國家導向模式運作得很順暢,全世界還有許多政府跟著模仿中國的審查和監控行為。這些政府並不關心美國和歐盟對民主自由未來的擔憂。隨著世界變得愈來愈威權,認同這種觀點的國家也愈來愈多。根據非政府組織自由之家的研究,截至 2021 年為止,全球網路自由已經連續下降十一年,愈來愈多政府限制線上言論,因非暴力的政治、社會或宗教言論逮捕網路使用者,並禁止存取各種社群媒體,或是直接封鎖整個網際網路。[16] 甚至有不少政府開始從私人供應商取得間諜軟體、人臉辨識技術和其他資料擷取技術,以違反個人權利的方式進行威權控制。在這種趨勢下,中國的數位威權主義成了一種吸引力不斷成長的意識形態,各國政府對中國監控或審查科技的需求也愈來愈大,而這些科技又讓這些政府能將數位威權主義根植於社會結構當中。COVID-19 疫情更是讓許多威權政府有理由拿起緊急狀態的權利,進行各種形式的數位監控。[17] 而當疫情和緩甚至結束,這些措施也可能不會廢除,反而成為許多數位化社會的永久特徵。

中國的國家導向模式對於許多開發中國家和威權國家都很有吸引

力，因為它結合了科技榮景和政治控制，並讓中國的快速經濟成長。儘管美國傳統上被視為科技超級大國，但正如第 5 章所言，中國正在急起直追，某些領域甚至已超越美國。[18] 比方說智慧型手機和電信網路設備的銷售量，中國科技公司就遙遙領先。中國也正邁向全球首屈一指的人工智慧強國，並有可能在未來十年內超過美國。[19] 對於是否要採用美國市場導向、以經濟和政治自由為核心的監理模式，許多開發中國家仍猶豫不決；對這些國家來說，中國的成績相當令人欣慰，因為這顯示政治自由並非科技和經濟進步的必要條件，這些國家也因此有更多理由採用中國監理模式。

美國政府對於美中科技戰的強硬回應，可能無意間提升了中國監理模式在這場水平競爭中的地位。如同第 4 章和第 5 章所述，美中之間激烈的科技競爭已經讓美國政府放棄了許多支撐市場導向監理模式的關鍵原則，像是開放性原則和不歧視義務。為了限制中國獲取對地緣政治競爭至關重要的戰略科技，美國已經採取措施，限制向中國出口先進半導體等科技。美國也禁止中國在美國投資關鍵的數位基礎設施，比如 5G 網路。為了保持對中國的科技領先地位，美國政府開始對人工智慧與半導體等科技投入大量資金，並引發了補貼競賽，刺激全世界的科技民族主義。批評者指責美國政府這是在「玩北京的遊戲」，而美國不但不傳播、輸出自由的價值觀，也不再提倡政府限縮對科技的管理。這些行為都無意間效仿了一些國家導向的元素，讓全世界遠離美國市場導向模式的價值觀，轉而擁抱中國國家導向模式的價值觀。

民主政府趨向歐盟監理模式

從美國市場導向模式衰退受益的不只是中國的監理模式，歐盟的地

位也因此在水平競爭中攀升。當威權政府轉向中國國家導向的監理模式時，大部分民主國家也出於對美國模式的不滿，轉向歐洲以權利為本的模式。對許多民主國家來說，美國的市場導向模式過於寬鬆，而中國國家導向的模式又過於壓迫，因此歐洲以權利為本的模式就成了最有吸引力的選擇。第3章提過，歐洲的監理模式有三大支柱：基本權利、民主與公平，而這三點在如今的數位時代愈來愈需要政府監督，才能得到充分保障。這些關鍵元素正逐漸被視為建立公平性和人本經濟的必要基石。每一起隱私權醜聞或線上假訊息事件，都進一步證明歐洲模式的正確，也凸顯了美國模式的侷限。甚至連美國自己也開始意識到監理模式的不足，探討是否該引進一些歐洲模式的元素，比方說更嚴格的反壟斷法，或加強對公民的資料隱私保護。

從價值層面來說，確實有幾個理由支持美國放棄一部分市場導向的監理模式，並從歐洲以權利為本的模式取經。光靠自由市場和言論自由來建立數位經濟，並不足以應對現代社會的挑戰，這在美國已是許多人的共識。美國過去不干預的監理態度，讓科技巨頭積累了巨大的經濟和政治權力，多到超出它們能負責的範圍。這些缺陷讓許多美國人開始尋求另一種治理數位經濟的方針，歐洲以權利為本的監理模式也變得愈來愈有吸引力。

歐洲的監理模式會這麼吸引人，部分原因在於它牽涉到增進經濟公平性和分配正義。其核心目標是打造更公平的數位經濟，確保能平等分配數位經濟的成果。具體來說，這包括利用歐洲的反壟斷法、勞動法和稅法，將權力從平台轉移到網路使用者、網路消費者、平台勞工、小型企業和廣大公眾手中。這種理念與目前的政治環境更為契合，因為如今世人愈來愈痛惡新自由主義的意識形態，以及氾濫的資本主義。有不少人主張，歐洲監理模式才能真正帶來經濟繁榮，因為數位轉型時代需要

的並不是極盡所能追求財富，而是要設法平等分配新的財富。

　　支持歐盟模式的另一個價值因素，是反對美國那種獨尊自由言論、不問言論內容是否傷害個人或破壞社會穩定的做法。就連堅定的言論自由捍衛者也認為《通信規範法》〈二三〇條款〉的施行後果早已超出原本的預期。〈二三〇條款〉導致網路世界被極端的科技放任主義支配，使得美國監理模式反過來破壞民主制度，造成全世界一團混亂。本書提到許多嚴重的例子，包括國會山莊騷亂、Backpage 案中的非法性販賣，以及緬甸的種族滅絕，根源都是《通信規範法》〈二三〇條款〉所創造的數位經濟；從這些事件可以看出，市場導向模式的最大缺陷，就是信賴網路平台可以成為民主的守護者與傳聲筒。

　　如今這種幻想已經破滅。猖獗的假訊息不僅會損害網路公共空間，還會干擾選舉、破壞民主。直到 2021 年 1 月 6 日，川普的狂熱粉絲聽信社群媒體上有關選舉舞弊的謠言，闖進國會山莊，美國才終於警醒過來。平台與演算法為每個網路使用者提供高度個人化的線上體驗，導致公民無法接觸不同的觀點，也無法進行有意義的社會對話，讓社會更為分裂，對民主百害而無一利。[20] 而當有害線上內容傷及世人的人格、尊嚴和安全時，《通信規範法》〈二三〇條款〉的保護傘仍庇蔭著科技公司，無論這些言論有多惡毒、造成多少傷害。在這方面，歐盟模式又是一個鮮明的對比。儘管歐盟同樣重視保護言論自由，但歐盟並不打算讓這個基本權利侵犯到人性尊嚴、隱私等其他權利，或是妨礙公共安全和民主等社會公益。歐盟干預網路自由、限制仇恨或危險內容的做法，已經日漸成為世人心中的必要舉措，歐盟模式也因此更受青睞。

　　歐洲監理模式也更能保護網路使用者的隱私。美國的市場導向模式已經成為「監控資本主義」的基礎，因為它允許科技公司追蹤網路使用

者的每一個線上行為，並蒐集大量的個人資料，再透過精準廣告將資料變現。[21] 這種針對個別的精準投放有時會造成更嚴重的惡性影響。Facebook 吹哨者豪根揭發了演算法如何利用青少年容易受影響的特點，例如向有飲食失調跡象的青少年投放減肥廣告。[22] 最糟糕的是，侵犯隱私的資料擷取可能也會損害使用者的「決策隱私」，最後消滅個人的選擇、自由與自理。[23] 一旦有人取得網路使用者的個人資料，並拿這些資料去做心理分析，就有辦法操控選民行為，針對每個人精準投放政治廣告。事實上，惡名昭彰的劍橋分析醜聞就是這麼一回事：英國的劍橋分析公司從八千七百萬個 Facebook 帳號蒐集資料，並用於投放政治廣告。這些資料未經使用者同意，被擷取來側寫使用者心理，用於操弄之後的數場投票，包括在 2016 年的美國總統大選中協助川普。Meta 承認處理用戶隱私犯了錯，並承諾未來將會加強保護資料安全。[24] 儘管如此，全世界的網路使用者和監理當局都深深記住了這起醜聞，也更加意識到資料保護的重要。歐洲監理模式也因此受到更多支持，因為這個模式最關切的，就是保護個人隱私和下決定的自由，而且還受歐洲法院嚴加守護。

　　這些價值和規範的變遷導致早期盛行的科技樂觀主義日漸式微，而科技樂觀主義正是美國市場導向監理模式的基石。這也解釋了為什麼愈來愈多民主國家的政府和個人逐漸認同歐洲模式，認為它最能增進公共利益、制衡企業權力，維護社會的民主架構。公共論述的轉變也透露出，為何美國和歐洲的監理模式在某種程度上愈走愈近，而且是美國向歐洲模式趨近。接下來，我們來看看和過去的美國模式相比，歐洲監理模式大行其道可能會有哪些問題，並評估這種變化可能帶來的挑戰與機會。

全球趨向歐盟監理模式不一定會妨礙創新

美國想放下原本的市場導向模式，轉向歐洲以權利為本的模式，最大的阻礙或許是民眾普遍認為，要接受這種轉變，美國就得放棄一些基本價值觀，例如經濟自由。唯有不受監理的市場才能帶來創新、科技領先、競爭力和經濟成長，維持美國科技公司在全球數位世界的霸權——這對美國來說幾乎形同宗教信仰。所以美國一直非常擔心，如果放棄自由市場的信仰，轉用監理更嚴格的數位經濟，美國乃至整個世界都將失去經濟繁榮，以及許多社會進步所需的創新。美國也將不可避免地失去科技領袖的地位。

不過，擔心美國為了配合歐盟而調整自己的監理模式勢必得有所取捨，這可能是對兩地監理模式的誤解。首先，自由市場本身並不是美國模式的終極目標，而是維護經濟和政治自由的手段。只不過美國人普遍認為，必須對政府設下一些限制，才能推動經濟進步和創新，同時確保民主的活力。然而，當今由少數科技巨頭主導的集中數位市場，已經很難體現早期科技放任主義者所設想的經濟自由。同樣地，近年來許多醜聞都指出，網路上的假訊息也會破壞民主選舉，也就是說活絡的民主不一定得拒絕對數位市場進行監理。因此，擁有監理更完善的數位經濟反而能塑造出更強的政治和經濟自由。

其次，認為歐洲監理模式，或轉向歐洲模式將會打擊科技創新，其實說明了世人並不清楚歐盟有何優勢與劣勢。這種觀點來自過度簡化了數位監理與科技創新之間的關係。對於歐洲以權利為本的模式有個常見的批評：過度監理會扼殺創新與經濟進步。這種觀點認為，雖然歐盟模式更能維護個人基本權利和社會民主結構，但運作方針卻會阻礙社會的

經濟發展。這種擔憂來自一種流傳甚廣的信念，也就是監理與創新之間難免會有衝突。然而，雖然目前為止，歐盟的確沒有培育出成績斐然的科技巨擘，但除了監理以外，還有其他原因可以解釋。培育創新方面，歐洲還有很多地方做得不夠好，但選擇從維護個人權利和社會自由出發，制定對科技業的監理，並不是問題的根本。

世人常常把歐洲缺少能夠主宰市場的科技公司，歸咎於歐盟嚴格的監理制度。畢竟，歐洲沒有亞馬遜、Apple、Meta、Google 或微軟。而且正如第 3 章所述，所有指標都明顯指出，歐盟的科技實力落後美國和中國。然而歐盟的科技公司沒那麼成功，似乎未必可以歸因於科技監理的強度。畢竟，歐洲數位監理的歷史其實很短，當今科技巨頭成立的當下，歐盟還沒有真正的科技監理，而且那些公司當初都是在美國、而不是在歐洲成立的。再者，歐洲科技規範通過後，中招的往往是美國科技公司，但這並沒有損害它們的創新能力。這表示歐盟在開發新科技這方面表現不佳，並不能完全歸因於監理的強度。

不過這還是沒有回答一個問題：為什麼歐盟沒有孕育出能與美、中相提並論的科技巨頭？如果繁瑣的監理不是主因，那麼是什麼因素在阻礙歐洲的科技公司？仔細檢驗的話，會發現歐盟的創新不如人，很大程度上可以用其他因素解釋，比方說破碎的數位單一市場、資本市場不發達、懲罰性的破產法遏止了冒險精神，以及缺乏積極的移民政策，使歐盟無法像過去幾十年的美國一樣網羅外國人才。這些因素稍後都會詳細討論，但重點是美國和世界各國的決策者都應該認識到，採用歐洲式的監理模式並不見得會妨礙創新、打擊經濟和阻撓科技進步。

歐盟的科技公司面臨一個重大障礙：它們並沒有一個完全整合的數位單一市場，歐盟對它們來說有太多阻礙要跨越。這多多少少解釋了歐

洲科技公司為何一直在設法攻占能與美、中企業相比的市場占有率。規模化對於成長和競爭力至關重要，但是在一個語言、文化和政府法規都十分多變的多國市場，這種成長策略就更難施展。對亞馬遜來說，在美國成為最大的線上書商很容易，因為全國各地對英語書籍的需求都很高。歐洲的語言多元，出版市場更加分散。隨選視訊（Video On Demand，簡稱 VOD）在歐洲也同樣很難擴張業務，因為不同成員國的觀眾需求各不相同。[25] 因此，歐洲的隨選視訊供應商常得在不同成員國提供不同的內容組合，妨礙它們的大規模行銷。法律障礙也讓整個數位市場更為分裂，科技公司必須遵守歐洲各國不同的法律，導致業務成本和複雜性都大幅提升。[26] 這種破碎的環境迫使歐洲新創公司比美國同業更早面對國際化，美國公司卻能先在國內建立起龐大的規模。[27]

歐洲立法者也同意，破碎的市場阻礙了歐洲科技業的成長。早在 2010 年，歐盟委員會就意識到，由於這種破碎的特徵，歐洲的中小新創企業很難成長為世界級的大企業。[28] 然而，儘管歐盟一直設法整合數位市場，但從 2010 年至今，這些阻礙依舊限制著企業的成長與創新。2015 年，歐盟消費的所有數位服務中，只有 4％跨越國界。[29] 麥肯錫全球研究所 2019 年的一項研究總結，「市場破碎似乎讓歐洲處於結構性的劣勢」，使得歐洲的創新不如競爭對手。[30] 對於科技巨頭來說，要進入歐洲這種破碎化的市場，需要付出高昂的成本，但歐洲本土科技公司多是中小企業，這對它們來說成本更高。目前歐洲有一萬多個成長可期的平台，其中 96％是中小企業。[31] 對這些公司來說，市場破碎的成本高得令人卻步，因為它們無法靠規模經濟來跨過成長門檻。相較之下，美國和中國的公司都擁有相當同質化的國內市場，更容易擴展規模。

數位單一市場並不是歐洲整合的過程中唯一阻礙科技業成長的要素。另一個主要障礙是缺乏深入且整合的資本市場，歐洲公司因而無法

爭取到充足的資金。事實上,歐洲企業往往需要依賴美國資本市場,才能有成長的機會。麥肯錫全球研究院的另一項研究顯示,歐洲股權融資積弱不振,新創公司很難找到融資。[32] 研究分析了歐洲人工智慧新創企業的密度,認為相較於其他商業模式創新能力等因素,融資對於人工智慧新創企業密度的影響「顯著較高」。雖然歐洲公司通常能取得種子資金,並在早期融資輪次大放異彩,但它們在後期融資卻很難籌到資金。相較於美國,歐洲企業在進入後期的 D 輪和 E 輪融資後,創投資金總額會下降大約 50%。[33] 由於歐洲缺乏資金足以支持後期融資的大型創投基金,在可比較的產業中,美國公司只要達到「相似的成功指標」,往往就能籌到明顯更多的資金。[34]

儘管歐洲資本市場分散且相對不發達,但近年來歐洲科技業卻出現一線曙光。部分跡象顯示,美國創投公司逐漸看好歐洲的投資前景,並投入愈來愈多資本。其中一個證據是在 2020 年到 2021 年間,美國創投公司對歐洲企業的投資已經增加兩倍,多達 830 億美元。[35] 幾家著名的美國投資公司在歐洲設立了辦公室,這或許預示著未來將有更多美國資本流入歐洲。例如 2022 年管理 850 億美元資產的著名投資商紅杉資本(Sequoia Capital)[36],就在 2021 年初開設了倫敦辦公室。[37] 這些發展反映出,矽谷最成功的一群創投家愈來愈相信,歐洲科技生態系即將邁入指數性成長。[38] 即使歐洲能給新創企業的資本依然受限,美國和其他外國資本也有機會彌補一部分的不足。

儘管近年來許多歐洲新創公司都靠著美國創投企業的投資能量順利成長,但如果歐洲資本市場整合得更好、更活躍,無疑會有更大的幫助。目前歐盟已經採取許多措施,設法讓歐洲企業有更多資金起步並擴大規模。其中意義最重大的,就是 2015 年成立的資本市場聯盟(Capital Markets Union),目標是黏合破碎的金融市場,為歐盟創造單一資本市

場。一旦深度整合，歐洲資本市場就能協助實現融資來源多角化、促進跨國資本流動，並增加企業資金來源。歐盟委員會表示，為了加強歐盟的全球競爭力，就必須完成資本市場聯盟。[39] 歐洲央行高層也呼籲歐洲資本市場更進一步整合。這些人士表示，活化資本市場、推動資本市場聯盟將能「協助成長與創新」，因為資本市場「更能有效資助創新和開拓成長來源」。[40] 不過實際上，歐洲資本市場距離整合還很遙遠，歐洲科技公司獲取資金的能力暫時還比不上美國同行。

歐洲缺乏科技巨頭的另一個隱性因素，是歐洲對風險和創業有許多法律和文化障礙。歐盟各國都有懲罰性的破產法，導致失敗的代價非常高，因此歐洲企業家往往缺少科技業需要的犯險精神。OECD 有一份研究各國破產制度的報告，指出美國、加拿大和土耳其的個人創業成本最低，捷克、瑞典、葡萄牙等歐洲國家則最高。[41] 意識到這個問題後，歐盟機構開始加強協調成員國的破產法，並強調破產不應該變成「無期徒刑」。[42] 2016 年，歐盟委員會提出一項強調「第二次機會原則」的指令，試圖降低企業家的失敗成本。[43] 這項指令和美國《破產法》（*Bankruptcy Code*）第十一章類似，並於 2019 年正式通過。[44] 但目前為止，這項嘗試並沒有順利和緩歐盟各成員國的破產法，其他嘗試也並未順利協助各國革新，歐洲科技企業家依舊面臨同樣的問題。[45] 然而，無情的破產法只是歐洲企業家規避風險的部分原因，另一個關鍵因素則是文化。歐洲人對事業失敗的恥辱感更為嚴重，這阻礙了冒險精神，也妨礙了創新發展。在歐洲，失敗乃是「個人悲劇」；而在矽谷，失敗則是榮譽勳章或成年儀式，從而催生了「放手做，勇敢錯」的口頭禪。[46] 相較之下，重視穩定的歐洲人，則培養出一種與破壞性創新對立的心態。[47]

最後，歐洲的創新不足也有部分要歸咎於歐盟無法透過積極的移民政策、吸引世上最優秀的創新人才。美國科技業高度仰賴美國吸引移民

的能力，最成功的企業創辦人背後都有移民故事。Apple的賈伯斯是敘利亞移民之子；亞馬遜的貝佐斯是古巴移民第二代；Facebook共同創辦人愛德華多・薩維林（Eduardo Saverin）是巴西人；Google共同創辦人謝爾蓋・布林（Sergey Brin）則出生於俄羅斯；特斯拉的馬斯克則來自南非。這些名人並非罕見的異數，根據美國國家政策基金會（National Foundation for American Policy）2018年的研究，美國價值10億美元的公司中，有55％的創辦人是移民。[48]就算是人口更多的科技移民，歐洲的成績也遜於美國。2019年的一項研究發現，歐洲只有25％的移民受過高等教育，而在其他OECD國家，這個比例為30％。[49]歐盟不僅難以吸引移民進入科技業，還有許多人才流向美國，從很多指標可以看到這種人才流失。一項調查全球頂尖AI人才分布的研究指出，全世界60％的頂尖AI人才在美國機構工作，在歐洲機構的只有11％；但美國人才中只有少數是本地人，超過一半是移民或外國人，其中有29％在中國取得學士學位，其次是美國的20％和歐洲的18％。[50]這顯示全球AI領域的頂尖研究人員，包括歐洲人才在內，都選擇遷往美國，但很少美國人才選擇前往他國。

　　科技人才偏愛美國勝於歐盟的原因有很多，像是美國大學的吸引力，就是引導他們進入美國勞動市場的門戶。[51]根據2021年的「泰晤士高等教育世界大學排名」（Times Higher Education World University Rankings），歐盟僅有六所大學躋身全球前五十名，且排名最高的是第三十二名。而同一份榜單中，美國有二十二所大學躋身前五十名。[52]美國的一流大學是吸引外國人才的主要因素。許多外國學生畢業後選擇留在美國，讓美國勞動市場有更雄厚的人才庫。美國國家科學基金會2018年的報告顯示，70％外國出生、非公民的理工科博士生畢業後，會選擇留在美國。[53]外國人才對美國青眼有加的另一個原因是科技創業家在美國

能獲得更多經濟回報。歐洲創投公司 Index Ventures2017 年的研究發現，超過 75％的歐盟國家的員工認股選擇權規則落後美國。[54] 歐洲科技業的新創公司也意識到這個限制。2019 年，五百名歐洲新創企業的執行長和歐洲創投家共同簽署了一封公開信，敦促歐洲決策者徹底改革有關員工認股選擇權的相關法規，以便吸引更優秀的人才，與矽谷互相競爭。[55]

從上述例子可以知道，歐盟以權利為本的監理模式不一定會阻礙創新，或限制科技和經濟進步。歐盟之所以無法培育數位巨擘，可以追溯到數位監理外的各種政策，是這些政策一直在阻礙歐洲科技進步。這個觀察結果應該能讓美國的決策者和其他利害關係人不那麼擔憂支持歐盟式數位監理的後果。美國朝歐洲模式做出調整，或在全球大量效仿這種模式，整體來說並不會減損美國的創新實力。無論是保護網路使用者的資料隱私、規範科技巨頭的反競爭行為，還是要求平台對有害內容承擔更多責任，都不至於損害美國資本市場的活力、有利於創業的破產法，也不會阻止全球科技人才遷至美國。也就是說，在數位經濟監理這方面，如果美國採取一些歐盟推行的監理政策，反而利大於弊。而在資本市場、破產法、勇於冒險的創業文化，以及吸引全球創新人才等方面，則是歐盟要向美國學習。這兩種數位制度不應該非此即彼，而是互補的數位生態系，可以模仿、追求彼此最優秀的地方。

政府並非注定輸掉與科技公司的垂直競爭

世人不必擔心歐洲模式的勝利會帶來過多監理，而是應該擔心它若沒有正確執行，將會為美國和歐盟帶來糟糕的後果。我們在第 9 章已經看到，歐盟在數位監理的許多領域，都已經成功提出能引起全球共鳴的

政策目標，並制定出各司法區群起仿效的嚴格法規。然而，第 3 章也提到，歐盟並沒有順利用這些政策目標和法規改變市場。科技公司依然主導著市場，並未受到打擊，網路上仍舊充斥著仇恨言論和其他有害內容，企業與政府依舊恣意利用網路使用者的個人資料。本節將探討歐盟執法記錄的缺陷以及相關肇因，指出水平和垂直競爭之間的關聯。歐盟要在價值觀和實際成果上贏過美國，就得先贏得和跨國科技公司的垂直競爭戰鬥。如果歐盟輸了這場垂直鬥爭，無論美國監理機構和網路使用者怎麼想，整個數位經濟仍會由美國的市場導向模式稱霸，由科技巨頭統治整個數位世界。

科技巨頭為什麼難以約束

　　顯然，歐盟與其他民主政府一樣，都在設法駕馭這些規模和影響力前所未有的科技公司。當今最大的科技公司在規模和影響力上可與一些國家相媲美，而這些公司巨大的經濟、政治和社會影響力也讓政府難以監理其商業行為。科技業擁有幾乎無限的資源，可用於遊說反對監理法規、在與政府發生法律爭議時為自己辯護，最後取得高於政府的地位。比如第 3 章提到，愛爾蘭資料保護委員會幾乎沒有能力使用龐雜的資料隱私規範，來約束位在都柏林的美國科技公司。愛爾蘭的執法能力不濟可能有很多原因，但至少部分是出在資料保護委員會的資源不足。資料保護委員會的對手是全世界最強大的科技公司，委員會手中的資源和這些科技巨頭相比，簡直滄海一粟。《GDPR》生效後，愛爾蘭監理機構的年度預算是 900 萬美元，而 Apple、Facebook、Google、Twitter 和微軟這些位於都柏林的美國科技巨頭，大約只要十分鐘就能賺到這些錢。[56]想當然耳，愛爾蘭監理機構對科技巨頭提起的訴訟案件數量不如預期。

科技巨頭的規模和資源並不是政府難以抗衡的唯一原因。數位經濟本身的規模就很龐大，這對監理是一大挑戰。歐盟將大量權力下放給平台，要求它們管理自己的行為，原因之一就是要審核的內容太多，要對這些內容進行大規模的監理基本上並不可行。2021 年 12 月，Facebook 每天平均有 13 億 9 千萬名使用者。[57]2020 年，Facebook 使用者每分鐘大約會上傳 14 萬 7 千章照片，分享 15 萬條訊息；Twitter 每分鐘會增加 319 名用戶，Instagram 每分鐘有 34 萬 7,222 則動態，YouTube 每分鐘會多出 500 小時的影片。[58] 布魯塞爾的人無法審查這麼多內容，確保網路上不會出現任何非法訊息，其他地方也沒有人辦得到。即使是擁有強大科技篩選工具的企業，也幾乎不可能事前審查內容。Apple 是少數的例外，所有應用程式發布到線上商店之前，都要先通過審查。但跟 Facebook、YouTube 或 Twitter 上傳播的內容規模相比，Apple 線上商店的規模還算可控，每週只有十萬多個應用程式要審核。[59] 除了 Apple 這種異數，其他平台只能事後審查平台上的內容，而且只有在演算法、平台使用者或其他單位回報內容可能有害時，才會這樣做。

　　最後，歐盟在執法時面對的挑戰，還包括對民主和基本權利的決心，這代表在執行以權利為本的監理模式時，還得仔細平衡眾多相互競爭的權利。數位監理帶來了艱難的權衡，使得所有執法任務都變得十分複雜。獨裁政府不必平衡言論自由與其他刪除內容的考量，自然更容易「有效」執行線上內容規範。歐盟卻要權衡，和限制非法和其他有害言論相比，言論自由有多重要；這需要更細緻入微、更不容易實施的執法方針——非常耗時、容易出錯，而且在民主社會中，也會一直遭受批評。

　　歐盟對法治和正當程序的重視，也能解釋反壟斷執法的部分缺陷。歐盟對科技公司執行反壟斷法的拖延備受詬病，原因在於歐盟在調查時必須遵守正當程序。歐洲不可能像近年來的中國一樣，隨便對科技業進

行大規模鎮壓。擬議法律時,歐盟必須經過立法程序,包括歐盟委員會、歐盟理事會、歐洲議會以及二十七個成員國的立法機構,每個機構中都有大量的民主制衡,以確保制定任何法規前,能夠仔細權衡各種利益。同理,執行法律的當下,歐盟也會注重科技公司的意見,並在委員會對科技公司做出任何不利裁決時,提供兩層上訴機會。這些因素結合起來,就能解釋為什麼歐盟與科技公司的垂直競爭會面臨重重挑戰:要運用有限的人力和財力,監理不斷流動的複雜經濟活動,同時堅持精心設計的民主程序並遵守法治,實在不可能容易。

政府如何贏得垂直競爭

這些執法挑戰非常艱難,但並不代表科技公司注定會在垂直競爭中勝過政府,也不代表歐洲以權利為本的監理模式注定失敗。輕言政府必敗、擁抱科技決定論還為時尚早,企業開發的科技未必會凌駕政府,決定我們社會的未來。儘管有一些評論者認為科技公司正逐漸成為「新的統治者」[60]、「正在行使某種形式的主權」,甚至主宰未來世界的將不是單極、雙極或多極強權,而是「科技極」強權[61],國家是否能管理這些公司,絕對值得懷疑——說真的,有些論者的觀點還頗具說服力。不過,人類政治一直以來都是以政府為核心運作,政治學家史蒂芬·沃特(Stephen Walt)曾提出一妙問:「你覺得一百年後誰還會存在?是Facebook,還是法國?」[62]

2006年,美國法學家戈德史密斯和吳修銘撰文反對學術界流行的網路自治願景,提醒美國為何以及如何繼續發揮作用。[63] 他們認為,網路雖然顛覆並改造了社會與人類的互動,但還是無法取代政府的核心功能。政府對企業仍有強制性的權力。這種強制性權力可以、而且經常會

改變企業的運作方式。現在的科技公司比 2006 年更強大，但這個基本論點仍然有效：科技巨頭制定的規矩、社群準則和各種規則，最終仍受政府所制定的法律管轄，因為政府擁有強制權力讓企業遵守法律。美國政府或許根據《通信規範法》的〈二三〇條款〉解放了這些公司，但它們手中依然握有廢除或重寫法律的權力。科技公司無法完全擺脫政府；儘管它們有可能抵制政府的法規，但終究還是必須遵守。它們無法強行取得併購許可，不能拒絕繳納數位稅，也無權恢復政府命令它們刪除的內容。如果政府禁止精準投放，它們就不能涉入定向廣告；如果政府立法將臨時工視為員工，它們就不能用「獨立承包商」的名義聘僱臨時工。說到底，企業的「主權」其實僅止於不在它們不喜歡的司法區經營。然而對於逐利的企業來說，這種行使主權的方式顯然代價過於高昂。

不過，科技公司依然受國家強制力的約束，並不代表監理這些公司很容易，更不代表監理一定有效。鑑於當今要限制科技巨頭所面臨的各種挑戰，探討國家與科技公司關係的文獻已有許多改變。在 1990 年代，這塊領域的學術研究都聲稱科技業可以自治，國家應該保持觀望。[64] 2000 年代的第二波文獻認為，國家應該而且能夠對科技公司行使權力。[65] 然而，如果說第一波思潮對科技公司的自治能力過於樂觀，那麼第二波思潮就是對國家治理公司的能力過於樂觀。目前的共識漸漸走向「雖然寄望科技公司自治不切實際，政府還是得出手干預」，但民眾也愈來愈懷疑政府是否真有干預的能力。也就是說，我們認為政府應該和科技公司進行垂直競爭，也認為政府可以獲勝。只不過，政府可能需要新的工具，才能在這場競爭中發揮力量。

對歐洲監理機構來說，它們必須釐清如何重新以民主的手段控制住科技業。如果歐盟在垂直競爭中失敗，那麼建立和經營數位社會的，就真的會是科技公司，而非民選政府。在那樣的社會中，民主、法治以及

個人和集體權利，都必須和科技公司的商業利益相容才能發揮作用。因此，歐盟不應擔心過度監理而綁手綁腳，反而得加倍投入監理目標，採取更有效的執法行動。然而這麼做也有一些但書。在加強監理的同時，歐盟必須忠於以權利為本的價值觀，因為歐盟正是靠這些價值觀得到世界各地的重視，進而在與美國和中國的水平競爭中獲取戰略利益。在美中科技戰的陰影下，歐盟對數位經濟的監理越發緊密，這種取向可能會導致歐盟像第 5 章說的那樣，為了在動盪無常的局勢中維護數位主權，走向科技民族主義。這可能會導致法規要求資料在地儲存，或是出現為產業政策效力的反壟斷執法。然而，如果歐盟開始接受數位保護主義，科技保護主義就有可能成為全球常態。畢竟，歐盟監理機構應該牢記，布魯塞爾效應雖然很有效，但它可以輸出好的監理制度，也能輸出壞的監理制度。

歐盟多次承認，目前為止的執法記錄尚有許多不足之處，也知道它必須找到辦法，將既有的價值觀和通過的法律轉化成具體的進展。因此，歐盟最近展現了更大的決心，採取了新的數位法規，試圖解決一些當前政策的既有缺陷。為了改善反壟斷調查曠日費時的程序，歐盟通過了第 3 章提及的《數位市場法》，事前列舉了一連串針對「數位守門人」（包括亞馬遜、Apple、Google、Meta 和微軟）的反競爭行為，跳過了舉證科技公司損害競爭的程序。[66] 徹底禁止特定商業行為，讓歐盟委員會能夠避免冗長的調查，因為這些調查往往會讓委員會無法即時干預數位市場。強制要求互通性或資料可攜性（data portability）等措施，還有禁止自我偏好或跨服務使用資料等行為，都會打擊這些公司的核心商業模式，讓歐洲監理機構能運用更強大的工具來促進競爭。

第 3 章談到的《數位服務法》則是約束科技公司對發布在其平台上的內容承擔義務。[67]《數位服務法》要求平台公開透明、接受問責，並

透過嚴厲的制裁強化這些強制性要求。雖然《數位服務法》並未強制要求監控平台上發布的內容，但它對平台的自由設下明確的限制，比如禁止針對未成年人使用精準投放，以及禁止扭曲自主性、知情決策與選擇的操弄性設計。[68] 這些具體規定附有一系列的一般性規則，規範了演算法的透明度，以及使用者對內容審查提出異議的正當程序。最大的平台將受額外規則的約束，包括獨立審計，並有義務允許當局和研究人員查看商業模式。這些法規是否能讓科技公司以更民主、更透明、更負責任的方式治理，將會揭露歐盟是否有能力將既有價值轉化成實際的市場結果，還有其監理模式能否成為其他民主國家效仿的對象。

駕馭科技巨頭的力量，執行數位監理

未來幾年，我們將會知道歐盟更積極的監理行動，是否會強化歐盟與科技公司垂直競爭的能力。我們也將知道，美國是否會加強對科技公司的監理，還是國會將繼續僵持、停滯不前，讓公民進行激烈的立法辯論，但最終只能推出失敗的法案，而美國市場導向的監理模式依然換湯不換藥。不過，政治氛圍變得對科技公司愈來愈不友善，或許能幫助政府強化監理。無論政策制定者還是社會大眾，都對科技公司沒什麼好感，更缺乏信任，這代表大企業如果執意對抗監理機構，多半只會引發更強烈的反彈。為了避免進一步激怒監理機構，科技公司也許會在垂直競爭中，對大部分監理機構讓步，只在少數領域堅守立場。

整體局勢的變化，也可能使得政府就算未能順利監理科技公司，後果也沒那麼嚴重。最重要的一項變化在於，某些科技巨頭利用市場力量來對抗其他科技巨頭，並在過程中協助政府的執法。這些科技業內部的水平競爭可以改變數位市場，同時抵消迄今為止困擾歐盟和其他監理機

構的執法能力不足。目前資料隱私領域最重要的一場水平競爭，發生在 Meta 和 Apple 之間。由於 Facebook 的商業模式是靠著消費者的資料來投放精準廣告，因此強化資料隱私保障對於 Met 茲事體大。[69] 相較之下，Apple 的收入主要來自硬體銷售，Apple 因此可以利用隱私權的敘事，建立對抗 Meta 等公司的商業戰略。2021 年 4 月，Apple 在 iPhone 上推出了更新，詢問用戶是否希望讓 Facebook 等應用程式追蹤。[70] 這項變更被視為使用者隱私的一大進步，但對 Meta 這樣的公司來說，卻是毀滅性的打擊。[71]Meta 對此發表了激烈且有爭議的論點，表示不受限制的個人資料蒐集能帶來龐大的經濟效益，同時聲稱自己是小型企業的捍衛者，因為這些企業很依賴 Facebook 的個人化廣告。[72]

Meta 確實應該擔心 Apple 新的反追蹤措施，因為絕大多數的 Apple 用戶都選擇拒絕追蹤。2021 年 7 月的初步市場研究顯示，使用者只會在大約 25％的時間裡允許追蹤。[73] 其他市場研究的結果甚至更為劇烈。根據 2021 年 5 月的一項分析，自從 Apple 提供反追蹤措施後，有 96％的美國使用者都選擇拒絕追蹤，全世界的數字則為 89％。[74] 儘管不同的統計數字存在一些差異，但整體趨勢毫無爭議：用戶往往選擇隱私，而非監視。某種程度上，這解釋了為何 Meta 股價會在 2022 年 2 月史無前例暴跌 26％──在此之前 Meta 就曾披露，Apple 的隱私調整將使 Meta 每年損失數十億美元。[75]Meta 的損失最大，但 Twitter、Snap 和 YouTube 等幾家科技公司在 Apple 推出應用程式追蹤透明化工具後，也有大量收入在一夕之間蒸發。[76]

還有一個科技巨頭與政府結盟的例子，是微軟敦促澳洲、歐盟和美國監理機構強制要求平台在顯示新聞時，與製作新聞的媒體機構分享收入。[77] 這打破了科技業對抗政府的統一戰線，也使市場轉而使用微軟的產品與服務，而 Google、Meta 等競爭對手都大受打擊。但這並不是微軟

第一次要求監理競爭對手。微軟曾與歐盟的反壟斷監理機構纏鬥多年，始終討不了好處，後來微軟決定反其道而行，於 2011 年向歐盟投訴 Google，指 Google 在搜尋引擎與搜尋廣告市場採取了不公平的壟斷行為。[78] 新聞報導也意識到監理的局勢已經有所轉變，並指出「微軟在布魯塞爾搖身一變，成了控訴者而非受害者。」[79] 雖然微軟和 Google 在 2016 年暫時休戰，但微軟最近又再次敦促各國政府對 Google 和其他科技巨頭採取行動。[80] 2021 年，Google 高級副總裁肯特・沃克（Kent Walker）指責微軟「回到它們熟悉的做法，攻擊競爭對手並遊說政府制定對它們有利的法規」[81]，微軟支持立法後，他更斥責微軟是「赤裸裸的機會主義企業」，強迫平台和媒體分享收入。[82] 微軟和 Google 的這些例子顯示，科技巨頭既可以是盟友，也可以是敵人；它們有時齊心協力，捍衛彼此共同的利益，反對亟欲監理它們的政府，而有時又會和某家公司發生激烈的水平競爭。

這些科技業內的水平競爭，可能會對改變監理局勢產生重大影響。當一家科技巨頭為了限制另一家科技巨頭的商業模式，所做的決定可能會比歐洲隱私監理機構的任何做法，都更能有效實現《GDPR》的目標。顯然，Meta 寧願繳罰款給歐洲的監理機構，也不願讓 Apple 詢問設備上的每個用戶，是否希望被 Facebook 應用程式追蹤。讀到這裡，有些人可能會認為，這些水平競爭證明了科技業應該自我監理；有些人可能會更甚一步，認為美國的市場導向模式是正確的，因為科技公司可以而且確實會相互制衡。如果科技公司本身之間的水平競爭可以取代政府和科技公司之間的垂直競爭，那為什麼還要擔心呢？然而，任何一個認真看待民主的人多半都會擔心，一旦社會的利益和科技公司的利益不一致，數位公民的隱私還會受到尊重嗎？

若想依賴科技公司間的水平競爭來進行數位治理，就得先知道這些

公司的價值觀為何，以及它們是否可以取代政府，成為產業中的監理者。嚴格來說，確實有跡象顯示，科技公司的企業政策和實際商業行為都逐漸往歐盟倡導的價值轉變，也許能減輕政府和企業的垂直競爭。許多廣為人知的醜聞讓科技公司陷入困境，使它們難以繼續為科技放任主義辯護。於是，大公司反而開始呼籲改革《通信規範法》的〈二三〇條款〉，敦促美國國會通過類似《GDPR》的聯邦隱私法。[83] 這些公司改變的不只是公關言論，一些政策也有所變化。想當初，科技公司不願意規範平台上的內容，但現在已經逐漸接受主動規範是它們的責任。直到最近，Meta 仍然堅稱自己不是「真理的仲裁者」，並拒絕刪除一些爭議言論，包括仇恨言論。[84] 各種對 Facebook 政策的批評匯聚起來，演變成「#StopHateForProfit」這個抵制活動，促使一些廣告商徹掉了部分社群媒體上的廣告，因為這些平台沒有譴責或刪除種族主義的內容。[85] 但直到 2021 年 1 月 6 日的國會山莊騷亂，Meta 才被迫採取行動，暫時禁止川普總統使用 Facebook 平台。近年俄羅斯入侵烏克蘭，也迫使 Meta 在資訊戰中積極作為，減少俄羅斯的國家宣傳。[86] 這些例子都顯示，即使是科技公司自己，也不再相信美國市場導向模式背後的科技放任主義，垂直競爭的局勢慢慢傾向政府這邊。

　　科技公司的另一個壓力來自內部員工，他們也開始要求公司調整商業行為，配合歐洲監理模式中的價值觀。豪根正面對抗 Meta，積極爆料前僱主的有害商業方針，可說是其中最極端的案例。然而，科技業員工的不滿確實正快速蔓延，他們愈來愈看不慣社群媒體上的仇恨言論。2020 年，川普總統對喬治・佛洛伊德之死引發的種族抗爭發表了爭議貼文，而 Meta 決定不刪除這些內容，引燃了內部員工的怒火，為這名遭警方殺害的非裔男子抱屈。許多人認為川普的貼文是在美化暴力。Twitter 決定隱藏川普的發文，但 Meta 沒有採取任何行動。為了抗議，

多達六百名 Meta 員工舉行了「虛擬罷工」(virtual walkout)。[87] 有些員工在 Twitter 上表示他們將離開公司,有些則散發內部請願書,呼籲所有員工表達類似的聲音。[88] Twitter 員工也參加了虛擬罷工,並聲援 Meta 員工。[89] 這起事件再度顯示,科技業必須調整經營方針。

雖然上述案例讓許多人相當振奮,但科技公司真正的價值觀是否有所改變,目前還有待釐清。由於公眾意識多變難測,監理審查日益加強,科技公司大概會想採取更柔軟的身段。以微軟為首的部分科技公司,對於監理和以權利為本的監理模式,似乎比較言行合一。[90] 但對其他公司來說,放軟身段似乎是為了遮蓋其他勢力打造監理環境的努力,以便維持核心商業模式。比方說,大多數科技公司始終都抵制反壟斷改革,因為在這個領域,監理機構的猛烈攻勢確實有可能打擊它們商業模式的核心。[91] 對這些公司來說,最好的發展就是美國國會持續陷於僵局,美國法院拒絕放棄一直以來的市場導向監理方針。員工或使用者施加的壓力是否足以讓科技公司放棄精準廣告等商業模式,目前還很難說。畢竟,就算是抱怨這些企業成事不足的消費者,也往往放棄不了便利的產品,廣告商和投資人也無法割捨這些公司幫它們創造的利潤與回報。因此,各國政府不但得繼續投入垂直競爭,還應該比現在更加投入,才能確保歐洲以權利為本的監理模式蓬勃發展。

競奪數位經濟的核心

上述的力量、趨勢和選擇都會影響水平與垂直監理競爭的結果,塑造當今的數位經濟,並在未來繼續發揮作用。深入了解這些要素可能無法幫助我們預測競爭的結果,更無法準確預測未來的世界將會變成怎

樣；但可以協助我們思考一些問題，比如未來幾年，數位經濟會以衝突還是合作為主、跨司法區的科技脫鉤會減緩還是加速，各種監理模式是否可以繼續共存，以及全球數位經濟是否還算是「全球」數位經濟。有些競爭可能會減弱，有些可能會加劇。遇到重要衝突時，數位監理機構和科技公司將更傾向積極應戰，而這些衝突將會塑造數位社會的經濟機會和政治架構。畢竟，科技公司和各國政府都知道，要是輸掉了整場戰爭，贏得一場戰鬥並沒有多大意義。

衝突與合作交錯的雙極世界

美國、中國和歐盟之間的水平競爭可能會有很多種結果，但我們知道某些結果更有可能成真。可能性最低的是一種模式完全勝利，形成單極世界，從此決定全球數位經濟的規範和價值觀。我們在第 5 章、第 6 章討論過水平競爭中的關鍵衝突，知道全世界的經濟、政治和科技力量過於分散，每一個國家頂多都只贏得部分或暫時的勝利。但我們也無法走向多極世界，親眼見證不同監理模式和諧共存、透過協調與合作超越現有的差異與衝突；畢竟這三種主流監理模式的規範與價值觀截然不同，無法形成共識，也很難大規模合作。儘管無論是基於霸權的單極數位世界，還是基於合作的多極數位世界，都可以維持全球網際網路、整合數位經濟，但這兩種發展實務上都不太可能發生。

當今全球數位經濟最有可能的結果，是衝突持續下去。水平競爭可能會持續甚至加劇，或延伸到新的政策領域或司法轄區。地緣政治越發緊張，導致各國政府愈來愈傾向從國家安全的角度來看待數位監理。這種看法促使各國政府盡可能增強科技自給自足，反過來又助長科技民族主義，促使數位體系進一步脫鉤。特別是，由於美中兩國不斷交惡，持

續將彼此視為經濟和地緣政治上的競爭對手，並將科技競爭視為你死我活的零和賽局，因此科技戰似乎不太可能在短時間內平息。

相較之下，隨著美國國內愈來愈偏好歐盟模式，美國和歐盟之間的水平競爭也有趨緩的跡象。全球逐漸青睞中國國家導向的監理模式，美國與歐盟結盟的可能性也日漸增強——或者說，這已經是現在進行式。大西洋兩岸一同走向歐洲以權利為本的模式，很可能讓世界走向雙極的數位世界秩序。在這個劇本裡，美國和歐盟將共同領導科技民主國家聯盟，對抗中國和其意識形態盟友所信奉的數位獨裁規範與價值觀。戰線會沿著政治意識形態展開：歐美陣營將利用數位科技賦予個人保護自己權利的權力；中國陣營則是把科技當作獨裁領導人控制政治的工具。

然而，即使雙極數位世界的衝突不斷，各種能夠克制衝突、讓既有數位秩序發揮作用的穩定力量依然存在。舉例來說，美國和中國都希望各自的科技公司能留在對方的市場，但同時又試圖妨礙對方取得關鍵科技或投資機會。畢竟，為了在科技競賽勝過中國，美國科技公司為創新尋找資金，而這些資金往往來自在中國產出的利潤。同理，中國希望科技公司成長，代表它們可能會需要打入美國的資本市場。本書 PART II 的論述已經顯示，關鍵角色和關鍵競爭之間的相互依賴，可能會讓各方的作戰策略受到更多限制。未來的全球數位經濟可能會像一場控制下的戰爭，衝突時而升級，時而緩解。關鍵角色和關鍵競爭之間的多重糾葛，可以防止全面戰爭，但分歧卻會愈來愈深，不會有長期休戰，更遑論天下太平。即便如此，在曠日持久的衝突中，還是有可能達成有限的共識或合作[92]，比如第 4、第 5 章所述，通過某種審計規則，允許中國科技公司繼續在美國證券交易所上市，或者同意出口某些關鍵科技。

另一個導致水平競爭減緩的力量，在於衝突中的實體內部並非完全

一致,無論美國、歐盟還是中國,內部都有彼此衝突的考量。歐洲內部的親市場派往往能緩和歐盟的監理傾向,使歐盟的監理更容易被美國接受。同樣地,美國的親市場派也會被監理派日漸壯大的聲量削弱,大西洋兩岸也因此更容易攜手合作。中國政府沒有採取全面審查,也沒有全面禁止 VPN,因此中國的網路使用者還是或多或少能與外面的世界連上線。每個勢力內部的克制力都有踩煞車的作用,避免局勢走向極端,讓整個世界可以進行有限的合作,將衝突控制在一定程度,甚至彼此包容。

這股克制的力量也解釋了為什麼衝突雖然持續不斷,卻不太可能造成全面的科技脫鉤。有些評論家預言,全球網際網路未來將會變成「分裂網」[93],比方說「中國互聯網」和「美國網際網路」,其他地區則會擇一加入,或在兩者之間搖擺。確實,現在的網際網路某種程度上已不再全球化了,中國正將許多外國供應商拒於門外,並禁止國內使用者連結到許多外國網站。美國也限制 Google 應用程式等美製軟體不得讓中國的華為手機使用。然而,這些科技脫鉤都只會是零星現象,且始終保持藕斷絲連。正如 PART III 所述,美國、中國和歐盟對整個網際網路和數位經濟運作的影響,都發生在不同的層面。因此,三種監理模式在一部分、甚至大多數國家都會有所交集,這些國家都會接受中國的數位基礎設施和美國的科技公司,並用歐洲的法規來管理。如此一來,三個數位帝國將在全球科技生態系統中彼此互補,維持最低限度的全球化數位經濟。

科技民主與科技專制之戰

隨著美國和歐盟的作風日趨統合,最主要的水平競爭漸漸變成美國和歐盟領導的科技民主聯盟,對抗一群科技獨裁國家,但獨裁國家往往也支持某些修改過的歐洲模式。[94] 最近有些人呼籲,民主自由國家應該

在科技政策上進一步合作。[95] 這些提議的出發點是認為民主陣營沒有付出足夠的行動來應對中國崛起，並防止國家導向監理模式擴散；而要有效做到這點，無法光靠單一國家的力量。迄今為止，民主國家尚未提出能與中國數位絲路一較高下的方案，防範網路攻擊方面也沒有真正的進展，更不曾設法協調出一套能反映共同價值的技術標準。倡議者包括哈利法斯國際安全論壇（Halifax International Security Forum，一個關注全球安全議題的組織），它們曾經警告，科技民主國家若不加強合作，可能會讓數位獨裁規範成為世界常態。[96] 如果不共同應對，中國就有可能在人工智慧應用領域占據主導地位，在世上絕大部分地區進行間諜活動，並滲進重要的國際機構，鞏固它們中意的規範，打造「威權主義能夠安心的世界」。[97] 科技民主國家要更深入合作，就得先擱置彼此的分歧，並承認世界需要建立在民主自由的理想上，而非威權的規範，世人才能過得更好。

然而，科技民主國家想要合作總會碰到一個問題：應該找誰加入，合作組織的使命又應當為何。科技專家賈德‧科恩（Jared Cohen）和理查‧方亭（Richard Fontaine）提議建立一個叫「T-12」的非正式科技民主國家聯盟[98]，創始成員國應包含擁有龐大經濟體且是重要科技參與者的美、法、德、日、英；經濟規模較小但同樣重要的澳、加、韓；科技和工程領域的強國芬蘭、瑞典；以及科技和新創能力卓絕的以色列、印度。隨著發展，T-12 可以接納更多科技民主國家，並邀請民間單位參與。兩人設想中的 T-12 是一個資訊共享論壇，參加的國家可以比較彼此對中國 5G 科技風險的評估，以及制定人臉辨識等新興技術的標準。而在更高的層次上，這個論壇可以「彰顯以創新、自由、民主合作與自由價值為基礎的未來願景」。[99]

其他類似的提案還包括前 Google 執行長施密特擔任主席的「中國戰

略小組」（China Strategy Group）、英國領導的「民主十國」（Democracy-10）或美國領導的「科技十國」（Tech-10）。[100] 雖然這類提案的具體細節各有不同，但澳洲、加拿大、日本、南韓和英國通常也被列入先進科技民主國家。中國和俄羅斯被認為是最重要的科技獨裁國家，但伊朗、巴基斯坦和沙烏地阿拉伯等國也都會壓制網路自由。[101] 不過，儘管多數主要經濟體都會自然落入其中一個陣營，但科技民主和科技獨裁國家之間並沒有明確的界限，許多國家不完全屬於民主國家或獨裁國家，而是所謂的「混合政權」或「有缺陷的民主國家」。因此，即便數位世界的秩序分裂成兩極意識形態，但兩者的勢力範圍還是會重疊，中國威權模式和歐美民主監理之間將一直存在許多過渡國家。

科技民主國家強化合作的想法正逐漸成形，美國政府大力支持是部分原因。拜登總統常將當今世界描繪成民主與獨裁間的較量，並以對抗中國野心與影響力當作外交理論的主軸。[102] 拜登政府也將民主國家之間的合作當作外交政策的招牌，甚至在 2021 年 12 月主辦了一場「民主高峰會」（Summit of Democracy），「為民主復興制定積極的計劃」。[103] 2022 年 4 月，這些努力終於有了成果，美國政府宣布與六十個國家建立夥伴關係，簽署了《未來網際網路宣言》（*Declaration for the Future of the Internet*），承諾用數位科技「促進連結、民主、和平、法治、永續發展以及人權和基本自由」。[104] 這份政治承諾的意義在於傳遞訊息，團結希望「網際網路開放、自由、全球、互通、可靠、安全」，並強調「尊重線上和數位人權」的國家。[105]

雖然各方為了凝聚科技民主國家做了這麼多的努力，但建立聯盟到底能不能塑造全球數位秩序、實現宣言闡述的價值觀，目前都還很難說。科技民主陣營並非一塊鐵板，既有的分歧可能也將阻礙各種有意義的合作。儘管宣言開放給更多國家簽署，但美國和民主盟友也面臨兩

難：一個國家對民主價值到底要有多忠貞，才有資格加入聯盟。[106] 許多重要國家都處在民主和威權兩個陣營的勢力範圍之間，而這些國家常常會違反民主自由的規範。對美國和歐盟來說，最苦惱的一點是到底該不該否絕印度、巴西等國家加入，但如果拒絕，它們就有可能倒向中國。科技民主國家可能也很難說服這些搖擺國家放棄與中國合作。美國無法阻止中國的經濟和科技實力崛起，因此也不能輕易勸誘其他國家放棄中國經濟成長帶來的機會。如今，以中國為最大貿易夥伴的國家幾乎已經是美國的兩倍。[107] 如果必須在美、中之間做出選擇，這些國家很可能會選擇中國。最後，如今在美國和歐盟內部，民主制度也面臨格外嚴峻的挑戰，團結全世界支持民主事業是相當艱鉅的任務。儘管面對這些挑戰，對於想抵抗中國監理模式的政府來說，維護民主自由仍然是最閃耀輝煌的戰呼。

在科技民主與科技獨裁的爭鬥中，中國和國家導向的監理模式確實有一些優勢。首先是中國的監理動作更快：當美國還在試著立法、歐盟還在苦惱如何執行數位法規時，中國政府因為沒有民主，制定規則不受約束，要實施監理自然非常簡單。中國不僅可以快速通過法規，執行法規也幾乎不會有什麼阻力。中國政府幾乎不允許科技公司發表異議，所有公司也都知道，守規矩是唯一選擇。這不但適用於外國企業，中國企業亦然。在中國政府對阿里巴巴處以破天荒的 28 億美元罰款那天，阿里巴巴就公開聲明，表示「對此處罰，我們誠懇接受，堅決服從。」[108] 為了進一步表示集團服從中國政府的「財富分配」目標，阿里巴巴承諾將於 2021 年 9 月為共同富裕計劃投資 155 億美元。[109] 其他中國科技公司也遵循了非常類似的做法，服從政府的要求並承諾恪守政府所倡導的價值觀。[110] 中國政府期望外國公司也能遵守類似的強硬規定。我們在第 4 章看過，即使這些要求和美國科技公司所宣稱的價值相悖，各大科技公

司還是一再屈從北京的要求。中國監理模式在讓科技公司遵守規範這一點相當成功，這與難以追究科技公司責任的歐美監理機構形成了鮮明對比。歐盟和美國的監理機構往往要面臨漫長的法律戰，因為科技公司會對監理行動提出異議，而不會忍氣吞聲。即便美國和歐盟逐漸在與科技公司的垂直競爭中占據上風，但許多政府根本不想面對這些麻煩，因此對它們來說，中國模式自然很有吸引力。

第8章提到，中國成功透過數位絲路輸出國家導向的監理模式，其中最重要的手段就是提供世界各地數位基礎設施。美國和盟國試圖遏制中國利用這種影響力席捲全球，但收效甚微，中國依然持續輸出那套為政治控制和數位監控效力的規範。中國成功的原因之一，是它不必太積極推行規範。許多地方在意識形態上都更親近中國國家導向的監理模式，是因為這種模式能利用網路監控，成為控制異議人士和少數群體的工具。還有一部分國家加入中國陣營並不是為了意識形態，而是出於實際需求選擇進口中國的數位基礎設施──因為這是發展數位建設最實惠的方式。除非科技民主國家能為這些國家提供吸引力相當的替代選項，否則這些國家多半會冒著受數位獨裁規範影響的風險，開門迎接中國的影響力。最後，中國確實培育出不少大型科技公司，對於推動中國模式也是助力。培育出阿里巴巴、華為、京東和騰訊等先進科技公司的經驗，讓中國得以告訴全世界，政治自由並非經濟成功的必要條件。中國崛起成為超級科技大國的經驗，顯示國家可以一邊把持數位經濟，一邊維持活躍創新、科技進步和經濟成長的文化。因此，科技民主國家很難主張效法中國國家導向模式將會損害各國的數位發展。反之，對一些政府來說，中國模式根本是一石二鳥，既能有效掌控政治，又能創造經濟發展。

科技民主與科技獨裁這場大戰，已經不只是為了爭取經濟利益。這場戰爭的政治與意識形態，是對民主自由這種治理模式的考驗。這一戰也不只發生在數位領域，而是屬於一場更大的戰爭，一場民主自由與鐵腕專制的戰爭。俄羅斯入侵烏克蘭後，這些分歧也快速加劇：民主自由世界團結起來，支持烏克蘭爭取自由；而許多獨裁領導人則拒絕譴責俄羅斯入侵，認為這場戰爭屬於一場抵抗西方霸權、反對民主自由價值的聖戰。有趣的是，許多數位治理模式介於兩者之間的國家都沒有譴責俄羅斯，而是選擇保持中立，比方說巴西和印度──而這些國家正好也是兩大陣營爭奪的對象。從這點可以再次印證，數位帝國的勢力範圍仍在持續變動，而這場競奪數位經濟未來的爭鬥，確實隸屬於一場更大的意識形態衝突，一場決定民主和獨裁誰將成為主流的地緣政治秩序之爭。

這場戰爭的賭注確實重大。目前為止，科技民主國家深知這一戰將真正決定數位經濟的核心，於是著手組織聯盟。而聯盟的焦點，是以拯救民主、對抗獨裁為號召，與中國進行水平競爭。但科技民主國家必須牢記，民主制度衰退的可能性有兩種：一是美國與歐盟在水平競爭中輸給中國，二是歐美在垂直競爭中輸給科技公司。正如第 2 章所述，民主政府必須想方設法監理科技公司，中國政府卻可以輕易鎮壓在國內市場活動的科技業者。幾乎沒有公司斗膽直面中國政府；但美國和歐盟政府卻不一定能贏得國內的垂直競爭。因此關於垂直競爭，最重要的問題並不是政府能否控制科技公司，而是民主政府能否控制科技公司──而我們都知道，中國毫無疑問做得到這點。這場戰爭最黑暗的結果，就是讓世人確信民主在垂直競爭中無能為力，只有威權才能勝出，並有效治理數位經濟。這進一步提高了賭注，無論是歐盟、美國，還是任何一個民主自由的國家，都承受不起戰敗的代價。

我們的數位社會正處於轉捩點。如今正在起草、以及未來幾年即將

提出的一系列法規，對於塑造未來幾年的數位經濟和數位社會至關重要。政府、科技公司和數位公民正在做出重大選擇，決定數位社會的未來精神以及數位經濟的核心。本書的主旨是揭示我們的社會和我們每個人所面臨的選擇，解釋影響這些選擇有什麼力量，並闡述這些選擇所涉及的利害關係。這些選擇將決定我們未來幾年、乃至於未來幾十年要生活在怎樣的社會中，決定人類是否能掌控科技，決定科技和提供科技的人是否會控制我們、剝削我們，以及隨著我們在數位時代中繼續前行，人際互動與社會的基礎，會是監視資本主義、數位威權主義，還是民主自由價值。

謝辭

這本書能夠完成，我得感謝很多人。寫作的過程中，許多同事慷慨和我分享洞見，他們仔細的回饋也讓這本書臻於完善。我特別要感謝一群聰明人，他們幫我讀了初稿，並參加了 2022 年 1 月的文稿會議：Elena Chachko、Adam Chilton、Danielle Citron、Katerina Linos、Paul Nemitz、Abe Newman、Marietje Schaake、Joris van Hoboken，還有 Angela Zhang。感謝他們願意放下自己重要的工作來討論我的作品，這份同事之情我會永遠感謝在心。你們誠實的回饋是無價之禮，為我指出繼續前進的道途。

還有很多同事幫我讀了草稿、和我討論想法，或告訴我還有哪些相關文獻可以參考，這些都讓我有更深一層的思考。我由衷感謝 Bill Alford、Yochai Benkler、Akeel Bilgrami、Kurt Björklund、Gabby Blum、Rachel Brewster、John Coates、Jonathan Cole、Alex de Streel、Einer Elhauge、Luca Enriques、Tom Ginsburg、Jack Goldsmith、Monica Hakimi、Howell Jackson、Suzanne Kingston、Ben Liebman、Tambiama Madiega、Florencia Marotta-Wurgler、Amanda Parsons、Nicolas Petit、Katharina Pistor、Christina Ponsa-Kraus、Eric Posner、Kal Raustiala、Gustavo Ribeiro、Dan Richman、Tim Rühlig、Paul Schwartz、Thomas Streinz、Holger Spamann、Cass Sunstein，以及 Salome Viljoen。感謝你們幫我看到推進討論的關鍵，以及需要補充更多論述之處。特別感謝在我所知不足處提供支援的每一位同

事。我從你們口中學到了有關美國憲法、國家安全、間諜活動、帝國主義、技術標準、基本權利、中國共產黨、數位稅收、風險投資等領域的許多知識。沒有你們的專業知識和指導，我絕對無法涉獵這麼大的主題。我也要感謝牛津大學出版社的兩位匿名審稿人提供了非常周到的意見。

也感謝讓我依賴的一些好同事。特別感謝我在哥倫比亞大學的同事 Dave Pozen 和 Matt Waxman，我非常依靠他們的學術判斷。Dave 和 Matt 多次和我一起閱讀、討論，謝謝你們。Angela Zhang，謝謝妳幫我讀了好幾個版本的書稿，我有自信能提筆探討中國的數位經濟，很大一部分要歸功於妳出色的學術成就，以及鼓勵和教導我的耐心。最後，我要深深感謝 Adam Chilton 和 Katerina Linos，你們慷慨無私充當我的讀者，我甚至算不清你們花了多少時間和我一起閱讀並討論本書的每個版本。謝謝你們的誠實、慷慨與學問。

感謝以下研討會和工作坊讓我有機會發表本書的草稿，我實在獲益良多：Columbia Law School Faculty Workshop、Global Justice Workshop、Law & Economics Workshop、The Faculty Workshop at Harvard Law School、The Legal Theory Workshop at the University of Michigan Law School、The Faculty Workshop at Vanderbilt Law School、The International Law Colloquium at the UC Berkeley Law School、Golem Project seminar series at the London School of Economics。在布魯克林法學院、牛津大學和荷蘭提爾堡大學的演講，也讓我有珍貴的機會能釐清我對書中各個主題的思考。我也要感謝哥倫比亞大學 Jerome A. Chazen Institute for Global Business 和 Richard Paul Richman Center for Business, Law, and Public Policy 的財務支持。謝謝你們對這份研究的信任，讓我有機會實現。

我還有一群優秀的研究助理，沒有他們，我就無法完成這本書。衷

心感謝 Fahad Al-Sadoon、Kelly Benguigui、Jan Brack、Sarah Clouston、Jerry Du、Iris Duan、Haley Flora、Lucas Forbes、Mara Hellendoorn、Jamie Herring、Victoria Jin、Britt Jordan、Anita Kapuyr、Aroosa Khokher、Eddie Kim、Susie Kim、David Leys、Eileen Li、Nicole Miller、Tatum Millet、Matan Neuman、Mario Palacios、Aita Seck、Aparna Sundaram、Greta Ulbrick、Alexandra Valas，以及其他對這項研究至關重要、但要求匿名的中國學生。你們的才華、機智和奉獻精神每天都讓我驚嘆不已。謝謝哥倫比亞大學法律圖書館的 Samantha Lim 和 Lena Rieke 幫我追蹤所有相關領域的最新發展，這絕非易事，但她們做得無可挑剔。謝謝各位。

我也要感謝我傑出的企劃編輯 Chris Lura，他敏銳的整理幫助我將許多論點緊密編織在一起。我也要感謝 OUP 的編輯 Dave McBride。雖然你不常介入，但每次都恰到好處。感謝你和我一樣相信這本書必須問世，並相信我是寫這本書最合適的人選。

最後，我要好好感謝我的丈夫 Travis。過去兩年，你每天都在聽我聊這本《數位帝國》。你讀了每一個章節，被我逼著評論每一個想法。在我需要專注的時候，以及在寫作遇到困難的時候，你都幫我找到正確的方向。感謝你不懈的支持，也謝謝你擔任我探索學海與渡過日常的夥伴。

這本書獻給我的孩子 Oliver、Sylvia 和 Vivian。成為你們的媽媽是我生命中最偉大的榮幸和喜悅。我做的一切因此有了更深的意義，包括寫這本書。我深深意識到，你們的人際互動和生活經驗都飽受科技影響。因為關心你們的未來，我有了更深的使命感，想要更了解這個尚在成形中的數位世界。我們應該讓科技為你們效力、保護你們、成為你們的力量，永遠不讓你們因科技而受傷。

DIGITAL EMPIRES
THE GLOBAL BATTLE TO REGULATE TECHNOLOGY

數位帝國
全球科技監理之戰

作　　者	安努・布拉福德	出　　版	感電出版
譯　　者	胡中瀚、盧靜	發　　行	遠足文化事業股份有限公司
編　　輯	鍾顏聿、徐育婷		（讀書共和國出版集團）
視　　覺	白日設計、薛美惠	地　　址	23141 新北市新店區民權路 108-2 號 9 樓
		電　　話	0800-221-029
副 總 編	鍾顏聿	傳　　真	02-8667-1851
主　　編	賀鈺婷	電　　郵	info@sparkpresstw.com
行　　銷	黃湛馨		

印　　刷	呈靖彩藝有限公司
法律顧問	華洋法律事務所　蘇文生律師

ISBN　978-626-7523-23-0（平裝）
　　　　978-626-7523-19-3（EPUB）
　　　　978-626-7523-20-9（PDF）

定　　價　700 元
初版一刷　2025 年 3 月

如發現缺頁、破損及裝訂錯誤，請寄回更換。
團體訂購享優惠，詳洽業務部：(02)22181417 分機 1124。
本書言論為作者所負責，並非代表本公司／集團立場。

© Oxford University Press 2023

國家圖書館出版品預行編目 (CIP) 資料

數位帝國 / 安努.布拉福德 (Anu Bradford) 著 ; 胡中瀚, 盧靜譯 . -- 新北市 : 感電出版 : 遠足文化事業股份有限公司發行，
2025.03
440 面；　16×23 公分
譯自 : Digital empires : the global battle to regulate technology
ISBN 978-626-7523-23-0

1.CST: 數位科技 2.CST: 科技管理 3.CST: 資訊法規 4.CST: 美國 5.CST: 中國 6.CST: 歐洲聯盟　　　555.4　　113019811

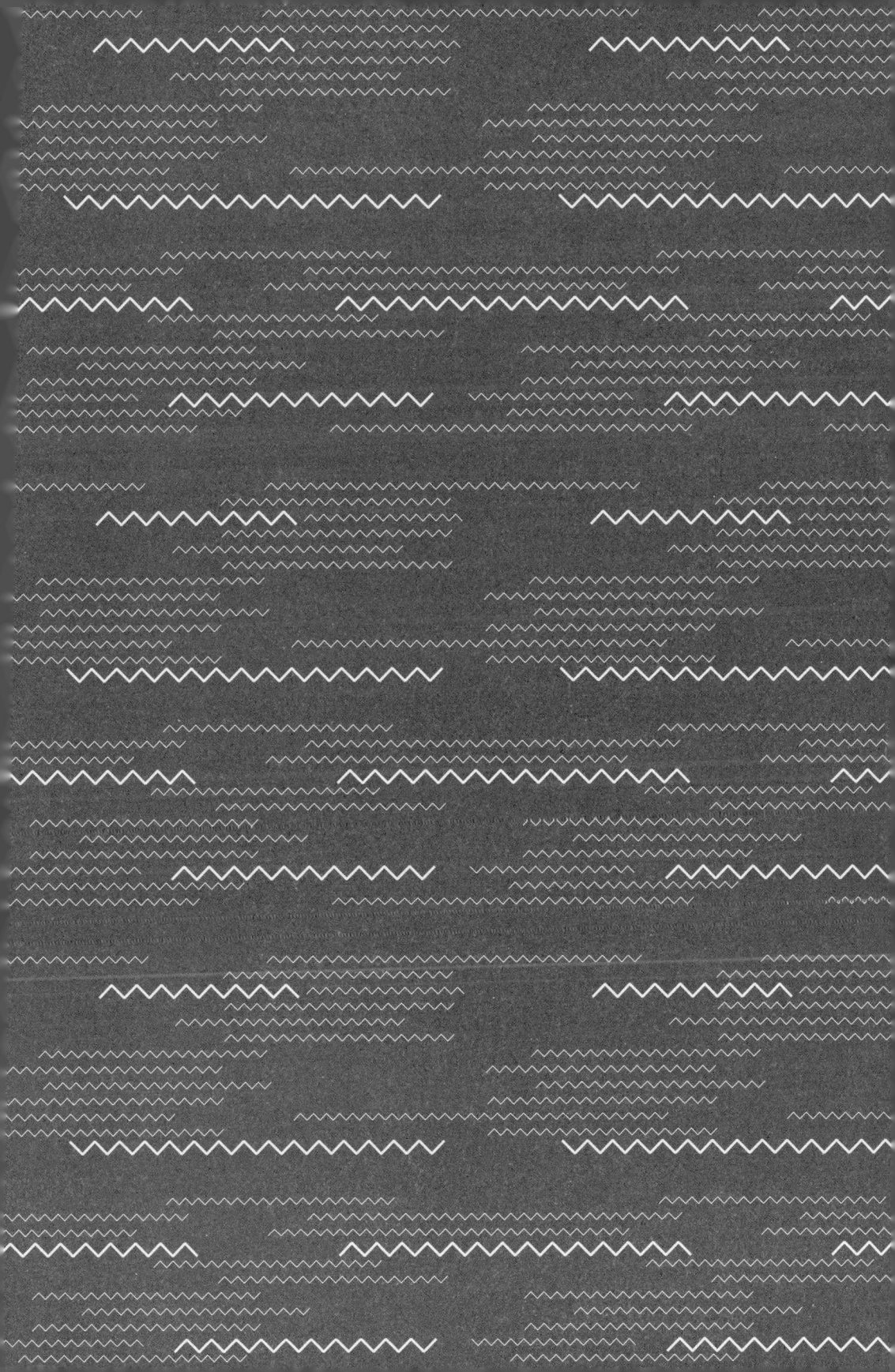

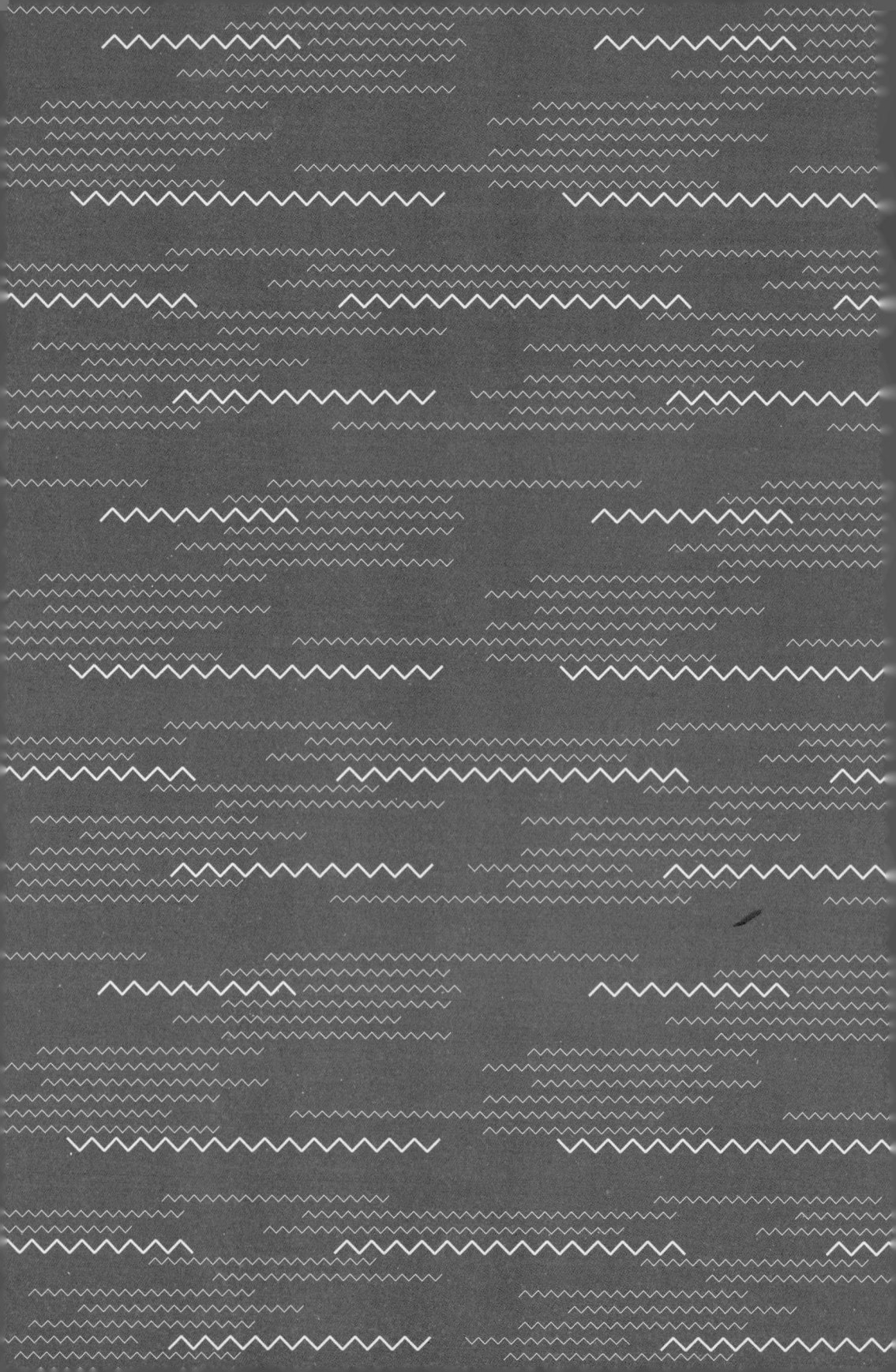